퍼즐을 풀며 성경도 배우는

신구약 성경 퍼즐

퍼즐을 풀며 성경도 배우는

신구약 성경 퍼즐

개정판 1쇄 발행일 2019년 2월 5일

지 은 이 윤금철
펴 낸 곳 도서출판 말벗
발 행 인 박관홍

출판등록 2007년 11월 2일
등록번호 제 2007-156호
주 소 서울특별시 영등포구 문래로4길 4 (204호)
전 화 774-5600
팩 스 720-7500
전자우편 mal-but@naver.com

ISBN 979-11-88286-06-5

책 값 18,000원

퍼즐을 풀며 성경도 배우는

신구약 성경 퍼즐

윤금철 지음

말벗

차 례

구약성서

차 례

신약성서

머리말

이 성경 퍼즐을 만들면서….

사실 성경 말씀은 각 나라의 언어로 가장 많이 번역된 도서임에도 일독하기가 쉽지 않다. 그래서 많은 사람들이 성경을 쉽게 풀어 다독할 수 있는 방법과 성경 이해를 돕는 다양한 책을 펼쳐냈다. 요즘에는 각종 성경 퍼즐과 스토쿠, 낱말 맞추기 등이 나와 있다.

그렇지만 바쁜 일상과 중도에 포기하는 여러가지 이유를 듣고, 그래서 나는 어떻게 하면 많은 사람들이 성경 말씀을 쉽게 이해하는 데 도움이 될까 생각하여 퍼즐로 성경 66편을 구성했다. 특히 성경 66편의 퍼즐을 풀기 전에 각 편별로 핵심 내용, 배경, 흐름과 내용 구성, 목적, 본서에 나타난 하나님의 섭리 등을 설명해 놓았다. 그래서 퍼즐을 풀다보면 어느덧 성경 일독을 해내는 기쁨도 얻게 된다.

이 책은 성경 구약 39편, 신약 27편을 창세기부터 요한계시록까지 66편을 분리하여 각 편마다 퍼즐로 만들었다.

창세기편을 통해 창세기 말씀과 등장인물, 시대 배경과 흐름을 알기 쉽게 만들어 각 편의 맥락을 쉽게 이해하며 퍼즐을 풀어가게 하였다. 퍼즐을 풀다 보면 당시의 사회정치적 상황을 판단할 수 있고, 성경에 나오는 단어 · 문장 · 인물 · 배경을 통해 그 당시 사람들이 어떤 신앙관을 가지고 살아왔는지 깨닫게 된다.

성경은 히브리서에 "하나님의 말씀은 살아 있고 활력이 있어 좌우에 날선 어떤 검보다 예리하여 혼과 영과 관절과 골수를 찔러 쪼개기까지 하며 또 마음의 생각과 뜻을 판단하나니"라고 말씀해 주신다. 그러므로 그리스도를 믿고 살아가는 우리들은 반드시 읽어야 한다. 이 퍼즐을 풀면서 하나님과 예수 그리스도와 성령님의 은총을 느껴보기 바라며, 천국에 대한 소망을 갖고 살아갔으면 한다.

이 퍼즐을 풀면서 하나님을 알아가는 모든 분들께 주님의 크신 은총과 평안이 깃들기를 기도드린다.

2019 새해 대룡산장에서 **청강 윤금철**

할렐루야!
모든 것이 하나님의 한량없는 은혜입니다!!

화려한 무대 위에서 하나님의 은총의 손을 붙잡았던 순간이 인생에서 가장 귀중한 순간이었음을 고백합니다. 만일 제가 하나님 없이 살았다면 인기와 물질을 따라 살았을 것입니다.

그러나 하나님의 복을 받아 독생자 예수를 믿게 하시고 구속의 은총을 받고 사랑을 받은 존재가 되었습니다.

그래서 목사로 한 교회를 평생 섬기며 전 세계를 다니며, 찬양집회로 복음을 전해왔습니다. 이제 은퇴 후 인생 제2막은 이웃에게 복음을 전하는 일을 위하여 보내고자 합니다.

우리들의 일생에서 믿음의 선택은 가장 중요한 일입니다. 어떤 영혼의 아버지를 모시느냐는 것은 매우 절실한 문제입니다. 하나님이 우리와 함께하셔서 당신을 도우실 것입니다. 어찌되었든지, 우리는 믿음 안에서 인생의 가장 중요한 문제를 해결하였습니다.

풀리지 않는 인생의 답을 하나님이 해결하신다는 믿음을 가졌기 때문입니다. 막막한 인생의 퍼즐을, 하나님은 지금도 우리를 위해 짜맞추어 가시고 계십니다.

본서는 어려운 환경 가운데서도 퍼즐 성경을 통해 진리를 세상에 알리려는 마음으로 정성껏 준비한 책입니다. 퍼즐 성경을 풀어가면서 하나님의 은혜와 사랑과 인도하심을 많이 경험하시기를 바랍니다.

또한 이 책이 한국교회의 성경교육을 위한 교재로 널리 활용되기를 기대합니다.

다시금 책을 준비한 분들의 노력에 박수를 보냅니다.

윤항기 목사(예음교회 원로목사)

추천의 글

인생은 마치 퍼즐을 풀어가는 여정과도 같습니다!

때로는 복잡해서 풀리지 않을 때 삶을 포기하는 사람들이 있습니다. 그러나 우리가 인생을 포기하지 않고 소망을 가지고 살아가야 할 이유가 있습니다. 그것은 하나님이 도우신다는 것입니다. 인생의 수많은 문제를 푸는 데 나의 수가 있는가 하면 신의 한 수가 있는 것입니다. 모든 것을 내가 풀려고 하면 꼬이고 엉키는 것을 경험하게 됩니다. 우리가 하나님을 믿는 것은 모든 인생의 문제가 하나님 손에 달려 있기 때문입니다. 하나님은 우리를 향한 놀라운 계획이 있습니다. 그것이 하나님의 퍼즐입니다. 과학자들은 우주가 정교하게 조율된 힘에 의해 움직인다고 말합니다. 한 이론 물리학자는 이렇게 말했습니다.

"별이 존재하는 것은 자연 속의 여러 다른 힘들 사이에 몇 가지 정밀한 균형이 존재하기 때문이다. 이 정밀한 균형이 존재하려면 이런 힘들이 얼마만큼 강하고 정교하게 조율되어야만 한다."

이것은 우연히 일어난 것이 아닙니다. 이것은 창조주 하나님의 정교함과 능력의 결과입니다. 조급하고, 화를 내면 퍼즐이 꼬입니다. 자녀의 문제도 복잡하게 풀려다가 꼬이는 경우가 많습니다. 반항하고 무시할 때 하나님께 맡기면 하나님이 그를 다듬으시고 아름답게 이끌어 주십니다. 하나님의 놀라운 계획에 내 삶의 문제를 맡기세요. 그것이 믿음입니다. 하나님의 능력을 믿으십시오. 그래서 교회에 오면 먼저 내 생각을 다 내려놓고 기도하는 사람이 되어야 합니다. 그러면 하나님이 모든 복잡한 인생의 문제들을, 위기의 문제들을 다 해결해 주십니다.

퍼즐 성경을 통해 말씀의 자리로 매일 나가시기 바랍니다. 이 과정을 통해 모든 삶의 문제를 하나님이 해결하시고, 삶의 지혜를 하나님이 주신다는 것을 믿는 계기가 될 것입니다.

본서는 주일학교 성경공부 자료로 활용할 수 있고, 여행 중에 좋은 동반자가 될 수 있고, 성경 전체를 한눈에 이해하기 위한 자료로도 유용하리라 생각합니다. 퍼즐 성경을 통해 종교개혁 500주년을 즈음하여 성경을 소중하게 여기는 계기가 되기를 진심으로 바랍니다.

김병수 목사(복음의 빛 담임)

성경 퍼즐을 풀기 전 성경 맥 읽어보기

성경은 하나님의 말씀으로 지구상에서 가장 많이 팔린 책이다. 무엇 때문에 베스트셀러가 되었고 누구나 읽어야 할 필독서가 되었나?

우리가 믿는 제12신조 제1조에 "신구약 성경은 하나님의 말씀이니 신앙과 본분에 대하여 정확무오한 유일의 법칙이다"라 하였고, 예수님께서 성경에 대하여 "너희가 성경에서 영생을 얻는 줄 생각하고 성경을 연구하거니와 이 성경이 곧 내게 대하여 증언하는 것이니라."(요 5:39)고 하였다.

사도 바울은 "이러므로 하나님께 끊임없이 감사함은 너희가 우리에게 들은 바 하나님의 말씀을 받을 때에 사람의 말로 받지 아니하고 하나님의 말씀으로 받음이니 진실로 그러하도다. 이 말씀이 또한 너의 믿는 자 가운데에서 역사하느니라."(살전 2:13)고 분명히 말하였듯이 성경을 기록한 저자들은 하나님의 인도하심에 따라 이 성경을 기록한 것이다. 그렇기 때문에 성경은 모든 사람들이 그리스도인다운 삶을 살 수 있게 무장시키고 이 세상을 살아가는 활력을 불어주는 힘이다.

"모든 성경은 하나님의 감동으로 된 것으로 교훈과 책망과 바르게 함과 의로 교육하기에 유익하니 이는 하나님의 사람으로 온전하게 하며 모든 선한 일을 행할 능력을 갖추게 하려 함이라."(딤후 3:16-17), "하나님의 말씀은 살아 있고 활력이 있어 좌우에 날선 어떤 검보다 예리하여 혼과 영, 관절과 골수를 찔러 쪼개기까지 하며 또 마음의 생각과 뜻을 판단하나니."(히 4:12)라고 하였으니 그리스도인은 언제나 하나님의 말씀과 함께 생활을 하여야 한다.

1. 성경의 기록

모든 사람이 죄인임을 깨닫기 위해 기록을 함으로써 죄인 된 인간이 예수 그리스도를 믿으면 구원을 얻고 영생복락을 누린다는 것을 알게 하며 구원받은 성도들은 믿음의 힘을 얻어 다시는 범죄를 저지르지 않게 가르치기 위해 기록되었다. 성경을 기록한 목적은 크게 네 가지로 나눌 수 있다.

① 계시

하나님께서 자기를 나타내 보이심으로 사람들이 알기 원하시는 것을 드러낸다. 영적으로 죽어버린 인간을 살리시려고(엡 2:1), 아들을 보내어 자기를 계시한 것이다. (마 11:27, 요 1:1–14)

② 구원

허물과 죄로 죽었던 인생이 구원과 영생을 얻기 위해서는 믿음으로 예수 그리스도를 신뢰하는 길밖에 없다고 인도하고 있다. (요 20:31, 딤후 3:15–17)

③ 실천

인간으로 하여금 피할 수 없는 죄인임을 깨달아 어떻게 살아야 하며 무엇을 피해야 하는지 보여준다. (갈 3:22, 엡 5:24, 롬 7:7, 요 17:17)

④ 신앙 성장

인간은 나약하여 언제 마귀의 유혹에 빠져 잘못될지 모른다. 성경 말씀으로 무장하는 삶을 살면 생생한 활력도 얻어 어떠한 마귀의 시험도 이겨 승리하는 삶을 살며 은혜도 공급받는다. (벧전 2:2, 히 5:12–13)

2. 성경의 구성

성경은 '구약과 신약'으로 구분했다. 구약은 39권, 신약은 27권으로 총 66권으로 이뤄졌다. 구약은 메시야가 오실 것에 대한 예언으로, 신약은 메시야가 오신 것에 대한 성취로 이뤄졌다. 구약 929장 2만3138절, 신약 260장 7957절로 총 1189장 3만1095절로 구성되어 있다.

3. 성경의 구분

구약은 율법서 · 역사서 · 시가서 · 선지서(대선지서 · 소선지서), 신약은 복음서 · 역사서 · 서신서 · 예언서로 나뉘어져 있다.

<table>
<tr><td rowspan="5">구약 39권</td><td rowspan="5">그리스도의 구원 사역에 대한 약속과 예표</td><td>모세5경(율법서)</td><td>창세기, 출애굽기, 레위기, 민수기, 신명기</td></tr>
<tr><td>역사서</td><td>여호수아, 사사기, 룻기, 사무엘 상하, 열왕기 상하, 역대기 상하, 에스라, 느헤미야, 에스더</td></tr>
<tr><td>시가와 잠언</td><td>욥기, 시편, 잠언, 전도서, 아가</td></tr>
<tr><td>대선지서</td><td>이사야, 예레미야, 예레미야 애가, 에스겔, 다니엘</td></tr>
<tr><td>소선지서</td><td>호세아, 요엘, 아모스, 오바댜, 요나, 미가, 나훔, 하박국, 스바냐, 학개, 스가랴, 말라기</td></tr>
<tr><td rowspan="6">신약 27권</td><td rowspan="6">그리스도의 삶과 구원 사역의 심취</td><td>복음서</td><td>마태, 마가, 누가, 요한</td></tr>
<tr><td>교회역사</td><td>사도행전</td></tr>
<tr><td>교회에 보내는 서신</td><td>로마서, 고린도 전후서, 갈라디아서, 에베소서, 빌립보서, 골로새서</td></tr>
<tr><td>개인에게 보내는 목회서신</td><td>데살로니가 전후서, 디모데 전후서, 디도서, 빌레몬서</td></tr>
<tr><td>일반 서신</td><td>히브리서, 야고보서, 베드로 전후서, 요한1서, 요한2서, 요한 3서, 유다서</td></tr>
<tr><td>계시/묵시</td><td>요한 계시록</td></tr>
</table>

4. 성경의 기록 연대

구약은 주전(기원전 BC) 약 1500년 동안, 신약은 주후(기원후 AD) 약 100년 동안 기록되었으니 성경은 약 1600년 동안 기록된 소중한 책이다.

성경은 주의 종들이 성령의 능력으로 감동된 상태에서 교훈과 책망과 바르게 함과 의로 교육하였기에 유익하여 기록하였다고 성경에 분명히 기록하였다.

기록자는 누가 외에는 모두 유대인으로 약 40인에 의하여 기록되었다.
이렇게 기록된 성경을 읽고 묵상하면 우리의 신앙 인격에 놀라운 성장을 가져오나 현실에서 가장 가까이 해야 할 성경을 너무 멀리하기 때문에 우리가 사탄의 종노릇을 하며 피폐한 마음 상태에 놓이게 된다.
바쁘다는 핑계로 신성하고 엄숙한 성경을 멀리하는 성도들에게 퍼즐을 풀면서 살아계신 하나님을 만나고 하나님이 사람의 몸을 입고 오신 예수 그리스도를 만나야 하며, 성령님의 능력을 받아야 우리는 주 안에서 분별력 있고 인격적인 성도로서 살아갈 수 있다.

구약성서

모세 5경(율법서)이란?

모세5경이란 구약성경의 첫 부분에 나오는 창세기, 출애굽기, 레위기, 민수기, 신명기 등을 말한다. 우리는 신앙생활을 하면서 모세5경에 대해 많이 들었다.

천지창조로부터 시작되어 족장들의 역사로 이어진다. 하나님께서 선민으로 선택한 이스라엘을 애굽에서 가나안으로 인도하신 하나님의 섭리를 40여년간에 걸친 대장정의 역사를 통하여 지도자 모세의 삶을 잘 묘사해 준다.

이것은 단순한 역사가 아니라 당신께서 선택하신 이스라엘이 노예로 압제받던 애굽에서 기적적으로 구출되어 한 민족으로 형성되어 가는 과정이 집중 조명되었고 우주적 · 종교적 · 역사적으로 중요하다.

모세5경의 저자가 모세라는 것은 성경에 그대로 증명되었고 그는 애굽 궁중에서 40년, 미디안 광야에서 40년, 광야 유랑에서 40년을 거친 파란만장한 이스라엘 민족의 위대한 지도자이며 신앙의 영웅이다.

선민 이스라엘은 천지창조에서 시내산 계약에 이르기까지 하나님의 예정과 선택에 의해 예비되고 보호되어 마침내 하나님과의 계약을 맺었고, 하나님의 택한 백성으로서 이 땅에 하나님의 창조원리와 궁극적 구원을 두고 맺은 언약의 정신을 근거로 율법을 준수하여야 함을 가르치고 있다.

그러므로 우리는 창조의 교리를 확립하고 하나님이 맺으신 언약의 교리를 신약의 복음을 통한 구원의 교리요, 택한 백성에게 주신 율법은 주 예수 그리스도 안에서 행하고 완성할 것을 믿음으로 받아들이고 살아가야 한다.

1. 창세기 (GENESIS)

1. 내용

우주 만물의 시작과 기원, 만물을 지으신 하나님께서 죄악으로 인해 영원한 파멸 가운데 놓여 있음에도 방치하지 않고 인류를 구원하시고자 하는 놀랍고 오묘한 섭리를 펼치시는 하나님의 계획이 담겨 있다.

2. 배경

페르시아만에서 시작해 티그리스와 유프라테스 강을 중심으로 한 메소보다미아 지역과 요단강을 중심으로 한 팔레스타인 전역과 나일강 유역 일대의 광활한 지대를 무대로 썼다.

3. 흐름과 내용 구성

태초의 역사와 족장들의 역사 두 개로 나뉘어졌으며 태초의 시작도 창조, 인간의 범죄와 타락, 홍수와 심판, 민족 형성, 아브라함, 이삭, 야곱, 요셉의 시대로 이뤄졌다.

4. 목적

만물의 창조자이신 하나님만이 유일한 구원자시오, 경배의 대상임을 가르치고 이스라엘 백성이 출애굽한 이후부터 모세가 느보산에서 죽음을 맞이하기 전에 기록된 것으로 본다.

5. 본서에 나타난 하나님의 섭리

창세기는 우주 만물의 근원을 밝히는 책이지만 동시에 타락하고 죄를 지은 인간(하나님의 명령을 어긴 죄)을 구원하시는 하나님의 구속 역사가 담겨 있다.

비록 죄로 인하여 하나님의 나라에 함께할 수 없지만 역사 속의 인물들을 통해 온 세상을 구원하시는 역사, 메시야의 출현 모형, 아브라함이 하나님의 약속을 굳게 믿어 의로운 사람이 되어 상급을 받았던 것처럼 예수 그리스도가 십자가에 피 흘려 죽으시고 부활하시어 우리를 구원의 길로 인도해 주시겠다는 약속을 믿고 따르면 하늘나라의 백성이 되게 하시겠다는 언약을 통해 구원 역사의 여명을 밝혀준다.

창세기 퍼즐

가 로

1. 에덴동산에서 영생을 상징하는 나무. (창 2:9)
2. 라멕의 아버지. 성경 역사상 가장 오래 산 인물. (창 5:25–27)
3. 땅의 표면. 성경에서는 흙, 땅으로 표현. (창 7:4)
4. 동생 아벨을 죽인 지구상 최초의 살인자. (창 4:8)
5. 하나님께서 일꾼을 부르시는 것도 이것이라 일컫는다. (창 12:1–13)
6. 쌍둥이 세라와 베레스를 낳은 여자. (창 38, 12–30절)
7. 성경에서는 하나님을 천지의 ○○자라 칭함. (창 14:19)
8. 이스마엘 12 아들 중 여섯 번째의 아들. (창 25:14)
9. 요셉이 애굽 총리로 있을 때 가나안에서 이주한 야곱과 그 가족들이 정착하여 출애굽까지 거주하던 곳. (창 47:1)
10. '여호와께서 준비하셨다'는 뜻. 아브라함이 아들을 번제로 드릴 때 숫양을 준비해 주심. (창 22:14)
11. 아벨을 대신하여 태어난 셋 계열의 후손으로 무두셀라의 아들이며 노아의 아버지. (창 5:25–28, 대상 1:3–4)

세 로

A. 하나님께서 최초의 인간 아담의 코에 불어넣어 준 것. (창 2:7)
B. 물방울이 햇빛과 공기 등에 굴절되어 생기는 일곱 색의 반원형 현상. 물로 다시는 심판하지 않는다는 언약을 상징. (창 9:13–17)
C. 라멕과 실라의 아들. 구리와 쇠로 여러 가지 기구를 만든 사람. 대장장이의 조상. (창 4:22)
D. 타락, 부패하여 유황불 심판을 받은 곳. (창 19:23–29)

1 A			B	■	2	C		
	■	■	3		■		■	■
■	■	■		■	■	4		■
5 D		■	■	E	■		■	■
	■	F	■	6	G	■	■	■
	■	7	H	■		■	8	I
9		■		■	■	■	■	
	■	■	■	10 J			K	
11		■	■		■	■		■

E. 레아에게서 태어난 야곱의 넷째 아들로 가나안 사람 수아의 딸과 결혼. (창 38:1–2)
F. 노아가 하나님의 명령에 따라 대홍수를 피하기 위해 제작한 일종의 무동력선 배. (창 6:14–16)
G. 하나님은 이것으로 천지를 창조하시고 또한 보존하시며 역사를 이끌고 계신다. (창 12:4)
H. 천재지변이나 인간을 매우 고통스럽고 슬프고 불행하게 만드는 변고. (창 19:19)
I. 에스골이나 아넬의 형제, 아브라함과 동맹을 맺고 포로가 된 롯을 구출하는 데 가담하였다. (창 14:13)
J. 이스마엘의 아들. 그의 후손들이 르우벤, 갓, 므나셋 반지파와 싸워 피함. (창 25:15, 대상 5:18–20)
K. 아브라함과 사라가 늦은 나이에 얻은 아들로서 하나님의 약속에 의해 태어난 언약의 후손. (창 17:16–21)

▣ 서로 관계되는 것을 연결하시오.

1. 아라랏 ●
2. 무화과 ●
3. 우르 ●
4. 합환채 ●

● A. 가짓과에 속하는 식물. 야곱의 아내 레아와 라헬이 야곱을 가지려고 이 식물 쟁탈전을 함. (창 30:14–17)
● B. 아브라함의 고향. 유스라데 강가 근처에 있음. (창 11:28, 31절)
● C. 대홍수가 끝나고 방주가 다다른산. (창 8:4)
● D. 암수 한 몸인 나무. 아담이 죄를 지은 후 이 나뭇잎으로 치마를 만들어 입음. (창 3:7)

▣ 설명을 보기에서 찾으세요.

셋, 요셉, 르우벤, 드라빔, 라헬, 유다, 에브라임, 할례, 브니엘, 브엘세바

1. 야곱이 이삭에게로 갈 때 라헬이 아버지의 물건을 안장 속에 감춘 것? (창 31:19) (   )
2. 야곱이 씨름을 하여 이스라엘로 바뀐 장소. (창 32:30) (   )
3. 형제들에게 우리가 요셉의 핏값을 치르게 되었다고 말한 사람. (창 42:22) (   )
4. 실로가 오시기까지 통치자의 지팡이가 떠나지 않은 예언은 어떤 사람에게 전해졌나? (창 49:10) (   )
5. 야곱은 손자인 요셉의 두 아들을 축복하며 어떤 손자를 앞세웠나요? (창 48:20) (   )
6. 하나님께서 아브라함과 맺으신 언약의 표징. (창 17:10-11) (   )
7. 하나님께서 죽은 아벨 대신 주신 아들. (창 4:25) (   )
8. 아브라함이 아비멜렉과 군대장관 비골과 언약을 맺고 우물을 판 그곳. (창 21:32) (   )
9. 여호와께서 누구를 위하여 보디발의 집에 복을 주었나? (창 39:5) (   )
10. 야곱은 외삼촌에게 7년을 섬기며 누구를 아내로 요구했나? (창 29:18) (   )

Tip

중생이란?

죄로 말미암아 죽은 상태에서 있던 죄인의 영적 생명을 성령으로 다시 살리어 인간 속에 새 생명의 원리를 심어주고 영혼의 주도적 성향을 성화시키는 하나님의 행위.

2. 출애굽기 (出埃及記, EXODUS)

1. 내용

하나님께서 자기 백성을 억압과 절망에서 구원해내셨음을 보여준다. 하나님의 은혜로 많은 무리를 이뤘지만 애굽 땅에서 당하는 혹독한 고난과 노예 생활에서 벗어나 하나님의 백성으로 살아가도록 언약을 맺고 제사 제도의 정립 및 성막 완공을 소개한다.

2. 배경

이스라엘 백성의 생활 무대인 애굽과 미디안, 출애굽 구원 역사의 분기점인 홍해와 시내 산 중심의 시내 반도, 율법과 계명을 수여받은 시내 산이다.

3. 흐름과 내용 구성

크게 구원의 이야기(이스라엘의 비참한 노예생활, 모세의 소명, 10대 재앙, 출애굽, 광야 생활)와 가르침과 훈련(시내 산 언약, 성막 규례와 완성)으로 이어진다.

4. 목적

이스라엘이 독립된 국가로서 체계화된 것은 그것을 선택하고 구원하신 하나님의 은혜임을 보여주며, 선민 이스라엘은 하나님을 중심으로 살아가야 하는 신앙 공동체임을 가르친다.

5. 본서에 나타난 하나님의 섭리

아브라함, 이삭, 야곱에게 가나안을 그들 후손에게 주겠다고 언약을 맺으시고 출애굽 사건을 통해 그 약속을 성취하셨다.

유월절 어린 양과 홍해를 건너는 것, 십계명 등 율법, 모세의 생애를 통한 예수 그리스도의 예표, 그리스도를 통한 구속, 하나님은 당신만이 세상에서 유일무이하게 경배받기에 합당한 분이심을 보여주셨다.

40년 광야 생활 동안 낮에는 구름 기둥, 밤에는 불기둥으로 백성을 인도하신 것은 그 분의 뒤를 따르는 것만이 생명의 땅으로 들어갈 수 있고, 하나님을 중심으로 살아가야 하는 신앙 공동체임을 가르치고 있다.

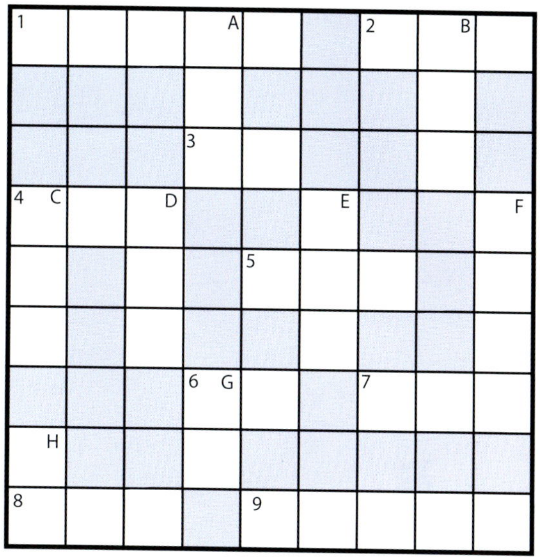

가 로

1. 애굽에서 생명을 건져주신 하나님의 은혜에 감사하며 드린 돈. (출 30:12)
2. 모세와 아론의 어머니. (출 6:20, 민 26:59)
3. 하나님께서 제사 드리는 단. 희생 제물을 태워서 드리는 성전 마당의 번제단과 향을 태워 드리는 성소 중앙의 분향단이 있다. (출 28:43)
4. 미디안 제사장 이드로의 딸로서 모세의 아내. (출 2:21)
5. 모세, 아론의 누이. 이스라엘 최초의 여선지자. (출 15:20)
6. 고대 히브리인들이 길이를 측량하는 단위. (출 25:10)
7. 여덟 번째 재앙으로서 엄청나게 무리를 지어다녀서 붙여진 이름. (출 10:12–19)
8. 세계에서 제일 긴 강으로 세계 4대 문명의 발상지. (출 4:9)
9. '빛과 완전함'의 뜻. 중대사안에 대해 하나님의 뜻을 물을 때 사용하는 제비뽑기 기구. (출 28:30)

세 로

A. 죄를 속하기 위해 하나님께 드리는 제사. (출 29:14)
B. 미디안 땅에서 태어난 모세와 십보라의 첫째 아들. (출 2:22)
C. 하나님께서 친히 강림하시어 이스라엘 백성과 언약을 맺으시고 모세에게 준 것. (출 34:28)
D. 이스라엘 백성이 이곳에서 강제노역을 당했다. 하나님은 이곳을 출애굽의 출발지로 삼고 하나님의 절대 능력을 만천하에 공포했다. (출 12:37)
E. 이스라엘 백성이 광야 생활 도중 식수가 없어 하나님을 원망하며 불평할 때 모세가 반석을 쳐서 갈등을 해소한 장소. (출 17:1–7)
F. 꿩과에 속하는 작은 철새. (출 16:13)
G. 하나님께서 친히 세우시고 명령하신 법률과 규범. (출 12:14) (신 4:1)
H. 이스라엘 백성이 광야 40년 방랑 생활 동안 하나님으로부터 공급받았던 특별양식. (출 16:31)

Tip

세례교인의 의무란!

교회가 정한 예배 시간에 참석하여 성도가 지킬 봉사와 십일조 생활을 의무적으로 해야 한다.

▣ 설명을 보기에서 찾으시오.

> **에봇, 판결 흉패, 여호와 닛시, 관유, 모세, 거울, 악성종기, 우슬초, 살구꽃, 보응**

1. 성막과 그 안에 있는 모든 것과 기구에 발라 거룩하게 한 것. (출40:9) (   )
2. 여호와께서 내리신 여섯 째 재앙. (출 9:8-11) (   )
3. 애굽에서 이스라엘 백성을 건져낸 민족의 구원자. 하나님으로부터 율법을 전수받은 최초의 선지자. (출 2:10) (   )
4. 박하과의 향이 좋은 약용식물. 주로 정결 예식 때 사용. (출 12:21-22, 히 9:19) (   )
5. 등잔대의 꽃받침과 꽃은 어떤 꽃의 형상으로 만들었나? (출 25:33) (   )
6. '여호와는 나의 깃발'이라는 뜻. 대적과 싸움에서 승리를 안겨주는 능력의 하나님을 찬양하는 성호. (출 17:15) (   )
7. 물두멍과 그 받침은 회막 문에서 수종 드는 여인의 것으로 만들었다. (출 38:8) (   )
8. 조끼와 앞치마를 결합시킨 모양을 한 대제사장의 옷. 판결 흉패 아래 입었다. (출 39: 2-21) (   )
9. 선악의 행위에 대해 복이나 화로 갚음. (출 32:34) (   )
10. 에봇 위 가슴 부위에 부착된 12가지의 보석이 달린 옷. (출 28:15) (   )

▣ 구약시대 하나님께 드리는 4대 제사 방법을 서로 연결하시오.

1. 전제 ●	● A. 불에 태워서 드리는 모든 제사를 말함. (출 29:18, 30:20절)
2. 거제 ●	● B. 화목제의 제사 방법 가운데 하나로 제물을 앞뒤, 상하로 흔들어서 드리는 제사. (출 29:26, 레 7:30)
3. 요제 ●	● C. 포도주나 독주를 하나님 앞에 부어 드리는 제사. (출 29:40-41)
4. 화제 ●	● D. 희생 제물을 위로 제물을 높이 들었다 내려놓는 제사.(출 29:28)

▣ 관계되는 것을 연결하시오.

1. 칠칠절 ●	● A. 일년 수확을 감사드리는 추수감사절. 장막절, 초막절로 불린다.
2. 무교절 ●	● B. 어린양의 피를 문설주에 바른 이스라엘 백성의 집은 구원을 받은 데서 유래된 절기. 즉, 이스라엘이 애굽에서 구원된 해방의 날을 기념하는 절기.(출 12장)
3. 수장절 ●	● C. 무교병을 먹으며 급박했던 출애굽 구원 사건을 기념하는 절기.(출 13장)
4. 유월절 ●	● D. 밀 수확의 첫 열매를 하나님께 드리는 감사와 기쁨의 절기로 맥추절, 초실절, 오순절이라고 부른다.(출 34:22)

3. 레위기 (LEVITICUS)

1. 내용

모세 오경의 세 번째 책으로 성막에서 수행되는 각종 제사 및 일상사에서 지켜야 할 성결한 삶에 대한 율례가 기록되었고, 시내 산 언약과 율법을 통해 구원받은 백성들이 거룩하신 하나님 앞에서 거룩한 삶을 이끄는 내용이다.

2. 배경

시내 산 아랫자락에서 이스라엘 백성이 체류하며 하나님으로부터 율법을 받는 동안으로 회막을 완공한 출애굽 이후부터 시내 산을 떠난 시기로 추정된다.

3. 흐름과 내용 구성

레위기는 제사의 세부 규정(5대 제사, 제사장 위임식, 각종 정결례, 속죄일 규례)과 도덕법과 절기(도덕법, 절기와 종교법)로 이뤄졌다.

4. 목적

"여호와께서 모세에게 말씀하여 이르시되"라고 시작되는 이 말씀은 죄악으로 가득 찬 세상에서 살아가는 인간에게 하나님 앞에서 죄사함을 받고 거룩하고 성결한 삶을 살아가라고 가르치고 있다.

"너희는 거룩하라. 이는 나 여호와 너희 하나님이 거룩함이니라."(레 19:2)는 현대를 살아가는 성도들에게 거룩한 백성이 되는 불변의 신앙 원칙을 기록한 것이 특징이다.

5. 본서에 나타난 하나님의 섭리

레위기는 모든 제사법이나 성결법의 핵심이 피제사에 있음을 보여줌으로써 죄를 지으면 죽을 수밖에 없고, 죄를 용서받고 구원을 얻어 성결하게 되려면 대속물의 피가 요구된다(히 9:22). 예수 그리스도의 십자가 죽음을 통해 죄를 용서받을 수 있는 대속의 원리를 예표한다(롬 5:6~21). 이것은 신약에서 보여주는 예수 그리스도의 구원의 비밀이 담겨져 있다(히 6:19, 히 9:4, 히 9:12).

▣ **구약시대 하나님께 제사하는 이스라엘 5대 제사 종류와 목적을 연결하시오.**

1. 속건제 ●

2. 번제 ●

3. 소제 ●

4. 속죄제 ●

5. 화목제 ●

● A. 죄를 속하기 위해 하나님께 드리는 희생 제사.
도덕적 허물뿐만 아니라 해산이나 나병 같은 의식적인
부정으로도 정결함을 얻기 위해 행하여짐. (레 4장, 출 29:14)

● B. 성결한 생애를 하나님께 약속하는 표시로 정한 밀가루와
기름과 유향을 불태우고 떡을 구워놓고 드리는 제사. 하나님을
향한 순수한 희생적 봉사와 죄 없으신 예수님께서 자신을
온전히 대속물로 드린 거룩한 희생을 상징. (레 6:14-15)

● C. 하나님과 인간 사이의 분쟁을 종식하고 화평과 친교와
연합이 이뤄졌음을 감사하며 드리는 제사. (출 20:24, 레 3:1-17)

● D. 하나님께 바쳐진 제물이나 성물에 대해 율법을 알지 못하여
혹은 실수로 죄를 범했을 때 죄를 속하기 위해 드리는 제사.
(레 5:15)

● E. 제물을 불에 태워 그 향기로 하나님을 기쁘게 해드리는 제사.
하나님과 바른 관계를 회복함. (레 6:8-13, 레 7:8)

Tip

기도란!

기도를 어려워하는 사람이 많다. 기도는 1) 하나님께 영광을 돌림, 2) 감사, 3) 자복, 4) 다른 사람을 위하여 기도, 5) 간구, 6) 간구할 근거 순서로 하면 된다.

1 A		B		C			2 D	
	E				3 F			
								G
H			4 I					
5						6		
			7					
	8 J					9 K		

가 로

1. 상처에는 상처, 눈에는 눈, 이에는 이로 갚으리라. 근본정신은 복수를 금지. 실수로 범죄한 자에게 미칠 가혹한 피해를 막기 위한 자비의 법. (레 24:17–21)
2. 아론의 장남으로 하나님이 명하시지 않은 다른 불로 잘못된 제사를 드려 현장에서 즉사. (레 10:1–2)
3. 출애굽 당시 40년 광야 생활 동안 지켜주신 하나님의 은혜를 기념하는 절기. (레 23:34–43, 신 16:13)
4. 절기마다 무교병을 먹는다 하여 붙여진 이름. (출 12:17, 레 23:6)
5. 생명을 끊는 형벌. 여호와를 훼방하는 행위. 간통을 비롯한 근친상간 죄를 범할 때 함. (레 (24:14–17)
6. 하나님께 스스로 원해서 약속한 것을 드릴 때 헌상하는 제사. (민 29:39, 레 22:17–25)
7. 포도주, 기름, 피 등을 제물에 부어 제사 드리는 방법. (레 23:13, 민 28:7)
8. 신체에서 비정상적인 출혈이나 분비물이 흘러나오는 질병. (레 15:13~18)
9. 아론의 둘째 아들로 여호와께서 명하시지도 않은 불에 담아 분향하다 죽음. (레 10:1–2)

세 로

A. 한겨레, 동포, 혈족. (레 18:26, 25:25, 47)

B. 초실절에 하나님께 드리는 예물. (레 23:10, 신 8:8)

C. 하나님의 법. 십계명 두 돌판이 보관된 궤. (레16:2)

D. 이스라엘 백성은 하루 동안 노동을 금하면서 성회를 갖고 희생제사를 하나님께 드렸다. (숫양 뿔을 붊) (레 23:24–25)

E. 성막, 증거막의 다른 이름. 하나님께서 당신의 백성과 만나는 장소. (레 4:4, 출 31:7)

F. 첫 열매 수확을 감사하는 절기로 유대인의 3대 축제일 하나. 보리 첫 단을 드림. (레 23:10–11)

G. 하나님께서 베풀어 주시는 은혜에 감사하여 드리는 제사. (레 7:16)

H. 이스라엘 백성의 죄를 짊어지고 광야로 쫓겨난 염소를 가리킴. (레 16:8, 10절)

I. 누룩을 넣지 않고 철판에 지진 일종의 부침개. (출 29:2, 레 7:12)

J. 성전 분향을 위한 향 재료나 성별의식에서 사용된 섬유의 재료. (레 24:7)

K. 이스라엘 초대 대제사장. 말이 능숙하지 못하다는 모세의 변명에 따라 하나님은 아론으로 모세의 대변자 역할을 하게 함. (레 9:2, 출 4:14–16)

4. 민수기 (NUMBERS)

1. 내용

민수기는 출애굽한 이스라엘 백성이 광야를 지나면서 진정한 하나님의 백성으로 변화되는 과정을 그린 유랑의 역사가 담겨 있다. 가나안으로 들어가는 연단 과정은 하나님의 백성으로서 성숙한 공동체 생활을 할 수 있도록 이끌어주며, 이 땅에서 연단과 훈련의 과정을 이겨내야 한다는 가르침을 준다.

2. 배경

출애굽 제2년(시내 산)부터 가데스바네아, 가나안 38년 동안 유랑한 바란 광야, 출애굽 40년 가나안 입성 전 마지막 정착했던 요단 동편의 모압 평원에 이르기까지를 주요 배경으로 하고 있다.

3. 흐름과 내용 구성

시내 산에서(1차 인구조사, 행군을 위한 제도 정비), 시내에서 모압까지(백성들의 불평, 광야 방랑, 모압까지 행군), 모압 평원에서(2차 인구조사, 제사와 서원에 관한 규례, 영토 분배)로 이뤄졌다.

4. 목적

본서 역시 모세가 기록한 것으로 죽음의 땅 광야를 지나 생명의 땅 가나안으로 들어가기 위해선 불평 및 불신앙의 잘못된 습관을 벗어던지고 오로지 믿음과 순종으로 하나님께서 원하시는 것이 무엇인지를 가르친다.

5. 본서에 나타난 하나님의 섭리

긴 광야 생활 속에서 비롯된 불신, 회개와 구원의 역사가 반복되고 있지만 오히려 원망과 불평은 구원의 역사보다 실패와 좌절만 가져왔다. 이럴 때도 하나님은 놋뱀 사건(민 21:4~9)에 보듯 실패하고 좌절할 수밖에 없는 하나님의 백성이 주님의 십자가를 바라보고 그를 믿고 시인하는 순간 생명과 구원을 얻게 된다는 섭리를 보여주고 있다. 죄인도 회개하고 하나님의 말씀을 부여잡고 진실하게 살아간다면 반드시 구원을 받는다는 강력한 메시지가 담겨 있다.

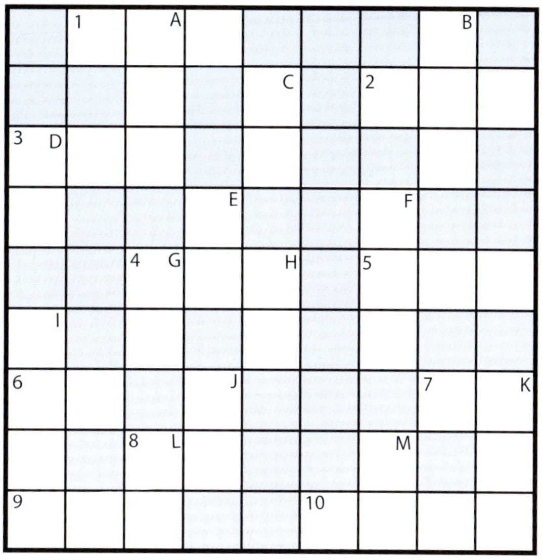

가 로

1. 매일 아침, 저녁으로 드리는 제사. 안식일에는 제물을 두 배로 드렸다. (민 28:3, 9–10)
2. 부지중에 살인한 자. 피살자의 가장 가까운 형제나 친지로부터 피의 보복을 피해 생명을 건지기 위해 도피할 수 있도록 마련한 성읍. (민 35:6)
3. '거룩한 것 중 거룩한 것'. 성소 안의 성물. 곧 법궤, 떡상, 분향단을 가리키며 제사장만 접촉한다. (민 18:9, 대하 31:14)
4. 눈의 아들 여호수아의 본명. 모세가 여호수아로 개명시켰다. (민 13:8)
5. 야곱의 장남이었지만 서모 빌하와 간통 이후 영적 장자권을 요셉에게 물려줌. (민 32:1, 창 –35:22, 49:3–4)
6. 곡물의 특정 단위. (민 11:32)
7. 아론의 손자 비느하스는 음행한 이스라엘 족장 시므리와 ○○의 딸 고스비를 함께 죽였다. (민 25:15)
8. 보배로운 물건. 매우 귀하고 드문 물건. (마 6:19)
9. 출애굽한 이스라엘 백성은 가나안을 진입하기 위해서는 이들의 땅을 통과해야만 해서 요청했으나 거절당했다. (민 21:21–23)
10. 출애굽한 이스라엘이 요단강을 건너기 전 마지막 진을 친 곳. (민 33:49)

세 로

A. 단 위에 올려놓고 거룩한 불로 태워 그 연기를 하늘에 올려드리는 제사 제물. (민 7:15)

B. 몸집이 거대하고 성격이 과격한 거인 족속. 노아 시대부터 악명이 높다. (민 13:32–33)

C. 거짓 선지자요 술사로 모압 왕 발락에게 고용되어 세 차례에 걸쳐 이스라엘을 저주하려 하였으나 하나님은 그때마다 저주를 바꾸어 오히려 축복하게 만듦. (민 22:7–35)

D. 제사에서 희생 짐승의 이 부위는 가장 좋은 것으로 여겨져 하나님의 제단에 드려졌고 식용은 금지됨. (레 3:12–17)

E. 출애굽 지도자. 율법의 기록자이며 대선지자로 사실상 구약을 대표하는 인물. (민 26:59)

F. 출애굽 여정 가운데 있는 산으로 이곳에서 하나님의 말씀을 들었고, 또 아론이 죽어 매장됨. (민 20:22–29)

G. 십보라의 오빠이자 모세의 처남. 광야에서 모세를 찾아와 이스라엘 백성들의 광야 생활에 큰 도움을 줌. (삼상 15:6, 민 10:29–30)

H. 아말렉 족속의 통치자를 일컫는 공식 칭호. (민 24:7)

I. 모세의 수종자였다가 후계자가 됨. 그는 담대한 자요 하나님의 신에 감동된 자. (민 27:18–23)

J. 세금을 뜻하나 민수기에서는 하나님께 의무적으로 드려야 하는 거룩한 예물을 가리킨다. (민 31:37–41)

K. 출애굽한 이스라엘 백성이 시내 산에 도착하기 전 마지막으로 진을 친 곳. 물이 없어 목 말라하며 하나님을 원망할 때 모세가 반석을 쳐서 물을 낸 곳이다. (민 33:14, 출 17: 1–6)

L. 간음 혐의를 받은 여인이 그 결백을 입증하는 소제물로도 사용. (민 5:15)

M. 아라비아 광야 그헬라다와 하라다 사이에 있던 산 이름. 광야 생활 중 이스라엘 백성이 진을 쳤음. (민 33:23)

▣ 다음 설명을 보기에서 찾아 넣으세요.

므리바, 언약궤, 갈렙, 고스비, 살구 열매, 호르마, 비느하스, 소금 언약, 가데스, 여호와의 사자, 아비람, 미리암, 낙헌제, 성회, 바알브올, 나실인

1. (　　　　) 정탐자들이 보고할 때 우리가 곧 올라가서 그 땅을 취하자 능히 이기리라 한 사람. (민 13:30)

2. (　　　　) 고집스러운 이스라엘의 철저한 멸망을 시사하는 이름으로 가사와 브엘세바 중간의 성읍. (민 13:26, 20:1절)

3. (　　　　) '지키자'란 뜻. 이는 깨어 있는 당신의 백성을 보호하시는 하나님의 성품과 역사를 상징. 아론의 지팡이에 난 열매. (민 17:8)

4. (　　　　) 영원히 변치 않을 약속. 민수기에서는 제사장직과 그에 따른 권리를 영원히 보장해 준다는 약속을 가리킨다. (민 18:19)

5. (　　　　) 출애굽한 이스라엘 백성들의 일부가 가데스 바네아에서 모세의 제지를 뿌리치고 가나안 진격을 시도하다 그 일대 아말렉과 가나안 원주민의 반란으로 패한 곳. (민 14:45, 신 1:44)

6. (　　　　) 이스라엘 진 여호와의 산에서 떠나 3일 길을 갈 때 그들 앞에 먼저가며 쉴 곳을 찾은 것은? (민 10:33)

7. (　　　　) 모세가 구스 여인을 아내로 취하자 아론과 함께 모세를 비방하다 하나님이 형벌로 나병이 발생함. (민 12:1, 신 24:9)

8. (　　　　) '하나님께 드려진 자'라는 의미. 세상의 소욕을 끊고 오직 하나님께 봉사하고 헌신하는 자. (민 6:1-21)

9. (　　　　) 모세가 반석을 지팡이로 2번 쳐서 나온 물. (민 20:13)

10. (　　　　) '거룩한 모임' 절기 중에 모이는 거룩한 집회. 제사를 드린 후 제사장들이 낭독하는 율법을 들으며 택한 백성과 맺으신 하나님의 약속을 재확인하였다. (민 28:17-18)

11. (　　　　) 자발적이고 즐거운 마음으로 하나님께 예물을 드리는 제사. (민 15:3)

12. (　　　　) 출애굽한 이스라엘 백성은 싯딤에서 모압 여인들의 유혹에 넘어가 그들과 행음하며 그들이 숭배하던 이것에 절하고 함께 제물을 먹음으로써 하나님께 큰 진노를 샀다. (민 25:5)

13. (　　　　) 고라, 다단과 함께 모세와 아론을 거슬려 반란을 꾀하다가 하나님의 저주를 받아 산 채로 땅 속에 빠져 죽임을 당함. (민 16:1-33, 26:10절)

14. (　　　　) 발람이 탄 나귀가 이것을 보고 발람 밑에 엎드려 움직이지 않았다. (민 22:27)

15. (　　　　) 미디안 종족의 두령인 수르의 딸. 시므온 족장 시므리의 아내가 되어 이스라엘 백성을 영적으로 타락시켜 하나님의 진노로 염병이 일어났다. (민 25:15)

16. (　　　　) 싯딤에서 음행을 저지른 이스라엘과 미디안 여인을 창으로 배를 꿰뚫어서 두 사람을 죽이니 이스라엘 자손에게 염병을 그치게 한 사람. (민 25:7-8)

▣ 민수기에 나오는 산 이름을 서로 연결하시오.

1. 호르산 ● 　　　　● A. 모세가 요단강 건너편 약속의 땅 가나안을 바라보며 하나님의 부르심을 받은 산. 비스가의 정상을 말함. (신 32:49, 34:1절)

2. 비스가산 ● 　　　　● B. 모압 평지에 있는 산지. 술사 발람이 이 산에 올라 이스라엘 진영을 바라보며 저주함. (민 23:28)

3. 느보산 ● 　　　　● C. 아론이 죽어 매장된 산으로 이곳에서 하나님의 말씀을 들었다. (민 33:38-39)

4. 브올산 ● 　　　　● D. 술사 발람이 이스라엘 백성을 저주하기 위해 일곱 제단을 쌓은 곳. 모세가 가나안 땅에 들어가지 못하고 이 산에서 가나안 땅을 바라보았다. (민 23:14, 신 34:1-8)

5. 신명기 (申命記, DEUTERONOMY)

1. 내용

모세 오경의 마지막 책인 신명기는 출애굽 이후 가나안 입성을 앞두고 이스라엘 신세대 백성을 위해 이제까지의 경험을 회고하며, 하나님의 계명과 약속을 백성들에게 상기시켜 주는 내용이 담겨 있다.

2. 배경

가나안 땅 입성 직전에 가나안 입성을 준비하며 광야 유랑 생활을 마무리하며 머물렀던 동쪽의 모압 평지, 암몬, 에돔 그리고 마지막 삶을 마친 모세의 느보 산 등이다.

3. 흐름과 내용 구성

과거 회상(광야 유랑, 지켜야 할 규례), 하나님의 백성을 위한 규범(여러 율법 및 절기들), 예언적 메시지(축복과 저주, 모세의 유언) 등이다.

4. 목적

모세가 쓴 것으로 밝히지만 34장 이후 모세의 죽음과 이후 기록은 후대에 가필된 것으로 본다. 하나님께서 이스라엘 백성에게 주신 율법을 재교육하여 여호와의 신앙을 일목요연하게 가르쳤다. 구약의 정수라 불리며 신약에 인용되었고 하나님께 감사와 찬양이 담겨 있다.

5. 본서에 나타난 하나님의 섭리

이스라엘 백성의 지난 역사를 뒤돌아볼 때 불행과 실패, 행복과 형통의 비결이 고스란히 담겨 있다.

하나님의 언약에 머무르면서 하나님의 말씀에 순종하며 살아가는 것이 행복과 번영의 지름길임을 가르쳐준다. 예수님께서도 공생애 직전 마귀에게 시험을 받으실 때도 신명기 말씀으로 모두 물리쳤고(마 4:4~7 · 10, 22:37), 수가성 우물에서 스스로 생명수라고 밝힌 것과 모세가 이스라엘 자손 중 형제 가운데 선지자가 오신다는 내용(신 18:15, 행 7:37)으로 예수그리스도의 예표를 보여주고, 하나님의 언약대로 살아야 하나님의 축복을 받을 수 있다고 이스라엘 백성들에게 깨우쳐 준다.

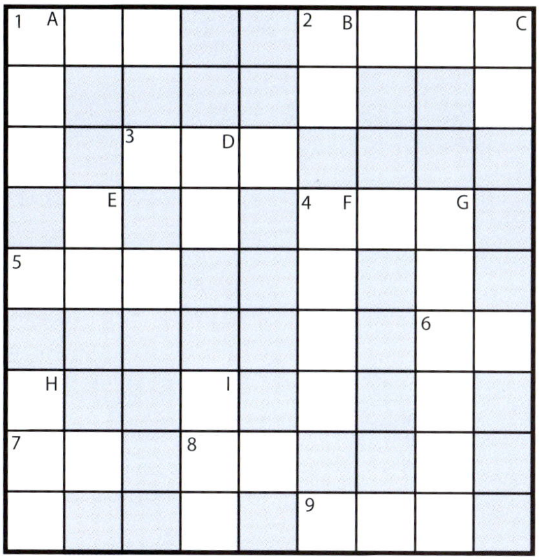

가 로

1. 종려나무가 많아 '종려 성읍'이라 일컫고, 이곳은 가나안 정복전쟁의 첫 대상지였고, 신약에서 예수께서 이곳을 지나다 바디매오의 눈을 치료해 줬다. (신 34:3)
2. 바산의 수도로 옥이 통치했던 곳. 출애굽한 이스라엘이 옥의 군대와 싸워 그를 물리치고 이곳을 포함한 여러 성읍들을 차지함. (신 1:4)
3. 가나안을 들어가기 전 이곳 맞은편에 진을 쳤으며 모세가 이곳에서 장사됨. (신 34:5-6)
4. 모세가 가나안 땅에 들어가지 못하고 이 땅에서 약속의 땅 가나안을 바라보았으며 하나님의 부름을 받아 최후를 마침. (신 3:27, 34:1-8)
5. 레아가 야곱에게 낳은 다섯 번째 아들. 이스라엘 한 지파를 형성, 전통적으로 용사 배출, 큰 종족 이룸. (신 33:18, 대상 7:1-2, 민 26:23-24)
6. 죽은 사람이 가는 처소 혹은 무덤. 영적으로는 형벌과 고난의 장소를 의미. (신 32:22)
7. 대표적 도시로는 출애굽한 이스라엘 백성이 가나안으로 12 정탐꾼을 파견한 가데스 바네아, 브엘세바가 있음. 납달리의 한 경계 지역. (신 34:3)
8. 초록이 무성한 목축지대로 곡창지대. 이곳 가축은 최고 품질로 침. 일명 르바임 땅이라 했고, 이스라엘에 의해 바산왕 옥이 다스리던 성읍이 정복되어 므낫세 반 지파의 소유가 됨. (신 3:4, 3:13)
9. 여호수아의 본명. (신 32:44)

세 로

A. 하나님의 지극한 사랑의 대상자이자 친밀한 관계 속에 있는 이스라엘. 그리고 하나님의 은혜 회복되고 구속받은 이상적인 민족을 가리키는 영적이고 도덕적이고 시적인 명칭. (신 33:5. 26)

B. '붉은'이란 뜻으로 에서의 별명이자 에서의 후손을 가리킴. 이스라엘과 적대적 관계로 세일산에 정착함. (신 2:4-6, 창 36:1)

C. 단순하고 기이한 일이나 이상한 일을 의미할 뿐 아니라 하나님의 권능이나 영광을 나타냄. (신 4:34)

D. 술사 발람은 발락의 안내를 받고 이 산 위에 올라가 이스라엘 진영을 내려다보며 저주. 벧브올로 불림.(민 3:29)

E. 출애굽한 이스라엘 백성이 광야에서 물이 없어 하나님을 원망할 때 모세가 하나님께 간구하자 하나님께서 모세로 하여금 반석을 쳐서 물을 마시게 했던 장소. (신 6:16)

F. 이스라엘 남자 시므리가 미디안 여자 고스비와 동침하는 것을 보고 두 사람을 단칼에 쳐죽임으로써 하나님의 진노를 그치게 하고 영원한 대제사장 직분을 받음. (민 25:7-13)

G. 출애굽 당시 시내 산을 출발한 이스라엘 백성이 11일 만에 이곳에 당도하였고 여기서 가나안 탐지를 위해 12 정탐꾼을 파견, 모세의 누이 미리암이 여기서 죽어 매장함. (신 1:2)

H. 갈릴리 바다 북서 해안에 있던 요새화된 성읍. (신 3:17, 수 19:35)

I. 이곳에서 레위 지파를 구별하여 언약궤를 매게 했고, 여호와 앞에 서서 그분을 섬기며 또 여호와의 이름으로 축복하였다. (신 10:7)

▣ 다음 사각 칸에서 찾아 넣으세요.

다단, 그술, 암몬, 경계표, 기르가스, 아낙, 브리스, 마아갓, 여부스, 에서, 왕벌

1. 여호와께서 주어 이스라엘 소유가 된 땅에서 조상이 정한 이것을 옮기지 말라함. (신 9:14) (　　　　　)

2. 이스라엘 역사 내내 선민들에게 우상 숭배를 조장하는 악역을 대항함. (신 20:17) (　　　)

3. 이곳 원주민은 반드시 멸절해야 할 가나안 7 족속 중 하나. 솔로몬 때 이곳 사람 노예로 삼음. (신 7:1) (　　　)

4. 출애굽 후 므낫세 아들 야일이 정복했지만 완전히 추방시키지 못함. (신 3:14) (　　　)

5. 갈리리 호수 동편 헤르몬 남쪽에 위치. 이 족속은 아브라함의 동생 나홀이 첩 르우마를 통해 낳은 그들의 후손으로 추정함. (신 3:14) (　　　　　)

6. 형제 아비람과 모세의 지도권에 반발한 고라 일당에 가담했다가 갈라진 땅으로 죽은 자 후손. (신 11:6) (　　　　　)

7. 고대 유명한 거인족이며 용사요, 침략자였던 네피림의 후손. 가나안 초기 원주민. (신 2:21, 창 6:4) (　　　　　)

8. 출애굽 당시 하나님은 이스라엘에게 이 족속을 괴롭히다가 다투지 말라고 명함. (신 2:16-19) (　　　　　)

9. 하나님께서 세일 산을 기업으로 준 사람. (신 2:5) (　　　　　)

10. 여호와께서 이것을 보내 남은 자와 숨은 자를 멸한다 함. (신 7:20) (　　　　　)

Tip

우리가 믿는 기독교는 성부와 성자로부터 오신 성령께서 인생으로 구원에 참여하게 하시나니 인생으로 죄와 비참을 깨닫게 하시며 그 마음으로 밝혀 그리스도를 알게 하시고 그 의지를 새롭게 하시고 권하시며 권능을 주어 복음에 값없이 주마 한 예수 그리스도를 받게 하시며 또 그 안에서 역사하여 모든 의의 열매를 맺게 하신다. 〈신조〉

■ 신명기에는 유난히 아자(字)가 많이 들어가는 단어가 나온다. 보기에서 찾아 넣으세요.

아르논, 아드마, 아로엘, 아세라, 아라바, 아비람, 아르곱

1. 출애굽한 이스라엘 백성이 가나안 땅을 진입하기 위해 통과했던 곳. 정복전쟁 초기 이스라엘과 이방민족간의 전투가 있었고, 훗날 다윗이 사울을 피해 잠시 머물기도 했다. (신 1:1) (　　　　)
2. 일찍이 아모리왕 시온이 다스렸던 땅이었으나 이스라엘이 정복. (신 2:36, 4:48) (　　　　)
3. 이곳에는 잘 정비되고 요새화된 성읍 60개가 있었는데 모세가 이끄는 이스라엘에 의해 정복. 므낫세아 야일이 이곳을 정복 후 하봇 야일로 이름 지음. (신 3:4, 13:14) (　　　　)
4. 모압과 아모리 족의 경계지를 흘러 사해로 흘러가는 큰 강. 후에 르우벤 지파의 남쪽 경계가 됨. (신 2:24, 민 21:13) (　　　　)
5. 형제 다단 고라와 함께 모세와 아론을 거슬려 반란을 꾀하다가 하나님의 저주를 받아 죽은 자. (신 11:6) (　　　　)
6. 최고의 신인 엘의 배우자 신이다. 다산과 풍요, 성의 여신으로 음란한 제의로서 숭배. (신 12:3, 출 34:13) (　　　　)
7. 모세와 호세아가 이 성의 멸망을 회상했고, 소돔과 고모라와 함께 멸망한 사해 연안도시. (신 29:23) (　　　　)

■ 신명기에는 산이 많이 나온다. 기호를 적으세요.

1. 호렙산 (　　　　)	A. 아론이 죽어 매장된 산이고, 이스라엘 백성이 출애굽 여정 중 하나님 말씀을 들음. (신 32:50, 민 20:22-29)
2. 헤르몬산 (　　　　)	B. 모세가 요단강 건너편 약속의 땅 가나안을 바라보며 하나님의 부르심을 받았다. (신 32:49, 34:1)
3. 그리심산 (　　　　)	C. 모세가 하나님의 부름을 받았고 출애굽 후에는 율법을 받았다. (신 5:2, 4, 10)
4. 느보산 (　　　　)	D. 모세는 이스라엘 백성을 향해 가나안에 들어가면 이 산에서 축복을 지시했고, 여호수아는 이 명령에 따라 가나안 땅에 제단을 쌓고 모세의 율법을 돌에 기록한 후 축복의 율법을 선포.(신 27:12)
5. 호르산 (　　　　)	E. 가나안 땅으로 진입할 때 이 산에서 저주의 율법이 선포되도록 했었고, 또 여호와를 위한 돌계단을 쌓도록 했다. 일명 '저주의 산'. (신 27:13)
6. 에발산 (　　　　)	F. 이 산은 만년설로 뒤덮여 있으며 여기서 녹아 내린 물이 갈릴리와 요단강의 근원이 됨. (신 3:9)

역사서란?

여호수아 · 사사기 · 룻기 · 사무엘 상하 · 열왕기 상하 · 역대기 상하 · 에스라 · 느헤미아 · 에스더까지 12권을 역사서로 분류하였다.

이스라엘의 역사는 한 민족의 역사이나 하나님께서 인류를 구원하시고 구속의 역사는 계시하고 있음에서 그 중요성을 발견할 수 있다. 왜냐하면 선민의 역사는 구원의 역사이기 때문이다.

1. 역사서 12권 시대 구분

이스라엘 발흥기	절 정 기	쇠 퇴 기	회 복 기
여호수아 1: 사사기 룻기 4:	삼상 1: ~ 삼하 ~ 왕상 11: 대상 1: 대하 9	왕상 12: 왕하 25: 대하 10:	대하 35: 22-23 에스라, 느헤미아 에스더 10:
요단강을 건너다 여리고 정복 땅을 지파에게 배분 사사들의 통치 미스바 영적 각성운동	초대왕 사울 다윗의 통일왕국 솔로몬의 등극 성전 건축과 헌당 솔로몬의 국제무역	왕국의 분열 엘리야 · 엘리사 사역 남북왕국 멸망 요시야 종교개혁 바벨론 침략	바벨론 포로기 고레스 칙령에 의한 귀환 바벨론 포로 귀환 성전 · 성곽 재건 에스라 · 에스더 구국운동

2. 역사서에 중요한 인물

① 여호수아

에브라임 지파 눈의 아들. 모세의 수종자였다가 모세의 후계자가 되어 가나안 땅을 정복한 통치자이다. 그는 담대한 자요, 하나님의 신에 감동된 자이며, 확고한 믿음의 소유자로 강력한 지도력을 겸비한 신뢰받는 지도자였다.

12지파에게 영토를 모두 분배하였고, 죽기 전 세겜에게 마지막 고별 설교를 통해 그는 백성에게 오직 하나님만을 섬기고 그 앞에서 거룩을 유지하도록 권고 백성과 언약을 세웠다.

② 사무엘

이스라엘의 최후 사사로서 신정 정치에서 왕정 정치로 넘어가는 과도기에 이스라엘의 신앙과 생활을 지도한 경건한 지도자로 모세 다음으로 선지자의 대표격이다.

노년에 자기 아들을 사사로 지명하였지만 아들들의 불의와 백성들의 반대로 하나님의 지시에 따라 사울을 왕으로 세워 기름 부었지만 사울이 교만하여 하나님의 버림을 받자 다윗에게 다시 기름을 부어 사울의 후계자로 삼았다.

성경은 사무엘을 기도의 사람, 모세에 필적할 만한 위대한 지도자로 하나님을 기쁘시게 하는 믿음의 용사였다고 한다.

③ 사울

사사시대를 마무리하고 왕정시대를 연 이스라엘의 초대 왕. 아말렉과의 전투에서 모든 것을 남김 없이 진멸하라는 하나님의 명령을 어기고 좋은 것들을 전리품으로 취하였다가 하나님으로부터 버림받게 되었다. 이 사건 후 사무엘은 다윗에게 기름을 부어 왕으로 삼았으며 다윗의 인기가 상승하자 그를 죽이려 하였다. 블레셋과의 길보아 전투에서 최후 일전을 벌이다 중상을 당하자 스스로 자결하였다.

④ 다윗

사울의 뒤를 이어 통일왕국 이스라엘의 2대 왕위에 올랐다. 다윗은 목자요, 왕이자 탁월한 시인이었다. 시편 150편 중에 73편의 시를 지었다. 그는 하나님과의 언약(다윗 언약)을 통해 영원한 메시야의 모형이 되기도 하였다. 또 다윗의 혈통을 통해 궁극적으로 하나님 나라를 통치하게 될 메시야의 도래라는 이상을 나타내 보이셨다.

⑤ 솔로몬

이스라엘 통일왕국 제3대 왕으로 다위왕이 우리아의 아내 밧세바를 취하여 낳은 아들. 이스라엘 영토를 가장 넓게 확장시켰으며 이스라엘 역사상 최고의 물질적 번영을 누리는 왕국을 건설하여 40년간 통치했다.

한 시대의 위대한 통치자였으며, 모든 영화를 누렸다. 엄청난 풍요와 지혜와 총명을 소유했음에도 불구하고 솔로몬은 사치와 우상숭배라는 오점을 남겼고, 사후에 왕국은 둘로 분열되었다.

⑥ 엘리야

북이스라엘 왕 아합과 아하시야 시대 선지자로 하나님을 경외하며 우상 숭배를 타파하고 여호와 유일신앙을 지키기 위해 노력한 구약의 대표적 선지자로 엘리사의 스승이다.

⑦ 엘리사

북이스라엘의 제9대 왕 여호람에서부터 예후, 여호아하스를 거쳐 제12대 요아스왕까지 무려 50여년간 영적 지도자로 봉사했다. 일명 대머리 선지자로 죽은 후에도 그의 뼈에 닿은 시체들이 회생되는 기적을 일으켰다.

이외에도 역사서에는 에스라, 느헤미야 선지자와 기생 라합의 믿음과 구원, 드보라의 사사 활동, 이방여인으로 다윗의 혈통을 이은 룻, 기도로 사무엘을 낳은 한나, 민족을 구한 에스더 등 여성들의 활약상도 나온다.

6. 여호수아 (JOSHUA)

1. 내용

모세의 후계자인 여호수아가 요단강을 건너가 약속의 땅으로 가나안을 정복하고 열두 지파에게 그 땅을 분배하는 과정이다. 약속의 땅을 주신 하나님을 섬기자는 엄숙한 언약의 증언들이 제시되었고, 이미 이런 모든 일들이 오래 전에 주어진 하나님의 약속이 성취된 것이라는 사실이다.

2. 배경

약속의 땅으로 일컫는 가나안, 곧 팔레스타인 전역과 영토 분배시 이스라엘 백성이 지파별로 할당받은 요단강 동쪽 지대가 주배경이다.

3. 흐름과 내용 구성

가나안 정복 전쟁(약속의 땅 점령, 영토 분배와 정착), 가나안 영토분배(분쟁 해결과 유언, 여호수아의 고별, 설교와 죽음, 엘르아살의 죽음)로 구성되었다.

4. 목적

하나님의 약속이 실현되었음을 보여주고 그 땅을 차지한 이스라엘의 죄악과 부패로 가득 찬 땅을 거룩한 땅으로 회복시켜야 할 책무를 알려주며, 이 땅을 살아가야 하는 우리가 하나님의 부르심에 대한 소명을 일깨워준다.

5. 본서에 나타난 하나님의 섭리

하나님께서 약속한 땅으로 들어가는 과정에서 죄를 철저히 진멸시키며 당신의 의지를 분명하게 드러낸다. 예수 그리스도의 십자가를 통해 영생의 땅으로 들어갈 수 있음을 본서에서 예시하고, 가나안의 정복전쟁은 오늘날 이 세상을 살아가면서 영적 전투에서 무엇이 옳고 그른지 성도들의 바른 신앙 자세를 확고하게 보여준다.

▣ **여호수아 당시 각 나라 왕이다. 서로 연결하시오.** (참조 ··· 수 10:3, 11:1)

왕	호함	요밥	야비아	야빈	드빌	아도니세덱
나라	예루살렘	헤브론	라기스	마돈	에글론	하솔

여호수아 퍼즐

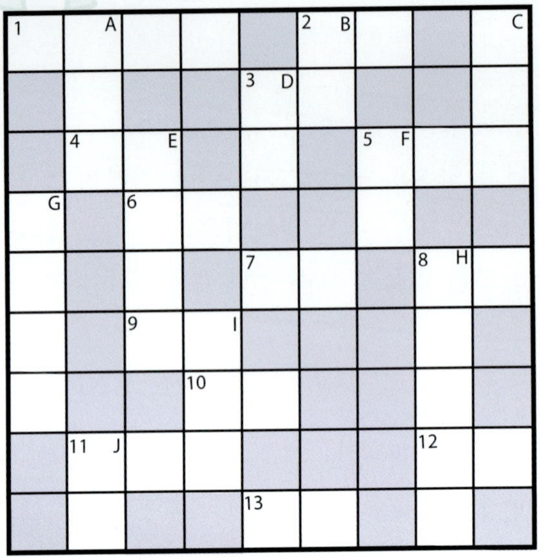

가 로

1. 여호수아, 다윗, 솔로몬의 역사를 기록할 때 인용했던 일종의 출전에 해당하는 책으로 주로 시문을 수집 편집한 것으로 잘 알려진 히브리 문학이다. (수 10:13)
2. 거인족이요 침략자 네피림의 후손으로 비교됨. 그의 자손들은 가나안 전쟁 때 갈렙에 의해 추방됨. (수 15:13~14)
3. 갈렙의 딸로 결혼할 때 남방 땅 네게브와 아래 샘과 윗 샘을 요구해 얻었다. (수 15:16-19)
4. 여호수아가 정복하여 유다지파에게 분배했지만 사사시대 블레셋에게 빼앗겨 다곤신전이 세워졌으며 삼손과 들릴라 사건의 무대이다. (수 15:47, 삿 16:1-30)
5. 고지대에 위치한 성읍이자 요새. 이스라엘이 아간 한 사람의 범죄로 이 성에서 패했다가 재공격하여 멸망시켰다. (수 7장, 8:3)
6. 사사 드보라와 바락에게 정복되었고, 야빈이 통치했던 성읍. (수 11:1, 삼상 12:9)
7. 여리고기생. 가나안을 탐지하러 온 두 명의 이스라엘 정탐꾼을 숨겨주고 후에 자신과 가족의 생명을 약속받음. (수 2:1-13)
8. 아낙 사람이 살던 성읍. 여호수아가 빼앗아 유다지파에게 줌. (수 11:21 15:50절)
9. 길르앗의 아버지. 그의 집안은 매우 호전적이었다. (수 17:1, 민 27:1)
10. 아셀지파 북쪽 경계지 인근 성읍. 아셀지파는 가나안 족속들을 완전히 몰아내지 못했다. (수 19:28, 삿 1:31)
11. 암만 남쪽. 르우벤 지파에게 할당되었다가 후에 레위지파 무라리 가문에 양도된 성읍. (수 13:18)
12. 에돔, 즉 에서의 자손들이 거주했던 지역을 통칭하여 부른다. (수 11:17, 창 32:3)
13. 가나안 정복전쟁 당시 범죄자 아간과 그 일가가 돌에 맞아 처형된 곳. (수 7:26)

세 로

A. 가나안 정복전쟁 당시 요단 동편의 바산 왕 옥이 다스리던 에드레이 근처 성읍. (수 12:5)
B. 신상과 제단을 없애며 우상 숭배를 배척했고, 여호와 보시기에 부패와 타락을 멀리 한 왕. (대하 15:1-8)
C. 국가에서 필요로 하는 식량과 무기들을 공급 또는 보관했던 성읍. (왕상 9:19)
D. 아셀지파에게 분배된 지중해 연안의 성읍. 아셀지파가 점령하지는 못함. (수 19:29)
E. 다볼과 벳세메스 사이에 있는 성읍. (수 19:22)
F. 여리고 성을 함락시켰지만 하나님의 지시를 어기고 하나님의 것으로 구별되어야 할 전리품을 훔쳤고, 이로 인해 아이성 전투에서 참패하고 이 사람과 그 가족을 아골 골짜기에서 돌로 처형. (수 7:16-21)
G. 삼손이 블레셋 여인과 결혼한 뒤 수수께끼를 냈다가 답이 유출되자 이곳으로 내려가 주민 30명 죽임. (수 13:3, 삿 14:19)
H. 예루살렘 왕에게 붙여진 공식 명칭. 아모리인으로 예루살렘 왕. (수 10:1)
I. 므낫세의 손자이며 마길의 아들. (수 17:1)
J. 가나안 정복전쟁 당시 여호수아 군대가 하솔왕 야빈이 이끄는 가나안 북방 연합군을 섬멸시킨 장소. (수 11:5-7)

다음에서 찾아 넣으세요.

옷니엘, 율법책, 우박, 엣, 아골골짜기, 붉은줄, 세겜, 철병거, 아간, 목

1. 이스라엘 하나님 여호와께서 범죄하여 아이 성에서 패한 것은 누구 때문인가. (수 7:20)
   (   )
2. 기럇 세벨을 쳐서 그것을 점령함으로써 갈렙의 딸 악사를 아내로 얻은 사람. (수 15:17)
   (   )
3. 르우벤 자손과 갓 자손이 거주하는 땅에서 다시는 싸우지 말자고 쌓았던 제단. (수 22:33-34)
   (   )
4. 이것을 네 입에서 떠나지 말게 하며 기록한 대로 다 지켜 행하라 함. (수 1:8) (   )
5. 아간을 돌로 쳐 죽이고 돌무더기를 쌓아 여호와의 진노를 그친 곳. (수 7:25-26) (   )
6. 기브온에서 싸우며 벧호론 비탈길을 내려갈 때 이스라엘 자손 칼보다 이것에 더 맞아죽음.
   (수 10:11) (   )
7. 정탐꾼들은 증표로 어떤 것을 창문에 매리라고 했나. (수 2:21) (   )
8. 여호수아가 자기와 함께 갔던 지휘관들에게 사로잡은 다섯 왕의 어디를 밟으라 했나.
   (수 10:24) (   )
9. 여호수아가 이곳에서 백성과 더불어 언약을 맺고 그들을 위해 율례와 법도를 정한 곳.
   (수 24:25) (   )
10. 요셉 족속 에브라임과 므낫세는 가나안 사람이 이것을 가져 스스로 개척하기를 두려워함.
    (수 17:18) (   )

Tip

성례식이란?

하나님을 섬기는 자가 주의 몸된 교회의 세례교인이 되었다는 것은 신구약 성경과 헌법, 예배 모범, 성도의 의무에 충실해야 한다는 것을 의미한다.

7. 사사기 (士師記, JUDGES)

1. 내용

통일된 국가 조직을 갖추기 전 과도체제하에서 이스라엘 백성이 하나님을 섬기지 않고 이방의 우상들을 섬기던 어두운 배반과 타락의 시대와 관련된 이야기다.

인간의 타락과 하나님의 용서를 통해 하나님께서는 우리가 어떤 상황에 처해 있든지 우리를 통해 일하실 수 있고, 하찮고 보잘것 없이 보이는 자를 통해서도 위대한 일을 이루실 수 있다. 하나님의 의로운 통치 원리도 배운다.

2. 배경

가나안 전역과 그 주변 열국들로 최초의 사사 옷니엘을 비롯하여 우리에게 잘 알려진 삼손 등 12사사가 활동한 가나안의 여러 도시들이다.

3. 흐름과 내용 구성

사사 시대의 배경(가나안 정착과 승리, 경고와 백성의 타락, 사사들의 등장 배경), 사사들의 활약상(타락과 회복의 반복, 12사사의 사역), 사사 시대의 혼란과 부패상(우상 숭배와 패륜으로 인한 혼란, 동족 상잔)으로 이뤄졌다.

4. 목적

자기 백성이 타락했을 때 징벌을 내리셨고, 잘못을 깨닫고 도와달라고 기도했을 때는 하나님께서 그때마다 사사를 보내 어려움에서 구원을 해주셨으므로 오직 하나님으로부터만이 구원과 회복이 주어질 수 있다는 깨달음을 준다.

5. 본서에 나타난 하나님의 섭리

범죄를 저지른 이스라엘 백성을 징계하는 수단으로 이방 군대를 동원해 멸하시고, 회개하는 이스라엘 백성을 위해 사사를 보내 구원하시는 것을 보면서 진심으로 하나님께 회개하고 하나님 중심으로 살아가는 사람만이 구원의 기쁨 속에서 살 수 있다는 것을 가르치고 있다.

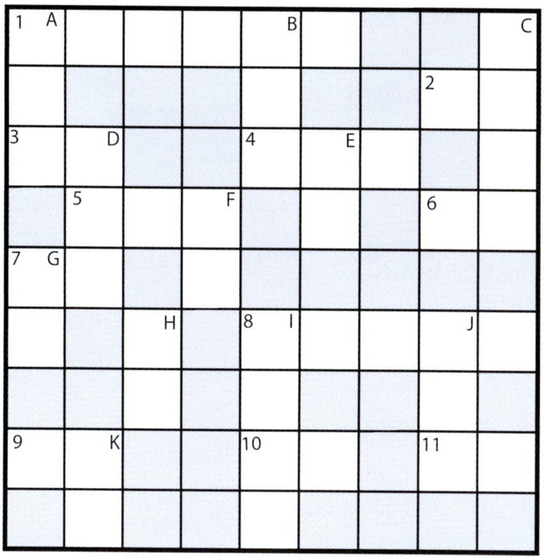

가 로

1. 이스라엘 민족을 8년 동안 괴롭혔던 갈렙의 조카인 사사 옷니엘에 의해 멸망당한 메소포타미아의 왕. (삿 3:8–11)
2. 사사 시대 요셉 지파가 벧엘을 공격할 때 벧엘 성읍에 관한 정보를 제공하여 목숨을 건진 한 주민이 헷 사람의 땅에 가서 세운 성읍. (삿 1:22–26)
3. 깊이 동정하여 불쌍히 여김. 하나님이 진노를 그치시고 죄인을 용서하시며 은혜를 베푸시는 것. (딛 3:4–7)
4. 자발적이고 즐거운 마음으로 하나님께 예물을 드리는 제사. (민 15:3)
5. 레바논과 헤르몬 산맥 사이 천연 요새지. 시돈 사람의 성읍이었으나 단지파에 의해 정복당함. (삿 18:7, 27)
6. 가나안 왕 야빈의 군대와 이스라엘 사이에 싸움이 일어났을 때 야빈의 군대 장관 시스라가 급히 이 사람의 장막으로 피신했으나 잠들게 한 후 말뚝과 방망이로 관자놀이를 쳐서 죽였다. 이 사람은? (삿 4:17–22, 18–22)
7. 8년 동안 사사로 지내며 많은 일가를 이룬 뒤 죽어 비라돈에 장사된 열한 번째 사사. (삿 12:13–15)
8. 사사 기드온이 하나님과 자기 사이에 모든 일이 화평하게 된 것을 기념하여 오브라에 있는 제단에 붙인 이름. (삿 6:24)
9. 정도를 깨뜨리는 음란하고 난잡한 행실. 율법에는 이를 행하는 자를 돌로 쳐죽이도록 규정함. (삿 2:17, 민 25:1)
10. 여자 사사 드보라의 군대 장관. 가나안 왕 야빈 군대를 전멸시키고 폭정에 시달리는 민족을 구원함. (삿 4:13–16)
11. 쇠와 뿔로 만든 관악기. 세속적인 행사뿐만 아니라 종교의식에서도 많이 사용. (삿 7:8, 수 6:20)

세 로

A. 구약에서는 많은 경우 위기나 고통에서부터 건져주는 사사나 민족주의자들에게 사용. (삿 3:9)
B. 사사 시대 가나안 왕 야빈의 군대장관 시스다 군대를 공격하기 위해 여자 사사 드보라의 군대장관 바락이 이스라엘 지파들을 집결시킨 곳. (삿 5:19)
C. 요단 강에 이르는 골짜기로 주요 전략 요충지로서의 역사를 통해 군사적 충돌이 끊이지 않았다. (삿 6:33,수 17:16)
D. 에브라임 지파에 속한 성읍. 사사 압돈의 고향이며 매장지. (삿 12:13–15)
E. '즐거이 드리다'는 뜻을 지닌 '나다브'에서 유래한 말. 자발적인 행동이나 아낌없이 바치는 것. (삿 5:2)
F. 기드온의 부하들이 살해한 미디안의 두 방백 가운데 한 사람. (삿 7:25)
G. 심리적, 정신적으로 상대편에게 겁을 줌. (삿 2:18)
H. 이스라엘 지도자 여호수아 사후부터 이스라엘의 초대 왕 사울의 등장 때까지 하나님에 의해 세워진 이스라엘의 군사 정치적 지도자. (삿 2:16–18)
I. 기드온이 자기 부친이 섬기던 바알 신상을 찍었으나 바알이 아무 반응도 하지 못하는 무능한 신이었음을 조롱하는 뜻에서 붙인 이름. (삿 6:32)
J. 사사 기드온이 잡아서 처형한 두 미디안 왕 중 하나. (삿 8:4–21)
K. 하나님의 분노를 자극하는 행실. 하나님께서 용납할 수 없는 행위일 뿐 아니라 사람에 대하여도 비윤리적, 비도덕적인 행위로 나타난다. (삿 19:23, 잠 10:23)

▣ 다음은 사사기에 나오는 12사사들이다. 보기에서 맞게 고르시오.

A.옷니엘 B.에훗 C.삼갈 D.드보라 E.기드온 F.돌라 G.야일 H.입다
I.입산 J.엘론 K.압돈 L.삼손

1. 소모는 막대기로 블레셋 사람 600명을 죽인 사사는? (삿 3:31) (   )

2. 길르앗에서 활동, 아들 30명과 성읍 30개를 얻은 사사? (삿 10:3) (   )

3. 왼손잡이로 여리고를 점령했던 모압왕으로 에글론을 죽인 사사는? (삿 3:15) (   )

4. 길르앗 출신 기생의 아들. 경솔한 서원으로 딸을 제물로 바친 사사는? (삿 11:11) (   )

5. 여 사사. 군대장관 바락과 함께 가나안 장군 시스라를 물리친 사사는? (삿 4:4) (   )

6. 스불론 지파 출신으로 아얄론에서 장사된 사사는? (삿 12:11-12) (   )

7. 베들레헴 출신으로 아들 30명을 두고 딸 30명은 타국으로 시집 보낸 사사는? (삿 12:8) (   )

8. 나실인으로 힘이 센 장사. 들릴라의 꾀임에 빠져 머리털이 빠진 사사는? 삿 13:24) (   )

9. 비라돈 출신으로 아들 40명과 손자 30명이 70마리 나귀를 탄 사사는? (삿 12:13-15) (   )

10. 에브라임 산지사 밑에 거주하면서 23년간 사사로 활동한 부아의 아들인 사사는? (삿 10:1) (   )

11. 갈렙의 조카이며 최초의 사사는? (삿 3:9) (   )

12. 300명의 용사로 미디안 전쟁에서 대승하였고 별명은 '여룹바알'인 사사는? (삿 6:11-32) (   )

8. 룻기 (RUTH)

1. 내용

사사 시대를 살아가면서 겪는 두 과부(시어머니와 며느리)의 슬픈 이야기로 시작된다. 흉년을 피해 먹고 살기 위해 이웃 나라로 갔다가 집안 남자들이 모두 죽지만 가정적 불행과 생활고를 숭고한 사랑과 다함없는 헌신으로 극복하여 마침내 하나님의 계획 속에서 이방 출신이지만 예수 그리스도의 계보에까지 오르는 영광을 이룬다.

2. 배경

가나안 경내인 나오미와 엘리멜렉의 고향 베들레헴과 가나안 밖인 나오미 가족이 이주하여 정착했던 땅이며 며느리 룻의 고향인 모압이다.

3. 흐름과 내용 구성

룻의 결단과 신앙(시어머니를 따라 약속의 땅을 벗어났다 다시 돌아옴) 보아스와 룻의 만남(헌신적인 룻, 보아스와 혼인), 룻의 안식과 보상(결혼, 나오미의 행복, 메시야 반열에 오름) 등으로 흐름이 이어진다.

4. 목적

이방 여인 룻의 효성과 신앙으로 다윗의 한 조상 일화를 통해 히브리인들의 혈통적 독선을 배격하고 여호와의 신앙과 그 구원이 이방인들에게 열려 있음을 확인시켜 준다.

5. 본서에 나타난 하나님의 섭리

남편을 잃은 이방 여인이 홀로된 시어머니를 따라 낯선 땅으로 이주하는 삶을 살아가지만 룻은 시어머니를 헌신적으로 섬기며 하나님을 향한 굳센 믿음으로 약속의 땅에서 보아스를 만나 결혼을 하여 훗날 다윗왕과 예수 그리스도의 족보에 오르는 축복도 받게 되었다.

현대를 살아가는 사람들에게 하나님을 향한 신의가 세상 실리를 좇아가는 것보다 나음을 내용 전체가 짧지만 강력한 메시지를 전해 준다.

▣ 룻기에 나온 인물들이다. 보기 문구를 찾아 연결하고 ( ) 안에 넣으세요.

	1	2	3	4	5	6	7	8	9	10	11	12	13
A	사	이	엘	리	멜	오	자	오	브	삭	다	베	들
B	새	베	보	마	오	를	나	나	야	라	곱	나	레
C	모	들	아	줍	무	르	미	마	작	멜	오	사	룸
D	압	레	삭	업	이	암	기	타	라	미	라	엘	베
E	여	이	기	아	베	룐	는	보	하	작	리	렉	들
F	기	나	보	인	레	룻	당	아	마	론	스	헤	레
G	타	오	여	엘	타	스	마	타	룻	오	아	업	헴
H	마	압	오	리	마	당	작	는	르	암	기	스	멜
I	모	리	멜	멜	작	마	줍	보	라	우	미	리	레
J	엘	마	르	렉	당	삭	나	룻	오	를	엘	나	스
K	룐	할	베	라	이	미	보	당	말	벳	타	는	답
L	오	레	새	레	암	아	헤	마	잘	호	줍	마	론
M	베	르	여	보	스	기	스	타	몬	작	레	말	르
N	모	압	바	무	업	룻	벳	살	미	압	미	스	바

1.헤스론 ( ) 2.기업무를자 ( ) 3.기룐 ( )

4.모압여인 ( ) 5.이새 ( ) 6.오르바 ( )

7.베레스 ( ) 8.엘리멜렉 ( ) 9.타작마당 ( )

10.이삭 줍는 룻 ( ) 11.보아스 ( ) 12.마라 ( )

13.나오미 ( ) 14.베들레헴 ( ) 15.암미나답 ( )

16.말론 ( ) 17.살몬 ( ) 18.오벳 ( )

1.헤스론 2.기업무를자 3.기룐 4.모압여인 5.이새
6.오르바 7.베레스 8.엘리멜렉 9.타작마당 10.이삭 줍는 룻
11.보아스 12.마라 13.나오미 14.베들레헴 15.암미나답
16.말론 17.살몬 18.오벳

▣ 번호를 찾아 넣으세요.

1. 유다 지파 베들레헴 사람으로 사사시대 유다 땅에 기근이 들어 모압 땅으로 이주했다가 그곳에서 사망한 나오미의 남편이자 룻의 시아버지. (룻 1:1-3, 2:1) (　　　)
2. 나오미는 이방 며느리 룻과 함께 고향 베들레헴으로 돌아와 자신을 가리켜 부른 호칭. (룻 1:20) (　　　)
3. 룻과 결혼하여 엘리멜렉 집안의 대를 이어줌으로써 기업무를자의 의무에 충실함. (룻 2:1) (　　　)
4. 흉년을 피해 유다 땅에서 모압으로 갔던 엘리멜렉과 나오미의 아들 기룐과 결혼한 모압 여인. (룻 1:4) (　　　)
5. 곡물을 타작하는 장소. (암 1:3) (룻 3:7) (　　　)
6. 다윗의 아버지. 오벳의 아들. (룻 4:18-22) (　　　)
7. 유다와 그의 며느리 다말 사이에 태어난 불륜의 아들이지만 예수 그리스도의 조상됨. (창 38:29, 46:12) (　　　)
8. 유다 자손으로 베레스의 아들. 예수 그리스도 계보에 언급된 인물. (룻 4:18-9) (　　　)
9. 말론의 모압인 아내로 모압 땅에서 남편과 두 아들을 잃은 시어머니 나오미를 따라 베들레헴으로 돌아와 이삭 줍기로 삶. (룻 2:2) (　　　)
10. 엘리멜렉의 아내이자 말론과 기룐의 어머니. (룻 1:2) (　　　)
11. 모압 땅에서 룻과 결혼했으나 기업 물려줄 후사를 보지 못하고 10년 후 모압 땅에서 죽었다. (룻 1:2 · 5, 4:8-10절) (　　　)
12. 다윗의 선조요, 예수 그리스도 조상, 아론의 아내인 엘리세바의 부친. (출 6:23, 민 1:7) (　　　)
13. 보아스와 룻 사이에 난 아들이며 다윗 왕의 조부. (룻 4:21-2) (　　　)
14. 룻의 남편인 보아스의 아버지. (룻 4:20-1) (　　　)
15. 그는 모압 여인 오르바와 결혼했으나 얼마 되지 않아 모압 땅에서 죽었다. (룻 1:2-5, 4:9-10) (　　　)
16. 형제가 자손 없이 죽으면 가장 가까운 형제가 죽은 형제의 아내와 결혼하여 아들을 낳아주어 대를 잇게 하거나 억울하게 죽었다면 그 살해자를 찾아 피의 복수를 해주는 의무와 권리. (룻 4:6-8) (　　　)

9. 사무엘 상 (1 SAMUEL)

1. 내용

이스라엘 마지막 사사이며 최초의 선지자인 사무엘은 먼저 사울에게 기름을 부어 이스라엘의 왕으로 삼으며 사사 시대가 마감이 되고 왕정 시대가 시작되는 한 세기 동안의 전환기 역사를 다루고 있다. 사사 시대 말기 사무엘의 출생부터 이스라엘 첫 왕인 사울의 죽음, 그리고 다윗의 등장까지 다룬다.

2. 배경

사무엘 선지자의 출생지인 라마, 성막이 있던 실로, 민족적 대회개 운동이 전개되었던 미스바, 다윗이 사울을 피해 도주한 망명처 블레셋의 가드와 시글락, 사울 왕가의 성립과 몰락을 맞은 길보아 산 등이 주요 무대이다.

3. 흐름과 내용 구성

사무엘 상은 크게 세 단락으로 나눠져 있다. 사무엘(엘리, 사무엘 사역), 사울(사울의 즉위와 통치, 사울의 범죄), 다윗의 등장(골리앗 물리침, 도피)으로 구성되어 있다.

4. 목적

사울 왕의 교만 때문에 하나님의 버림을 받자 사무엘은 이새의 아들 다윗을 찾아가 그에게 기름을 부어 이스라엘의 왕위를 잇게 하였다. 하나님께 신실한 자의 성공과 불순종하는 자의 실패를 알려주고, 하나님은 택한 백성은 언제나 보호해 주며, 기도하는 자는 멸망으로부터 보호하신다.

5. 본서에 나타난 하나님의 섭리

사사 시대 신정 정치 마감은 이스라엘에서 왕정체제가 어떻게 시작되며, 어떻게 왕정이 이루어져 나가는지를 보여준다. 그 시작과 전후를 통해 하나님의 백성들의 실패와 형통, 행복과 불행의 기준을 깨닫게 되며, 이스라엘에서 왕정은 인간 중심의 왕정체제와는 그 성격이 다른 신정적 왕정 체제라 할 수 있는데 이 모든 것은 하나님의 절대군주 주권하에 놓여 있다.

사무엘 상 퍼즐

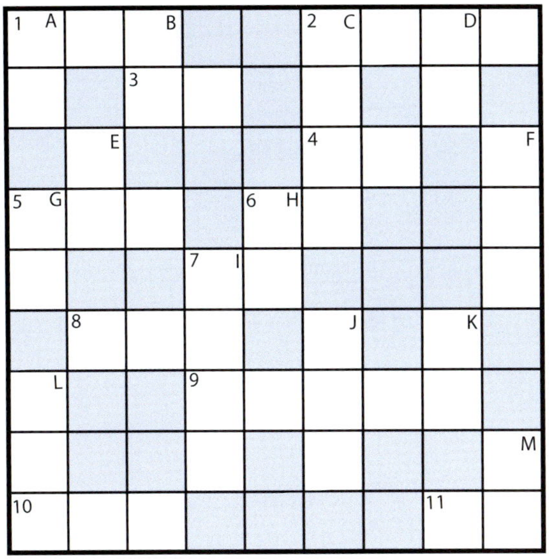

가 로

1. 사무엘의 아버지요 한나와 브린나의 남편. (삼상 1:1-2, 21절)
2. 블레셋에서 되돌아온 여호와의 궤가 자신의 집에 안치되자 20년 동안 언약궤를 지켰다. (삼상 7:1-2)
3. 사울의 딸 미갈의 남편. 미갈은 원래 다윗의 아내였으나 다윗이 사울을 피해 달아나자 사울이 이 사람에게 주었다. (삼상 25:44)
4. 골리앗을 비롯한 많은 거인들을 배출한 아낙의 후손들이 살았다. (삼하 21:19-22)
5. 블레셋인들이 여호와의 언약궤를 빼앗아 이곳에 있는 다곤의 신당에 두었다가 재앙을 경험하고는 곧 돌려보냈다. (삼상 5:1-8)
6. 사사 돌라를 이어 사사를 하였고, 죽어 가몬에 장사되었다. (삿 10:3-5)
7. 다윗을 추적하던 사울은 기브아에서 이 나무 아래서 휴식을 취했고 죽어 이 나무 아래 매장됨. (삼상 22:6)
8. 야곱의 12아들 중 장남. 훗날 이 지파는 갓, 므낫세 지파와 다윗 정부에 충성함. (대상 11:42)
9. 사울 시대 다윗이 골리앗을 죽였을 때 블레셋이 진을 쳤던 곳이다. (삼상 17:1)
10. 다윗이 사울을 피해 이곳 근처 여러 석회암 동굴에 몸을 숨기기도 함. (삼상 22:1)
11. 사울이 이곳에 왕국을 세웠고, 블레셋과의 전투를 앞두고 급한 마음에 사무엘이 오기 전에 자신이 직접 하나님께 제사를 드림으로써 제사장 고유 직분을 범하여 하나님께 범죄를 저지름. (삼상 15:12-15)

세 로

A. 사사와 대제사장을 동시에 수행한 인물. 어린 사무엘의 보호자요 스승으로 양육하며 교육. (삼상 1:3, 4:18)
B. 다윗의 식량 원조를 거부하였으나 아내 아비가일이 몰래 식량을 준 것을 알고 충격에 쓰러져 죽었으나 그의 아내 아비가일은 다윗의 아내가 됨. (삼상 25:36-38)
C. 총명하고 용모가 아름다운 여인으로 나발의 아내였다가 남편이 죽자 다윗의 부인이되어 다윗의 둘째 아들 길르압을 낳음. (삼상 25:39-42)
D. 라마 지방의 성읍. 다윗이 이 성읍에 은신할 때 사울 군사들이 세 차례 걸쳐 다윗을 잡으러 왔으나 그때마다 성령의 감동으로 예언하는 역사가 일어났다. (삼상 19:18~24)
E. 베냐민 지파 사람으로 아비엘의 아들이며 사울 왕의 아버지. (삼상 9:1-3, 10:11-21)
F. 이스라엘 초대 왕 사울은 ○○○을 쳐 이스라엘을 구하기도 했지만, 하나님의 명을 어기고 아각과 전리품을 진멸시키지 않아 하나님께 버림받게 됨. (삼상 15:7-23)
G. 블레셋 군대는 이스라엘과 가진 두 번의 중요한 전쟁 때 이곳을 기지로 사용. (삼상 4:1, 29:1)
H. 요단 강 동쪽의 길르앗 근처의 성읍. (삼하 24:5-6)
I. 이스라엘이 블레셋을 이긴 후 도움을 주신 하나님께 감사하며 사무엘이 미스바와 센 사이에 세운 기념비의 이름. (삼상 7:12)
J. 다윗이 도피 시절에 모압 왕에게 부모를 위탁하기 위해 찾은 모압의 도시. 사무엘이 영적 각성운동을 전개함. (삼상 7:5)
K. 완전, 성실, 온전함, 고결, 순진이란 뜻으로 제비를 뽑아 하나님의 뜻을 살폈다. (레 8:8, 출 28:30)
L. 사울의 세 아들이 전사하고 자신은 자결함으로써 최후를 마친 곳. (삼상 31:1)
M. 다윗을 죽이려는 아버지 사울의 계략에 의해 블레셋 사람의 포피 일백 개로 다윗의 아내가 되었다. (삼상 18:27)

▣ 다음 보기에서 찾아 아래 설명하는 것을 고르세요.

길보아, 행동, 이가봇, 중심, 우레와 비, 은총, 길갈, 시글락, 아비아달, 생명

1. 한나가 기도하면서 여호와는 지식의 하나님이시라며 이것을 달아보신다. (삼상 2:3) (　　　　　)
2. 사무엘이 점차 자라면서 여호와 사람 앞에서 이것을 받았다. (삼상 2:26) (　　　　　)
3. 여호와께서 이것을 보내 여호와의 목전에서 범한 큰 죄악임을 알게 하셨다. (삼상 12:17) (　　　　　)
4. 사울이 에돔 사람 도엑을 시켜 놉의 제사장을 죽일 때 아히멜렉의 아들 하나가 다윗에게로 간 사람. (삼상 22:20) (　　　　　)
5. 요나단이 다윗을 이같이 생각했다. (삼상 18:1) (　　　　　)
6. 사울이 암몬 사람을 물리쳤을 때 사무엘은 백성에게 이곳 가서 나라를 세우자고 함. (삼상 12:14) (　　　　　)
7. 다윗이 사울을 피해 가드 왕 아기스에서 얻은 성읍. (삼상 27:6) (　　　　　)
8. 엘리의 며느리가 아들을 낳았다 하니 영광이 이스라엘에서 떠났다는 뜻으로 지은 이름. (삼상 4:20-21) (　　　　　)
9. 사람은 외모를 보지만 여호와는 이것을 보신다. (삼상 16:7) (　　　　　)
10. 블레셋 사람들이 이스라엘을 치자 이스라엘 사람들은 이 산에서 엎드러져 죽었다. (삼상 31:1) (　　　　　)

Tip

왜! 우리 몸이 성령의 전인가!

우리 몸은 부모님을 통해 하나님으로부터 받은 것이기에 내 몸은 내 소유가 아니다. 하나님의 소유다. 하나님께서 자기의 형상대로 우리를 지으셨기에 우리 몸은 하나님의 것이다. 그리스도께서 자기 생명으로, 즉 그 피로 값을 주고 사셨으니 우리는 고로 하나님의 소유이다. 예수님께서 자신의 몸을 가리켜 성전이라 하셨듯이 우리 그리스도인은 언제 어디서나 성령님이 거하시는 성전임을 알아야 한다.

믿음으로 말미암아 구원을 받았으니 하나님의 선물인 우리의 몸을 항상 성전으로 알고 신실한 신앙생활을 해야 한다.

10. 사무엘 하 (2 SAMUEL)

1. 내용

사울 왕의 죽음으로 시작되어 통일 왕국을 이룬 이스라엘의 제2대 왕인 다윗의 등극과 통치를 소개한다. 다윗 왕은 하나님을 무척 사랑한 경건한 왕이고, 하나님께서도 자신의 마음에 합당한 다윗 왕을 사랑하셨다.

그런 다윗 왕이 하나님을 떠나 죄악을 행할 때 많은 어려움을 통하여 다윗을 채찍질한다. 이런 이야기 속에 우리는 우리 자신의 모습에서 인생과 주권이 오직 하나님께 있다는 것을 깨닫게 된다.

2. 배경

다윗의 전기 7년 통치 장소인 헤브론, 후기 33년간 통치가 이루어진 이스라엘의 수도 예루살렘, 모압, 암몬, 블레셋 등 다윗이 영토를 확장한 주변 여러 나라들이 중심 무대이다.

3. 흐름과 내용 구성

다윗 왕국의 부흥기(다윗 즉위, 법궤 안치, 영토 확장), 다윗의 범죄와 좌절(간음과 살인, 나단의 책망), 다윗의 치세(기근과 전쟁) 등으로 구성되어 있다.

4. 목적

이스라엘의 승패는 전적으로 하나님과의 언약을 순종하느냐 거역하느냐에 달려 있다. 또한 하나님께서 하나님의 뜻에 합당한 기름 부음을 받은 자를 통한 언약을 이루시는 하나님이심을 알게 하신다.

5. 본서에 나타난 하나님의 섭리

하나님의 뜻에 합당한 다윗이 왕으로 세움 받고 다윗과 더불어 언약을 맺으신 모습에서 다윗의 계보를 통해 영원한 나라를 세우시는 약속을 하시고 참 왕이요, 유일한 왕이신 메시야와 그리스도의 왕국을 예표해 주고 있다.

사무엘 하 퍼즐

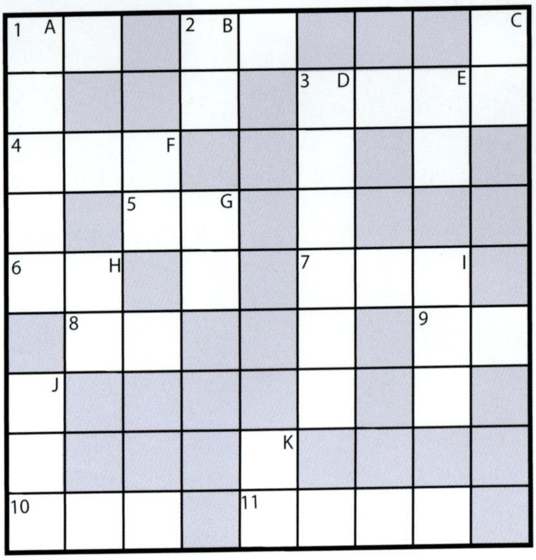

가 로

1. 소바 왕 하닷에셀의 수도로서 다윗이 이곳을 정복하고 여기서 많은 놋을 빼앗아 왔다. (삼하 8:8)
2. 왕이 된 다윗은 다시 블레셋인들을 격파하여 이곳을 정복함. (삼하 5:25)
3. 여호수아와 다윗 그리고 솔로몬의 역사를 기록할 때 인용했던 일종의 출전. (삼하 1:18)
4. 나하스의 딸로서 다윗과 남매지간이며, 군대 장관인 요압과 아비새와 아사헬의 모친이다. (삼하 2:18, 삼하 16:10)
5. 병영의 문, 성읍을 방해할 수비 부대 막사. (삼상 10:5)
6. 아론 자손 아히둡의 아들로서 아비아달과 함께 다윗을 도운 제사장. 압살롬 반역 때 다윗을 지지함. (삼하 8:17)
7. 아비가일에게 낳은 다윗의 둘째 아들. (삼하 3:3)
8. 하나님을 높여 부르는 말. (삼상 16:6)
9. 짐승을 사냥하여 껍질을 벗기듯이 잔혹하게 죽이는 행위. (삼상 4:10)
10. 사울 가문 시므이가 압살롬의 난을 피해 도주하던 다윗 일행에게 돌을 던지며 저주한 곳. (삼하 16:5)
11. 압살롬이 반역했을 때 경황없이 요단강을 건넜던 다윗 일행에게 음식, 침구를 제공한 자. 반란 진압 후 왕궁으로 옮겨와 살라는 다윗의 사례를 정중히 거절함. (삼하 17:27–29, 19:31–39)

세 로

A. 아미나답 집에 보관되어 있던 법궤를 예루살렘으로 운반하던 중 법궤를 실은 수레가 크게 요동하자 법궤를 손으로 잡다가 즉사한 곳. (삼하 6:8)
B. 골짜기를 사이에 두고 믹마스와 마주봄. 사울의 아들 요나단은 이곳에서 블레셋 군대를 격파함. (삼상 14:5)
C. '생각해내다', '고안해내다'라는 뜻에서 유래한 말로 '압살롬'을 돌아오게 할 절묘한 생각이라는 뜻. (삼하 14:14)
D. 요나단이 전사했을 때 그곳 주민이 두 사람의 은혜를 잊지 않고 시신을 매장해 주는 계기가 됨. (삼상 31:8–13)
E. 앞으로 목적이나 계획 혹은 마음속에 지닌 뜻이나 생각. (삼상 20:12)
F. '오두막', '천막'을 가리키며 적군과 대치하고 있던 군대의 야전 주둔지를 말함. (삼하 11:11)
G. 그림이나 글씨 등을 몸에 새겨 넣은 일. (레 19:28)
H. 곡류와 과일류 등을 총망라한 알코올 성분이 강한 술. (레 10:9)
I. 다윗과 마아가 사이에 태어난 셋째 아들. 용모가 출중하고 외모에 관한 한 타의 추종을 불허할 정도였으나 다윗에게 반기를 들어 예루살렘 성을 차지함. (삼하 15:1–12)
J. 우리아의 아내였으나 미모에 반한 다윗과 간통하여 임신했고 다윗의 음모로 남편이 전사하고 훗날 다윗의 아내가 됨. 시므아, 소밥, 나단, 솔로몬 등 4명의 아들을 낳음. (삼하 11:3)
K. 다윗 왕권에 반기를 든 압살롬이 죽은 후 다윗과 유다 지파에 대항하여 또 다른 반란을 주도함. (삼하 20:1–22)

▣ 다음 보기에서 아래 설명하는 곳을 (　)에 채우세요.

그술, 아라우나, 그룹, 나곤, 오벳에돔, 벧산, 여디디야, 잇대, 아브넬, 아히도벨, 벧메르학, 리스바, 아비새, 아마사

1. 여호와께서 솔로몬을 사랑하므로 선지자 나단을 보내 그의 이름을 이렇게 부르도록 하셨다. (삼하 12:25) (　　　　　)
2. 요단강 동편 바산왕 옥이 다스렸던 성읍. 다윗은 이곳 왕 달매의 딸 마아가와 결혼하여 동맹국으로 삼음. 훗날 압살롬이 배다른 형제 암논을 죽이고 외조부인 이 왕에게 피신함. (삼하 3:3, 수 12:5) (　　　　　)
3. 하나님의 영광과 존엄과 거룩을 파수하는 일종의 호위천사. 이것은 성전의 성물에 많이 새겨져 있음. (출 25:18, 삼상 4:4) (　　　　　)
4. 바알레 유다(기랏여아림) 인근의 타작마당 내지는 타작마당 주인 이름으로 봄. (삼하 6:6) (　　　　　)
5. 여호와께서 웃사를 치시자 다윗이 두려워 하여 여호와의 궤를 메어가게 한 집. (삼하 6:10) (　　　　　)
6. 다윗 조카로 압살롬을 도운 반역 군대 사령관. 반역 실패 후 다윗에게 용서받고 요압 대신 군대 사령관이 되었으나 요압에게 살해됨. (삼하 17:25) (　　　　　)
7. 사울 왕은 길보아 전투에서 불레셋과의 일전을 치르다 전사하여 그의 아들 요나단의 목이 이곳의 성벽에 내걸리는 비운을 맞음. 요단 계곡과 이스라엘 계곡이 교차하는 전략 요충지. (삼상 31:8-12) (　　　　　)
8. 다윗에게 자신의 타작마당을 팔았던 여부스 사람. (삼하 24:16) (　　　　　)
9. 다윗의 30용사인 엘리암의 부친이요 밧세바의 조부. 원래 유능한 다윗의 모사였으나 다윗을 배반하고 압살롬의 반란에 가담했으나 기습 공격하라는 계략이 무시되어 고향 가서 자살함. (삼하 17:1-23) (　　　　　)
10. 사울 군대의 총사령관. 사울이 죽자 이스보셋을 왕으로 추대. 요압이 아사헬을 죽였다는 이유로 죽임을 당하니 다윗이 슬퍼하며 애가를 지어 불렀다. (삼하 2:8-9) (　　　　　)
11. '멀리 있는 궁'이란 뜻으로 기드온 시내에 인접해 있는 다윗의 별장. 삼하 15:17) (　　　　　)
12. 사울의 첩 아야의 딸. 사울이 전사하자 군대장관 아브넬은 이 사람을 취함으로써 왕위 계승에 대한 야심을 냈다. (삼하 3:7) (　　　　　)
13. 압살롬 반란시 블레셋 사람 600명과 함께 다윗에 충성했고 에브라임 숲의 전투 중에 다윗의 군대 지휘권을 얻어 반역을 제압한 가드 사람. (삼하 18:2) (　　　　　)
14. 다윗의 누이 스루야의 아들로 요압과 아사헬의 형제. 훗날 다윗의 큰 용사가 됨. (삼상 26:6, 삼하 23:18-19) (　　　　　)

11. 열왕기 상 (列王記 上, 1 KINGS)

1. 내용

다윗 왕의 죽음에서부터 왕국 분열을 거쳐 북이스라엘 왕 아합의 죽음에 이르기까지 120여년의 역사를 그린 이 책은 다윗을 이어 이스라엘의 왕위에 오른 솔로몬왕의 통치와 하나님의 성전을 건축한 이야기로 시작된다.

솔로몬의 통일 왕국과 솔로몬 이후 분열 왕국의 역사를 다루는데, 표면적으로는 인간 역사의 반복되는 실패를 그리는 듯해도 그 이면에 끊임없이 이어지는 하나님의 주관적인 통치를 보여준다.

2. 배경

솔로몬에 의한 황금시대와 예루살렘 성전 건축으로 종교적 · 정치적 절정에 이른 시기다. 솔로몬의 범죄로 왕국이 분열되던 때이다.

3. 흐름과 내용 구성

크게는 통일왕국과 분열왕국으로 나뉘어져 솔로몬의 통치와 타락(아도니아의 반란, 왕위 계승, 성전건축, 봉헌, 우상숭배와 죽음), 분열 왕국(북쪽 지파 반란, 여로보암의 건국, 르호보암의 통치) 등으로 구성되었다.

4. 목적

나라의 흥망성쇠가 하나님의 말씀에 순종하느냐에 달려 있고, 하나님은 이스라엘의 참된 통치자임을 깨닫게 하고, 언약을 지키며 약속을 신뢰하는 것이라는 사실을 주지시킨다.

5. 본서에 나타난 하나님의 섭리

하나님은 타락하고 범죄하는 자는 결단코 용서하시지 않는다는 사실을 기억해야 한다. 그렇지만 하나님의 징계 이면에는 택한 백성을 죄에서 돌이키기 위한 거룩한 뜻이 담겨 있다.

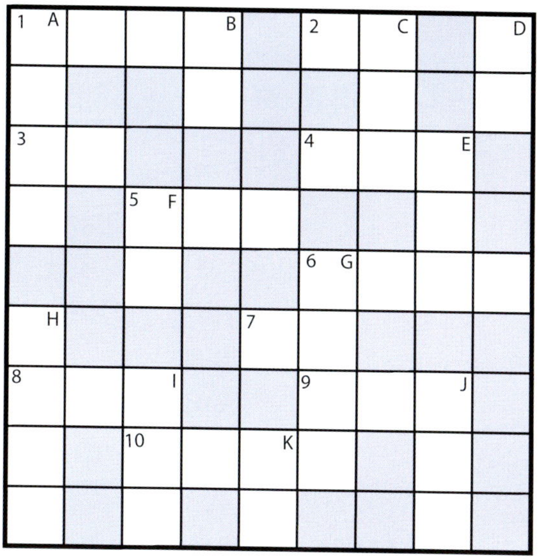

가 로

1. 다윗이 학개를 통해 얻은 넷째 아들. 왕이 되고자 했으나 다윗에게 솔로몬왕의 계승권을 간청한 밧세바와 나단 선지자의 노력으로 왕이 되지 못함. 솔로몬에게 아비삭을 달라고 하다 죽음. (왕상 1:5)
2. 왕국 분열 후 북이스라엘 왕 여로보암은 이곳에 금송아지 우상을 세워 범죄의 온상으로 만들었다. (왕상 12:29–33, 13:1–22)
3. 갈릴리 호수 동편 성읍. 아람왕과 벤하닷 2세가 싸웠던 곳으로 이때 하나님은 산의 신뿐 아니라 평지의 신이심을 보이시기 위해 작은 이스라엘 군대로 아람 군대를 물리치셨다. (왕상 20:26)
4. 하나님은 엘리야를 통해 이 사람에게 기름을 부어 수리아 왕으로 삼으라고 지시함. (왕상 19:15)
5. 수넴 출신 젊은 여자로 다윗의 노후에 헌신적인 봉사를 한 여인. (왕상 1:3)
6. 유다 왕 아하시아가 죽은 후 왕족을 멸하고 권력을 탈취했던 아달랴 때 대제사장. (왕하 12:9–10)
7. 다윗과 솔로몬 시대에는 이스라엘과 우호조약을 맺고 성전 건축에 필요한 백향목 등 기술자 지원한 도시. (왕상 5:1–2)
8. 나답이 블레셋의 깁브론을 포위 공략할 때 진중에서 반란을 일으켜 나답을 살해하고 왕이 되었다. (왕상 15:27–28)
9. 솔로몬 성전 현관 입구에 세워진 두 기둥 가운데 좌편에 세워진 기둥의 이름. (왕상 7:21)
10. 분열 왕국 남유다의 초대 왕. (왕상 12:16–17 · 23)

세 로

A. 다윗 말년에 솔로몬을 지지하지 않고 아도니야의 반란에 동참하는 실수를 범함. (왕상 1:7)

B. 솔로몬 성전 앞 현관에 세워졌던 두 놋기둥 중 오른쪽에 위치한 기둥. (왕상 7:21)

C. 부유한 농부의 아들로 대머리. 엘리야 뒤를 이어 활동했던 선지자로 북이스라엘 9대 왕 여호람에서부터 예후, 여호아하스를 거쳐 12대 왕 요아스까지 50여년간 영적 지도자로 봉사. (왕상 19:19)

D. 북이스라엘 제7대 왕. 이세벨을 아내로 맞아 이스라엘 역사상 가장 지독한 바알 숭배를 만연시킴. 그 결과로 이스라엘에 기근과 가뭄이 찾아들게 함. (왕상 16:29–33)

E. 선지자 엘리사의 스승, 우상 숭배를 타파하고 여호와 유일 신앙을 지키기 위해 노력한 구약의 대표적 선지자였다. (왕상 17, 19장)

F. 기도나 송영 등에 사용하여 '믿습니다', '그렇게 되기를 소원합니다'는 뜻. (왕상 1:36)

G. 솔로몬 휘하에 신임받은 유능한 심복. 선지자 아히야로부터 왕이 될 것이라는 예언을 듣게 되어 이에 솔로몬이 죽이려 하여 애굽으로 망명. 10지파를 규합해 또 다른 왕국을 세움으로 왕국 분열. (왕상 11:29–40)

H. 솔로몬의 지혜와 명성을 듣고 찾아온 여왕. (왕상 10:1)

I. 요단강 동편 기슭에 위치한 성읍 히람이 솔로몬 왕을 위하여 놋그릇을 부어 낸 곳. (왕상 7:45–46)

J. 북이스라엘 초대 왕 여로보암의 어머니. (왕상 11:26)

K. 땅을 일구는 데 사용된 농기구. 일종의 삽을 가리킨다. (미 4:3)

▣ 다음 보기에서 아래 설명하는 곳을 채우세요.

아도니람, 히엘, 브나야, 여호사밧, 아비살롬, 호렙, 아스다롯, 소헬렛, 엘라, 디르사, 아히야, 이세벨

1. 여리고를 건축하며 터를 쌓을 때 맏아들 아비람을, 성문을 세우다 막내아들 스굽을 잃어 여호수아를 통하여 하신 말씀과 같게 된 사람. (왕상 16:34) (　　　　)
2. 아합의 아내로 가증스런 우상 숭배자며, 성경 역사상 가장 잔인하고 타락한 여인으로 지탄받음. (왕상 21:5-6) (　　　　)
3. 다윗의 3남 압살롬과 동일 인물로 봄. 그에게서 딸 다말이 나고 다말이 우리엘과 결혼하여 르호보암의 아내인 마아가를 낳음. (왕상 15:2) (　　　　)
4. 고대 근동의 여신. 솔로몬 때에는 근동의 여러 우상들을 유입하여 섬김으로써 하나님의 분노를 촉발시켰고, 그것이 왕국의 분열에 한 원인이 됨. (왕상 11:5, 33) (　　　　)
5. 실로의 선지자로서 여로보암을 만나 왕국이 분열되고 여로보암이 왕위에 오를 것을 예언했고, 자기 옷을 열두 조각으로 찢어 그 중 한 조각을 여로보암에게 주는 상징적 행동을 함. (왕상 11:29-33) (　　　　)
6. 이세벨을 피해 엘리야가 사십 주야를 가서 도착한 곳. (왕상 19:8) (　　　　)
7. 아도니아가 왕위 즉위식을 하려고 왕자들과 왕의 심복들을 초대한 곳. (왕상 1:9) (　　　　)
8. 솔로몬 치세 때 레바논에서 일하는 자의 감독. 르호보암은 이 사람을 파견하여 북이스라엘 10지파의 반역의 기세를 꺾으려 했으나 백성들이 그를 돌로 쳐죽였다. (왕상 5:14, 12:18) (　　　　)
9. 히스기야, 요시야와 함께 유다의 3대 선왕으로 일컬음. 왕위에 올라 우상과 산당을 파괴하고 백성에게 율법을 가르치며 오직 하나님만을 의지하게 함. 솔로몬 사후 남북간 전쟁 종식시킴. (왕상 22장, 대하 17:6-9) (　　　　)
10. 북이스라엘의 제4대 왕이자 바사아 왕조의 두 번째 왕으로 부하 장군 시므리의 반역으로 살해되었다. (왕상 16:9-10) (　　　　)
11. 사마리아 동쪽 군사 요충지. 왕국 분열 후 북이스라엘 여로보암 1세 때부터 오므리 왕까지 거의 거의 40여년간 북이스라엘의 수도가 됨. (왕상 14:17, 15:21, 16:6-9) (　　)
12. 제사장 여호야다의 아들. 압살롬과 아도니야 반란 때도 끝까지 다윗에게 충성. 요압, 시므이, 아도니야를 죽이고 솔로몬 왕위 계승에 결정적 공을 세움. (왕상 2:35) (　　　)

12. 열왕기 하 (列王記 下, 2 KINGS)

1. 내용

남과 북으로 갈라진 두 왕국 이스라엘, 즉 남유다 왕국과 북왕국 이스라엘이 멸망하는 과정과 이스라엘 백성이 포로가 되는 날까지 역사를 소개한다. 그러나 두 왕국 모두 하나님의 백성으로서 약속에 충실하지 못하고 불순종하자 하나님은 먼저 북왕국 이스라엘을 심판하시고 남왕국 유다를 심판하셨다.

나라를 잃고 멀리 이방 땅으로 포로로 끌려가는 고난 역시 하나님을 찾게 하시는 연단의 과정임을 발견할 수 있다.

2. 배경

솔로몬 사후 남북으로 분열된 남유다, 북이스라엘, 그 외 남북 왕조의 주요 도시들과 북왕조 이스라엘을 멸망시킨 앗수르 느브갓네살 왕이 남유다를 멸망시키고 백성들을 포로로 잡아가는 과정 등으로 꾸며졌다.

3. 흐름과 내용 구성

선지자 엘리야의 사역과 승천, 엘리사 사역, 북왕국 이스라엘의 멸망, 남유다의 열왕과 남유다의 멸망되는 과정들이 그려져 있다.

4. 목적

하나님의 통치를 거부한 남북 이스라엘의 참담한 멸망 과정 속에 하나님을 떠나 타락하고 범죄하면 반드시 징계가 있게 된다는 가르침을 주고 이 고난 역시 장차 도래할 메시야 왕국의 대망을 예표한다.

5. 본서에 나타난 하나님의 섭리

본서에는 '하나님의 사람', '하나님의 말씀'이 수없이 나타난다. 선지자들을 보내시어 심판하기 이전에 반드시 죄악을 돌이키기 위하여 권면을 베푸셔서 회개하고 하나님께 순종하면 축복으로 채워주시고 그것을 알지 못하고 불순종하면 징계와 심판을 받는다는 언약을 보여준다. 하나님을 순종하고 따르면 끝까지 그리스도를 통해 구원해 주신다는 교훈을 보여준다.

열왕기 하 퍼즐

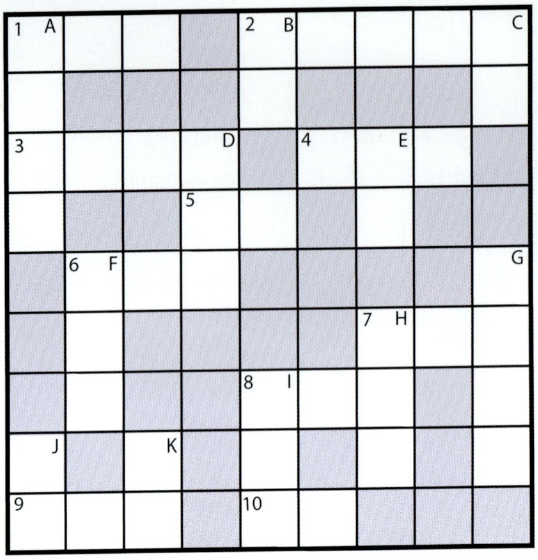

가 로

1. 아합과 이세벨의 딸로서 남왕국 유다를 통치한 유일한 여인. 바알을 섬겼고, 여호람과 결혼해 아하시아를 낳았으나 죽자 일가족을 몰살 후 왕위에 올랐음. (왕하 11:1–3)
2. 남진정책을 추진하여 여호야김, 여호야긴을 포로로 바벨론으로 잡아갔고, 남유다 예루살렘을 함락시키고 시드기야 왕과 백성을 포로로 끌고간 신바벨론 2대왕. (왕하 25:1–7)
3. 유다 왕국 마지막 왕. 바벨론으로 끌려간 두 아들이 죽는 것을 목도했고, 자신도 두 눈이 뽑힌 채 사슬에 묶여 바벨론으로 끌려가 여생을 마침. (왕하 25:7)
4. 앗스르 왕으로 팔레스타인 주변을 정복. 유다를 침공해 공물을 받았으나 유다에 의해 18만5천명이 몰살당했다. 퇴각했으나 왕위 계승 문제로 두 아들에 의해 살해당함. (왕하 19:35–37)
5. 군대 장관 출신으로 친앗수르파 브가히야 왕을 살해하고 왕위를 찬탈한 북이스라엘 18대 왕. 앗수르에 포로로 잡혀가고 호세아(북이스라엘 마지막 왕)에게 살해당함. (왕하 15:25–27)
6. 북이스라엘 제12대 왕이자 예후 왕조의 세 번째 통치자. 16년간 통치하며 악을 행했지만 엘리사가 병든 것을 슬퍼하였다. 사마리아에장사되고 그의 아들 여로보암 2세가 계승함. (왕하 13:10–11, 13:14–19)
7. 20세에 왕위를 물려받아 4년간 부친(요담)과 섭정했으며, 재위기간 여호와 말씀을 무시하고 외세에 의존하여 우상숭배로 부패를 촉진하고, 자기 아들을 산 채로 불살라 몰록에 제물로 바침. (왕하 16:1–4)
8. 유다 14대 왕. 55년간 통치한 최장수 왕으로 철저한 개혁자인 부왕과 달리 바알과 아세라를 숭배하고 성전 뜰에 일월성신 제단까지 두는 철저한 우상숭배자였다. (왕하 21:1–6)
9. 자신의 나병을 고치기 위해 사마리아에 있던 엘리사 선지자를 찾아갔다. 요단강에 일곱 번 몸을 씻으라는 처방에 분노했지만 결국 순종함으로써 나음을 입었다. (왕하 5:1–18)
10. 엘리사 선지자는 이곳에 자신을 잡으러 온 아람 왕 벤하닷의 군대에 포위된 적이 있음. (왕하 6:13–14)

세 로

A. 북왕국 이스라엘 8대 왕. 악을 행하였으며 여로보암의 송아지 우상과 모친 이세벨이 주도하는 바알을 섬겼으며, 난간에 떨어져 다리를 심하게 다쳤고 엘리야는 그의 죽음을 선고함. (왕하 1:2–6)

B. 므깃도에서 요시야 왕을 살해하고 느부갓네살과 전투에서 패하고 본국으로 철수하던 중 여호아하스를 폐위시켜 애굽으로 끌고가 친 애굽파인 여호야김을 왕위에 앉힌 인물. (왕하 23:31–35)

C. 스가랴 왕을 죽이고 사마리아에서 왕위에 올랐으나 즉위 1개월 만에 가디의 아들 므나헴에게 죽임을 당함. 부친은 야베스. (왕하 15:10–15)

D. 북이스라엘 15대 왕 살룸의 아버지. (왕하 15:10–11)

E. 유브라데강 남쪽 강변에 위치한 성읍. 앗수르 군대에 정복됨. (왕하 18:34, 19:13)

F. 유다 제16대 왕. 대제사장 힐기야에 의해 발견된 율법의 말씀을 듣고 옷을 찢으며 통곡하면서 겸손히 여호와의 뜻을 물음. 정결 작업에 박차를

가해 종교개혁과 영적 대각성을 추진함. (왕하 22:11-13)

G. 북이스라엘의 패망과 앗수르의 남하 정책에 맞서야 하는 위기정국을 신앙으로 헤쳐나간 3현군(여호사밧, 요시야 등). 성전을 정화하고 여호와 예배를 회복시킴. 구약시대 신실한 통치자. (왕하 18-20장)

H. 남신인 바알과 함께 이스라엘 백성에게 악한 영향을 미친 여신. 이것 숭배는 왕국 멸망의 가장 큰 원인이 됨. (왕하 17:10-18)

I. 갈멜 산 남쪽에 위치한 성읍. 예후 반란 때 유다왕 아하시야가 부상 입고 이곳에서 죽음. (왕하 9:27)

J. 히스기야의 국고를 맡았던 이방관리. 히스기야 명을 받고 랍사게와 협상했던 인물. (사 37:2, 36:3, 왕하 18:18)

K. 잘난 체하며 겸손하지 않고 방자함. 능력을 과시하며 자기를 최고로 자랑하는 행위. (왕하 14:10, 시 18:27)

Tip

은혜 언약이란!

하나님께서 우리를 사랑하시어 언약을 위반한 우리를 타락한 죄와 비참한 상태에서 열망하게 내버려두지 않으시고, 사랑하심과 긍휼하심으로 택한 자를 구출하시어 그들을 구원의 지위에 이르게 하신 것을 은혜 언약이라 한다. (살전 5:9, 갈 3:10-12, 딛 3:4-7, 롬 3:20-22)

▣ 다음 아래에서 설명을 보고 보기에서 찾아 넣으세요.

이세벨, 여호야긴, 랍사게, 게하시, 갈대 지팡이, 하무달, 훌다, 악볼, 그달리야, 드라빔, 에윌므로닥, 살만에셀

1. 이스라엘 왕 호세아가 사마리아를 함락하고 이스라엘 백성을 앗수르로 끌고가 할라와 하볼 등 여러 성읍에 정착시킨 왕. (왕하 18:9-11) (　　　　)
2. 립나 사람 예레미야의 딸로 요시야 왕의 아내이자 여호아하스와 시드기야 모친. (왕하 23:31, 24:18) (　　　　)
3. 즉위 기념으로 유다 왕 여호야긴을 바벨론에 투옥한 지 37년 만에 석방하고 그 지위를 높여주고 평생동안 일정량의 양식을 받게 배려함. 매부에 의해 암살당함. (왕하 25:27-30, 렘 52:31-34) (　　　　)
4. 나아만이 나병에서 나음을 입은 후 엘리사에게 사례하려 할 때 모든 영광을 하나님께 돌리며 예물을 거절하는 엘리사 대신 선물을 챙기다 나병에 걸리는 징계를 받은 인물. (왕하 5:20-27) (　　　　)
5. 미가야의 아들이자 엘라단의 부친. 성전에서 발견된 율법책 내용을 여선지자 훌다에게 파견된 인물. 압돈이라고도 함.(왕하 22:12, 대하 34: 20) (　　　　)
6. 앗수르의 랍사게는 히스기야왕이 의지하고 애굽을 이렇게 비유함. (왕하18:21) (　　　　)
7. 유다 귀족 출신으로 예루살렘 함락 후 바벨론 왕 느부갓네살에 의해 유다 총독으로 임명됨. (왕하 25:24, 렘 39: 14, 40: 5-6) (　　　　)
8. 가정의 수호신이나 점치는 데 사용한 우상. 요시야 왕은 이를 엄히 금지시킴. (창 31:17-50, 왕하 23:24) (　　　　)
9. '술 맡은 관원장'이란 뜻. 유다 백성에게 하나님은 전혀 도움이 되지 못하는 존재라면서 하나님을 경멸하고 또 히스기야 왕을 중상모략하는 등 오만하기 이를 데 없는 자. (왕하 18:17, 19:8) (　　　　)
10. 유다 19대 왕. 8세에 왕위에 올라 3개월만 통치. 모친과 함께 바벨론 포로로 잡혀 감. (왕하 24:10-16, 대하 36:9) (　　　　)
11. 여선지자. 율법서를 찾아 참됨을 증거하였을 뿐 아니라 율법을 무시할 때 저주를 내리시겠다는 하나님의 말씀을 선포. 이 사람의 예언은 요시야의 종교개혁으로 이어짐. (왕하 22:14-20, 23:1-3, 대하 34:22-28) (　　　　)
12. 아합의 아내로 남편을 맹신적 바알 숭배자로 만들었고, 자신의 딸을 다윗 왕가에 결혼시킴으로써 바알 숭배의 악한 영향력이 남유다에게까지 미치게 했다. (왕하 9:22) (　　　　)

13. 역대기 상 (歷代記 上, 1 CHRONICLES)

1. 내용

다윗의 계보부터 다윗의 통치 전반의 역사를 다루듯 거의 대부분 다윗 왕에 관한 이야기들로 채워졌고, 그 제사장의 관점에서 기록되었다.

왕으로서의 행위, 성전에서의 예배제도를 체계적으로 조직, 제사 제도를 구체적으로 정비하였는지를 보여줌으로써 이스라엘 백성들이 선민으로서의 확신과 긍지를 갖고 하나님께 순종하게 하려는 뜻이 담겨 있다.

2. 배경

다윗을 중심으로 한 역사가 기술되는 역대기는 다윗과 관련된 지역들이 중심 무대이다. 주변 국가와 승전 시기가 역사적 배경이다.

3. 흐름과 내용 구성

다윗의 왕통(창세부터 바벨론 포로, 회복기까지의 계보), 사울의 통치(사울 죽음과 사울가의 몰락), 다윗 통치(다윗과 용장들, 언약궤 찾음, 성전에 대한 소망, 승리와 번영), 성전 건축 준비(국가 체계, 다윗 생애 말년) 등으로 꾸며졌다.

4. 목적

포로에서 귀환한 유다 백성들에게 다윗 언약을 상기시키고 성전 중심의 역사를 수집해 나가도록 소망과 비전을 심어주고, 성전 예배가 무게 중심을 이룬다.

5. 본서에 나타난 하나님의 섭리

신앙적인 순결을 유지하려는 목적과 올바른 제사장의 직무와 예배를 유지하려는 것을 목적으로 하기 때문에 하나님께 겸손히 순종하고 하나님의 언약을 기억하는 나라와 백성은 대대로 영원하며 형통하게 된다는 사실이다.

또한 불순종하여 타락하고 배반하는 백성이 있을지라도 경고과 징계를 통해 다시 당신의 백성으로 삼으신다는 것을 보여주며, 본서의 특징은 제사장적 관점에서 예루살렘 성전을 중심으로 한 종교적 측면을 다루고 있다는 점이다.

역대기 상 퍼즐

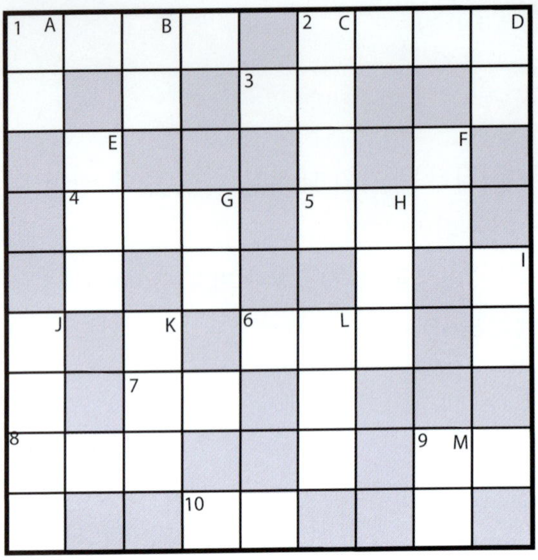

가 로

1. 법궤 운반 도중 웃사가 급사하자 법궤를 이 사람 집에 안치했고, 이로 인해 그 가족은 여호와께 큰 복을 받음. (대상 13:9-14)
2. 대제사장 아론의 후손이며 비느하스의 아들. (대상 6:4-5, 50절)
3. 여이엘의 손자. 사울의 아버지. (대상 9:39)
4. 다윗이 다메섹, 소바 등 아람 사람들의 군대를 대파하고 그의 성읍을 정복한 뒤, 전리품을 탈취한 곳. (대상 18:8)
5. 그가 태어날 때 모친이 무척 힘겨운 출산 경험으로 붙인 이름임. 다른 형제보다 존귀한 자. (대상 4:9-10)
6. 다윗의 자매인 아비갈(아비가일)과 스루야의 아버지. 다윗의 아버지 이새의 다른 별명. (대상 2:16, 삼하 17:25)
7. 갓지파 사람 야도의 아들. (대상 5:14)
8. 다윗 때 암몬 족속왕. 그의 아들 하눈은 조문하러 온 다윗 사신들에게 수염을 깎는 등 큰 수치를 주었음. (대상 19:1-5)
9. 요시아 왕 때 성전 수리중 율법책을 발견함으로써 대제사장 힐기야가 서기관 ○○에게 율법책을 읽으라하고 왕이 듣고 그의 옷을 찢고 회개함. (왕하 22:8-11)
10. 하나님으로부터 직접 계시된 진리를 사람에게 전하는 일을 말함. (대하 18:7)

세 로

A. 아프리카 서남쪽 아카바 만에 위치한 곳으로 옛부터 질 좋은 순금산지로 유명함. (대상 29:4)
B. 레위 지파 게르손의 자손으로 성전에서 노래하는 자. 여두둔이라고도 함. (대상 15:16-17, 25:1)
C. 유다지파 내 한 가문의 족장으로 그 가족은 세마포 짜는 일을 했다. (대상 4:21)
D. 솔로몬 시대 찬양 봉사자요, 합창단의 악장. 언약궤 앞에서 제금을 켰음. (대상 16:7)
E. 바로의 딸로서 유다지파 메렛의 아내가 된 여자. (대상 4:18)
F. 노아의 아들 함의 장자. (대하 12:3, 창 10:6)
G. 포로에서 귀환한 레위지파 무라리 후손. (대상 9:14)
H. 예수 그리스도의 조상. 유다지파는 이 가문과 셀라 가문으로 크게 이분되며 또 이 가문은 헤스론 집안과 하울 집안으로 나눠짐. (대상 2:4-5)
I. 다소 협의적으로 사용되며 하나님께서 감춰졌던 자신의 뜻을 성령을 통해 알려주는 것. (대하 26:5)
J. 사울 왕의 아들. 블레셋과의 길보아 산 전투에서 전사하여 야베스에 장사됨. (대상 10:2)
K. 예루살렘의 옛 명칭. 훗날 다윗이 탈취하여 이스라엘의 수도로 삼음. (대상 11:4-9)
L. 다윗의 성전에서 악기 연주자로 임명한 헤만의 아들. (대상 25:4)
M. 유다지파 셀라의 자손으로 한때 모압을 통치하기도 함. (대상 4:22)

▣ 다음 아래의 설명을 보고 보기에서 찾아 넣으세요.

에브라다, 므술람, 아사랴, 요담, 랍바, 므립바알, 여라므엘, 기브온 디글랏빌레셀, 나답, 에스바알, 에훗

1. 다윗에 의해 정복되어 주민들은 노예로 강제 노동에 동원, 얼마 되지 않아 암몬의 손에 넘어감. 오늘날 요르단의 수도 암만임. (대상 20:1-3, 삼하 11장, 12장, 삼하 17:27) (　　　　　)

2. 다윗은 이스라엘의 숙적 블레셋을 이곳에서부터 게셀까지 무찔렀다. (대상 14:16) (　　　　　)

3. 부친 웃시야의 나병 발병으로 일찍이 대리로 통치하다가 유다의 제11대왕으로 즉위하여 평생 동안 여호와 신앙으로 통치. 그의 모친은 사독의 딸 여루사였다. (대하 26:22-23, 27:1) (　　　　　)

4. 요시아 때 성전에서 율법책을 발견한 힐기야의 아버지로 사독 집안의 제사장. (대상 9:11, 느 11:11) (　　　　　)

5. 바벨론 포로 이후 이들은 유다 지파에 속한 자들로 기록된다. (대상 2:9, 25-27) (　　　　　)

6. 앗수르를 강력한 제국으로 만든 인물. 바벨론 왕 나브사시르 사망 이후 바벨론 내정에 개입하여 결국 불이란 바벨론 이름으로 바벨론 왕위에도 등극함. (대상 5:26, 왕하 15:19) (　　　　　)

7. 솔로몬 때의 제사장으로 대제사장이었던 사독의 손자. 아히마하스의 아들. (대상 6:8-9) (　　　　　)

8. 갈렙의 두 번째 아내이며 홀과 아스훌의 모친. (대상 2:50, 4:4) (　　　　　)

9. 사울 왕의 부친인 기스의 동생이자 사울의 숙부. (대상 8:29-30) (　　　　　)

10. 사울의 아들로 사울과 요나단이 전사한 이후 베나민 지파의 중심에 서서 이끌었다. (대상 8:33, 9:39) (　　　　　)

11. 베나민 지파 여디아엘의 손자요 빌한의 아들. 그의 아들들은 게바 주민의 우두머리가 되었다. (대상 7:6 10, 8:6) (　　　　　)

12. 요나단의 아들 므비보셋의 원래 이름. 천성이 착하고 성품이 유순. 아들 미가를 통해 가문이 지속됨. (대상 8:34, 9:40) (　　　　　)

14. 역대기 하 (歷代記 下, 2 CHRONICLES)

1. 내용

역대기 하는 솔로몬의 즉위와 통치로부터 이스라엘의 분열과 남유다 왕국의 역사를 다룬다. 특이 유다 왕에게 주는 교훈은 분명하다.

하나님께 순종하면 나라가 번성하고, 불순종하면 쇠퇴한다는 것이다. 성전 건축, 성전 예배, 종교 개혁 등 예배 문제에 초점을 맞추고 있다. 신실한 예배가 구원받는 온전한 삶을 이루는 기초임을 강조한다.

2. 배경

솔로몬과 남북 분열 기간 중 남유다 역사에 치중하는 예루살렘과 남유다 왕국이 중심 무대가 된다. 솔로몬 시대의 도래와 예루살렘의 성전 건축과 전성기 왕국의 멸망과 포로 귀환, 성전 재건을 통해 다윗 왕가를 회복시키겠다는 배경이다.

3. 흐름과 내용 구성

솔로몬의 통치(즉위, 일천 번제, 성전 건축, 왕국의 번영, 죽음), 유다 열왕 통치(왕국 분열, 왕국 멸망으로 인한 포로) 등으로 이뤄졌다.

4. 목적

솔로몬 왕에서 유다의 마지막 왕인 시드기야 왕까지 주는 교훈은 분명하다. 하나님께 불순종했기 때문에 유다는 멸망하고 백성들은 바벨론의 포로가 되었다. 그렇지만 바벨론 포로 생활 이후 귀환을 통해 회복시키겠다는 하나님의 약속은 변함없이 이어지고 있다.

5. 본서에 나타난 하나님의 섭리

남유다 백성이 바벨론에 의해 멸망당하여 포로로 끌려갔음에도 불구하고 하나님은 연단의 기간을 거친 후에 다시 본토로 회복시켜 주심은 하나님의 백성은 예배를 통해 하나님과 바른 관계를 맺는 것이며, 그것이 가장 기본이 됨을 일깨워주고 있다. 하나님은 언제나 사랑의 하나님임을 알려준다.

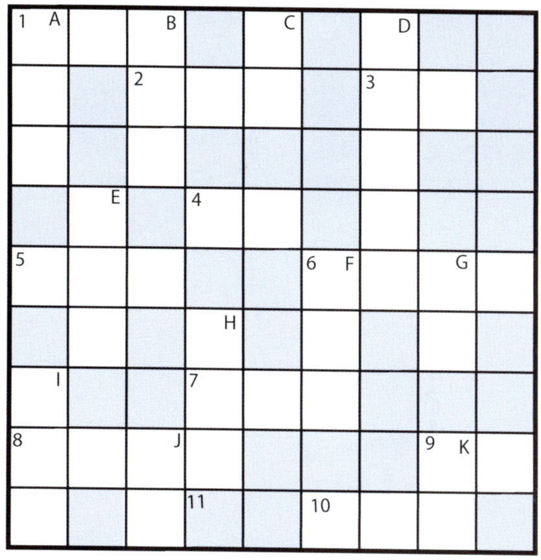

가 로

1. 바사(페르시아) 초대 왕. 해방자를 자처하며 포로를 귀향시키는 선정을 베풀어 유다 백성들이 본토로 돌아와 성전을 재건함. (대하 36:22–23)
2. 므깃도 북방 이스라엘 골짜기 성읍. 분열 왕국 남유다 제1대왕 르로 보암이 요새화한 전략적 요충지. (대하 11:5–8)
3. 애굽 왕, 즉 리비아 왕조 창시자. 이 사람은 솔로몬이 죽은 지 5년 후 유다와 이스라엘 모두 공격. 성전 기물을 약탈해 갔다. (대하 12:1–9, 왕상 14:25–26)
4. 산 위에 세워진 신전. 이스라엘 백성의 우상 숭배가 계속되어 아사, 여호사밧, 히스기야 훼파시킴. (대하 28:24–25)
5. 여두둔의 아들로 히스기야 시대 종교 개혁과 성전 정화에 참여한 자. (대하 29:14–19)
6. 팔레스타인 북부 성읍. 남유다와 북이스라엘 전쟁 때 남유다 아사왕이 아라의 벤하닷에게 원군 청했고, 이에 벤하닷이 북이스라엘 요새인 이곳을 차지함. (대하 16:1–6)
7. 베냐민 지파 사하라임이 모압땅에서 호데스에게 얻은 아들 가운데 한 사람. (대상 8:9)
8. 남유다 여호사밧 왕 때 군장. 성경은 그를 '자기를 여호와에게 즐거이 드린 자'라 기록함. (대하 17:16)
9. 하나님만이 이것을 받기 합당한 분이시다. 예배의 다른 말. 존경의 표시. (대하 7:3, 눅 4:8)
10. 모세오경 또는 신명기로 추정. 이 책은 신명기의 근간이 되는 책이 됨. 이 책으로 신명기가 완성된 것으로 추정. (대하 25:4)

세 로

A. 히스기야 왕 때 성전 안의 모든 예물과 십일조와 거룩한 물건을 정확하게 보관했던 레위인 책임자. (대하 31:12–13)

B. 유다 왕 르호보암 때 활동한 선지자. 남북 왕국 동족상잔을 막고 애굽왕 시삭이 침공했을 때 유다 민족의 회개를 촉구했으며 르호보암의 행적을 기록함. (대하 11:2, 왕상 12:22–24)

C. 남왕국 유다 3대 왕. 가증한 신상과 제단을 없애며 우상 숭배를 배척. 신앙 부흥 운동 힘씀. (대하 14:1–5)

D. 아카바만 엘랏 근처 항구 도시. 솔로몬이 이곳을 항구로 만들어 무역의 중심지가 되게 함. (대하 20:36)

E. 유다 10대 왕. 여호와 보기 정직하였고 농경, 종교, 정치, 경제적으로 탁월한 업적을 남김. (대하 26:1–10)

F. 왕국 분열의 빌미를 제공한 르호보암과 압살롬이 딸 마아가 사이에 태어난 유다의 2대왕. (대하 13:1)

G. 히스기야의 종교개혁에 동참하여 성전이 헌물을 책임지고 관리하던 레위인. (대하 31:12–13)

H. 유다 16대왕으로 예루살렘이 멸망하기 전에 유다 왕국의 마지막 종교적 부흥기를 주도하고 국가의 독립성을 유지했던 경건한 왕. (대하 34:1)

I. 아들 아비얌 사후 태후로서 막강한 지위를 이용하여 아세라 우상을 신봉하다 아들 아사왕에 의해 폐위됨. (대하 15:16)

J. 다윗이 법궤를 이 산으로 옮겨 왔으며 나중에 솔로몬이 이곳에 성전을 세움. 거룩한 산. (대하 5:2)

K. 잘못을 지적하고 책망함. (대하 24:27)

▣ 다음 보기에서 아래 설명하는 것을 채우시오.

소금언약, 보발꾼, 브라가, 나아마, 오르난, 하맛소바, 맛단, 아마샤, 사반 바르와임, 오빌, 라마

1. 유다왕 여호사밧이 세일 산에서 모압과 암몬 연합군을 격파하고 하나님을 찬양하기 위해 백성을 소집했던 골짜기. (대하 20:26) (   )

2. 다윗에게 타작 마당을 팔았던 여부스 사람. (대상 21:15-25) (   )

3. 솔로몬왕이 이곳과 교역하여 금 420달란트와 백단목과 보석을 수입. 순금산지로 유명함. (대하 8:18) (   )

4. 솔로몬이 성전 장식에 사용할 금을 수입한 곳. 오늘날 아라비아 예멘으로 추정. (대하 3:6) (   )

5. 유다 9대왕이자 요아스의 아들. 부왕 암살자를 처형하며 아들은 살려줌. 내란에 의해 살해됨. (대하 25:19, 왕하 14:5-6) (   )

6. 빠른 걸음으로 급한 공문을 전달하는 사람. 왕실이나 왕의 서신을 전달하는 사람. (대하 30:6, 10) (   )

7. 부패와 변질을 방지하는 소금의 특성에서 유래된 말. 영원불변한 언약을 뜻함. (대하 13:5) (   )

8. 아달랴 여왕 때 바알 제사장을 지낸 자. 여호와 신앙을 회복하기 위해 혁명을 일으킨 대제사장 여호야다에 의해 살해됨. (대하 23:17, 왕하 11: 18) (   )

9. 유다왕 요시야 때 서기관. 성전 보수 때 제사장 힐기야가 발견한 율법책을 왕 앞에서 읽음. (대하 34: 8) (   )

10. 아합 왕이 수리아 전투에서 전사했던 곳. '라못 길르앗'과 같은 곳. (대하 22:6, 왕하 8:29) (   )

11. 솔로몬이 정복한 다드몰 근처 성. (대하 8:3) (   )

12. 솔로몬 왕과 결혼한 암몬 여인. 분열 왕국 최초의 유다왕 르호보암은 그녀의 아들임. (대하 12:13, 왕상 14:21 · 31) (   )

15. 에스라 (EZRA)

1. 내용

유다인의 귀환과 성전 재건을 다룬 것으로 2차 포로 귀환과 종교개혁, 그리고 대부흥 운동의 역사로 이뤄졌다.

이스라엘 남유다 백성이 범죄하여 나라를 잃고 약 70년간 바벨론에 포로가 되지만 본토로 귀환하는 과정과 이들의 영적, 도덕적, 사회적 회복을 다루며 공동체의 신앙과 예배의 회복을 강조하며 이스라엘(남유다) 역사가 어떻게 성취되는지 보여준다.

2. 배경

두 차례에 걸친 포로 귀환 사건을 중심으로 이뤄지는데 포로지 바벨론부터 귀환 경유지들과 최종 종착지 예루살렘 중심으로 이뤄졌다.

3. 흐름과 내용 구성

크게 스룹바벨 주도의 1차 귀환(고레스의 귀환 명령, 제단 복구, 성전 재건 및 완공), 에스라 주도의 2차 포로 귀환(말씀 연구, 회개와 각성, 개혁과 부흥 운동)으로 나눠졌다.

4. 목적

포로에서 귀환한 유다인들로 하여금 잃어버렸던 성전과 예배를 회복시키고, 하나님과 그 말씀 앞에 헌신을 새롭게 다짐하도록 하기 위함이다. 하나님의 성전을 건축할 때 성전을 짓지 못하도록 반대하는 자들도 많았지만 모든 어려움을 극복하고 마침내 성전을 건축한 사실이 감동적이다.

5. 본서에 나타난 하나님의 섭리

나라를 잃고 타국에서 포로생활을 하고 있지만, 70년의 시간이 흘렀어도 하나님은 연단의 시간이 지난 후 유다 백성과 맺은 언약을 지켜 다시 회복의 기회를 열어준다.

성전 재건과 심령 대부흥 운동을 통해 유다 백성은 과거의 죄를 철저하게 회개하며 올바른 예배로 복원하며, 하나님과의 올바른 관계를 통해 하나님이 택한 백성을 향하여 보여주시는 사랑과 집념이 얼마나 대단한지 느껴진다.

에스라 퍼즐

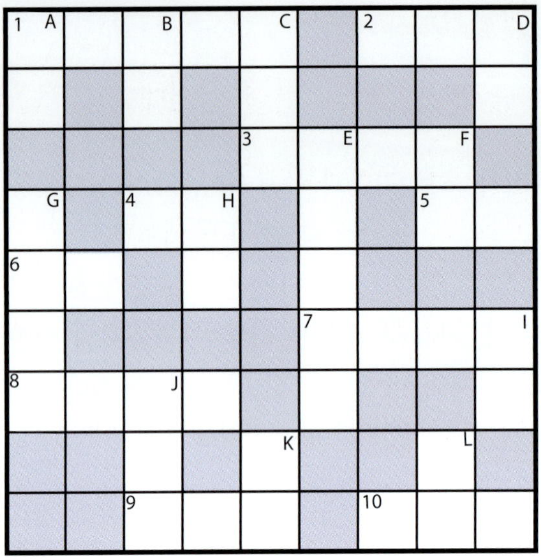

가 로

1 바사(페르시아)의 아카이메데스 왕조의 왕을 가리키는 용어. 예루살렘 성전을 잠시 중단시키기도 함. (스 4:7–24)

2. 아론의 16대손이자 대제사장 힐기야의 후손. 모세율법에 능한 서기관이요 대제사장 느헤미야의 협력자이기도 함. (스 7:6, 느 8장)

3. 엘람 사람 등 여러 나라 백성을 사마리아에 이주시킨 앗수르 왕. (스 4:10)

4. 솔로몬, 르호보암, 아비야 등 3대에 걸친 왕의 행적을 기록한 선지자. (대하 9:29)

5. 이방 여인과 혼인을 금할 때 반대한 야스야의 부친. (스 10:15)

6. 스룹바벨 인도하에 바벨론에서 귀환한 가족. 이 가족 중 일곱 명의 이방인 아내와 이혼 명단에 포함. (스 10:33)

7. 유다 왕 여고냐의 아들이며 스룹 바벨의 아버지. (스 3:2, 대상 3:17)

8. 아론의 자손으로 제비를 뽑아 열한번째 봉사를 했던 제사장 반열의 지도자. 포로 귀환 때 성전에서 노래하는 자로서 이방인 아내를 내보낸 레위인. (대상 24:12)

9. 바사의 아하수에로 왕의 아내로 그 미모가 탁월함. 하지만 잔치 때 아름다움을 손님들에게 보이라는 왕명을 거절하여 폐위됨. (에 1:10–21)

10. 스룹바벨 시대 성전에서 찬양대원으로 활약. 일부는 성전에서 곳간 관리함. '게르손'으로 불림. (스 8:2, 대상 26:24)

세 로

A. 바벨론 포로에서 귀환한 이 사람의 자손들은 성전 기공식 때 찬송을 부르기도 함. (스 2:41, 3:10)

B. 왕실이나 국가의 역사를 기록한 책. (스 4:15, 대하 33:19)

C. 포로에서 귀환한 유다 백성이 이방민족의 방해로 성전 재건에 어려움을 겪자 고레스 왕의 칙령을 확인하고 성전재건을 지속할 수 있도록 후원해 준 왕. (스 6:1–12)

D. 바벨론 포로에서 귀환한 무리 중 베냐민 지파 사람들은 이곳에 정착함. 예루살렘 북쪽 교통요지. (스 2:26)

E. 바벨론 포로에서 귀환한 유대인들이 성전을 재건할 때 방해했던 바사제국의 총독. (스 5:3 · 6)

F. 사울의 딸 미갈의 남편. 미갈은 원래 다윗의 아내였으나 다윗이 사울을 피해 달아나자 사울이 이 사람에게 줌. (삼상 25:44)

G. 에스라와 함께 바벨론 포로에서 돌아온 스가냐 가문 중 한 족장의 아버지. (스 8:5)

H. 다윗이 숙적 아람 소바왕 하닷에셀을 격파하자 다윗에게 선물과 함께 아들 하도람을 보낸 자. (대상 18: 9–11)

I. 바벨론 동쪽. 앗수르의 이주정책에 의해 이곳 사람들을 사마리아로 이주한 것으로 보임. (스 4:9–10)

J. 고국으로 귀환에 앞서 에스라는 유대인들을 이곳에 모은 뒤 예루살렘까지의 길고 위험한 여정 동안 하나님의 인도와 보호하심을 간구함. (스 8:15 · 21)

K. 들릴라가 삼손의 머리털을 베틀의 날실에 섞어 짤 때 사용했던 도구. (삿 16:14)

L. 고대 이스라엘에서 액체와 고체를 측량하는 부피 단위. (스 7:22, 겔 14:14)

▣ 다음 보기에서 아래 설명하는 것을 괄호에 채우세요.

악메다, 세스바살, 심새, 학개, 아바삿, 비슬람, 닷드내, 유월절, 삽브대 핫두스, 다릭, 미드르닷

1. 바사의 고레스 왕이 예루살렘 성전을 재건하도록 허락한 조서가 발견된 고대 메대제국의 수도. (스 6:2) (   )
2. 죽음의 사자가 애굽 장자들을 죽일 때 어린 양의 피를 문설주에 바른 이스라엘 백성의 집은 넘어감으로써 유래된 절기. (스 6:19-20) (   )
3. 바사 식민 국가의 총독을 지낸 인물. 당시 사마리아 총독인 듯한데, 예루살렘 성전 재건에 반대하는 지역 원주민의 기류와 성전 재건의 당위성을 상소한 인물.
   (스 5:3, 6:6 · 13) (   )
4. 바사 왕 고레스의 창고지기. 그는 고레스의 명령에 의해 예루살렘 성전에서 가져온 기물 등을 세스바살에게 반환함. (스 1:8) (   )
5. 에스라 시대 포로에서 돌아온 레위 사람으로 이방인 아내에 관한 논쟁에 참여하여 이혼을 주장함. (스 10:14-15) (   )
6. 수리아에서 거하던 바사의 관리로서 아닥사스다의 서기관. 성전 재건을 반대하는 편지를 아닥사스다 왕에게 보내어 예루살렘 성벽 재건 사역을 중지시킴.
   (스 4:8-9 17절) (   )
7. 바사 왕 고레스가 바벨론 포로민인 유대인으로 하여금 예루살렘으로 돌아가 하나님의 성전을 재건하라고 명령했을 당시의 유대 총독. (스 1:8) (   )
8. 느헤미야가 주도하는 예루살렘 성곽 재건 사업을 방해하기 위해 바사 왕 아닥사스다 1세에게 편지를 보낸 가나안 땅에 주재했던 바사 관리. (스 4:7) (   )
9. 유다에서 활동한 선지자. 온갖 방해와 부정적인 편견을 극복하고 성전 재건을 위해 백성을 각성시키고 성전 재건을 끝내게 했던 열정적이고 책임감 있는 여호와 사자. (스 5:1) (   )
10. 스룹 바벨과 함께 바벨론 포로에서 귀환한 제사장 중 한 사람으로 언약 문서(율법 준수 계약)에 인친 사람. (스 8:2, 느 10:4, 12:1-2) (   )
11. 바사 제국의 금화. 다리오 1세의 초상이 그려져 있다. 당시 유다에서 널리 통용됨.
    (스 2:69, 느 7:70-72) (   )
12. 사마리아 땅으로 이주해 온 사람들로 이들은 예루살렘 성전에 반대하여 아닥사스다 왕과 다리오 왕에게 상소를 올림. (스 5:6) (   )

16. 느헤미야 (NEHEMIAH)

1. 내용

느헤미야는 구약 성경의 역사서 중 마지막 책이다. 3차 포로 귀환의 인솔자인 느헤미야가 유다 백성과 더불어 성벽을 재건하는 것, 성벽 재건 이후 학사 에스라를 중심으로 이스라엘 백성들의 삶과 신앙 부흥운동이 더욱 가속화되어 신앙의 개혁을 이뤄 나가는 과정, 느헤미야가 얼마나 하나님에 대한 참된 예배 제도를 확립하려고 애썼는지 묘사하고 있다.

2. 배경

느헤미야가 바사 왕의 술관원장으로 있던 바사제국의 수도 수산과 느헤미야가 총독으로 지내며 성곽을 재건했던 예루살렘과 3차 포로 귀환의 행선지 등이 주요 무대이다.

3. 흐름과 내용 구성

본토 귀환과 재건 사업(느헤미야의 귀환, 성벽재건사업, 1차 귀환인의 계보) 전민족적 개혁작업, 신앙부흥운동(에스라의 개혁, 삶의 대개혁) 등이다.

4. 목적

성전 재건에 이어 예루살렘 성벽 재건 작업이 완성되고 회복된 신앙 공동체 내에서 이방의 악습을 씻어내는 외적 성결과 동시에 하나님과의 바른 관계 정립을 위한 내적 성결이 중요함을 가르치기 위해 기록되었고, 느헤미야의 탁월한 지도력은 오늘날 교회 지도자들이 본받아야 할 모범이다.

5. 본서에 나타난 하나님의 섭리

바벨론 포로로 술관원장으로 성공한 인물이었지만 일신상의 부귀보다는 하나님의 일을 더 중요하게 여기며 이를 위해 어떠한 고난도 어려움에 직면해서도 낙망하지 않고, 유다 백성을 독려하고 인내하며 하나님께 순종하는 삶을 살아간다.

하나님은 충성스러운 일꾼과 동역하시기를 기뻐하심을 알므로 하나님께 순종하는 삶을 살아가야 한다.

■ 다음 보기에서 아래 설명하는 곳을 괄호 안에 찾아 넣으세요.

민장, 인봉, 도비야, 벧술, 직무, 함메아, 레갑, 들라야, 그일라, 어문 스마야, 분문

1. 백성을 가르치는 지도자. 대개 공무원이나 중간 감독자를 일컬음. (느 4:14) (   )
2. 므헤다벨의 손자이며 들라야의 아들. 느헤미야의 성전 재건을 방해하기 위해 도비야와 산발랏에게 뇌물을 받고 고용된 자. (느 6:10) (   )
3. 예루살렘의 북쪽 성벽. 양문과 어문 사이에 위치한 망대 이름. 100명 주둔할 수 있는 요새로 추정. (느 3:1, 12:39) (   )
4. 예루살렘 성곽 재건을 방해하는 산발랏의 살해 위협이 있을 때 느헤미야에게 성전으로 몸을 숨기도록 조언한 자. 스마야의 아버지. (느 6:10) (   )
5. 바벨론 포로지에서 귀환한 유다 백성이 느헤미야의 지도 아해 예루살렘 성벽을 재건할 때 사마리아 사람 산발랏과 더불어 그 일을 방해했던 암몬 사람. (느 2:10 19) (   )
6. 느헤미야 때 예루살렘 성문 중 분문을 수리한 벧학게렘 지방의 통치자 말기야의 부친. (느 3:14) (   )
7. 예루살렘 성 북쪽에 위치한 성문. 두로 사람들이 안식일 때마다 물고기를 팔던 곳. (느 3:3) (   )
8. 대개 '직분', '반열'이라는 뜻. 직분을 수행하는 차례를 가리킴.(느 12:9) (   )
9. 도장을 찍어 열어보지 못하게 한다는 말. (느 10:1) (   )
10. 세펠라 평원에 있던 전략 요충지. 포로 귀환 후 예루살렘 성벽 재건 때 이곳 주민도 참여함. (느 3:17-18)(   )
11. 예루살렘 성내의 쓰레기나 보물 , 분뇨 등을 성밖으로 반출하에 위한 성문. (느 3:14) (   )
12. 포로 귀환후 지방 행정 도시로 재건되었는데 아스북의 아들 느헤미야가 이 지역의 절반을 다스림. (느 3: 16) (   )

느헤미야 퍼즐

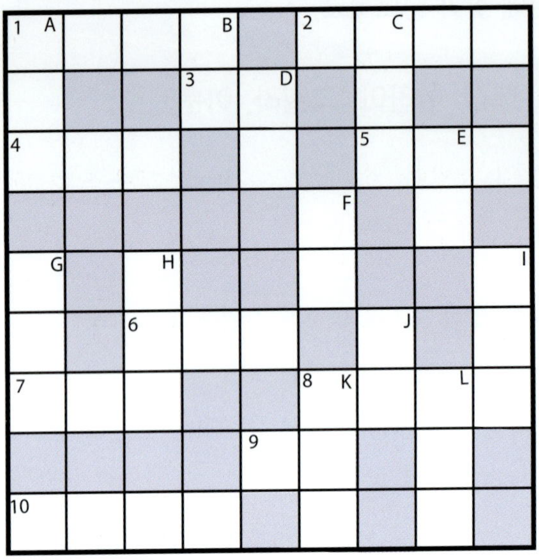

가 로

1. 바사(페르시아)의 은화 다릭이나 로마의 은화 데나리온과 같은 가치로 추정. (느 7:70–72, 마 20:2)
2. 바벨론 포로 귀환 후 에스라 때 레갑의 아들 말기야가 이곳을 다스림. (느 3:14)
3. 구약 성경에서는 주로 편지나 선지자의 글, 신약 성경에서는 구약 성경을 가리킴. (에 4:7)
4. 베들레헴 남서쪽 오래된 성읍으로 바벨론 포로에서 귀환한 유다 지역 사람들은 다시 이곳에 거주함. (느 11:30)
5. 느헤미야와 함께 율법 엄수 계약에 조인한 자. 예배를 인도하며 율법서를 읽고 기도했던 인물. (느 9:4–5, 10:10)
6. 사마리아 총독으로 바벨론에서 귀환한 느헤미야가 예루살렘 성벽을 재건하는 등 과거 예루살렘 영광을 회복하려고 하자 성벽 재건 공사를 집요하게 방해한 자. (느 4:1 · 7–8, 13:28)
7. 히브리력 여섯 번째 달로 태양력의 8~9월, 고온 건조한 절대 건기에 해당하는 때. (느 6:15)
8. 예루살렘 성벽 공사를 마친 후 하나님과 언약을 재확인하기 앞서 가진 의식에서 참회와 헌신의 기도를 한 레위인 가운데 한 사람. (느 9:5)
9. 이스라엘 백성이 광야 40년 방랑 생활 동안 하나님으로 공급받았던 특별한 양식. 이스라엘이 광야 생활을 모두 마치고 요단강을 건너 약속의 땅에 안착 후 그쳤다. (출 16:33–35)
10. 아하수에르 왕을 암살하려는 음모를 적발함으로써 왕의 신임을 얻고 후에 하만이 유다인 말살 정책을 수행할 때 에스더와 더불어 하만의 음모를 분쇄하여 유대인을 구원한 인물. (느 7:7, 에 3 · 4장)

세 로

A. 선지자 아모스는 이 지역 목사 출신이고, 이 지역 사람은 포로 귀환 후 성벽 쌓는 일에 참여함. (느 3:5 27)

B. 예루살렘 성벽 남동쪽 모서리에 위치한 문. 왕실의 말들이 출입하여 붙여진 이름이다. (느 3:28–32)

C. 아론의 후손으로 스룹 바벨과 함께 바벨론에서 귀환함. (느 3:4 21, 대상 24:10)

D. 자신이나 자기가 속한 공동체의 죄와 허물을 숨기지 않고 모두 쏟아내어 뉘우치며 고백하는 것. (느 1:6)

E. 학식이 뛰어나며 성직자 예레미아의 서기관이요 신실한 동역자. (느 3:20, 렘 32:12)

F. 예루살렘 성벽을 재건할 때 산발랏, 도비야와 더불어 느헤미야를 대적했던 아라비아 사람. (느 2:19, 6:1–2)

G. 스룹 바벨과 함께 바벨론 포로에서 돌아온 레위 지파의 한 사람으로 예수아의 아버지. 회개운동에 동참했으며 율법 준수 언약에 서명을 했다. (느 7:43)

H. 히브리 월력의 첫 번째 달. 원래는 아빕 월로 불렀다. 양력으로는 3~4월경. (느 2:1)

I. 수문 앞 광장에서 에스라가 율법을 낭독할 때 에스라를 도와 율법을 해석한 레위인. (느 8:7)

J. 바벨론 포로에서 귀환한 이 자손들은 성전 기공식 때 찬송을 부름. (느 7:44, 스 2:41)

K. 예루살렘의 북쪽 성벽에 위치한 망대의 이름. 느헤미야 때 수리되었음. (느 3:1)

L. 성전 봉사를 위해 주어진 노예. 번제에 필요한 나무를 쪼개고 물두멍에 물을 길어넣는 일을 함. (느 7:60, 대상 9:2)

17. 에스더 (ESTHER)

1. 내용

이 책에는 하나님이라는 말은 등장하고 있지 않지만, 이방에 포로로 끌려간 유다 백성을 원수의 모함으로부터 구출해내는지 말해주고 있는 놀라운 승리와 구원의 이야기다.

전멸 직전에 구원해 주신 하나님의 놀라운 섭리와 은총이 가장 잘 드러나 있고, 누구도 하나님을 섬기는 백성을 멸할 수 없다는 사실을 밝힌다.

2. 배경

당시 바사제국은 신흥 강대국으로 바벨론을 무너뜨리고 패권국이 되었다. 이 바사 제국의 수도 수산궁을 중심 무대로 전개되고 있다.

3. 흐름과 내용 구성

유다 백성의 위기(왕비가 된 에스더, 유다인들의 위기, 하만의 모략)와 에스더의 결단(모르드개의 기도), 유다인들의 구원(에스더의 일사각오, 하만의 패배, 부림절 탄생) 등으로 하나님의 구원을 기념하는 부림절의 기원을 다루고 있다.

4. 목적

하나님은 가나안 땅에 거주하는 백성뿐만 아니라 가나안과 그 밖의 이방 땅에 거주하는 자라도 하나님께 순종하고 신뢰하면 구원과 보호의 은총을 베푸시는 언약의 하나님이심을 보여주고 부림절의 기원과 의미를 후대에 널리 전하고 있다.

5. 본서에 나타난 하나님의 섭리

하나님은 유다 민족을 멸절 위기 가운데서 적극적으로 구원하심으로써 당신의 백성을 지키고 영광을 드러내셨다.

비록 하나님의 모습도, 하나님의 이름도 드러내지 않는 불신적인 요소와 환경이 도처에 놓여 있어도 하나님은 그 백성을 기억하시고 지켜주심으로써 당신의 섭리를 펼치신다.

에스더 퍼즐

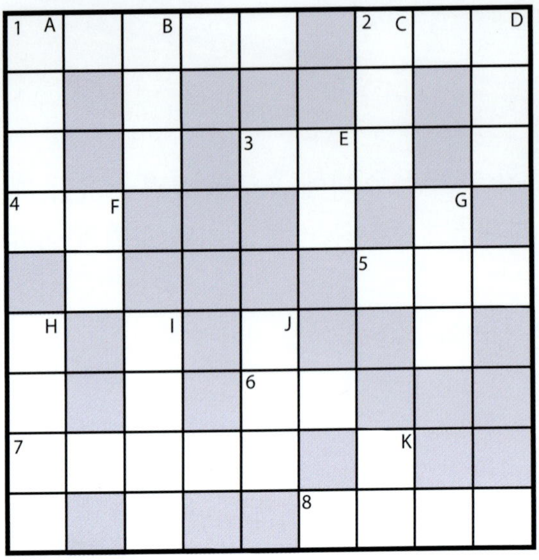

가 로

1. 왕후 와스디를 폐위시키고 유다 출신 에스더를 왕비로 맞았던 인물. 하만의 음모를 파악하고 하만과 그 일족(아말렉)을 멸함. (에 1:17, 8:1-9)
2. 바사 왕 아하수에로의 내시요 문지기로서 빅다나와 함께 왕 암살을 모의하다 모르드개에 의해 적발되어 사형됨. (에 2:21-23)
3. 바벨론 월력으로 열두 번째 달의 이름. (에 3:7, 9:15)
4. 크게 무엇을 이뤄보겠다는 희망.
5. 유다인 전체와 함께 3일간의 금식기도를 통해 하나님께 호소하고 '죽으면 죽으리라'는 각오로 동족을 구하기 위해 왕 앞에 나간 왕비. 모르드개의 사촌. (에 4:15-17)
6. 새 왕비 에스더 곁에서 시중을 들도록 임명된 내시. 모르드개에게 일어난 일과 하만이 유다인을 몰살시키려는 계획을 에스더에게 알려줌. (에 4:5-12)
7. 바사 왕 아하수에로의 내시로서 비빈들을 관리하고 담당하던 자. (에 2:14)
8 하만이 모르드개를 장대에 달려는 음모를 왕께 고발한 내시. (에 7:9)

세 로

A. 유다인들의 원수인 하만의 열 아들 중 다섯째. 아버지와 함께 형제 모두가 교수형을 당함. (에 9:8)

B. 바사 제국의 고레스가 이곳을 정복하였고, 다리오왕은 이곳을 바사의 수도로 정하고 겨울을 보내기 위한 궁전을 세움. 포로로 끌려온 유다 백성이 많이 살고 있음. (에 1:2, 4:16)

C. 히브리 월력으로 10월 10일(태양력으로 12~1월), 곧 겨울 우기가 절정에 이르는 달. (에 2:16)

D. 유다 사람으로 마하랄렐의 아들. 느헤미야 시대 예루살렘 성벽이 재건된 직후 예루살렘에 거주했던 아다야의 조상. (느 11:4)

E. 하만의 둘째 아들로 하만의 유다인 대학살 음모에 대항하던 유다인들에 의해 아달 월 13일에 아홉 명의 형제와 함께 죽임을 당했다. (에 9:7)

F. 군사적 목적에서 도성을 수비하고 침략자의 동향을 감시하기 위해 성문 위나 성문 모서리에 세운 파수대. 하나넬, 함메아, 레바논, 실로암 ○○가 있다. (대하 14:7)

G. 바사 왕 아하수에로의 내시. (에 1:10-11)

H. 대제사장 여호수아의 부친으로 바벨론에 포로로 잡혀감. (대상 6:15)

I. 바사 왕 아하수에로 때 왕을 보필하던 최고위직 7인 방백 중 한 사람. 왕비 와스디의 폐위 문제를 거론할 정도로 권세가 막강한 자. (에 1:14)

J. 사울과 다윗 때 암몬 족속의 왕. 요단 동쪽 길르앗 야베스를 포위하고 주민들의 눈을 뽑겠다고 위협하다 원군에 나선 사울에 의해 처절하게 패배당했다. 이 사건으로 사울은 이스라엘 초대 왕으로 추대됐다. (삼상 11:1-2, 12:12)

K. 제비를 뽑는 기구 및 제비를 뽑는 행위. 유다인 말살 일자를 잡기 위해 하만이 이용함. (에 3:7, 9:24)

■ 다음 보기에서 아래 설명하는 것을 괄호에 채우세요.

하닷사, 도륙, 부림일, 함므다다, 조서, 바사, 헤개, 시완월, 와스디 여호야긴, 므무간, 바마스다

1. 모르드개와 유다 족속을 몰살시키려고 했던 하만의 아버지. (에 3:1) (　　　　　)

2. 바사 제국 아하수에로 왕의 궁녀들을 주관하던 환관. (에 2:3, 8 · 15) (　　　　　)

3. 유다인들이 바사 제국의 2인자 하만의 간교한 음모에서 구원받은 것을 기념하는 절기. (에 9:31) (　　　　　)

4. 아하수에로의 7인 지방 장관 중의 대표격에 해당하는 자로 추정. 규례에 정통함. (에 1:14, 16 · 21) (　　　　　)

5. 바벨론과 히브리에서 사용된 달력 중 세 번째 달. (에 8:9) (　　　　　)

6. 여호야 김의 아들로서 유다 제19대 왕. 왕위에 오른 지 석달 만에 바벨론 포로로 끌려감. (왕하 24:1–12) (　　　　　)

7. 옳고 그름을 묻지 않고 모두 죽이는 것. 모두 무찔러 죽임. (에 3:13) (　　　　　)

8. '왕의 칙령' 공식 문서로 전해진 왕의 명령을 말함. (에 1:19) (　　　　　)

9. 하만의 아들로 하만의 음모가 무산되자 하만이 죽을 때 유다인에게 죽임을 당함. (에 9:9) (　　　　　)

10. 미모가 출중하여 아하수에로 왕이 손님들 앞에서 자랑하려 했지만 거절하여 권위가 손상되자 진노하여 폐위가 된 왕비. (에 1:12–21) (　　　　　)

11. 고레스, 다리오 1세, 아하수에로, 아닥사스 1세가 다스린 나라. (스 4:5) (　　　　　)

12. 아하수에로 왕의 왕후가 된 에스더의 히브리 본명임. (에 2:7 15) (　　　　　)

시가서란?

그리스도인들이 삶의 다양한 체험들을 통해 하나님의 신령한 계시와 교훈을 깨닫게 하고 또한 지금도 살아계셔서 우리의 생사화복을 주관하시는 하나님을 찬양하는 것으로 이뤄졌다.

그리스도인은 늘 하나님을 경외하고 그의 교훈을 좇아 사는 것이 인생의 최대 목표요 행복이라고 가르치고 있다.

욥기는 고통 문제를 주제로 삼아 다뤘고, 시편은 히브리 민족의 찬양을, 잠언은 삶의 지혜를 찬양하며, 전도서는 세상의 모든 것이 헛되다는 참회적 시요, 아가서는 사랑의 시이다.

시가서를 읽고 묵상하다 보면 성경은 하나님을 찬양하는 시이기에 우리들의 마음에도 깊이 와닿는다.

1. 시가서의 특징

1) 주로 리듬과 대구법에 의존하고 있다.

시가서에 나오는 시들은 다른 시들과 달리 음악적 효과를 위해 운이나 운율을 사용하지 않고 주로 리듬과 대구법으로 이뤄졌다.

2) 사색과 감정적인 리듬으로 이뤄졌다.

동의적 표현으로 같은 사상이 약간 다른 형태로 반복된다.

대조적 표현으로 잠언에서 앞 행과 뒷 행의 사상이 대조를 이룬다.

3) 정교한 예술적 기교보다 순수한 감정의 표현에 치중한다.

종교적 열정을 표현하기에 적합하다.

2. 시가서의 유형

1) 서정시

가장 오래되고 가장 많이 불리었던 시형으로 일명 가사시라고도 한다. 시편의 대부분이 이 유형에 속한다.

2) 교훈시

신령한 종교적 교훈을 통해 하나님을 의뢰케 하는 시로서 그 시의 묵상자들에게 기쁨을 제공하고 있다. 잠언과 전도서는 신앙에 바탕을 둔 삶의 해악과 심오한 지혜를 제공하므로 교훈시에 속한다.

3) 예언시

이 시는 전체적으로 시가서에는 발견되지 않지만 이사야서 등 다른 곳에서 발견된다.

4) 극작시

오늘날 희곡과 유사하게 대화나 독백을 통해 사상이나 진리를 전달하는 데 시가서의 욥기와 아가서가 이 유형에 속한다.

"우리가 주목하는 것은 보이는 것이 아니요,
보이지 않는 것이니 보이는 것은 잠깐이요,
보이지 않는 것은 영원함이라." 〈고후 4:18〉

18. 욥기 (JOB)

1. 내용

욥기서는 신정설(神正說 · 악의 존재를 하나님의 섭리라고 주장하는 학설) 문제를 통하여 언약에 대한 주요한 종교적 요구를 알려준다. 고대 동방 세계의 아주 부유하고 하나님을 사랑한 인물이 어느날 갑자기 자신의 모든 것들을 잃고 병까지 걸려 고통받는 비극적인 이야기다.

욥은 자신에게 처한 이해할 수 없는 고통과 환난에 대하여 그 원인을 찾기 위해 몸부림을 친다. 그렇지만 하나님의 섭리는 오묘하다. 절대적으로 선하다는 사실과 인간은 오직 그분께 순종하며 감사와 찬양을 돌릴 것뿐이라고 교훈한다.

2. 배경

욥의 고향인 우스지역, 즉 에돔지역, 이스라엘 남동쪽으로 사막에 둘러싸여 있지만 비옥한 초원지대였을 것으로 짐작한다.

3. 흐름과 내용 구성

욥의 고난(시련, 환경과 사탄 시험), 욥의 변론(독백 및 엘리후의 중재), 욥의 회복(하나님의 계시, 질문과 답변, 회복)의 과정으로 이뤄졌다.

4. 목적

우리에게 찾아오는 고난이 때로는 죄의 결과가 아니라 하나님의 초월적 섭리의 일환일 수도 있음을 가르친다. 고난 중에도 포기하지 않고 성도의 바른 자세는 그분께 더 찬양과 감사를 드려야 하며, 인간의 생사화복은 오로지 하나님의 절대주권에 달려 있음을 가르치고 있다.

5. 본서에 나타난 하나님의 섭리

본서는 고난의 원인을 밝히는 데 있기보다 죄를 지어 직면한 자이든 상관없이 세상 모든 인생을 어떠한 환경과 고난이 따르더라도 늘 하나님을 바라보고 찬양해야 한다는 사실을 가르치고 있다.

인내의 과정과 인내의 설정의 백미를 보여주고 있으며, 특히 의인의 인내는 그 결과가 영생을 상징하는 장수의 축복과 구원의 축복으로 결론짓게 됨을 알려준다.

A				1	B		2	C
3			D		4	E		
5	F			6 G				
	7					8		
H		9	I		10 J			K
11								
							12	

가 로

1. 깊이 있게 생각하고 궁리하여 짜낸 꾀, 계략 등으로 번역. (욥 5:12, 왕하 18:20)
2. 운동 경기에서 우승한 자 등에게 주어지는 관이며 영광과 존귀를 상징함. (욥 19:9)
3. 인간이 쉽게 제압할 수 없는 존재로서 악어, 신화적 괴물인 라합 등으로 번역됨. (욥 41:1, 9:13)
4. 우주 만물이나 세상에 존재하는 모든 것. (엡 4:6)
5. 솔로몬 왕의 지혜를 확인하기 위해 찾아온 여왕 역시도 이곳 출신이다. (욥 1:15, 대하 9:1–9)
6. 욥이 고난당할 때 위로하러 온 욥의 세 친구 중 하나로 나아마 사람. 지혜가 부족하고 친구의 처지를 헤아릴 줄 모르는 동정 또한 결핍된 사람. (욥 2:11, 42:9)
7. 바다 괴물, 하나님과 그 택한 백성을 대적하고 괴롭히는 존재. 기생 라합이 아님. (욥 9:13, 사 51:9)
8. 수아 출신 욥의 친구. 하나님의 책망을 받았고, 욥의 기도를 통해 하나님으로부터 용서받음. (욥 42:8–9)
9. 재판관 혹은 왕가의 여러 계열에 속한 사람들. 총독, 주권자, 지도자로 부른다. (대상 2:10)
10. 욥이 시련을 이기고 승리한 후 하나님께서 주신 셋째 딸 이름. (욥 42:14)
11. 천재지변이나 인간을 매우 고통스럽고 슬프고 불행하게 만드는 변고. (욥 12:5, 창 19:19)
12. 성경에서는 만물의 창조와 우주 전체의 운행을 주관하시는 하나님의 능력을 나타내는 관용적 표현. 세 개의 별이 띠를 이루고 있다. (욥 38:31)

세 로

A. 데만에 거주하던 친구로 세 번의 권면을 통해 욥의 고난이 죄로 인하여 생겨났다고 질책하며 하나님과 화해를 촉구. 하지만 하나님은 그에게 욥을 억울하게 몰아세운 잘못을 꾸중하며 용서의 의미로 번제를 명령함. (욥 4:1, 42:7–9)

B. 잘난 체하며 겸손하지 않고 방자함. (욥 40:12, 잠 29:23)

C. 건물의 모퉁이에 놓여 벽을 지탱해 주는 큰 주춧돌로 건물에서 가장 중요한 기초석 역할. (욥 38:6)

D. 몸과 마음을 닦아서 익숙하게 함. 시험과 연단, 신앙의 훈련과 환난 가운데 인내를 상징. (욥 23:10)

E. 화약 · 성냥 · 고무의 원료로 사용됨. 성경에서는 불과 함께 하나님께서 죄인을 심판하는 형벌 수단으로 언급. (욥 18:15)

F. 부스 사람이며 엘리후의 아버지. 엘리후는 욥과 세 친구의 논쟁을 중재한 욥의 네 번째 친구. (욥 32:6)

G. 주로 사람의 도덕적 행위를 가리킴. 성경은 하나님께서 의로운 자나 불의한 자의 행위를 모두 감찰하시며 그 ○○대로 반드시 갚으신다고 함. (욥 36:9, 겔 14:23)

H. '고삐', '굴레', '턱', '아가미' 등의 의미. 성경에서는 악어에게 ○○○을 물릴 만큼 강한 사람이 없다고 함. (욥 41:13)

I. 육신을 이루는 모든 구성 요소. 온몸 전체. (마 5:29, 욥 18:13)

J. 여호수아가 정복한 드빌 인근 가나안 족속의 성읍. (수 12:13)

K. 우주 전체를 만드신 하나님의 신묘막측한 능력과 지혜 앞에 인간은 한낱 보잘것없는 존재임을 겸손히 고백할 때 언급되는 표현. '북두칠성'으로 봄. (욥 9:9, 38:32)

19. 시편 (詩篇, PSALMS)

1. 내용

모세로부터 에스라에 이르기까지 1천여년 동안 여러 저자들에 의해 쓰여졌다. 이스라엘의 깊은 영감과 탁월한 문학성을 지닌 기도책이요, 찬양의 시 150편이 다섯 권으로 편집되었다.

시편의 각 시에는 고유한 역사적 배경과 저자 개개인의 신앙 체험이 생생하고 감동적으로 승화되어 담겨 있다. 각 시편의 저자들은 하나님에 대해 무엇을 어떻게 느꼈으며, 또 자신들의 삶 속에서 무엇이 일어났는지를 아름답고 영감적인 시로 노래했다.

2. 배경

대다수의 시는 거의 예루살렘이나 팔레스타인에서 기록되었을 것으로 추정되고 성전에서 하나님께 찬양, 제의, 예배용으로 사용되었다.

3. 분류(내용 구성)

시편의 내용 구성은 5권으로 이뤄졌으며, 다윗과 무명작가가(1~41편, 사랑과 창조「창세기」), 고라 · 자손 · 아삽 · 다윗 · 솔로몬(42~74편, 해방과 구속「출애굽기」), 아삽 · 고라 자손 · 다윗 · 에단(73~89편, 성소와 예배「레위기」), 모세 · 다윗(90~106편, 방랑과 고난「민수기」), 다윗 · 무명(107~150편, 율법과 찬양「신명기」)의 중심 주제로 꾸며져 있다.

가장 현저한 주제들만 다섯 가지를 제시한다면 첫째 하나님의 임재의 실현, 둘째 감사할 필요의 의식, 셋째 하나님과 인격적 교제, 넷째 역사에 나타난 하나님의 행하신 일을 회상함, 다섯째 원수로부터 구원에 관한 의식이다.

4. 목적

하나님께 감사와 찬양, 참회와 고백, 비탄과 간구를 전한다.

5. 본서에 나타난 하나님의 섭리

고난 중에 드리는 기도, 자연 만물을 통해 드러난 하나님의 영광, 찬미, 메시야 왕국 대망, 위기에서 건져주심에 감사, 회개와 하나님의 거룩한 뜻이 전달된다.

▣ 성구 퍼즐 묵상하기

1. 오직 여호와의 ○○을 즐거워하며 그의 ○○을 주야로 묵상하는도다.
(시 1:2) ( )

2. 여호와는 의로우사 의로운 일을 좋아하시나니 ○○한 자는 그의 얼굴을 뵈오리다.
(시 11:7) ( )

3. 여호와의 말씀은 ○○함이여 흙도가니에 일곱 번 단련한 ○같도다.
(시 12:6) ( )

4. 어리석은 자는 그의 마음에 이르기를 ○○○이 없다 하는도다.
(시 53:1) ( )

5. 주께서 ○○의 길을 내게 보이시리니 주의 앞에는 ○○한 기쁨이 있고 주의 오른팔에는 ○○한 즐거움이 있나이다. (시 16:11) ( )

6. 나를 ○○○같이 지키시고 주의 ○○ 그늘 아래에 감추사 (시 17:8) ( )

7. 여호와는 나의 ○○이시요, 나의 ○○시요, 나를 건지시는 이시요, 나의 ○○○이시요.
(시 18:2) ( )

8. 하나님의 도는 ○○하고 여호와의 말씀은 ○○하니 그는 자기에게 피하는 모든 자의 ○○시로다. (시 18:30) ( )

9. 여호와의 율법은 완전하여 영혼을 ○○시키며 여호와의 증거는 확실하여 ○○한 자를 지혜롭게 하며 (시 19:7) ( )

10. 내가 사망의 음침한 골짜기를 다닐지라도 해를 두려워하지 않을 것은 주께서 나와 함께 하심이라. 주의 ○○○와 ○○○가 나를 안위하시나이다.
(시 23:4) ( )

11. 여호와의 말씀은 정직하며 그가 행하시는 일은 다 ○○하시도다. (시 33:4) ( )

12. ○을 버리고 ○을 행하며 ○○을 찾아 따를지어다. (시 34:14) ( )

13. 진실로 생명의 ○○이 주께 있사오니 주의 빛 안에서 우리가 빛을 보이리다.
(시 36:9) ( )

14. ○을 그치고 ○을 버리며 ○○하지 마라. 오히려 악을 만들 뿐이다.
(시 37:8) ( )

15. 하나님이여 사슴이 시냇물을 찾기에 ○○함과 같이 내 영혼이 주를 찾기에 ○○하나이다. (시 42:1) ( )

16. ○○날에 나를 부르라. 내가 너를 건지리니 네가 나를 ○○롭게 하리로다. (시 50:15) (   )

17. 하나님이여 내 속에 전한 마음을 창조하시고 내 안에 ○○한 영을 새롭게 하소서. (시 51:10) (   )

18. 주의 집에 사는 자들은 ○이 있나니 그들이 항상 주를 ○○하리로다. (시 84:4) (   )

19. ○○와 ○○가 같이 만나고 ○와 ○○이 서로 입 맞추었으니 진리는 땅에서 솟아나고 의는 하늘에서 굽어보도다. (시 85:10-11) (   )

20. 여호와여 나의 ○○에 귀를 기울이시고 내가 ○○하는 소리를 들으소서. 내가 ○○날에 내가 주께 부르짖으리니 주께서 내게 ○○하시리이다. (시 86:6-7)
(   )

21. 여호와여 내 ○○를 들으시고 나의 부르짖음을 주께 ○○하게 하소서. (시 102:1)
(   )

22. 내 영혼아 여호와를 ○○하며 그의 모든 ○○을 잊지 말지어다. (시103:2) (   )

23. 인생은 그 날이 ○과 같으며 그 영화가 들의 ○과 같도다. (시 103:15) (   )

24. 내 ○을 열어서 주의 ○○에서 놀라운 것을 보게 하소서. (시 119:18) (   )

25. ○○당한 것이 내게 ○○이라. 이로 말미암아 내가 주의 ○○들을 배우게 되었나이다. (시 119:71) (   )

26. 눈물을 흘리며 ○를 뿌리는 자는 ○○으로 거두리로다. (시 126:5) (   )

27. 여호와를 ○○하며, 그의 길을 걷는 자마다 ○이 있도다. (시 128:1) (   )

28. 여호와는 ○○로우시며, ○○이 많으시며, 노하기를 더디 하시며, ○○하심이 크시도다. (시 145:8) (   )

29. 내가 ○○중에 다닐지라도 주께서 나를 살아나게 하시고, 주의 손을 펴사 내 원수들의 ○○를 막으시며, 주의 ○○○이 나를 ○○하시리이다. (시 138:7)
(   )

30. 주는 나의 하나님이시니 나를 가르쳐 주의 뜻을 행하게 하소서. 주의 ○은 선하시니 나를 ○○한 땅에 ○○하소서. (시 143:10) (   )

20. 잠언 (箴言, PROVERBS)

1. 내용

이 세상에서의 바른 삶에 대한 구체적이고 실질적인 교훈을 주는 격언을 모은 지혜서로 하나님 앞에서 올바르고 지혜롭게 사는 방법을 가르쳐 주는 주옥같은 지혜의 말들로 구성되어 있다.

잠언은 무엇보다 지혜를 따르라고 권면하는데, 그 지혜의 근본은 하나님을 경외하는 것이 지혜의 근본임을 거듭 강조한다.

2. 구성

잠언은 크게 네 가지로 구성되었다. 지혜의 교훈(지혜에 대한 찬양), 솔로몬의 장점(의인과 악인, 경건한 생활, 각종 격언), 솔로몬의 제2잠언(인간관계, 처신에 대한 잠언), 현자들의 잠언(아굴과 르무엘 잠언)으로 구성되어 있다.

3. 핵심 메시지

하나님 앞에서 그리고 세상에서 어떻게 살아야 할지를 가르치고, "여호와를 경외하는 것이 지식의 근본이다"는 말씀이 잠언서의 핵심 구절이다.

참된 지식을 얻어 육체의 정욕을 피하고 악한 동무를 피하고 물질에 탐욕을 바리고 시기와 방탕을 금하며, 가난한 자를 돕고 부모를 공경하라는 교훈을 알려주고 있다.

4. 본서에 나타난 하나님의 섭리

시편과 마찬가지로 내용이나 주제는 매우 다양하지만 그 중심 주제는 항상 하나님과 관련되어 있다. 하나님 앞에서 하나님 백성이 어떻게 살아가야 할 것인가에 초점이 맞추어져 있다.

본서를 통해 나타내기를 원하시는 하나님의 뜻이 바로 여기에 있다. 즉 잠언은 여호와 앞에서 세상을 바르게 살아가는 지혜를 가르치고 훈계하는 목적이 있다.

▣ 날마다 잠언 한 구절씩 묵상하기

1. 지혜 있는 자는 듣고 학식이 더할 것이요, □□한 자는 □□을 얻을 것이라. (잠 1:5)

2. 지혜가 너를 선한 자의 길로 행하게 하며 또 □□의 길을 지키게 하리니. (잠 2:20)

3. 너는 범사에 그를 □□하라. 그리하면 네 길을 □□하시리니. (잠 3:6)

4. 모든 지킬 만한 것 중에 더욱 네 □□을 지키라. □□의 근원이 이에서 남이라. (잠 4:23)

5. □□을 지키며 네 입술로 □□을 지키도록 하라. (잠 5:2)

6. 게으른 자여 □□에게 가서 그가 하는 것을 보고 □□을 얻으라. (잠 6:6)

7. 내 □□을 지켜 살며 내 □을 네 눈동자처럼 지켜라. (잠 7:2)

8. 대저 나를 얻는 자는 □□을 여호와께 □□을 얻을 것임이니라. (잠 8:35)

9. 여호와를 □□하는 것이 지혜의 근본이요 거룩하신 자를 아는 것이 □□이니라. (잠 9:10)

10. □□은 다툼을 일으켜도 □□은 모든 □□을 가리느니라. (잠 10:12)

11. 정직한 자의 □□는 자기를 건지려니와 사악한 자는 자기의 □에 잡히리라. (잠 11:6)

12. 미련한 자는 자기 □□를 바른 줄 여기나 지혜로운 자는 □□를 듣느니라. (잠 12:15)

13. □□로운 자와 동행하면 □□를 얻고 □□한 자와 사귀면 □를 받느니라. (잠 13:20)

14. 노하기를 속히 하는 자는 □□□은 일을 행하고 악한 □□를 꾀하는 자는 □□을 받느니라. (잠14:17)

15. 분을 쉽게 내는 자는 □□을 일으켜도 노하기를 더디하는 자는 □□를 그치게 하느니라. (잠 15:18)

16. 사람이 마음으로 자기의 길을 □□ 할지라도 그의 걸음을 □□ 하시는 이는 여호와시라. (잠 16:9)

17. 허물을 덮어 주는 자는 □□을 구하는 자요 그것을 거듭 말하는 자는 친한 벗을 □□하는 자니라 (잠 17:9).

18. 사람의 마음의 □□은 멸망의 선봉이요 □□은 존귀의 길잡이니라. (잠 18:12)

19. 지혜를 얻는 자는 자기 □□을 사랑하고 명철을 지키는 자는 □을 얻느니라. (잠 19:8)

20. □□을 멀리하는 것이 사람에게 영광이거늘 늘 미련한 자마다 □□을 일으키느니라.(잠 20:3)

21. 부지런한 자의 경영은 □□함에 이를 것이나 조급한 자는 □□함에 이를 따름이니라. (잠 21:5)

22. □를 품은 자와 사귀지 말며 울분한 자와 □□하지 말지니 (잠 22:24)

23. 네 마음으로 죄인의 □□을 부러워하지 말고 항상 여호와를 □□하라. (잠 23:17)

24. 미련한 자의 생각은 □요 거만한 자는 사람에게 □□을 받느니라. (잠 24:9)

25. 내 원수가 배고파하거든 □□을 먹이고 목말라 하거든 □을 마시게 하라. (잠 25:21

26. 남의 말 하기를 좋아하는 자의 말은 □□과 같아서 뱃속 깊은 데로 내려가느니라. (잠 26:22)

27. 너는 내일 일을 □□ 하지 말라. 하루 동안에 무슨 일이 일어날는지 네가 알 수 없음이니라. (잠 27:1)

28. 자기의 죄를 숨기는 자는 □□ 하지 못하나 죄를 □□ 하고 버리는 자는 불쌍히 여김을 받으리라. (잠 28:13)

29. 사람이 □□ 하면 낮아지게 되겠고 마음이 □□하면 영예를 얻으리라. (잠 29:23)

30. 하나님의 □□은 다 순전하며 하나님은 그를 의지하는 자의 □□ 시니라. (잠 30:5)

31. 입을 열어 □□를 베풀며 그의 혀로 □□의 법을 말하며 (잠 31:26)

두려워하지 말라. 내가 너와 함께 함이라. 놀라지 말라. 나는 네 하나님이 됨이라. 내가 너를 굳세게 하리라. 참으로 너를 도와주리라. 참으로 나의 의로운 오른손으로 너를 붙들리라. (이사야 41:10)

21. 전도서 (傳道書, ECCLESIASTES)

1. 내용

이 세상의 온갖 부귀영화를 누렸던 이스라엘의 솔로몬왕이 그의 인생 말년에 지난날을 회개하고 기록한 내용이다.

'헛되다'로 시작해서 결론 직전까지 무려 37회에 걸쳐 '헛되다'로 계속되는 염세주의와 무신론적 사상으로 가득 찬 것처럼 보인다.

이 책을 통해 솔로몬왕은 하나님 없는 인생이 얼마나 헛되고 무가치하며 불행한 삶인지, 그와는 반대로 우리가 하나님을 사랑하고 그분의 말씀에 순종하는 삶이 얼마나 가치 있고 행복한 것인지를 묘사한다.

2. 흐름과 내용 구성

생의 의미를 밝혀주는 책으로 크게 인생의 허무함과 헛된 노력(전도자의 개인 체험과 인생의 일반적 명언들), 인생을 위한 충고(전도자의 실제적 충고와 전도자가 얻은 결론)로 구성되었다.

이 세상의 모든 목표와 세속적 복들이 그 자체를 목적으로 할 때 결국은 공허하고 허망하게 된다는 것을 보여줌으로써 하나님 없이 살아가는 '해 아래' 인생의 현주소를 보여줌과 동시에 이런 무의미한 인생이 정녕 가치 있고 행복하며 영원한 복락을 누릴 수 있는 비결은 '해 위에' 계시는 하나님을 바라보는 것을 가르친다.

3. 목적

인간은 스스로 삶의 의미를 찾고 완성할 능력이 없으며, 이를 위한 인간의 모든 것이 헛되다고 말한다. 인간은 하나님과의 근원적인 관계 회복을 통해 참된 삶을 살 수 있음을 보여주고, 하나님이 없는 인생은 쾌락 · 재물 · 지식으로도 결코 만족을 누릴 수 없음을 가르치며, 의미 있는 삶을 사는 비결은 하나님을 경외하는 것뿐임을 가르친다.

4. 본서에 나타난 하나님의 섭리

허무주의와 운명론에 사로잡혀 있는 무신론자의 독백과 같은 느낌을 받지만 허망하고 무가치한 인생을 가치 있고 복된 인생으로 바꾸는 비결은 바로 하나님을 경외하고 그 분의 명령을 지키는 것임을 밝힌다.

■ 다음 보기에서 아래 설명하는 것을 괄호 안에 채우세요.

진노, 서원, 감찰, 주술, 사모, 경외, 명철, 부요, 소산, 파종, 권능, 존귀

1. 결혼식 때 신랑이 쓰는 장식된 모자. (사 61:10) (　　　　　)
2. 하나님 앞에서 맹세하여 소원을 세우다. (전 5:4, 삿 11:30) (　　　　　)
3. 땅에서 생산되는 모든 수확물. 결실, 곡식, 채소, 과일 등을 비롯한 농산물. (전 5:9) (　　　　　)
4. 지위나 신분이 높고 귀함. 하나님이나 예수 그리스도를 묘사할 때 사용. (시 16:3, 욥 6:2) (　　　　　)
5. 요술이나 마술을 가리킴. 사술, 술수 등으로 묘사. (전 10:11) (　　　　　)
6. 총명하고 사리가 밝음. (전 9:11) (　　　　　)
7. 재물이 많고 넉넉함. 하나님의 지혜와 지식의 풍요로움. (전 5:19, 시 112:3) (　　　　　)
8. 감사하고 살피다. 면밀히 조사하고 깊이 진단하여 사실 여부를 분별함. (전 5:8, 시 7:9) (　　　　　)
9. 효과적으로 권세를 행사하거나 일을 처리하는 능력. 성경에서는 주로 유한한 인간의 힘과는 결코 비교할 수 없는 하나님의 탁월하고 위대하신 능력을 가리킴. (전 8:4, 느 1:10) (　　　　　)
10. 논이나 밭에 곡식의 씨앗을 뿌리다. 성경에서 이것이 주는 교훈은 무엇이든지 심는 대로 거두며 눈물로 씨를 뿌리는 자는 기쁨으로 거둔다는 사실. 성경에서는 '심다'로 표현. (전 11:4, 시 126:5-6) (　　　　　)
11. 존엄하신 분이 몹시 노함. 여호와께서 ○○하시는 날은 종말론적 의미에서 심판의 날을 뜻한다. (전 5:6, 잠 20:2) (　　　　　)
12. 기본 의미는 '두려워하다', '떨다'. 하지만 하나님의 주권과 영광을 인정하는 자가 가지는 거룩한 두려움. 곧 경건한 공경심을 일컫는다. (전 8:13, 느 7:2) (　　　　　)

전도서 퍼즐

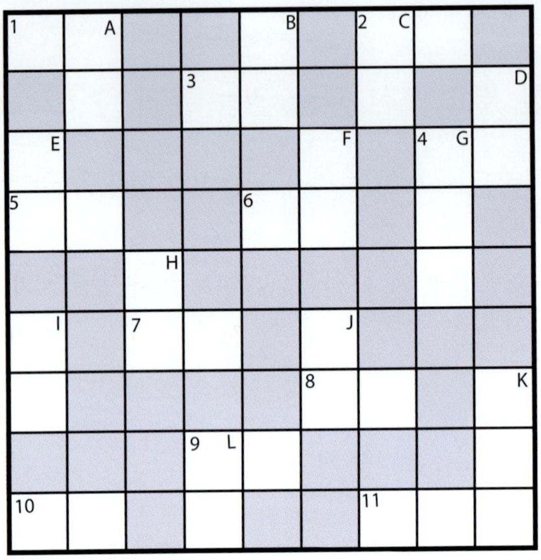

세 로

A. 하나님의 뜻을 거스르는 불경스럽고 신성 모독적인 제반 언행을 가리킴. (전 2:12, 대하 28:16-19)

B. 혹독한 짓으로 남을 괴롭힘. (전 4:1, 출 5:22)

C. 사람이 지켜야 할 도리. 이것은 하나님의 속성인 동시에 메시야 예수의 속성이다. (전 3:16, 창 18:25, 신 32:4)

D. 이익이 있음. 도움이 될 만함. (전 6:11)

E. 괴롭게 애를 쓰는 마음. 마음이 놓이지 않고 불안함. (전 2:23, 7:3)

F. 하나님이 창조하신 모든 피조물. 하나님의 주권 아래 머무는 온 우주. (전 1:8, 시 8:6)

G. 끝(밑)이 없는 깊은 구멍. 불순종의 영들, 곧 사탄들이 들어가 영원히 벌받을 형벌의 장소로 소개됨. (눅 8:31, 계 9:11)

H. 새나 짐승을 잡는 덫과 함정이나 올가미. (전 7:26, 출 23:33)

I. 악한 영의 능력을 빌려 예언하거나 점치는 자를 의미. (전 10:11)

J. 바람의 기세. 일기를 탓하며 농사를 소홀히 하는 결단력 없는 농부 비유를 통해 결단력 있는 삶을 촉구할 때 사용된 표현임. (전 11:4)

K. 어리석고 사리에 어두운 자. 전도서에서는 '지혜롭다'는 말과 대칭을 이룸. (전 2:14, 5:1, 6:8)

L. 사물을 아는 능력. 성경에 사용된 원어적 의미는 단순히 이성적인 깨달음이나 인지 능력 이상으로 체험적이며 주관적인 앎을 가리킴. (전 12:9, 잠 1:7, 시 73:11)

가 로

1. 잘못을 들어 꾸짖음.(전 7:5)
2. 쾌락을 추구하는 무절제하고 감각적인 욕망. (전 12:5, 약 4:1)
3. 한 사람의 일생. 성경에서는 '세상', '일정한 기간'에 사용. (전 1:11, 신 1:35)
4. 이로움이 없음. (전 2:11)
5. 사람이나 사물에 대해 선악 간에 판단을 내리는 일. (전 12:14)
6. 잘못. 그릇된 행실이나 실수. (전 10:4, 잠 10:12)
7. 아는 것이 없고 지식이 결여됨. (시 32:9)
8. 세상의 풍속. 성경에서는 죄악의 영향 아래 있는 이 세상. (약 1:27)
9. 경험이나 사고 · 관찰 등을 통해 얻을 수 있는 마음의 작용. (전 9:16, 시 111:10)
10. 기뻐하고 즐거워함. 기쁨, 환희를 의미함. (전 10:19)
11. 하나님의 의와 자비를 전하거나 복음의 기쁜 소식을 전하는 사람. (전 12:9, 딤후 4:5)

22. 아가 (雅歌, SONG OF SONG)

1. 내용

이스라엘 왕 솔로몬과 술람미의 한 포도원지기 여인의 청초하고 순결한 사랑을 주제로 담은 한 편의 아름다운 '러브 스토리'이다.

하나님과 하나님의 백성, 그리스도와 성도, 남편과 아내 사이의 사랑 등 세상에 존재하는 하나님의 다양한 사랑을 보여주고 있다. 그렇지만 이 책의 진정한 가치는 자기 백성을 향한 하나님의 지고한 사랑과 교회를 그리스도의 아가페적인 순수한 사랑을 알려주는 데 있다. 그만큼 하나님의 거룩한 뜻이 담겨 있다.

2. 해석 방법

사랑의 책인 아가서는 사랑을 구함, 만남과 헤어짐, 결혼과 첫날밤, 잃었다가 되찾음, 성숙한 사랑으로 나뉘어져 있다.

고대로부터 유대인들이 좋아했던 해석으로 솔로몬을 하나님으로, 술람미 여인을 이스라엘 백성으로 비유한 비유적(풍유적) 해석 방법을 썼다.

또한 극적 해설법(술람미 여인을 사랑한 솔로몬을 보여주는 일종의 극이라는 것, 목자가설은 제3 인물을 등장시키는데 술람미 여인은 솔로몬의 구애에도 불구하고 다른 사람을 사랑했다는 것이다. 그래서 익명의 독자를 그리스도로, 술람미 여인을 성도로, 솔로몬 성도를 유혹하는 세상 즐거움의 상징으로 묘사함)을 사용했다.

3. 목적

남녀간의 진지한 사랑과 모범을 제시하였고, 하나님이 원하시는 결혼의 순결성 강조, 성도간의 온전한 사랑이 어떤 모습으로 유지되어야 하는지를 일깨워준다.

4. 본서에 나타난 하나님의 섭리

하나님이 택한 백성에게 보여주기를 원하시는 뜻이 무엇인지를 알아야 된다. 사랑하는 사람을 위해서는 어떠한 고통과 수고, 갈등과 아픔도 능히 극복할 수 있고 무엇보다 순결을 지킴으로써 서로간의 신뢰가 필요하다.

본서는 신랑 되시는 하나님께서 신부가 된 성도가 지켜야 할 근본적인 도리가 무엇인지를 알게 하시며, 연가 형식을 빌러 성도들을 일깨워 주고 있다.

아가 퍼즐

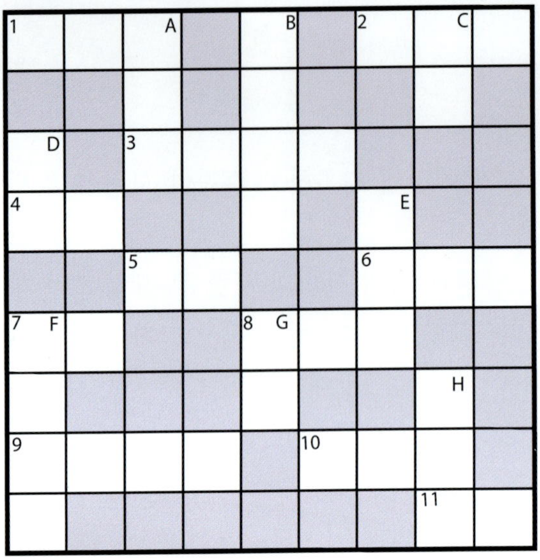

가 로

1. 붓꽃과의 다년초. 솔로몬이 사랑스런 여인의 아름다운 체취를 묘사할 때 비유적으로 사용한 표현. (아 4:14)
2. 솔로몬 때에는 이곳에 포도원이 있고 고벨화가 재배됨. (아 1:14)
3. 과실나무로 열매의 맛은 시고 신선하다. 즙을 내어 술을 빚기도 함. 보아스와 야긴 두 기둥에도 이 문장이 새겨짐. (아 4:13)
4. 육체적인 쾌락에 심취하여 사치스럽고 방탕하게 사는 것을 일컫는 말. (딤전 5:6)
5. 고온다습한 지역에서 자라는 향기 나는 풀. 솔로몬과 술담미 여인의 사랑을 비유하는 데 쓰임. (아 4:14)
6. 가짓과에 속하는 식물. 성욕을 촉진시키고 불임 여성 수태를 증진하는 효능을 지닌 것으로 믿음. 라헬과 레아 자매가 야곱을 놓고 쟁탈전의 도구로 이것을 사용함. (창 30:14–17)
7. 무게를 측량하는 단위. (왕상 10:17, 스 2:69)
8. 향이 좋으며, 흰색 꽃잎은 화장이나 손톱에 물들이는 용도로 사용. '신부의 꽃'으로 불렸다. (아 1:14, 4:13)
9. 히말라야나 인도 산지에서 자생하는 향이 좋은 다년생 식물. 뿌리와 줄기에서 채취한 값비싼 고급 향유. 신부의 아름다움을 묘사할 때 비유적으로 표현. (아 1:12, 아 4:13–14)
10. 솔로몬의 아가에서 사랑하는 자를 불러 '내 사랑하는 자야... ○○○산의 노루와...' 언급된 지명. (아 2:17)
11. 욥바에서부터 갈멜 산까지의 넓은 대평원. 성경에서는 비옥하고 풍요로움. 신실하고 영화로움 등으로 상징됨. (아 2:1, 대상 27:29)

세 로

A. 홍백색 무늬가 있으며 바탕이 곱고 푸른 돌. 술람미 여인이 사랑하는 남자의 아름답고 당당한 외모에 비유되기도 함. (아 5:15)
B. 성경에 언급된 이 나무는 '대추야자'를 말함. 아가서에는 신부 품위와 미모로 표현. (아 7:7–8)
C. 검은 염소의 털로 만든 장막이 유명하며 이 장막은 검은색을 일컫는 시적 표현으로 사용. (아 1:5)
D. 상록 교목나무에서 채취하여 만든 향품. 향기가 뛰어나 질 좋은 향품으로 사용. 몰약과 섞어 시체 방부제로 쓰임. (아 4:14, 잠 7:17)
E. 성경에서는 팔레스타인에서 피는 들의 꽃. 아가서에는 술람미 여인의 아름다움, 신부의 순결함, 성적인 묘사 등에 언급됨. (아 2:1–2, 6:2)
F. '하나님의 천사들'이란 뜻. 술람미 여인의 아름답게 춤추는 자태를 암시하는 표현. (아 6:13)
G. 인생행로에서 만나는 온갖 수고와 고통, 어려움을 통틀어 일컫는 말. (히 11:25)
H. 가나안 사람들의 왕도였으나 후에 북이스라엘 수도가 됨. 아가서에 그곳의 아름다운 경치가 언급됨. (아 6:4, 수 12:24, 왕상 14:17)

▣ 다음 보기에서 아래 설명하는 것을 괄호에 채우세요.

헤스본, 몰약, 바알하몬, 황옥, 갈멜, 아가, 청옥, 호도, 스닐, 술람미 수선화, 계수

1. 다시스에서 생산되는 보석인데 누른 빛깔을 띤다하여 이렇게 부름.
   (아 5:14, 겔 1:16) (　　　　)

2. 문자적으로 '노래들 중의 노래'란 뜻. '가장 아름답고 탁월한 노래'를 말함. (아 1:1) (　　　　)

3. 수효를 세다. 계산하다. 군대를 동원하여 인력 점검이나 인구조사 때 사용.
   (민 1:3 21절, 삼상 11:8) (　　　　)

4. 호두나무의 열매. 레바논 산맥 경사지 등 신선한 곳에서 많이 재배됨. (아 6:11) (　　　　)

5. 팔레스타인에서 옥토로 일컬어지는 이스르엘 평원. 솔로몬의 포도원이 있는 마을.
   (아 8:11) (　　　　)

6. 감람과에 속하는 관목인 발삼나무. 고가품이라 지체 높은 자들에게 사치품으로 사용. 단장한 신부의 아름다운 가슴을 일컫는 비유적인 표현으로 사용하는 향료.
   (아 1:13, 4:6) (　　　　)

7. 푸른 빛이 나고 투명하며 단단한 돌. 청보석 또는 남보석으로 일컬음.
   (아 5:14, 출 24:10, 39:11) (　　　　)

8. 솔로몬이 신부의 아름다움을 노래했을 때 그 화답으로 술람미 여인은 겸손하게 자신을 '사론의 ○○○'로 비유함. (아 2:1) (　　　　)

9. 헤르몬 산이라 부름. 사계절 내내 눈이 덮여 있어 요단강의 주요 수원을 이루며 잣나무 산지로 잘 알려져 있음. (아 4:8, 겔 27:5) (　　　　)

10. 이스라엘 왕 솔로몬이 극진히 사랑한 여자. 수넴이란 지명에서 파생된 것으로 보고 아가서에는 이 여인의 아름다움이 시적으로 잘 묘사되어 있음. (아 6:13) (　　　　)

11. 지중해 연안 중앙부에 돌출해 있는 산으로 산 아래는 기손 강이 흐르고 산 위에 올라가면 멀리 지중해까지 보임. 과수와 수목 등 식물이 잘 자라며 아름답기로 유명함.
    (아 7:5, 사35:2) (　　　　)

12. 고지대라 전망이 좋고 아름다우며 교통의 요충지로 이곳의 연못은 유명함.
    (아 7:4) (　　　　)

선지서란?

크게 대선지서와 소선지서로 이뤄졌다. 대선지서는 이사야 · 예레미야 · 예레미야 애가 · 에스겔 · 다니엘, 소선지서는 호세아 · 요엘 · 아모스 · 오바댜 · 요나 · 미가 · 나훔 · 하박국 · 스바냐 · 학개 · 스가랴 · 말라기 등 17권이다. 선지자를 예언자라고 하는데 대선지자 4명, 소선지자 12명으로 구분한다. 선지자들의 사명은 메시야 예언에 꽃을 피우고 열매를 맺는 것이다. 선지자란 하나님으로부터 부름을 받은 사람, 하나님으로부터 영감을 받으며 대변자로서 인간에게 하나님의 말씀을 전하는 자들이다.

이 시대 많은 선지자들이 있었다. 그 중에는 선지서를 기록한 사람들도 있고 기록하지 않은 사람들도 있었다. 예언의 기록이 많은 것을 대선지서, 분량이 적은 것을 소선지서로 구분했다.

선지자는 예언자, 선견자, 하나님의 사람, 주의 종 등 다양한 이름으로 불리었다. 선지자는 제사장처럼 세습되는 것이 아니라 각자가 하나님으로부터 직접적으로 부름을 받은 자들이지만 사무엘, 예레미야, 에스겔, 스가랴 등은 제사장이며 선지자 직분을 겸하였다. 이들은 율법의 설교가요 예언가로 파수꾼의 사명을 지녀 순종을 요구하였고, 불순종에 대한 심판도 경고했다.

이들을 시대별로 나누어 살펴보면 다음과 같다.

1. 왕국 이전 및 왕국 초기의 선지자들

BC 8세기 아모스 선지자 이전 예언자들을 고대 예언자라 하는데 선지자의 기원을 사무엘로 보는 사람들도 있다.

모세를 이스라엘의 첫 선지자로(신 18:16, 34:1 · 10, 민 12:6-10), 아브라함(창 20:7), 에녹(유 1:14), 아론(출 7:1), 아론의 누이 미리암(출 15:20), 칠십 장로(민 11:25), 엘닷과 메닷(민 11:27), 사사시대에는 랍비돗의 아내 드보라(삿 4:4), 한 선지자(삿 6:8), 왕정 초기 사무엘(삼상 3:20), 선지자 무리(삼상 10:5), 사울(삼상 10:11-12), 다윗(행 2:29-30), 갓(삼상 22:5), 다윗의 간음을 책망한 나단(왕상 1:8), 헤만(대상 25:5), 여로보암에게 북이스라엘을 세울 것을 권한 아히야(왕상 11:29-39), 벧엘에 늙은 선지자(왕상 13:21-22), 솔로몬의 행적을 기록한 잇도(대하 9:29) 등이 있다.

2. 분열 왕국 시대의 선지자들

1) 남왕국 유다와 관련한 선지자들

잇도: 아비야의 행적 기록(대하 13:22), 스마야: 르호보암에게 여로보암과 전쟁하지 않도록 권유(대하 11:1-4), 아사랴: 아사에게 하나님과의 언약 준수를 권함(대하 15:1-7), 하나니:아람과 친교하는 이사를 책망(대하 16:7-9), 예후: 아합과 동맹한 여호사밧을 꾸짖음(대하 19:1-3), 아하시엘: 모압과 암몬 연합군과의 전쟁에서 승리할 것을 예언(대하 20:14-17), 엘리에셀: 아하시야와 교제하는 여호사밧을 책망(대하 20:4-7), 엘리야: 여호람에게 처참하게 죽을 것을 예언(대하 21:11-15), 스가랴: 요아스와 그의 신하들의 우상 숭배를 책망(대하 24:20), 요엘: 성령의 임함을 예언(욜 2:28), 이사야: 이스라엘의 운명과 메시야의 탄생 예언(사 49-53장), 무명의 여 선지자(사 8:3), 미가: 베들레헴에서의 메시야 탄생 예언(미 5:2), 나훔: 앗수르 멸망 예언(나 2:8-13), 하박국: 바벨론 멸망 예언(합 2:4-17), 여두둔: 요시야를 도와 유월절을 준수(대하 35:15), 훌다: 살룸의 아내로 유다 멸망을 예언(왕하 22:15-20), 스바냐: 여호와의 날 예언(습 1:14-16), 예레미야: 유다 멸망 예언(렘 34:2-5)

2) 북왕국 이스라엘과 관련한 선지자들

아히야: 여로보암 집의 멸망 예언(왕상 14:6-16), 유다 출신의 한 늙은 예언자: 요시야 출생 예언(왕상 13:1-32), 예후: 바아사의 우상숭배와 악행을 꾸짖음(왕상 16:7), 엘리야: 아합 집안 멸망 예언(왕상 21: 20-26), 미가야: 야합의 죽음 예언(왕상 22:19-28), 엘리사: 야합 집안 멸망 예언(왕하 9:6-10), 호세아: 하나님을 떠나 이방 세력을 의지하는 이스라엘을 책망(호 7:8-16), 아모스: 이스라엘의 심판과 회복 선언(암 9:1-15), 요나: 이스라엘의 부흥을 예언(왕하 14:25), 오뎃: 베가에게 유다인 포로 석방을 권함(왕하 28: 9-13)

3. 바벨론 포로시대의 선지자들

에스겔: 유다의 멸망과 회복을 예언(겔 12:8-16), 오바댜: 에돔 멸망 예언(옵 1:18), 예레미야: 예루살렘(유다)의 회복과 바벨론의 멸망 예언(렘 50:1-5), 다니엘: 네 왕국(바벨론 · 바사 · 헬라 · 로마)과 70 이레 예언(단 7:1, 12:13)

4. 포로 귀환 이후의 선지자들

학개: 메시야의 임재 예언(학 2:6-9), 스가랴: 메시야의 도래와 하나님 나라의 실현(슥 12:1, 14:21), 노아댜(느 6:14), 말라기: 메시야의 임재(말 3:1, 4:6)

5. 신약성경의 선지자들

예수 그리스도(마 21:11), 안나(눅 2:36), 세례 요한(눅 7:26-28), 아가보(행 11:28), 바나바(행 13:1), 구레네 사람 루기오(행 13:1), 마나엔(행 13:1), 사울(바울; 행 13:1), 니게르라하는 시므온(행 13:1), 바예수(엘루마; 행 13:6), 유다(행 15:32), 실라(행 15:32), 빌립의 네 딸(행 21:9), 이세벨(계 2:20), 거짓 선지자(계 19:20)

선지자들의 중요한 예언

1) 예언의 주제

유일하신 하나님을 선포하였다.

2) 동기와 목적

패역한 선민과 세상을 향하여 하나님의 공의와 심판을 선언함으로써 회개를 촉구하거나 아니면 지금 당장 환난에 처하여 신음하는 자들에게 회복과 구원의 소망을 주시기 위해 선포되었다.

선지서를 통한 하나님의 메시지는 성경 전체 중 1/3 가량을 차지하고 있는데 선지자 당대를 위한 메시지, 다가오는 시대 사건들에 관한 메시지, 오늘날 우리를 향한 메시지들이다.

23. 이사야 (ISAIAH)

1. 내용

이사야 선지자는 하나님의 백성들에게 그들이 하나님을 떠나 계속해서 불순종하고 죄를 짓는다면 하나님의 징벌이 있을 것이라 경고한다.

주변 나라와 택한 백성이라도 불의하고 범죄자는 준엄한 심판이 따르지만, 심판 중에도 회개하는 자를 구원과 위로를 주시기에 혼란한 시기에 이스라엘 백성들이 끝까지 하나님을 믿고 의지하도록 독려했다. 메시야에 대한 예언과 메시야 왕국을 노래함으로써 위로와 소망을 전하였기에 우리는 세상 마지막날 재림하실 메시야에 의해 수행될 심판과 구원으로 향하고 있음을 실감나게 다루고 있다.

2. 배경

대략 20세의 나이에 선지자로 소명을 받은 이사야는 웃시야, 요담, 아하스, 히스기야, 므낫세 등 5명이 통치하던 시대에 사역하였다. 그 당시에는 국제 질서가 급격히 재편되고 국내외적으로 혼란스러운 상황에서 하나님의 거룩한 뜻을 선포하며 하나님께 돌아오도록 소망의 메시지를 전하던 때이다.

3. 흐름과 내용 구성

심판과 구원의 책으로 죄악과 심판, 역사적 사건, 위로와 회복으로 구성되었다.

4. 목적

쇠퇴해 가는 유다 왕국을 바라보며 각성과 회개를 촉구하고 범죄로 인한 패망, 하지만 그래도 끝까지 포기하지 않고 하나님의 은혜로 회복되리라는 소망을 전한다.

5. 본서에 나타난 하나님의 섭리

본서의 목적은 하나님께서 심판에 있지 않고 당신의 백성을 죄에서 구원함에 있다. 사실 이러한 하나님의 섭리가 그 당시 북이스라엘 주변국에만 있는 것이 아니라 하나님의 구원의 섭리는 현대를 살아가는 우리에게도 변함없이 적용된다.

죄를 구원하시기 위해 그리스도께서 오셨고, 또 재림하실 그리스도께서 다시 오셔 구원과 심판이 있을 것이기에 우리는 이 교훈을 토대로 그리스도께서 다시 원하시는 순종의 삶을 살아가야 한다.

▣ 다음 보기에서 아래 설명하는 것을 괄호에 채우세요.

디르하가, 아리엘, 길하레셋, 그루터기, 셉나, 쁄라, 호신부, 임마누엘, 도벳, 헵시바

1. 비록 성경에서는 잘려 나갔으나 다시 싹이 나는 특성에 빗대어 하나님의 심판과 징계를 받았으나 영원히 멸망하지 않고 다시 회복할 가능성이 있는 남은 자를 상징. (사 6:13) (　　　　　)

2. 주술적 효력을 지닌 부적이나 애장품. 선지자는 심판날에는 이런 것들이 결코 아무 도움이 되지 못할 것이라 경고함. (사 3:20) (　　　　　)

3. 하나님이 우리와 함께 하심이란 뜻. 처녀가 아들을 낳으리라는 선지자 이사야의 예언을 좇아 그 탄생이 예고된 한 아들의 이름.(사 7:14) (　　　　　)

4. 유다 왕 히스기야의 국고를 맡았던 이방인 관리. 자기를 위해 호화로운 묘실을 만들었다가 이사야의 책망을 받음. (사 22:15-21) (　　　　　)

5. '하나님의 사자', '하나님의 산(도시)'으로도 해석. 하나님의 전이 위치한 예루살렘을 가리키는 암시적이고 시적인 명칭. (사 29:1-2, 7) (　　　　　)

6. 구스에 의해 통일된 애굽 제 25 왕조의 왕. 그는 왕이 된 앗수르의 침공 위협 아래 있던 남유다 왕 히스기야의 원군 요청을 받고 장군 자격으로 출병했다 실패함. (사 37:9) (　　　　　)

7. 황폐했던 예루살렘의 회복과 번영을 전제한 표현. 유다 백성이 바벨론 포로에서 회복되어 다시 하나님의 신부(백성)가 될 것이라는 예언적 이름. (사 62:4) (　　　　　)

8. 회복된 시온에 주어진 상징적인 명칭. 문자적으로 '나의 기쁨이 그녀에게 있다'는 뜻. (사 62:4, 왕하 21:1-8) (　　　　　)

9. 사람을 희생 제물로 드린 몰록(몰렉) 신의 제단 이름. 이사야 선지자는 이곳을 가리켜 여호와가 앗수르 왕을 심판하기 위하여 예비된 것이라고 선포함. (사 30:33, 왕하 23:10) (　　　　　)

10. 모압의 수도. 여호람이 성읍을 포위하자 메사는 신의 힘을 빌어 승리하기 위해 자기 아들을 성벽 위에서 제물로 바치는 악행도 서슴지 않음. 선지자가 멸망을 예언. (사 16:7 11절, 왕하 3:25) (　　　　　)

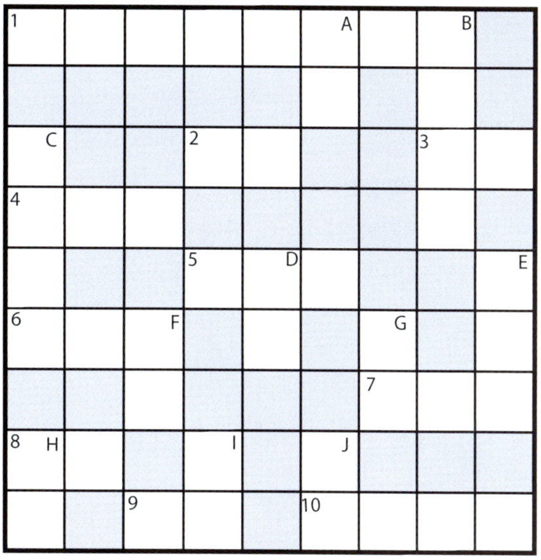

가 로

1. 선지자 이사야의 둘째 아들의 이름. 머지않은 시간에 앗수르 제국이 수리아와 북이스라엘을 공략하여 멸망시킬 것이라는 의미가 내포. (사 8:3)
2. 남의 물건을 강제로 탈취함. 예언서는 정치가들에게 이것을 하지 말 것을 경고함. (사 10:2)
3. 이 후손들은 섬과 해안을 중심으로 생활. 이사야 선지자의 글에 ○○이 마침내 주의 영광을 볼 먼 섬들 중의 하나로 언급됨. (사 66:19)
4. 하나님께서 선지자 에스겔에게 하신 비유 중에 나오는 북이스라엘의 수도 사마리아를 대표하는 여인. 젊었을 때 그의 남편인 여호와를 저버리고 세상과 더불어 음행함. (겔 23:5)
5. 이스마엘의 장남이며 게달의 형. 요단 동편에 거주하며 양치기를 주업으로 삼음. (사 60:7, 창 25:13)
6. 성경에서는 인간의 이성과 지혜, 상상과 감각으로서는 도저히 받아들일 수 없는 분. 선지자는 장차 오실 메시야에게 이 단어를 사용함. (사 9:6)
7. 선지자로 부름을 받은 이후 하나님의 백성 유다와 열방의 운명을 동시에 예언하며 유다의 회개를 촉구, 그 당시 정치사회적 타락과 도덕적, 영적 부패가 심했다. 스알 야숩의 아버지. (사1:1-20)
8. 지중해 연안의 해상 교통과 해상무역, 상업의 중심지. 아닥사스다에게 대항하다 멸망함. (삿 10:12, 사 23:4)
9. 아라비아 부족을 이룬 그의 자손들과 그 지방을 가리키는 말로도 사용. (사 21:14, 욥 6:19)
10. 이사야와 예레미야 선지자는 모압에 대한 심판을 선포하면서 이곳 물이 마를 것을 경고함. (사 15:6, 렘 48:34)

세 로

A. 이사야 선지자는 환상 중에 보좌에 앉으신 여호와 앞에서 ○○들이 하나님의 거룩하심을 찬양하는 것을 봄. (사 6:2-3, 6-7)

B. 유다 백성이 바벨론 포로에서 반드시 돌아오리라는 회복과 은총의 메시지를 담고 있는 상징적 이름. 메시야 강림 시 만민이 주께로 돌아올 것이라는 복합적 상징성을 띰. (사 7:3, 10:20-23)

C. 이사야 선지자는 하나님의 준엄한 심판 앞에 사라져버릴 죄인들의 허망한 본질을 이것에 비유함. (사 1:31)

D. 반석이라고 일컬음. 때로는 물의 근원지이기도 했음. (사 48:21)

E. 아마샤와 여골리야 사이에 태어나 유다 제10대 왕으로 등극. 52년간 통치. (사 6:1, 대하 15:1-2, 26:1)

F. 깊이 동정하여 불쌍히 여김. 성경에서 이 단어는 하나님이 진노를 그치시고 죄인을 용서하시며 은혜를 베푸시는 것. (사 63:7, 약 5:11)

G. 가나안 정복자 중 두 번째 성읍으로 천연 요새지. 훗날 앗수르에 의해 정복됨. (수 7:2, 사 10:28)

H. 애굽의 수에네와 동일 지역으로 보임. 애굽과 구스 국경지대에 위치한 전략 요충지. (사 49:12)

I. 하나님의 심판에 의해 적막한 곳으로 변해 버린 '에돔'의 상징적 이름으로 보임. (사 21:11)

J. 운명을 결정하는 것으로 알려진 아라비아의 우상신. 이사야 선지자 당시 유다 백성이 '갓' 신과 함께 섬겼던 우상. (사 65:11-12)

24. 예레미야 (JEREMIAH)

1. 내용

타락과 부패로 파멸의 깊은 수렁으로 빠지는 상황 속에서 끝까지 눈물로 회개를 촉구하는 선지자의 동족 사랑이 배어 있다. 하나님을 거역하고 우상숭배와 불순종하면 하나님의 무서운 징벌을 받아 포로로 끌려갈 것이라 호소하다 온갖 고초를 겪지만, 그래도 새로운 구원 언약을 선포하며 소망과 비전을 제시해 준다.

2. 배경

유다의 3대 선왕인 요시야 왕 때부터 시드기야 왕으로 이어지며 멸망당하는 혼란기로 하나님께 철저한 회개만이 살길이라고 촉구하던 시기이다.

3. 흐름과 내용 구성

예레미야서는 새 예언의 책으로 소명과 예언(환상을 봄, 선지자의 확신), 유대에 대한 예언(유다의 멸망 선포, 예레미야의 생애와 사건), 열방에 대한 예언(멸망), 심판 성취(예루살렘 함락과 성전 파괴)로 이뤄졌다.

4. 목적

다가올 심판을 경고함으로써 유다 백성에게 회개를 촉구하고 본토 회복과 새 언약을 제시함으로써 환난 중에도 소망을 가지고 하나님을 의지하도록 격려한다.

5. 본서에 나타난 하나님의 섭리

선지자 시대 유다 백성은 죄가 극에 달해 멸망이 임박하였음을 알고 다른 선지자들보다 유다의 파멸을 선포하였다. 그렇지만 유다 백성은 회개를 거부하고 파멸을 선택했지만 하나님은 끝까지 포기하기 않으시고 때가 되면 다시 유다 백성과 새 언약을 맺고 하나님께서 영원하고 변치 않는 하나님이 되어 주시겠다고 약속하여 주신다.

이런 약속은 예수 그리스도로 말미암아 성취되었음을 말해 준다. 하나님의 형벌은 멸망 그 자체의 목적보다 회개하고 변화되어 돌아오기를 만들기 위함이다. 본서를 통해 하나님이 크신 은혜를 발견하게 될 터인데 하나님의 백성으로 어떻게 살아가야 하는지 다시금 뒤돌아 볼 때이다.

1 A		B				2 C		D
				E				
				3				
			4				5 F	
G								
6							7	
8				9				

가 로

1. 느부갓네살의 아들. 즉위 기념으로 여호야긴을 37년 만에 석방. 제위 2년 만에 매부에 의해 암살됨. (렘 52:31–34)
2. 립나 사람 예레미야의 딸로 요시아 왕의 아내이자 여호아하스와 시드기야의 모친. (렘 52:1)
3. 함의 자손들로 이들은 용감하고 전투력이 뛰어나 애굽의 용병으로 활약. (렘 46:9)
4. 선지자 예레미야는 바벨론에 포로로 끌려가던 중 이곳에서 석방. (렘 40:1)
5. 네리야의 아들이며 스라야의 형제. 학식이 뛰어나 예레미야와 운명을 같이 했던 신실한 동역자. (렘 36:4, 26))
6. 요시야 왕의 서기관이었던 사반의 손자. 유다의 총독으로 임명되어 예레미야 선지자를 후원. (렘 40:5–6)
7. 구약 성경에서 부피를 나타내는 단위. 나귀 한 마리가 나를 수 있는 짐의 양을 말함. (민 11:32, 겔 45:11)
8. 기랏여아림 출신의 선지자 우리야의 아버지. 우리야는 예루살렘의 죄악상을 지적하고 경고했다가 여호야김 왕에 의해 살해됨. (렘 26:20–23)
9. 바벨론 왕 느부갓네살의 시위대장. 그는 예루살렘 성 함락과 포로 이송 등을 맡음. (렘 52:12–30, 왕하 25:8–20)

세 로

A. 시드기야 왕 때 구스 출신의 왕국 내시. 그는 예레미야 선지자를 토굴에서 건져내주었고, 하나님은 그의 신앙에 대한 보답으로 목숨을 잃지 않도록 보호해 주실 것을 약속함. (렘 38:7–13, 39:15–18)

B. 바벨론의 멸망을 선포할 때 언급된 바벨론의 한 도시. (렘 50:21)

C. 수리아의 고대 성읍. 선지자들은 이곳이 서글닷빌레세 3세와 사르곤 2세에 의해 점령될 것을 예언함. (렘 49:23, 사 10:9)

D. 무게의 최대의 단위로 시대와 나라마다 조금 다름. 천부적 재능이나 능력을 나타내는 말. (마 25:15–28)

E. 가죽이나 종이 등을 길게 이어서 문서를 만들고 돌돌 말아 보관하던 물건. (렘 36:2)

F. 유다 왕국 멸망 후 요하난 일행이 예레미야 선지자를 데리고 애굽으로 피난했을 때의 애굽 왕. 예레미야가 그의 죽음을 예언함. (렘 44:30)

G. 유브라데 강 서안에 위치한 상업과 교통의 요지다. (대하 35:20)

Tip

삼위일체의 뜻은?

성경에는 삼위일체란 단어는 없지만 삼위일체는 하나님의 말씀에 근거한 성경적 교리로서 매우 신비로운 진리이다. 즉 하나님은 그의 본질적 존재에 있어서는 한 분이시나 이 한 분 안에는 성부, 성자, 성령님이 존재한다는 뜻으로 삼위는 각자가 하나님의 완전한 본체를 지니고 있으면서 위(位) 밖에서나 위(位)를 떠나서는 존재하지 않는다. 이 삼위는 본질적으로 동일하며(요 1:1, 18, 15:26), 능력에 있어 동일하며(마 5:45, 요 1:3), 시간상 동일하다(창 1:1–2, 요 1:1)

▣ 다음 보기에서 아래 설명하는 것을 괄호에 채우세요.

하시드문, 세삭, 시드기야, 바스훌, 에브라임, 말감, 다바네스, 여후디 게달, 하늘의 여왕, 녹로, 마골밋사빕

1. 유다 왕국의 마지막 왕. 두 아들이 죽임을 목격했고 , 자신도 두 눈을 뽑힌 채 사슬에 묶여 바벨론으로 잡혀가 옥에서 여생을 마침. (렘 52:11) (　　　　　　)
2. 팔레스타인 중부의 높은 구릉지. 환경을 잘 이용한 계단식 농작법이 발달되어 곡식과 포도 등 농산물 수확은 물론 목초지로 유명함. (렘 50:19, 수 17:15) (　　　　　　)
3. 예레미야 선지자의 말을 기록한 바룩을 데려왔고, 바룩에게서 예레미야의 예언 두루마리를 취하여 그것을 왕에게 읽어줌. (렘 36:14, 21-23절) (　　　　　　)
4. 출산에 관여한다는 바벨론의 여신 이스타르, 혹은 하늘에 빛나는 계명성이나 당시 가나안들이 섬기던 일월성신을 지칭. 우상은 현실적인 부유함도 장래도 보장해 주지 못함. (렘 44:17-19) (　　　　　　)
5. 진흙으로 토기 그릇을 만들 때 사용하는 틀을 가리키는데 토기장이는 이곳에다 진흙덩어리를 올려놓고 발이나 손으로 돌려가며 원하는 형태의 그릇을 만듦. (렘 18:3) (　　　　　　)
6. 여호야김 왕 때 성전 총감독관. 자신의 권한을 이용하여 예레미야 선지자를 매질하고 목에 씌우는 나무 고랑으로 채웠다. 이때 선지자는 이 사람이 바벨론에서 죽을 것을 예언함. (렘 20:1-2) (　　　　　　)
7. 바벨론을 가리키는 암호 문자. 바벨론의 멸망을 드러내놓고 선포할 수 없었던 국내외 정세. (렘 25:26) (　　　　　　)
8. 수리아와 아라비아의 침략에 대비하여 높은 장벽으로 둘러쳐진 요새지라 붙여진 지명. 예레미야와 에스겔 선지자는 이 성 역시 하나님의 심판을 경고. (렘 43:8-11, 44:1) (　　　　　　)
9. 사막 북쪽 지역에 살면서 유목생활을 하던 자로 예레미야 선지자 역시 이들이 바벨론에 의해 멸망당할 것을 경고함. (렘 49:28) (　　　　　　)
10. '바스훌'(평강이라는 뜻)을 이같이 부르는 것은 바스훌로 상징되는 예루살렘이 평강의 도시에서 두려움과 절망의 도시로 전락하게 될 것을 시사하기 위함. (렘 20:3) (　　　　)
11. 암몬 족속과 모압 족속이 섬기던 국가 신. 이 신 숭배는 어린 아이를 희생 제물로 드리는 인신제사가 행해졌다. (렘 49:3) (　　　　　　)
12. 예루살렘 남쪽 힌놈의 골짜기로 출입하는 문. (렘 19:2) (　　　　　　)

25. 예레미야 애가 (LAMENTATIONS)

1. 내용

탄식의 책을 일컫는 다섯 장의 짧은 시 형식으로 구성된 이 책은 남왕국 유나의 수도 예루살렘이 바벨론 군대에 의해 멸망된 직후 선지자 예레미야가 눈물로 지은 슬픈 노래이다. 영화롭던 도성이 멸망당한 참담한 현실을 탄식하며 죄악에 대해 회개와 극심한 슬픔 속에서도 하나님의 언약을 믿는 가운데, 다시 회복될 날을 소망하며 우리가 겪는 고통 속으로 오셔서 동참하시는 하나님의 회복과 구원의 찬란한 빛을 느낄 수 있다.

2. 배경

애굽과 연대하던 유대 왕국이 바벨론의 공격을 받고 마침내 멸망한다. 이런 상황 속에서 나라 잃은 망국의 한을 노래 부르며, 징계하시는 가운데새 언약을 통해 긍휼로 베푸시는 하나님의 구원할 때를 배경으로 한다.

3. 흐름과 내용 구성

첫 번째 애가(예루살렘이 황폐하게 무너짐), 두 번째 애가(예루살렘 참상, 하나님의 진노), 세 번째 애가(선지자의 탄식과 고통, 슬픔 기도), 네 번째 애가(멸망 원인과 참상), 다섯 번째 애가(선지자의 열망, 회복을 간구함)로 이뤄졌다.

4. 목적

하나님의 도성 예루살렘의 멸망에 대한 슬픔과 탄식을 표현하고 멸망의 원인이 범죄 때문임을 상기시키며, 그로 인해 백성들의 회개를 촉구하고 실의에 빠진 백성들에게 소망을 북돋워준다.

5. 본서에 나타난 하나님의 섭리

하나님께 택한 백성일지라도 죄를 지으면 반드시 심판받고 철저하게 뉘우치고 회개하는 자는 감싸고 위로하며 치유해 주시는 분임을 깨닫게 된다. 회개하면 이전보다 더욱 아름답고 온전한 상태로 영화롭게 해주시는 분이기에 죄를 짓고 살아간다면 돌이키는 자에게 은혜를 베푸시는 하나님의 따뜻한 사랑을 가슴 깊이 느낄 수 있다.

▣ 애가에 나오는 아래 문구에서 골라 줄로 연결하시오.

	1	2	3	4	5	6	7	8	9	10	11	12	13	14
A	발	막	욕	심	슬	가	식	지	애	조	적	식	욕	날
B	등	치	판	적	본	고	날	탄	롱	품	판	멍	통	가
C	성	애	자	진	심	등	발	즙	상	참	롱	치	에	비
D	눈	롱	참	조	발	판	치	통	에	자	톤	욕	곡	막
E	멍	황	에	찬	소	폐	날	식	욕	돔	적	통	애	등
F	담	고	막	곡	곤	심	적	노	통	멍	즙	곤	돔	장
G	곤	적	롱	통	근	상	탄	적	눈	품	근	심	상	애
H	판	날	진	슬	핀	가	애	물	멍	고	판	등	치	폐
I	엔	가	픔	상	애	마	황	당	전	애	발	도	발	노
J	자	돔	처	폐	치	즙	미	물	치	자	품	적	진	탄
K	참	막	날	음	담	조	돔	참	담	황	상	먹	통	참
L	조	자	진	멍	고	민	상	경	지	탄	폐	발	멍	곤
M	비	상	징	사	애	통	편	판	욕	고	등	치	고	상
N	눈	욕	물	치	픔	상	심	물	조	성	참	롱	날	톤

1	심판날		12	멍에	
2	애가		13	통곡	
3	에돔		14	진노	
4	자비		15	황폐	
5	적막		16	담즙	
6	발등상		17	탄식	
7	참상		18	조소	
8	치욕		19	고통	
9	조롱		20	근심	
10	슬픔		21	곤고	
11	눈물		22	본심	

26. 에스겔 (EZEKIEL)

1. 내용

에스겔 선지자는 바벨론 2차 침공 때 여호야긴 왕과 함께 포로로 끌려가 바벨론 그발 강가에서 소명을 받고 포로가 된 유다 백성들에게 그 모든 일이 죄악에 대한 하나님의 심판임을 일깨워주며, 이제라도 회개하고 하나님께 의지하면 하나님의 은혜로 새 예루살렘이 회복될 수 있음을 선포하며 위로와 소망을 전한다.

2. 배경

앗수르가 바벨론에 의해 함락되고 애굽이 대패하는 등 국제 질서가 재편될 때 유다 왕국도 바벨론에 의해 공격받고 위태로워 극도로 혼란스러울 때를 배경으로 한다.

3. 흐름과 내용 구성

크게 네 가지로 나눌 수 있다. 에스겔의 소명(환상과 소명, 파송), 유대에 임할 심판(상징적 행동, 환상 중의 성전, 여러 경고와 각종 비유), 열방에 임할 심판(암몬, 모압, 에돔, 두로, 블레셋, 시돈, 애굽, 앗수르 멸망 선포), 회복과 승리(에스겔의 임무, 마른뼈 환상곡에 대한 예언, 새 성전, 새 예배 환상, 거룩한 새 땅)로 구성되었다.

4. 목 적

유다 백성의 바벨론 유수와 예루살렘 멸망이 죄 때문임을 상기시키며 회개를 촉구하고 열방의 멸망을 경고함으로써 하나님은 온 세상의 통치자요, 절대 주권자이심을 선포하며 포로지에 끌려간 이스라엘 백성에게 위로와 소망을 심어준다.

5. 본서에 나타난 하나님의 섭리

하나님께서는 선민이라도 범죄하고 회개하지 않으면 멸망시키는 것을 유다 백성은 잊고 살았다. 하나님께서는 당신의 백성이 거룩하고 선하심을 본받아 신앙의 정결을 지키며 순결하게 살기를 원하신다. 이런 사실을 일깨워주기 위하여 하나님께서는 선지자에게 환상을 보여주고 다시금 합당한 자로서 살아가게끔 자격을 갖추길 원하신다. 지금 이 순간도 소망을 주시는 당신의 말씀을 기억하면서 합당한 삶을 살아가야 됨을 잊지 말아야 한다.

에스겔 퍼즐

▣ 에스겔에 기록된 네 가지 환상을 맞게 연결하세요. (참조 : 겔 1장)

1. 궁창의 환상 ●
2. 네 바퀴의 환상 ●
3. 네 생물의 환상 ●
4. 하나님의 보좌 환상 ●

●A. 하나님의 호위천사
●B. 하나님의 보좌
●C. 하나님의 영광
●D. 하나님의 절대 주권

▣ 에스겔 선지자의 상징적 행동을 맞게 연결하세요. (참조 : 겔 5:1–4)

1. 옷자락 ●
2. 머리털, 수염 ●
3. 불사름, 칼로 침 ●
4. 칼, 삭도 ●
5. 저울 ●
6. 흩날림 ●

●A. 바벨론 군대의 가공할 만한 파괴력
●B. 하나님의 엄격하고 공의로운 심판
●C. 안전, 생명을 건짐
●D. 예루살렘 거민들(유다 백성들)
●E. 예루살렘 거민들의 죽음
●F. 거민들이 뿔뿔이 흩어짐

▣ 에스겔 비유와 상징적 의미를 맞게 연결하세요. (참조 : 겔 16장)

1. 새 언약을 세움 ●
2. 왕후 지위를 얻음 ●
3. 갓 태어난 버려진 아이 ●
4. 다른 남자와 간음함 ●
5. 버려지고 수치당함 ●
6. 아름답게 자라 혼인함 ●

●A. 언약 전의 비천한 상태
●B. 하나님과 언약 맺음
●C. 존귀한 신분이 됨
●D. 포로에서 회복됨
●E. 이방 우상을 섬김
●F. 이방에서 포로 됨

▣ 에스겔의 두 독수리의 비유와 상징적 의미를 맞게 연결하세요. (참조 : 겔 17: 3, 7)

1. 포도나무 ●
2. 또 다른 독수리 ●
3. 레바논 백향목 높은 가지 ●
4. 색깔이 화려한 독수리 ●

●A. 느부 갓네살
●B. 유다 왕 여호야긴
●C. 애굽왕
●D. 유다왕 시드기야

▣ 유다 지도자와 범죄 행위를 맞게 연결하세요. (참조 : 겔 22:25–30)

1. 고관 ●
2. 선지자 ●
3. 부자 ●
4. 제사장 ●

●A. 가난한 자 압제 및 강탈 학대
●B. 성물 더럽힘. 율법 범함. 안식일 거역
●C. 불의의 이를 취함. 살인
●D. 재산 탈취. 살인, 거짓 예언

27. 다니엘 (DANIEL)

1. 내용

본서는 환상과 묵시의 책으로 구약 성경 유일의 묵시 문학으로 '구약의 계시록'이라 불리며 놀랍고 신비한 계시의 환상들로 가득 차 있다.

바벨론의 1차 침공 때 포로로 잡혀가 두 왕국과 네 명의 통치자 아래서 70여년간 공직자로서 선지자로 사역했던 다니엘이 역경의 시기에 신앙을 굳게 지켜낸 이야기다.

하나님의 주권에 대한 환상을 통해 하나님이 우리와 함께 계시며 역사를 이루어 가심을 확인시켜 준다. 이스라엘과 세계 나라들이 운명에 대한 미래의 역사를 묵시문학적 상징주의 표현으로 전달해 주며 영화로운 미래 소망을 갖게 한다.

2. 배경

앗수르, 애굽, 유다를 멸망시킨 강대국 바벨론도 바사제국 고레스에게 멸망당하고 1차 포로로 끌려간 다니엘은 바벨론, 바사 제국에서 고위 관리를 지내며 선지자로 사명을 다하는 것을 배경으로 한다.

3. 흐름과 내용 구성

다니엘서는 다니엘의 역사(다니엘 이력, 느브갓네살, 벨사살과 다리오), 다니엘의 묵시(네 짐승, 숫양과 숫염소, 70 이레 종말 환상)로 구성되었다.

4. 목적

포로 이스라엘 백성에게 하나님의 절대 주권과 우월성을 보여주고, 하나님만이 세계 역사를 주관하시는 분임을 가르치며, 고난 중에도 하나님을 바라보며 위로받도록 격려한다.

5. 본서에 나타난 하나님의 섭리

믿음을 지키는 자들이 현실 세계에서 고난받으나 끝까지 믿음을 지키고 의로운 삶을 살아갈 때 하나님께서는 은혜를 베푸시어 영화롭고 존귀한 자로 살아가게 해주신다. 이런 하나님의 약속은 부득이 다니엘 시대뿐만 아니라 현대를 살아가는 우리들의 삶에도 언제나 유익한 것이다.

다니엘 퍼즐

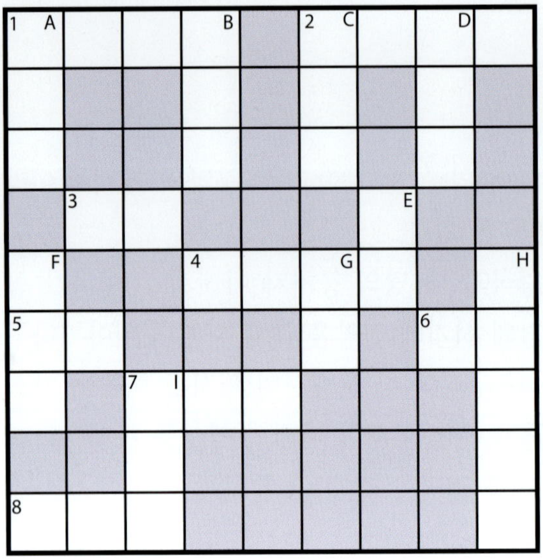

가 로

1. 유다 왕국이 바벨론에 멸망한 후 포로로 끌려갔던 다니엘의 세 친구 중 한 사람. 금신상에 절하지 않아 뜨거운 용광로에 던져졌으나 하나님의 긴급한 간섭으로 구원을 얻고 느부갓네살도 하나님을 인정함. 아사랴고도 함. (단 1:7, 3:8–30)
2. 바벨론의 환관장 아스부나스가 바벨론 포로로 끌려온 다니엘에게 붙여준 이름. (단 1:7, 2:26)
3. 느부갓네살이 세운 금신상에 절하지 않고 신앙을 지키다가 풀무 불에 던져졌으나 하나님의 은혜로 목숨을 건짐. 히브리 이름은 미사엘. (단 1:7, 2:49)
4. 하나님이 주도하시는 전 역사의 전개와 장차 인류 역사 가운데 나타날 미래적 상황을 묵시 문학적으로 예시함. 즉 490일을 말함. (단 9:24–27)
5. 바벨론의 마지막 왕인 벨사살의 대연회장 벽에 불현듯 나타난 손가락이 쓴 글씨의 일부. '저울에 달아보니 무게가 모자란다'는 뜻인데 벨사살과 바벨론의 멸망을 경고하는 말. (단 5:25)
6. 이곳 주민들은 검은 피부를 가짐. 함의 자손들. (창 10:7, 렘 13:23)
7. 다니엘을 사자 굴에 넣은 왕으로 벨사살 뒤를 이어 바벨론을 다스린 자. (단 6:1, 9:1)
8. 다니엘 선지자에 의하면 유다를 지배하는 바사 제국이나 그리스 왕을 상대로 전쟁을 수행하는 천사. (단 10:13)

세 로

A. 히브리 이름은 '아벳느고'. 느부갓네살에게 선택되어 왕을 모시기 위한 바벨론식 교육을 받음. (단 1:6–7)
B. 바벨론 왕 벨사살이 연회를 베풀던 밤에 바벨론 제국을 멸망시키고 바사 제국을 창건함. (단1:21, 대하 36:22–23)
C. 바벨론 제국의 마지막 왕. 다니엘은 손가락이 벽에 쓴 글씨의 뜻을 풀어 이 왕의 죽음을 예언함. (단 5:1–2)
D. 메삭, 아벳느고와 함께 풀무 불에 던져졌으나 머리털 하나 상하지 않고 구원받는 등 믿음의 체험이 강한 신앙의 용사임. (단 3:12–30)
E. 다니엘에게 두 번째 환상을 보았는데 내가 그것을 볼 때에 내 몸은 엘람지방 수산성에 있었고, 환상을 본 강가는? (단 8:2 16절)
F. 다니엘 선지자가 이상(하나님의 계시)을 보고 다니엘서를 기록한 강가임. (단 10:4)
G. 신령한 꿈이나 환상, 가까운 장래의 일을 예시할 뿐 아니라 하나님 나라의 확장과 완성 등과 같은 아주 먼 미래의 사실들을 예시하기도 함. (창 46:2)
H. 바벨론 왕 느부갓네살 궁정의 환관장. 왕을 모실 히브리 소년들을 바벨론으로 데려와 교육시키고 바벨론식 이름을 지어줌. (단 1:3–7)
I. 메대의 다리오 왕 때 총리가 됨. 이를 시기하는 관리들의 모함으로 사자굴에 던져짐. (단 6:2)

"그러므로 누구든지 남에게 대접받고자 하는 대로 너희도 남을 대접하라. 이것이 율법이요 선지자니라." 〈마 7:12〉

■ 다음 보기에서 아래 설명하는 것을 채우세요.

하나냐, 풀무불, 박수장, 참소, 하늘의 군대, 환관장, 수금, 미사엘, 삼현금, 지혜자

1. 궁중에서 일하는 관리 또는 시종. 내시들의 우두머리. (단 1:3) (   )
2. 하늘의 별들. 천체 숭배 사상이 강한 바벨론에서 하늘의 별은 경배의 대상임. (단 4:35) (   )
3. 다니엘의 세 친구 중 한 사람으로 바벨론 이름은 메삭임. (단 1:7) (   )
4. 술사. 술객의 우두머리라는 문자적 의미보다는 다니엘이 바벨론의 모든 술객보다 더욱 지혜롭다는 의미로 해석함이 좋음. (단 4:9) (   )
5. 고대의 작은 휴대용 악기. 현악기로 줄은 짧고 고음을 내며 여인들이 주로 사용. (단 3:5) (   )
6. 성경에서는 화형 도구를 일컫는다. (단 3:15) (   )
7. 히브리인들이 최초로 사용했던 현악기. 오늘날 하프에 해당함. (단 3:5) (   )
8. 악한 말로써 남을 헐뜯고 고소함. 거짓말로 죄를 꾸며서 고해바침. (단 3:8) (   )
9. 바벨론에서는 주로 천체의 변화를 관찰하면서 장래를 예언하는 점성술사를 일컬음. (단 2:27) (   )
10. 다니엘의 세 친구 가운데 한 사람인 사드락의 히브리명. (단 1:7) (   )

■ 느부갓네살이 꾼 큰 나무의 비유와 상징적 의미를 바르게 연결하세요. (참조 : 단 4:10-18)

1. 짐승, 새 ●		● A. 막강한 느부갓네살
2. 잎사귀, 열매, 그늘 ●		● B. 이방 나라와 백성
3. 쇠, 놋줄 ●		● C. 느부갓네살의 보호나 영향력
4. 순찰자 ●		● D. 느부갓네살이 겪을 정신병
5. 한나무 ●		● E. 미친한 느부갓네살
6. 그루터기 ●		● F. 하나님이 보낸 천사

28. 호세아 (HOSEA)

1. 내용

북이스라엘의 마지막 때 사마리아를 중심으로 예언 활동한 선지자 호세아의 사역을 다룬 것이다. 선지자 가정을 통해 벌어지는 이 일은 부정한 아내에 대한 호세아의 한결 같은 사랑으로 이스라엘을 향한 하나님의 변치 않는 사랑을 생생하게 보여주고 있다. 호세아는 깊은 죄악과 우상 숭배에 빠진 북왕국 이스라엘 백성들에게 하나님의 준엄한 심판을 선포하면서 백성들이 회개하고 돌아올 것을 강력히 촉구하나 이 회개 역시 하나님의 사랑과 은혜로 이루어지는 것임을 보여준다.

2. 배경

북이스라엘 사상 최고의 황금기에 수도 사마리아를 중심으로 이뤄지는데, 곧 이들은 사치와 타락으로 이어져 점점 쇠퇴하여 앗수르에게 패망당할 때이다.

3. 흐름과 내용 구성

음란한 부인(고멜)과 호세아(가정을 통해 주시는 하나님의 교훈), 타락한 이스라엘과 하나님(이스라엘 범죄에 대한 심판, 최종적 회복에 대한 약속)으로 구성됐다.

4. 목적

음란한 아내 고멜을 끝끝내 포기하지 않았던 호세아의 사랑을 통해 이스라엘을 향한 하나님의 불변하는 사랑과 은혜를 일깨워주고, 그래도 회개하지 않는다면 하나님의 준엄한 심판을 피할 수 없음을 알려준다.

5. 본서에 나타난 하나님의 섭리

자신을 떠나간 음란한 아내 고멜과 그 사이에 태어난 아이들의 이름을 통해 하나님의 섭리와 사랑을 가르친다. 하나님의 사랑을 거부하고 범죄한 자들에게 임할 공의롭고 준엄한 심판을 보여주는 동시에 하나님의 징계를 받고 회개하고 돌아오는 자를 향해 베푸시는 하나님의 은총과 사랑을 상징적으로 보여준다.

돌이켜보면 범죄한 백성에 대한 하나님의 징계와 배신조차도 택한 백성을 향한 하나님의 변함없고 신실한 사랑임을 확신한다.

	1 A		B				2	
3					4 C			
		5					9 D	
6								
		7 E				F		
								G
				H				
8								

가 로

1. 북이스라엘 왕 여로보암 2세 때 선지자. 행실이 단정치 못한 음녀 고멜과 결혼하여 이스르엘, 로루하마, 로암미를 낳았다. (호 1:1–9)
2. 벧엘 인근 베냐민 지파에 속한 성읍. (호 5:1, 삼상 10:3, 삿 4:6)
3. 디블라임의 딸로 선지자 호세아의 아내. 한 아들을 낳은 후 남편을 배반하고 떠나 부정한 방법으로 두 딸을 낳았다. (호 1:3, 6, 9절)
4. 호세아 선지자는 이곳의 우상 숭배를 엄하게 지적하면서 회개치 않을 경우 멸망을 예언한 루스의 성. (호 10:15, 암 5:5–6)
5. 북 이스라엘의 6대 왕인 오모리가 건설하여 수도로 삼음. (호 13:16, 왕상 16:24–25)
6. 여리고 성 남쪽에 있는 골짜기. 범죄자 아간 가족이 돌에 맞아 죽은 곳. 호세아 선지자는 괴로움이 소망으로 전환되는 회복의 처소를 상징하는 곳으로 묘사. (호 2:15, 수 7:24–26)
7. 호세아 선지자가 음녀인 아내 고멜을 통해 낳은 셋째 아들. 이는 우상을 숭배하고 회개치 않는 이스라엘 백성과 하나님 사이에 언약 관계가 깨어졌음을 암시. (호 1:9)
8. 고멜을 통해 낳은 딸. 이스라엘이 우상 숭배로 하나님의 형벌 아래 놓이게 되지만 장차는 회복되어 다시 하나님의 자녀로 일컬음을 받게 될 것을 예언한 상징적 이름. (호 1:10, 2:1)
9. 영적 형벌이나 고난의 장소. (호 13:14)

세 로

A. 구약성경에서 부피를 나타내는 단위. (호 3:2)
B. 소돔과 고모라와 함께 멸망한 사해 연안 도시. 호세아가 이 성의 멸망을 회상했고, 이스라엘이 이곳처럼 범죄했으나 하나님은 그들을 버리지 않고 긍휼히 여길 것이라 함. (호 11:8, 신 29:23)
C. 호세아 선지자가 '벧엘'을 가리키며 했던 비난 섞인 명칭으로 그 말속에는 '우상숭배처'라는 경멸적 의미가 담겨 있다. 일명 '아웬'. (호 4:15)
D. 싯딤 골짜기 다섯 성읍 중 하나. 호세아 선지자는 이스라엘에 대한 하나님의 사랑을 말하면서 '너는 어찌 ○○○같이 두겠느냐'고 함. (호 11:8)
E. 고멜이 낳은 차녀. 하나님께서 우상 숭배와 범죄를 멈추지 않는 이스라엘 백성을 더 이상 사랑하지 않을 것임을 암시하는 상징성을 띰. (호 1:6–8)
F. 선지자 호세아의 아내요, 음녀인 고멜의 아버지이자 호세아의 장인. (호 1:3)
G. 에브라임이 도움을 요청했던 앗수르의 왕. 디글닷 빌레셀 3세로 추정. (호 5:13, 10:6)
H. 선지자 호세아는 백성을 향해 묵은 죄를 청산하고 신앙의 새 출발할 것을 호소할 때 '묵은 땅을 ○○하라'고 촉구함. (호 10:12)

■ 다음 보기에서 아래 설명하는 것을 괄호에 채우세요.

세겜, 기브아, 광풍, 에봇, 두로, 암미, 브에리, 살만, 패역자, 월삭

1. 선지자 호세아의 아버지. (호 1:1) (　　　　　)
2. 지중해 연안 도시 국가. 시돈 남방 40㎞ 지점에 위치. (호 9:13, 수 19:29) (　　　　　)
3. 사울의 요새였던 왕국 터 발견. 호세아 선지자는 이곳을 이스라엘의 부패함과 타락의 상징으로 언급함. (호 9:9, 10:9) (　　　　　)
4. 선지자 호세아를 통해 하나님의 이스라엘 백성에게 지어준 상징적인 이름.
(호 2:1) (　　　　　)
5 '새달', '초하루', '매월 1일'이란 뜻. (호 2:11) (　　　　　)
6. 그리심 산과 에발 산 사이의 골짜기. 여로보암 1세는 왕국 분열 후 왕의 거주지로 삼음.
(호 6:9, 왕상 12:25) (　　　　　)
7. 납달리 지파의성읍. '살만에셀'의 단축형. (호 10:14) (　　　　　)
8. 제사장들이 직무를 수행할 때 입었던 의복. (호 3:4, 출 39:2-21) (　　　　　)
9. 하나님께 불순종하며 끝까지 회개치 않고 고집 부리는 사악한 자. (호 5:2) (　　　　　)
10. 거칠고 강한 바람. 이것은 '하나님의 분노'를 상징. (호 13:3, 렘 23:19) (　　　　　)

29. 요엘 (JOEL)

1. 내용

요엘서는 하나님의 사랑을 알려준다. 하나님께서는 자연을 통해 두렵고 무서운 메뚜기 떼의 재앙을 통해 하나님의 준엄한 심판을 경고한다.

이 재앙의 날이 '여호와 날'이다. 그날에 하나님께 불순종한 악인들은 하나님의 심판을 받아 멸망하고, 신실한 백성은 구원을 받게 된다. 선지자는 재앙의 날이 구원의 날이 될 수 있음을 상기시키며 죄악에서 돌이켜 회개할 것을 촉구한다.

이렇듯 하나님이 모든 피조물과 역사를 홀로 주관하시며 당신의 백성을 위해 구원을 완성하신다.

2. 배경

할머니 아달랴가 다윗 왕가에 속한 일족을 모두 살해할 때 유일하게 살아남아 고모의 손에 성전에서 양육받다가 고모부 대제사장 여호야다가 혁명을 일으켜 아달랴를 축출하고 왕위에 올라 여호야다의 섭정이 시작되던 때이다.

3. 흐름과 내용 구성

유다가 당한 재앙(자연재해와 형벌, 회개를 촉구), 다가올 여호와의 날(종말적 구원의 약속, 이방의 심판, 유다의 회복과 축복)로 구성되었다.

4. 목적

유다 땅에 임한 메뚜기 떼 재앙과 가뭄 재앙을 통해 장차 임할 여호와의 날의 두려운 심판을 일깨워 주며, 죄악을 깨닫고 돌이키는 자에게는 하나님으로부터 회복의 은총과 여호와의 날에 궁극적 구원이 주어진다는 소망을 안겨준다.

5. 본서에 나타난 하나님의 섭리

자연재앙을 통해 범죄하는 백성들에게 하나님의 질책과 경고를 전하지만 하나님은 죄를 지었을 때 채찍으로 때리면서도 상처 입은 자들을 싸매시고 위로하는 분이시다. 마음을 찢고 회개하는 자에게는 용서하시어 더 크고 풍성한 것으로 채워주시는 분도 하나님이다. 여호와의 날은 심판의 날이기도 하지만 회개하여 하나님께 죄 사함을 받은 자에게는 은총의 날이다.

▣ 다음 보기에서 아래 설명하는 것을 괄호에 채우세요.

팥중이, 보습, 금식일, 수종, 메뚜기, 싯딤 골짜기, 애곡, 이른 비와 늦은 비, 전능자, 심판의 골짜기, 낭실, 대추나무

1. 땅을 일구는 데 사용된 농기구. 'OO을 쳐서 삽을 만든다'는 전쟁의 때를 상징. (욜 3:10, 사 2:4, 미 4:3) (　　　　　　)

2. 큰 고통과 재난에 직면하여 소리내어 슬피 우는 울음. (욜 1:8, 삼상 25:1) (　　　　　　)

3. 하나님의 적절하고도 풍족한 은혜와 선하심을 상징. (욜 2:23, 신 11:14) (　　　　　　)

4. 날개 달린 곤충 중 유일하게 식용 가능한 곤충. 하나님의 심판이나 재앙 도구로 사용. (욜 1:4) (　　　　　　)

5. 하나님의 영광을 위해 봉사 헌신하는 거룩한 행위. (욜 1:9 · 13, 대하 8:14) (　　　　　　)

6. 여호사밧이 연합군을 물리쳤던 골짜기. 마지막 날에 하나님께서 모든 원수를 심판하실 장소를 상징. (욜 3:12-14) (　　　　　　)

7. 무슨 일이든지 못하는 일이 없이 능하신 분. 공의로 심판하기도 하신다. (욜 1:15) (　　　　　　)

8. 금식하도록 선포한 날. (욜 1:14, 렘 36:6-9) (　　　　　　)

9. 범죄자들에게 임할 하나님의 형벌을 묘사할 때 단 한 차례 언급됨. 줄기는 건축 재료로 잎은 바구니와 돗자리로 사용. (욜 1:12) (　　　　　　)

10. 아카시아 나무밖에 자랄 수 없는 메마른 불모의 땅을 가리키는 묵시문학적 표현. 여기서도 건조한 기드론 골짜기의 가장 낮은 곳으로 볼 수 있음. (욜 3:18) (　　　　　　)

11. 성전의 성소 앞 현관. 혹은 현관에 딸린 부속방. (욜 2:17) (　　　　　　)

12. 정결 규례에 의하면 식용이 가능. 식용이 왕성하여 그 떼가 한번 지나가면 곡물이나 심지어 초목까지도 갉아 먹어치움. 메뚜기의 새끼 유충. (욜 1:4) (　　　　　　)

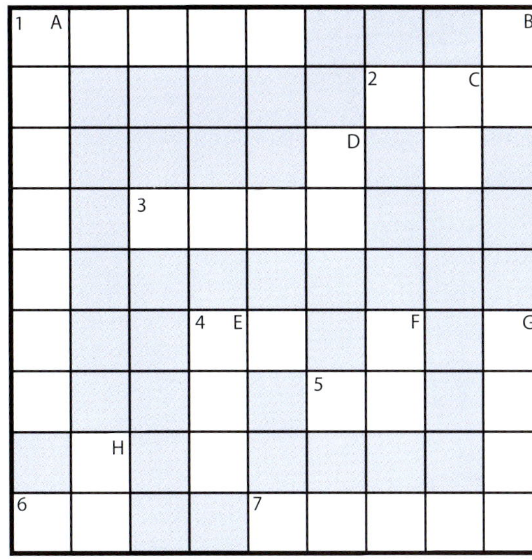

가 로

1. 하나님의 나라가 완성되는 말일을 가리키는 종말적인 단어. 심판의 날인 동시에 구원을 베푸는 은혜의 날이기도 함. (욜 2:11, 사 13:6)
2. 유다 사람으로 선지자 요엘의 아버지. (욜 1:1)
3. 하나님이 친히 계획하여 만드신 동산으로 요엘서에 살기 좋은 땅. (욜 2:3)
4. 메뚜기 일종으로 바람의 방향을 따라 이동하며 닥치는 대로 먹어 치움. 성경에서는 하나님의 심판 도구로 간주됨. (욜 1:4, 왕상 8:37)
5. 유충 상태에 있는 메뚜기. 범죄한 유다 백성을 향한 심판을 경고함. (욜 1:4)
6. 하나님을 섬기는 자들의 헌신적인 봉사. 주를 위해 생명까지도 기꺼이 내놓을 수 있는 거룩한 희생을 상징. 포도주나 독주를 하나님의 제단에 붓는 제사. (욜 1:9 · 13, 출 29:40–41)
7. 뽕나무 과의 낙엽 관목. 꽃이 없이 열매를 맺는 것처럼 보여 이렇게 부름. 요엘서는 '회복', '임박한 나라의 파멸'을 상징. (욜 1:7)

세 로

A. 마지막 때에 하나님이 최후의 심판을 위해 세상 만국을 모으실 상징적인 장소. (욜 3:2, 12)
B. 예루살렘 출신이며 브두엘의 아들로 12소선지자의 한 명. 메뚜기 재앙을 통해 심판을 경고하고 회개를 촉구했으며 오순절의 성령 강림을 예언함. (욜 1:1)
C. 앗수르 왕에게 이곳의 왕이 공물을 보냈다는 기록. 에스겔 선지자는 하나님의 형벌을 받을 민족 가운데 하나로 예언함. (겔 38:2–3)
D. 땅에서 생산되는 모든 수확물. (욜 1:11, 창 3:17)
E. 버려두고 거칠어진 땅. 성경에서는 하나님의 저주의 결과로 해석. (욜 3:19, 사 5:6)
F. 부끄러움. 양심에 거리끼거나 수줍어하는 감정. (욜 2:27)
G. 시고도 단맛이 나는 과실. 주의 날의 무서운 심판을 '○○나무의 시듦'에 비유함. (욜 1:12)
H. 하나님을 향한 순수한 희생적 봉사와 죄 없으신 예수께서 자신을 온전히 대속물로 드린 거룩한 희생을 상징. 밀가루와 기름과 유향을 불태우고 떡을 구워놓고 드리는 제사. (욜 1:13, 레 6:14–15, 시 20:3)

"모든 성경은 하나님의 감동으로 된 것으로 교훈과 책망과 바르게 함과 의로 교육하기에 유익하니 이는 하나님의 사람으로 온전하게 하여 모든 선한 일을 행할 능력을 갖추게 하려 함이라." 〈딤후 3:16–17〉

30. 아모스 (AMOS)

1. 내용

여로보암 2세는 솔로몬 이후 최고의 황금기를 누리지만 외적 번영을 사치와 향락, 계층간의 갈등과 소외 현상, 우상 숭배와 불신앙 등 종교적인 위선, 도덕적 부패, 사회적 불법으로 타락했다. 하나님께서는 남유다 농부였던 아모스를 북이스라엘로 파송하여 지배계층의 불의와 위선을 고발하여 불법과 불의와 불공정을 몰아내고 공동체 안에서 정의와 공의를 실현할 것을 선포했다.

2. 배경

북이스라엘 여로보암 2세 당시 북이스라엘은 아람 왕 벤하닷 3세가 앗수르에게 패하여 북방으로부터의 위협이 사라져 한동안 국가의 안정을 이룰 수 있었지만 오히려 국가의 안정과 번영은 도덕적 부패와 종교적 타락으로 이어졌다. 아모스 선지자가 북이스라엘로 가서 우상 숭배가 만연했던 벧엘, 길갈, 사마리아를 사역할 때이다.

3. 흐름과 내용 구성

아모스의 예언과 설교(열방에 대한 심판 선포 및 선민에 대한 예언), 환상과 약속(세 가지 설교, 다섯 가지 심판, 환상, 회복과 구원 약속)으로 구성됐다.

4. 목적

부패한 백성들에게 하나님의 심판을 경고함으로써 회개하고 공의를 실천하라고 가르치고 있다. 주의 백성이 타락되고 부패한 세상에서 어떻게 살아가는 것이 진정으로 하나님의 뜻인지 알려준다.

5. 본서에 나타난 하나님의 섭리

"오직 정의를 물 같이, 공의를 마르지 않는 강 같이 흐르게 할지어다(암 5:24)"의 강렬한 외침은 하나님께서 북이스라엘 백성에게 원하시는 것을 보여준다. 당시는 솔로몬 이후 최고의 황금기를 이뤘지만 영적으로 빈곤함을 불러왔다. 사치와 향락, 도덕적 부패, 빈부의 격차가 극에 달하고 불의와 불법이 성행하여 회개를 촉구하고 어떻게 살아가는 것이 하나님의 뜻인지 발견하고 공의를 이루는 것임을 제시해 준다.

1 A		B		C		2 D		E
		3						
						4		
				5	F			G
6 H			I				7	
		8						
								J
9						10		

가 로

1. 앞일을 미리 내다보는 식견이나 능력을 가진 사람. (암 7:12)
2. 왕이나 고관 혹은 부자들이 더운 계절을 나기 위해 별도 주거지로 마련한 집. (암 3:15)
3. 팔레스타인 지중해 연안 중앙부에 돌출해 있는 산. 엘리사 선지자가 수넴 여인의 죽은 아이를 살려준 곳. (암 1:2)
4. 아카바 만 연안에 위치한 항구 도시. 족장 엘라 이름에서 유래. (창 36:41)
5. 두 마리의 소나 나귀 등의 목에 얹어 쟁기나 수레를 끄는 목제 도구. (나 1:13, 삼상 6:7)
6. 수리아의 고대 성읍. 솔로몬이 이곳에 국고성 건축. 이스라엘 백성이 포로로 이주된 곳. (암 6:2, 대하 8:3–4)
7. 오리온 자리와 가까운 황소자리에 있는 일단의 별무리. 500여개 별들이 무리를 이룸. (암 5:8)
8. 지중해 연안에 위치한 블레셋의 5대 성읍. 여러 선지자들이 이곳의 멸망을 예언. (암 1:8)
9. 메소보다미아 지역의 별신들로서 둘 다 토성을 가리키는 동의어. (암 5:26)
10. 하나님께서 스스로 약속한 것을 드릴 때 헌상하는 제사. (삼상 1:21)

세 로

A. 앞의 일을 내다보고 예견하는 사람. 하나님으로부터 계시를 받아 하나님의 뜻과 섭리를 전하는 대언자. (암 7:14)
B. 말이나 나귀를 제어하기 위해 입에 가로로 물리는 쇠토막. 재갈이라고도 함. (왕하 19:28)
C. 서쪽으로 갈릴리 호수, 동으로는 아라비아 산맥, 초원이 무성한 목축 곡창 지대. (암 4:1)
D. 드고아와 엔게디 사이에 있는 유대 광야. 여호사밧이 요단강 족속을 무찌른 곳. (대하 20:16–17)
E. 지구를 둘러싸고 있는 대기권의 높은 공간. (암 9:6)
F. 블레셋 5대 성읍 중 최북단에 위치. 여러 선지자들로부터 멸망이 예언. (암 1:8)
G. 만물의 창조와 우주 전체의 운행을 주관하시는 하나님의 능력을 나타내는 관용적 표현. 초겨울에 적도 상공의 오리온 자리에 있는 별. (암 5:8)
H. 사치한 사마리아 부유층들이 포로로 끌려가서 거하게 될 땅. (암 4:3)
I. 선지자들은 이스라엘의 숙적이라 할 수 있는 그 대표적인 도시인 이곳의 멸망을 예언. (암 1:12)
J. 하나님의 은혜에 감사하여 드리는 감사제. 받은 바 은혜를 감사하며 드리는 화목제. (암 4:5)

▣ 다음 보기에서 아래 설명하는 것을 괄호에 채우세요.

데만, 아라바, 드고아, 갑돌, 깜부기, 애통, 아마샤, 공의, 애가, 정의, 낙헌제, 다림줄

1. 선지자 아모스는 이 지역의 목자 출신이다. (암 1:1) (　　　　　　)

2. '가장 아름답고 탁월한 노래', '슬픈 노래'. (암 5:1) (　　　　　　)

3. 북이스라엘 왕 여로보암 2세 시대 활동한 벧엘의 제사장. 선지자 아모스의 활동을 방해하고 그를 쫓아내려고 했다. (암 7:10–13) (　　　　　　)

4. 가슴이 찢어질 듯한 고통으로 몸부림치며 크게 울부짖는 소리. (암 8:8) (　　　　　　)

5. 자발적이고 즐거운 마음으로 하나님께 예물을 드리는 제사. (암 4:5) (　　　　　　)

6. 지중해 상의 가장 큰 섬 그레데. 가나안으로 이주한 블레셋 족속의 원래 거주지. (암 9:7) (　　　　　　)

7. 보스라와 더불어 에돔의 대표 도시요, 에돔을 가리키는 시적 표현. (암 1:12) (　　　　　　)

8. 가옥이나 건물을 지을 때 수평이나 수직 여부를 가늠하는 데 사용. '○○○을 가지고 쌓은 담'은 진리로 견고하게 세운 하나님의 나라를 상징. (암 7:8) (　　　　　　)

9. 곡식에 발생하는 질병. 곡식 알갱이에 까만 곰팡이가 피는 것. (암 4:9) (　　　　　　)

10. 사람이 지켜야 할 도리. 도덕적, 윤리적 기준이 됨. (암 5:7 · 24) (　　　　　　)

11. 선과 악을 정확하게 분별하는 하나님의 성품 가운데 하나. (암 5:7 · 24) (　　　　　　)

12. 팔레스타인 남북을 가로지르는 초원 지대. 이스라엘 최남단 경계 역할을 하는 시내가 있음. (암 6:14) (　　　　　　)

"서서 기도할 때에 아무에게나 혐의가 있거든 용서하라. 그리하여야 하늘에 계신 너희 아버지께서 너희 허물을 사하여 주시리라." 〈막 11:25〉

31. 오바댜 (OBADAIAH)

1. 내용

이 책은 구약에서 가장 짧은 21절의 분량이지만 에돔에 대해 가장 준엄하고 강도 높은 심판을 선포하고 있다. 하나님의 선민인 형제의 나라 유다 백성을 잔인하게 괴롭힌 에서의 후손 에돔 족속뿐만 아니라, 에돔과 같이 하나님의 백성에게 대적하는 모든 나라와 민족들을 반드시 멸망하고 심판하시며 당신의 백성과 나라를 더욱 견고하게 세우신다.

2. 배경

오바댜는 유다 출신의 선지자이지만 에돔 왕국의 멸망을 선포했다. 에돔과 유다는 형제국이지만 예루살렘이 침공당할 때 기뻐하고, 그 기회를 이용해 약탈을 일삼고 유다 백성을 적국에 넘기는 등 만행을 일삼았다. 로마 제국에 멸망당하기 전까지 벌어진 일들이 배경이다.

3. 흐름과 내용 구성

크게 두 개로 나누면 에돔의 멸망과 유다의 회복이다. 유다의 멸망(에돔의 몰락, 죄악상, 심판), 유다의 회복(야곱 족속의 회복, 이스라엘의 회복과 복된 미래)로 구성됐다.

4. 목적

유다를 대적해 온 에돔의 파멸을 통해 유다의 회복을 알리고 에돔으로 대표되는 불신 세력의 비극적 종말을 소개해 메시야로 인한 남은 자들의 구원을 확신시킨다.

5. 본서에 나타난 하나님의 섭리

멸망의 원인은 하나님께 불순종하고 교만하기 때문에 하나님의 준엄한 심판을 받는다. 본서에서 에돔의 멸망 원인도 마찬가지이다. 자기 힘만 믿고 교만했으며, 자기의 지혜만 의지하고 자랑한 죄악이며, 형제의 나라 고통이 오히려 기쁨이고 약탈로 인한 축적뿐이었다. 유다 백성이 에돔에게 어려움을 당하는 것은 하나님이 알고 계시기에 그들을 멸망시키시고 친히 택한 백성을 다스릴 것이라 말한다.

하나님께서 친히 다스릴 때 백성들이 참된 평화와 안식을 얻어 고통과 근심 속에서 해방되어 살아가는 것이다.

■ 다음 아래 나오는 단어는 오바댜에 나오는 단어로 찾아 연결하세요.

	1	2	3	4	5	6	7	8	9	10	11	12	13	14
A	기	만	용	서	약	시	포	상	변	정	용	미	교	역
B	묵	사	대	기	판	화	만	오	전	경	블	양	국	만
C	길	제	상	환	보	고	바	환	속	약	바	레	가	심
D	비	르	곱	물	기	변	난	다	변	오	지	식	판	미
E	상	조	우	길	재	갈	르	냐	베	혜	성	각	경	안
F	목	야	르	앙	심	사	양	묵	비	권	길	원	독	무
G	곱	경	정	베	학	문	시	댜	망	르	가	수	정	관
H	학	문	화	견	냐	온	앙	멸	앗	비	리	영	방	지
I	독	목	사	학	변	민	절	수	용	곱	방	국	민	송
J	수	수	겝	교	탈	정	상	시	포	각	생	지	약	수
K	공	네	주	온	함	노	문	곱	기	학	각	조	국	천
L	구	리	사	밧	앗	성	게	교	창	대	블	산	하	상
M	수	발	르	겝	산	셉	멸	양	수	용	온	레	곽	대
N	환	사	마	리	아	나	서	문	독	탈	함	성	셋	오
O	고	리	자	약	패	에	교	화	패	수	절	공	바	비
P	아	이	품	용	묵	사	돔	수	국	망	약	댜	사	락

1	묵시	11	변경	21	제비	31	원수
2	오바댜	12	함성	22	재앙	32	만국
3	사자	13	지각	23	방관	33	성산
4	교만	14	에돔	24	패망	34	시온
5	멸시	15	지혜	25	고난	35	야곱
6	독수리	16	용사	26	환난	36	네겝
7	수탈	17	멸절	27	심판	37	에서
8	보물	18	포학	28	사르밧	38	블레셋
9	약조	19	재물	29	베냐민	39	사마리아
10	화목	20	성문	30	길르앗	40	오만

32. 요나 (JONAH)

1. 내용

하나님께서 요나를 선지자로 삼아 먼 나라로 파송한다. 유다 공동체의 배타적이고 폐쇄적인 선민의식과 구원관을 배척하고 이방 민족들도 구원하시는 하나님의 사랑과 구원의 보편성을 일깨워준다. 본서는 이스라엘 백성만을 위한 하나님이 아니라 이방인들의 하나님, 온 세상의 모든 민족을 사랑하시는 만민의 하나님을 보여준다는 의미에서 구약의 복음서라고도 한다.

2. 배경

요나서의 배경이 되는 니느웨는 고대 앗수르 제국의 수도이다. 이스라엘과는 서로 대적하는 나라로 패전국이나 포로에게는 잔인하기로 소문난 이 나라에 요나 선지자는 니느웨로 보내시는 하나님의 지시를 거부하고 다시스로 가는 무역항에 올랐다가 물고기 뱃속에서 3일 동안 기도 후 살아나 니느웨에 가서 복음을 전하는 과정이다.

3. 흐름과 내용 구성

다시스로 도망치는 요나(선지자의 소명, 불순종, 물고기 뱃속, 회개 기도), 니느웨로 향하는 요나(선지자의 재소명, 니느웨의 회개, 책망받는 선지자, 박 넝쿨 사건)로 구성됐다.

4. 목적

여호와는 단지 이스라엘의 하나님이실 뿐 아니라 이방 모든 민족들의 주가 되심을 확인시키고, 선민의식에 젖어 있던 이스라엘의 오만함을 고쳐 선교의 사명을 일깨워준다. 의로운 일을 하면서 실수하는 요나를 통해 우리도 잘못할지라도 하나님께 쓰임받을 수 있는 존재가 됨을 가르친다.

5. 본서에 나타난 하나님의 섭리

하나님이 아브라함을 불러내어 열국의 아버지로 삼은 것도, 하나님께서 이스라엘 백성을 택한 것도 결국은 만민을 구원하기 위한 도구로 사용했다. 하나님은 요나 선지자를 통해 이런 만민의 구원에 모범을 보여주셨다. 이런 맥락에서 본다면 만민을 구원하시는 하나님의 의지가 잘 드러남을 알게 되고 하나님은 사람을 사랑하심을 일깨워준다.

▣ 다음 아래에 나오는 단어는 요나에 나오는 단어로 찾아 연결하세요.

	1	2	3	4	5	6	7	8	9	10	11	12	13	14	15
A	예	빗	물	동	향	기	스	경	올	굵	선	상	비	용	무
B	숨	식	장	시	풍	큰	브	아	은	포	풍	품	목	다	군
C	선	인	다	외	물	히	밋	선	물	고	강	권	시	달	브
D	지	명	악	고	흉	대	좌	큰	동	재	달	스	업	숭	흉
E	혜	승	상	독	약	난	조	굵	앙	용	보	올	서	용	부
F	욥	니	밋	대	강	보	은	서	온	금	화	지	보	외	조
G	업	아	느	회	딩	베	온	베	원	은	수	좌	개	학	상
H	서	장	바	웨	옷	드	열	박	사	과	인	학	성	달	선
I	고	임	리	물	기	욥	쿨	마	넝	정	자	애	경	춘	추
J	기	브	릿	대	바	넝	만	본	흉	쿨	상	태	수	기	고
K	히	성	근	스	시	경	초	혼	리	숭	어	만	소	향	난
L	명	초	업	식	밋	막	히	브	라	악	욥	명	기	기	굵
M	앙	생	느	아	단	브	그	작	만	예	개	스	고	은	빗
N	내	니	느	와	포	제	동	자	인	회	선	물	숭	요	강
O	시	외	인	금	재	상	비	생	소	악	큰	동	나	고	흉
P	경	시	식	자	물	예	잘	동	제	초	물	비	박	넝	부

1	요나	12	숭상	23	회개
2	악독	13	선포	24	경외
3	욥바	14	소명	25	강포
4	예비	15	다시스	26	고난
5	인애	16	동풍	27	박넝쿨
6	아밋대	17	제비	28	빗장
7	니느웨	18	재앙	29	보좌
8	상달	19	조서	30	금식
9	생업	20	초막	31	큰 물고기
10	서원	21	히브리	32	굵은 베옷
11	스올	22	흉용	33	자비

33. 미가 (MICAH)

1. 내용

본서는 선지자가 번영의 시기에 우상 숭배와 도덕적 타락으로 죄악이 만연하여 불법과 부패로 치닫고 있을 때, 남유다와 북이스라엘을 향해 경고와 심판의 메시지와 함께 위로와 회복의 메시지를 선포했다. 하나님이 공의로운 심판을 선포하시지만 동시에 끝까지 믿음을 지키고 인내하는 자를 향한 위로와 구원의 메시지도 놓치지 않는다.

2. 배경

미가 선지자가 활동하던 당시 앗수르가 북이스라엘을 멸망시키고, 후계자 산헤립이 유다 왕국을 노려 유다 왕 아하스는 앗수르와 친교를 맺으며, 앗수르의 우상을 들여와 우상 숭배와 도덕적 타락에 빠졌으나 히스기야가 종교개혁을 추진하며 신앙 회복을 선언하던 시기이다.

3. 흐름과 내용 구성

회개 촉구에 대한 책망과 심판 선언(두 왕국 심판과 심판 원인, 지도자 심판), 종말적 구원과 메시야 예언(구원의 약속, 메시야의 약속), 회개를 촉구하는 하나님의 경고와 긍휼(하나님의 변론, 최후의 구원)로 꾸며졌다.

4. 목적

우상 숭배와 권력자들의 착취 등 죄악상을 고백하고 다가올 하나님의 공의로운 심판을 깨닫게 하며, 여호와 신앙을 견지하는 남은 자에게 주어진 구원과 메시야의 도래를 확신시키며 결국 메시야를 통해 회복될 것이라는 메시지를 전한다.

5. 본서에 나타난 하나님의 섭리

불법과 불의가 성행되고 우상 숭배로 종교적 타락을 가져왔지만 선지자는 이런 지도층에게 공의의 법을 선포하고 힘없는 백성들에게 자비와 사랑의 실천을 촉구하며 지난 날의 죄를 회개하고 하나님과 동행할 것을 촉구하였다.

그러면서 불순종하는 자에게는 심판이 이어지지만 순종하는 자에게는 구원을 중심으로 상기시켜 준다. 현대를 살아가는 우리들은 메시야로 인한 영원한 구원이 무엇인지 제대로 알고 살아가야 한다.

■ 다음 보기에서 아래 설명하는 것을 채우세요.

통치자, 침상, 망대, 가드모레셋, 아둘람, 분깃, 심판, 복술, 목축, 우두머리 속량, 지경

1. 값을 치르고 구원해내다. 죄를 용서하고 구원을 베푸신 행위. (미 6:4) (　　　　　)
2. 사람이나 사물에 대해 선악간의 판단을 내리는 일. 성경에서 하나님의 징벌과 관련된 재난 혹은 만물의 심판자로서 하나님의 선고 등에 대해 언급됨. (미 7:9) (　　　　　)
3. 군사적 목적에서 도성을 수비하고 침략자의 동향을 감시하기 위해 세운 파수대. (미 4:8) (　　　　　)
4. 가축을 기르는 일. (미 5:4) (　　　　　)
5. 선지자 미가의 고향. 예루살렘 서쪽 지점에 위치한 블레셋 근처 마을. (미 1:14) (　　　　　)
6. 누워서 잘 수 있게 만든 평상. (미 2:1) (　　　　　)
7. 점을 쳐서 장래사를 예언하는 사술. (미 5:12) (　　　　　)
8. 베들레헴 남서쪽 지점에 위치한 성읍. 아름다움으로 인해 '이스라엘의 영광'이라 불림. (미 1:15) (　　　　　)
9. 한 집단을 이끄는 사람. 어떤 무리의 가장 윗사람. 두령. (미 3:9) (　　　　　)
10. 성경에서는 하나님께 드린 제물 중 제사장에게 돌려진 몫. (미 2:5) (　　　　　)
11. 땅과 땅, 나라와 나라 간의 영토 경계. (미 5:6) (　　　　　)
12. 지배자가 주권을 행사하여 국토, 국민을 다스리는 것. (미 3:9) (　　　　　)

"항상 기뻐하라. 쉬지 말고 기도하라. 범사에 감사하라. 이것이 그리스도 예수 안에서 너희를 향하신 하나님의 뜻이니라." 〈살전 5:16-18〉

미가 퍼즐

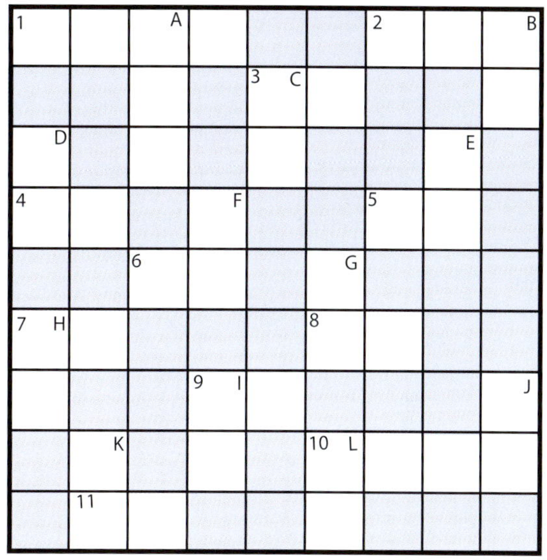

가 로

1. 비옥했음을 암시하는 지명. 베들레헴 ○○○○라 고도 예수님이 이곳에서 탄생할 것을 예언함. (미 5:2)
2. 므깃도 북방 이스르엘 골짜기에 있는 성읍. 선지자 엘리에셀도 이곳 출신이다. (미 1:15, 대하 20:37)
3. 하나님께서 감춰졌던 자신의 뜻을 성령을 통해 알려주시는 것. (미 1:1)
4. 오랜 옛날 성경에서는 통상 천지창조 때를 가리킴. (미 5:2)
5. 꿀 찌꺼기를 끓여서 짜낸 물질. 비유적으로 두려움, 낙심 등을 상징. 두루마리를 묶는 끈을 봉인할 때 사용. (미 1:4, 시 97:5)
6. 예배 대상으로 삼기 위해 금이나 은, 나무, 돌 등으로 새겨 만든 사람이나 그 밖의 것들의 형상. (미 1:7)
7. 구약에서는 하나님께서 이 세상에 친히 내려오시는 행위와 관련하여 언급. (미 1:3)
8. 가슴이 찢어질 듯한 고통으로 몸부림치며 크게 울부짖음. (미 1:8)
9. 아셀 지파에게 분배된 지중해 연안의 성읍. '엘십'이라고도 함. (미 1:14)
10. 곡물을 타작하는 장소. 성경에서 비유적으로 이스라엘의 회복을 상징. (미 4:12)
11. 골리앗을 비롯한 많은 거인을 배출한 아낙의 후손이 살았음. (미 1:10)

세 로

A. 유다 남부 군사적 요충지. 바벨론은 예루살렘을 공격하기 전 이곳을 공략하여 불태워 버림. 아마샤 왕이 신하들에게 살해된 곳. (미 1:13)
B. 미가 선지자가 심판을 선포한 성읍 중 하나. 헤브론 서쪽 유다 남부 성읍으로 추정. (미 1:10-15)
C. 마음속으로 묵묵히 기도함. 정신을 모아 잠잠히 그리고 깊이 생각함. (시 1:2, 63:5-6)
D. 나무로 만들어진 우상. 선지자들은 무익한 우상을 만드는 어리석음을 경고. (미 1:7)
E. 사물의 토대. 건축물의 밑바닥. 근본. (미 1:6)
F. 돌이나 나무로 기둥처럼 만든 신상. 가나안 땅 원주민들의 주신격인 바알을 가리키기도 함. (미 5:13)
G. 인간에 대한 하나님의 은혜, 은총, 자비, 인자, 호의, 친절, 긍휼 등을 나타냄. (미 7:20)
H. 남의 물건을 억지로 빼앗음. (미 2:2, 시 89:22)
I. 갈렙이 그의 형제 옷니엘에게 기럇세벨을 인정한 공로로 그의 딸 ○○를 줌. (수 15:16-19)
J. 산 위에 세워진 신전. 푸른 나무 아래 세워짐. (미 1:5)
K. 종교 지도자들의 불의를 꾸짖고 진실된 신앙 회복을 촉구하며 메시야의 도래를 선포한 가드 모레셋 출신의 선지자. (미 1:1)
L. 미가 선지자는 이스라엘의 비참한 모습을 보고 애통하는 자신의 울음소리를 이것의 울음소리에 비유. (미 1:8)

34. 나훔 (NAHUM)

1. 내용

본서는 앗수르의 도심 니느웨가 심판과 멸망에 대한 예언으로 이뤄졌다. 나훔 선지자는 요나 시대의 회개 정신을 상실하고 교만에 빠진 니느웨의 멸망이 필연적이라 역설한다.

니느웨 백성이 교만에 빠져 깊은 죄악에 빠져 살았기 때문이다. 하나님께 대적하는 자는 심판하지만 의로운 자는 하나님의 자비와 보호를 받게 된다는 사실을 분명하게 선포하고 있다.

2. 배경

앗수르, 앗술, 바니팔 통치 시기로 최강의 국력을 자랑하던 때에 선지자는 하나님의 명을 좇아 니느웨의 멸망을 선포하였다. 선지자의 말대로 얼마 되지 않아 니느웨는 바벨론에 의해 함락되고 멸망되던 시기이다.

3. 흐름과 내용 구성

하나님의 진노에 의한 니느웨의 멸망 선포(하나님의 성품, 멸망과 구원), 하나님의 심판(멸망에 내린 이상, 황폐해진 니느웨), 애가(멸망 원인과 불가피성)로 흐름이 이어진다.

4. 목적

하나님을 대적하는 잔악하고 죄악된 세력은 필연적으로 공의로운 심판을 피할 수 없음을 알린다.

하나님은 세상에서 가장 강력한 세력보다 더 강하고 능하신 절대 주권과 능력을 지니신 분임을 알리며, 앗수르의 칼날 앞에 떨고 있던 유다를 위로해 준다.

5. 본서에 나타난 하나님의 섭리

1세기 전 선지자 요나를 니느웨에 보내 회개를 촉구하시고 심판을 면케 한 니느웨인데 하나님께서 나훔 선지자를 보내 멸망을 선포하신다.

니느웨가 멸망을 선포받게 된 것은 하나님의 뜻을 거스르고 대적했기 때문이다. 하나님께 불순종하고 거스르는 자는 결단코 하나님의 은총을 입을 수가 없다. 니느웨에 대한 하나님의 준엄한 심판을 다시금 되새겨 보아야 한다.

1 A				2 B			C	
			3					
	4 D				E			
5			F		6			G
			7	H				
I		J						
					8 K		L	
			M					
9								

가 로

1. 어떤 임무를 맡고 다른 곳으로 보냄을 받은 사람. 성경에서는 타국에 선전포고를 하거나 조공을 거둘 목적으로 보낸 사신. (나 2:13)
2. 나선형으로 돌면서 불어오는 바람. (나 1:3)
3. 원수를 갚음. (나 1:2)
4. 부도덕하고 음란한 여자. (나 3:4)
5. 일정 공간을 지나다님. (나 1:15)
6. 무엇을 하거나 가지고 싶어 하는 강렬한 바람. 본능적인 욕구. 성경에서는 주로 비정상적인 순수하지 못한 동경이나 탐욕을 가리킴. (막 4:19)
7. 심한 바람으로 인한 재해. 범죄하고 회개치 않는 자들에게 임하는 하나님의 심판 중 하나. (신 28:22)
8. 측백나뭇과의 상록 교목. 고대에 무기 제작에 사용. 바벨론 군사들이 이 나무 창으로 무장. (나 2:3)
9. 벼에서 쌀을 추수하고 남은 잎으로 새끼를 꼴 때 사용하는 것. (나 1:10)

세 로

A. 성벽이나 망대에서 적의 침입을 사전에 경계하고 감시하는 일. (나 2:1)
B. 이전 상태로 돌이킴. 성경에서는 주로 상실된 주권이나 권세를 본래의 목적대로 되돌리게 파괴된 관계를 재건하는 것을 가리킴. (나 2:2)
C. 상수리나무로 유명한 삼림을 형성한 요단 동북쪽 넓고 비옥한 고원 평야. 북으로 헤르몬 산이 있다. (나 1:4)
D. 정조를 깨뜨리는 음란하고 난잡한 행실. (나 3:4)
E. 업신여겨 욕보이는 행위. 성경은 거만한 자, 불효자들에게 이것이 따를 것이라 경고함. (나 3:6)
F. 거칠고 강한 바람. 이것은 '하나님의 분노', '갑작스런 파멸' 등을 상징함. (나 1:3)
G. 포도과에 속하는 낙엽성 덩굴 식물. 선민 이스라엘을 상징하는 수종, 히브리 사회에서 이 나무는 안정된 생활, 평화와 번영을 상징. (나 2:2)
H. 뜻밖의 불행한 일. (나 1:9)
I. 애굽 서편 리비아 사람을 가리킴. 이들은 매우 호전적임. (나 3:9)
J. 군대가 싸우기 위해 전열을 가다듬는 것을 가리킴. (나 2:3)
K. 테베의 히브리식 지명. 애굽 제 18대 왕조의 수도. 아몬신을 숭배하여 이렇게 불림. (나 3:8)
L. 12소선지서 하나인 사람으로 엘고스 출신. (나 1:1)
M. 하나님의 역사를 기념하고 하나님께 감사하기 위해 지켜진 날들. (나 1:15)

Tip

기독교의 부활 신앙이란?

예수께서 말씀하셨듯이 영원한 생명을 약속한다.
"나는 부활이요 생명이니 나를 믿는 자는 죽어도 살겠고 무릇 살아서 나를 믿는자는 영원히 죽지 아니하리니 이것을 네가 믿느냐" (요 11:25-26)

▣ 다음 보기에서 아래 설명하는 것을 채우세요.

멸절, 붓, 티끌, 공허, 사악, 존귀, 가증, 미혹, 결박, 빗장

1. 행동을 제어하기 위해 몸이나 두 손을 묶음. (나 1:13) (　　　　　　)

2. 속이 텅 비어 아무것도 없음. 천지가 창조되기 이전의 우주 상태를 묘사할 때 언급. 상징적으로는 심판으로 인한 황폐함을 나타냄. (나 2:10) (　　　　　　)

3. 하나님의 입장에서 주로 사용되는 단어로 '몹시 싫어하고 구역질이 날 정도로 혐오하고 미워함'. 하나님이 금하신 것을 먹는 행위나 율법을 깨뜨리는 행위가 이에 속함. (나 3:6) (　　　　　　)

4. 먼지나 티 등 매우 작고 가벼운 물질. 성경에서는 하나님께서 땅의 ○○로 인간을 만드셨다고 했고, 사람이 죽으면 ○○로 돌아간다고 함. (나 1:3) (　　　　　　)

5. 도리에 어긋나고 악독한 것. 악한 일을 도모함. (나 1:11) (　　　　　　)

6. 나훔서에는 이것과 루빔이 함께 언급되고 있으나 모두 '리비아'를 가리키는 말. (나 3:9) (　　　　　　)

7. 마음이 흐려서 무엇에 홀리다. 성경에서는 속임을 당해 진리의 길에서 떠나 죄악 가운데 헤매고 방황하는 것. (나 3:4) (　　　　　　)

8. 지위나 신분이 높고 귀함. (나 2:5)

9. 문을 닫고 가로질러 잠그는 막대나 쇠장대. (나 3:13) (　　　　　　)

10. 성경에서는 언약 공동체에서 쫓겨나 하나님과의 관계가 단절되어 죽은 것이나 다를 바 없는 영원한 소망이 없는 상태를 가리킴. (나 1:12) (　　　　　　)

"나더러 주여 주여 하는 자마다 천국에 들어갈 것이 아니요. 다만 하늘에 계신 내 아버지의 뜻대로 행하는 자라야 들어가리라." 〈마 7:21〉

35. 하박국 (HABAKKUK)

1. 내용

하나님은 과연 살아 역사하시는가? 과연 의로운 분인가? 그렇다면 왜 세상에는 악인이 잘 되고, 의인은 고통받는 것일까?

하박국 선지자는 이같은 문제를 놓고 신앙적 갈등을 겪었지만, 이런 신정론(神正論)적 질문에 명쾌한 대답을 제시해 주는 것 또한 하박국서에 담겨 있다. 선지자는 기도하며 하나님께 질문하여 마침내 하나님의 섭리하에 악인은 망하고, 의인은 그 믿음으로 구원받는다는 이신득의(以信得義) 사상을 일깨워 주었다.

2. 배경

중동의 신흥강국 앗수르가 멸망하고 바벨론이 중근동을 제패하여 신흥강대국으로 급부상하며 중근동의 신질서가 재편되던 시기이다.

3. 흐름과 내용 구성

하나님과 하박국의 대화(악이 계속되는데도 하나님은 왜 침묵하는가. 악한 나라를 통해 이스라엘과 악인들도 벌한다), 하박국의 찬양(기도와 찬송, 은혜 회복, 진노 중에 긍휼을 기도, 하나님의 섭리를 찬양, 하나님을 향한 신뢰)으로 구성됐다.

4. 목적

모든 사건의 배후에 하나님의 의로운 손길이 개입하고 있으며, 눈에 보이는 일들로 그릇된 가치관을 찾거나 신앙의 혼선을 갖지 말고, 하나님을 의지하는 믿음으로 살아갈 것을 가르친다. 하나님을 굳게 신뢰하는 삶이 가장 충만한 삶이라는 것을 깨닫게 된다.

5. 본서에 나타난 하나님의 섭리

"의인은 그 믿음으로 말미암아 살리라"(2:4)는 말씀이 우리에게 주는 메시지가 강하다. 선지자는 어찌하여 의인이 잘못되고 악인이 득세하는지 혼란스러워하며, 갈등과 고뇌 속에 빠졌지만 궁극적으로 악인은 심판당하고 의인은 그 믿음으로 말미암아 구원을 얻게 되리라는 놀라운 신비의 대답을 얻는다. 오늘을 살아가는 성도들이 이와 같은 고뇌에 빠질 때 하박국서를 깊게 묵상하면 그 해답이 우리의 방향을 명쾌하게 제시해 줄 것이다.

▣ 다음 단어들은 하박국서에 나오는 단어로 연결하세요.

	1	2	3	4	5	6	7	8	9	10	11	12	13	14	15	16	17	18	19	20	21
A	분	초	자	유	소	장	난	파	율	자	석	제	체	사	비	분	상	묵	록	만	위
B	할	긍	권	비	약	유	약	법	무	석	경	비	면	랑	향	로	시	행	율	엄	살
C	부	능	묵	태	만	그	반	과	자	재	박	계	파	종	사	암	풍	겁	폐	치	욕
D	이	모	상	교	불	재	물	반	앙	겁	산	소	결	핍	말	미	탈	양	수	기	료
E	가	변	시	모	기	지	욕	수	올	풍	만	루	자	람	엄	모	위	조	선	금	평
F	거	처	우	기	상	식	금	력	자	파	성	배	셀	격	바	교	양	롱	소	론	칭
G	부	상	당	면	오	휼	시	멸	시	질	패	악	욕	벽	평	리	만	출	양	지	방
H	변	조	부	상	전	놋	대	부	망	포	소	선	라	심	좌	강	오	선	잠	바	면
I	총	회	장	당	쇠	만	풍	미	강	령	환	산	파	점	정	연	상	회	지	멸	란
J	담	행	부	수	결	부	마	성	미	명	철	수	화	망	장	의	법	셀	풍	놋	병
K	위	군	백	정	상	패	조	난	안	점	쟁	마	사	물	맷	불	라	오	채	데	시
L	마	로	흉	부	방	기	역	디	젤	분	신	선	견	질	구	심	기	광	리	역	향
M	셀	병	속	상	치	병	미	체	출	망	낚	구	지	원	병	정	스	대	디	바	방
N	엄	행	변	욕	약	수	사	평	투	집	착	명	병	자	점	장	말	속	미	백	사
O	폐	호	론	시	스	바	구	탈	선	묵	광	출	즙	박	망	령	국	상	담	체	선
P	단	시	험	칭	바	올	무	산	만	상	선	성	민	국	가	박	고	수	무	대	악
Q	낚	체	론	환	산	저	도	데	양	석	고	물	략	상	하	사	평	행	스	흉	망
R	난	소	망	상	난	지	모	욕	반	장	통	노	석	체	반	용	시	동	배	용	벽

1	구산	11	환난	21	변론	31	위엄	41	종말
2	강포	12	광명	22	분쟁	32	욕심	42	낚시
3	구원	13	셀라	23	방백	33	우상	43	노략
4	겁탈	14	권능	24	반석	34	역병	44	시행
5	군마	15	광채	25	분향	35	투망	45	성루
6	경계	16	패역	26	불모	36	정의	46	스올
7	그물	17	파수	27	바란	37	점령	47	사망
8	교만	18	평론	28	풍성	38	조소	48	속담
9	금홀	19	풍자	29	풍부	39	정결	49	수치
10	흉벽	20	부당	30	율법	40	재앙	50	시기오놋

36. 스바냐 (ZEPHANIAH)

1. 내용

스바냐서도 오엘서나 아모스서와 같이 '여호와의 날'로 꾸며져 있다. 선지자도 유다의 타락과 말씀을 선포하며 경고를 담고 있다. '여호와의 날'은 무엇인가?

그날은 죄악에 대하여 하나님께서 마침내 두려운 심판을 베푸시지만 고난 중에도 신앙을 지키는 의로운 자에게는 구원의 날이요, 은혜의 날이다.

2. 배경

요시야 왕의 종교개혁 때 우상 숭배를 철폐하고 신앙회복운동을 위해 혼신을 다하던 때로 이 시기의 선지자 스바냐도 왕을 도와 신앙 부흥운동에 앞장섰다.

3. 흐름과 내용 구성

스바냐는 여호와 날에 있을 심판(유다, 열국, 예루살렘에 대한 심판)과 여호와의 날에 있을 구원(열방, 이스라엘 구원, 회복에 대한 약속과 기쁨의 찬양)으로 구성됐다.

4. 목적

여호와의 날에 있을 심판을 경고함으로써 돌이켜 회개하고, 이방인과 이스라엘 중에서 남은 자에게 주어질 하나님의 구원을 일깨워 줘 그 신앙을 더욱 돈독하게 해준다. 돌이켜보면 하나님의 심판은 긍휼과 회복을 위한 것으로 하나님의 은총을 입은 자들은 남은 자가 되어 하나님의 기쁨을 경험한다.

5. 본서에 나타난 하나님의 섭리

조부와 부왕으로 이어지던 통치 기간 동안 이어진 우상 숭배, 사치와 타락과 부패가 끊이지 않고 계속 부패하던 시기에 요시야 왕의 종교 개혁은 쉽지 않았다. 하나님께서 선지자를 보내 죄짓고 회개하지 않는 자들은 심판받고, 죄악된 세상에서도 하나님을 두려워하며 참고 인내하는 자들은 반드시 구원을 얻게 된다는 위로의 메시지를 선포한다.

"비판을 받지 아니하려거든 비판하지 말라." 〈마 7:1〉

■ 다음 단어를 스바냐에 나오는 단어로 연결하세요.

	1	2	3	4	5	6	7	8	9	10	11	12	13	14	15	16
A	그	브	선	악	문	곤	지	암	곤	근	시	스	라	기	술	어
B	달	렛	포	행	사	경	사	고	레	적	데	행	안	부	문	상
C	랴	장	별	한	발	에	제	포	선	막	사	나	분	제	마	가
D	면	구	기	결	수	포	그	겸	도	망	가	슬	릴	발	사	발
E	발	별	수	치	부	욕	랴	사	기	원	발	몬	스	냐	파	장
F	사	진	성	절	산	아	말	라	바	람	아	람	바	알	장	전
G	명	찰	멸	와	마	티	성	감	위	스	각	스	몰	약	능	달
H	감	막	호	패	선	눈	데	패	돗	올	맹	그	글	자	성	장
I	데	여	역	도	망	막	손	지	병	세	마	물	론	론	공	티
J	만	경	기	피	전	겸	님	산	지	을	산	행	사	욕	끌	치
K	진	세	고	전	달	사	성	문	겸	진	시	날	씨	족	발	공
L	피	난	향	교	심	발	통	질	비	사	노	염	의	혼	의	사
M	포	곤	랴	남	술	투	림	에	문	교	도	색	족	와	도	중
N	도	마	자	여	질	마	파	구	그	문	만	피	성	장	호	상
O	아	파	절	부	그	부	선	장	론	론	기	명	왕	성	외	여

1	아몬	11	패역	21	진노	31	구별
2	아마랴	12	스바냐	22	지경	32	가나안
3	여호와의 날	13	수치	23	전심	33	경고
4	어문	14	시행	24	전능자	34	고난
5	아스글론	15	성산	25	멸절	35	공의
6	에그론	16	수욕	26	말감	36	겸손
7	아스돗	17	티끌	27	맹세	37	가사
8	포악	18	진멸	28	막데스	38	그렛
9	패망	19	제사장	29	명성	39	교만
10	포도원	20	질투	30	그마림	40	곤고

37. 학개 (HAGGAI)

1. 내용

학개 선지자는 포로기 이후 가장 먼저 활동한 선지자인데 바벨론에서 고국 땅 예루살렘으로 돌아온 유다 백성은 파괴된 성전을 재건하는 일에 착수했지만 사마리아인과 이방인 등 성전 건축을 방해하는 자들이 많았다.

하지만 성전 건축은 하나님의 임재와 하나님의 뜻을 순종하는 것이며 무너진 믿음을 회복하는 것이라고 촉구했다.

2. 배경

고레스 칙령에 의해 유다 백성은 스룹바벨 인솔하에 귀환하여 예루살렘에 정착하여 성전 재건에 착수했으나 사마리아 사람들과 이방인들의 방해로 성전 공사가 중단되는 등 성전 재건 착수를 반복하던 시기이다.

3. 흐름과 내용 구성

학개서는 네 편의 계시로 이루어져 있다. 첫 번째 설교(책망과 호소, 성전 건축 독려), 두 번째 설교(새 성전과 미래의 영광), 세 번째 설교(순종에 대한 복, 바른 예배 회복을 촉구), 네 번째 설교(하나님의 약속, 장래의 복)로 구성되어 있다.

4. 목적

성전 재건 작업을 중단한 채 영적 무기력 상태에 놓여 있던 백성들을 각인시켜 재건 사업을 재개하도록 하고, 또한 성전으로 상징되는 여호와 신앙을 복구함으로써 하나님 앞에서 복된 인생을 살아나갈 수 있도록 가르친다.

5. 본서에 나타난 하나님의 섭리

성전 재건은 단절된 하나님과의 관계 회복을 의미하는 동시에 하나님 중심적 삶으로 복귀하는 것을 의미한다.

성전 건축을 촉구하면서 지난날의 잘못된 예배와 부정한 삶을 지적하고 바른 예배를 드릴 것을 호소하고 바른 예배가 회복될 때 하나님과의 관계가 복원되며, 바른 예배가 드려지는 성전이 성전으로서 가치가 있음을 일깨워준다.

▣ 다음 단어를 학개에 나오는 단어로 연결하세요.

	1	2	3	4	5	6	7	8	9	10	11	12	13	14	15
A	획	발	방	각	고	슴	도	강	세	금	교	위	만	학	포
B	기	포	학	생	각	르	흡	사	산	력	권	군	임	도	상
C	적	임	도	명	다	말	착	여	리	고	의	사	주	스	처
D	당	면	포	전	사	리	상	수	호	여	사	탄	알	올	건
E	극	여	말	망	대	군	오	빠	호	구	망	디	르	축	피
F	기	썽	호	대	만	대	규	와	상	석	엘	가	박	흡	수
G	교	만	박	수	충	만	율	례	평	벽	학	우	리	착	산
H	고	수	확	금	아	세	무	법	궤	강	다	보	만	물	상
I	용	서	리	깜	상	면	지	구	상	부	흡	입	장	감	사
J	기	다	오	부	부	대	개	좌	장	족	발	주	간	장	기
K	세	금	전	보	검	기	보	갑	건	밧	사	양	벨	판	인
L	구	성	화	생	언	조	처	용	사	여	게	바	세	장	수
M	공	각	기	좌	쟁	약	방	호	면	부	롭	산	금	방	장
N	망	재	생	고	개	국	여	박	장	스	올	외	상	보	물
O	앙	상	각	학	조	민	성	자	사	산	경	보	기	냥	배

1	다리오	11	학개	21	포도주
2	보배	12	흡족	22	깜부기
3	보좌	13	여호사밧	23	전대
4	스알디엘	14	여호수아	24	재앙
5	스룹바벨	15	평강	25	건축
6	수확	16	위임	26	경외
7	성전	17	언약	27	고르
8	산물	18	율법	28	만군의 여호아
9	세력	19	우박	29	처방
10	충만	20	인장	30	율례

38. 스가랴 (ZECHARIAH)

1. 내용

환상과 비전을 제시하여 주는 책으로 상징적 수사법을 동원하여 묘사한다. 성전 건축은 장차 오실 약속된 메시야를 육적 · 영적으로 맞이하기 위한 일임을 일깨워준다.
크게 두 부분으로 나눠 전반부에는 포로에서 돌아온 사람들의 성결과 회개, 중단된 성전 건축 재건에 대한 내용이 담겨 있다. 후반부에는 성전이 완공된 후 실현될 메시야의 재림과 통치에 대한 내용을 담고 있다.

2. 배경

1차 포로 귀환 때 예루살렘으로 돌아온 스가랴는 본격적으로 사역을 시작한 것은 17년이 지난 후였다. 이때는 학개 선지자가 두 번째, 세 번째 예언을 하던 시기이고 예루살렘을 중심으로 한 사역이 그 배경이다.

3. 흐름과 내용 구성

스가랴의 내용 구성은 경고와 희망의 메시지를 전하는 전반부(여덟가지 환상, 위선을 책망, 불순종에 대한 회개 촉구, 이스라엘 회복과 영광), 후반부(심판과 회복의 약속, 메시야 왕국과 통치 회복)를 다룬다.

4. 목적

14년간 중단되었던 성전 재건 작업을 다시 시작하도록 독려하고, 성전 재건은 메시야의 도래를 위한 준비로서 악인들은 심판을 받지만 택한 백성, 곧 시온 백성은 메시야로 인해 온전히 회복될 것이라는 믿음을 확신시켜 준다.

5. 본서에 나타난 하나님의 섭리

선지자는 메시야의 초점에서부터 재림, 세상 종말과 새 예루살렘에 이르기까지 장래의 모든 인류 역사가 장차 메시야와 그분의 왕국 중심으로 전개될 것을 분명하게 보여주고 아직 성취되지 않는 세상의 종말 역시 선지자가 보여준다.

"사랑하는 자들아. 하나님이 이같이 우리를 사랑하였은즉 우리도 서로 사랑하는 것이 마땅하도다." 〈요일 4:11〉

▣ 다음 보기에서 아래 설명하는 것을 채우세요.

잇도, 나단, 등잔대, 시므이, 므깃도, 면류관, 도비야, 레겜멜렉, 언약, 측량줄

1. 왕 또는 높고 존귀한 직위의 사람이 정복에 갖추는 관. '영광과 존귀', '권위와 승리' 상징. (슥 6:11) (　　　　)

2. 성소에서 등잔을 올려놓는 금 받침대. 하나님의 임재를 상징하기도 함. (슥 4:2 · 11) (　　　　)

3. 사사 드보라가 이곳 물가 다아낙에서 가나안 군대장관 시스라를 물리쳤고, 세상 종말 하나님의 군대와 사탄의 군대가 최후의 일전을 벌인 장소. (슥 12:11) (　　　　)

4. 궁정 선지자로 말년에 다윗과 솔로몬의 역대기를 기술함. (슥 12:12) (　　　　)

5. 유다인들은 예루살렘 도성과 성전 파괴를 기억하며 1년에 네 차례 금식일을 선고했음. 언제까지 금식을 해야 할지 벧엘 주민이 제사장에게 묻기 위해 보낸 사람. (슥 7:2) (　　　　)

6. 쌍방간의 합의에 의해 이뤄지는 약속. (슥 9:11) (　　　　)

7. 솔로몬, 르호보암, 아비야 등 3대에 걸친 왕의 행적을 기록한 선지자. (슥 1:7) (　　　　)

8. 성전 재건 뒤 제사장 엘리아십과 혈연관계를 내세워 성전 뜰에 있는 내실을 얻어 나쁜 영향력을 행사하다 느헤미야에 의해 쫓겨난 자. (슥 6:14) (　　　　)

9. 이방인 아내와 결혼한 빈누이 가족 중 한 사람. 또 다른 사람은 기스의 아들로 에스더를 키웠던 유대인 모르드개의 할아버지. (슥 12:13) (　　　　)

10. 건물의 기초석을 놓거나 건축시 담이나 벽의 수직 여부를 가늠하는 먹줄. 여기서는 예루살렘 성곽 재건의 확실성을 상징함. (슥 2:1) (　　　　)

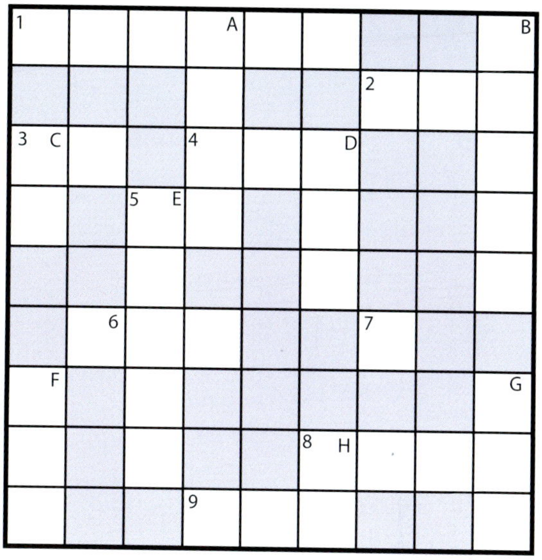

가 로

1. 온 세상 만물을 친히 창조하시고 다스리시는 권능에 찬 하나님을 일컫는 말로 구약에 255번 언급. 특히 선지서에 자주 나타남. (슥 8:1)
2. 순수한 탄소로 된 정팔면체의 단단하고 투명한 결정물. (슥 7:12)
3. 바벨론 포로에서 귀환할 때 금과 은을 가져온 유다인. (슥 6:9–15)
4. 스가랴 선지자 때 포로 귀환 후에도 바벨론의 예루살렘 성전 파괴를 애도하는 5월 금식을 계속해야 하는가를 묻기 위해 벧엘에서 예루살렘에 있는 제사장에게 파견된 사람. (슥 7:2)
5. 에스더 곁에서 시중 들도록 임명된 내시. 모르드개에게 일어난 일과 하만이 유다인을 몰살시키려는 계획을 에스더에게 전해 줌. (에 4:5–12)
6. 다메섹 동쪽에 있는 수리아의 한 지방. 아르바와 하맛 사이에 위치해 있으며 다메섯, 두로, 하맛 등과 함께 하나님의 경고가 임한 땅. (슥 9:1)
7. 스바냐의 아들로 스가랴가 예언할 때 언급했던 인물. (슥 6:14)
8. 가죽이나 종이 등을 길게 이어서 문서를 만들고 돌돌 말아서 보관하던 물건. (슥 5:1–2)
9. 미디안의 제사장이나 모세의 장인 르우엘. (출 2:18, 3:1)

세 로

A. 대제사장 여호수아의 부친으로 바벨론에 포로로 잡혀 감. 일명 '요사닥'. (슥 6:11)

B. 광엽성 상록 관목. 나뭇가지는 초막절에 세우는 장막의 지붕을 덮는 데 사용. 이사야서에서 종말적인 회복의 상징으로 언급, 스가랴 선지자의 환상 가운데도 나타남. (슥 1:8–11)

C. 야벳의 넷째 아들로 히브리어로 '야완'으로도 불림. (슥 9:13, 창 10:2)

D. 예루살렘의 '왕의 동산' 근처에 있던 실로암 못. 왕의 동산과 기드론이 교차되는 계곡 부근에 있음. (느 3:15)

E. 므깃도 지역에 있는 성읍 이름을 말하며, 이곳에서 유다 왕 요시야가 치명적인 부상을 당함. (슥 12:11)

F. 선지자 스가랴의 아버지이자 잇도의 아들. 잇도가 포로 귀환 당시 스룹 바벨과 함께 본국으로 돌아온 제사장이었으므로 이 사람과 스가랴는 제사장 가문이다. (슥 1:1–7)

G. 다니엘을 사자굴에 넣은 왕. 이것은 바사 제국의 왕들에게 붙여진 일반적 호칭. 그는 고레스 칙령을 부활시켜 예루살렘 성전 재건에 힘을 실어줌. (단 6:9, 16절)

H. 다윗과 솔로몬 시대 이스라엘과 우호조약을 맺고 성전 건축에 필요한 백향목, 목공, 석공 등 기술자를 지원한 지중해 연안 도시국가. (왕상 5:1–2)

"천지가 없어지기 전에는 율법의 일 점 일 획도 결코 없어지지 아니하고 다 이루리라." 〈마 5:18〉

39. 말라기 (MALACHI)

1. 내용

구약 성경의 마지막 책으로 구약과 신약을 이어주는 과도기의 가교 역할을 한다. 이스라엘 백성이 오랜 세월 동안 메시야를 기다려도 오지 않자 염증을 느끼며 신앙 생활에 모두가 지치고 실망한 상태로 지낼 때, 구약의 마지막 선지자 말라기가 등장하여 유다 백성에게 하나님과 맺었던 약속을 상기시키면서 이스라엘 백성들의 불신앙을 꾸짖는 동시에 다시금 메시야의 도래를 일깨워준다.

2. 배경

총독 느헤미야가 예루살렘 성곽을 완성하고 다스리던 시기라고도 하고, 느헤미야가 바사로 갔다가 다시 돌아온 그 공백기에 말라기 선지자가 활동한 것으로 보는데 예루살렘을 중심으로 사역하였다.

3. 흐름과 내용 구성

영적 각성을 일깨워준다. 하나님의 책망과 충고(하나님의 사랑과 증거, 제사장의 죄, 백성의 죄, 하나님의 구원)과 하나님의 약속(메시야의 강림과 엘리야 출현)을 알리고 있다.

4. 목적

성전 재건 후 메시야 왕국의 도래와 큰 변화를 기대하다 이뤄지지 않자 영적 나태와 도덕적 타락으로 치닫는 백성에게 회개를 촉구하고 메시야의 도래를 다시 확신시킨다. 고난의 원인이 하나님의 무관심이 아닌 백성들의 불신앙에서 기인함을 깨달아 새로운 영적 각성운동으로 신앙 회복을 유도한다.

5. 본서에 나타난 하나님의 섭리

학개, 스가랴 선지자 이후에도 메시야 왕국이 도래치 않자 그들은 영적 순결을 잃고 점점 불신앙에 빠졌다. 어릴 때 하나님께서 말라기 선지자를 부르셔서 유다 백성에게 신앙을 회복하고 메시야 왕국을 대망하도록 위로하고 권면하며, 또 메시야 강림을 준비할 하나님 사자(세례 요한)가 출현할 것이라고 예언하셨다. 이런 메시야의 강림과 그에 앞서 강림을 준비할 선지자의 출현 소식은 큰 위로와 소망이 되었다.

▣ 다음 단어들을 말라기에 나오는 단어로 찾아 연결하세요.

	1	2	3	4	5	6	7	8	9	10	11	12	13	14	15
A	포	수	박	수	박	소	양	야	엘	리	광	채	굴	평	안
B	효	고	호	바	멸	골	식	단	로	어	망	선	착	생	강
C	도	주	도	렙	바	전	체	연	마	광	평	장	창	에	산
D	범	털	상	망	곱	창	벌	통	망	신	용	온	돔	밥	서
E	옷	표	쳐	야	생	명	봉	사	멸	패	기	물	가	심	예
F	치	상	백	수	각	희	망	각	절	시	헌	신	발	보	규
G	분	수	욕	발	연	꽃	생	수	희	봉	제	수	율	리	례
H	깃	향	암	학	십	계	명	제	생	명	줄	례	브	선	제
I	울	명	수	간	대	심	책	망	물	령	혼	몬	리	압	약
J	산	암	양	만	충	신	도	각	심	세	십	보	라	침	국
K	대	외	대	안	면	법	제	표	범	장	사	일	면	광	부
L	소	발	언	양	산	울	상	가	생	군	인	상	조	기	적
M	식	전	기	수	야	보	음	이	발	멸	전	사	언	책	합
N	전	라	경	망	각	리	별	장	경	사	법	령	념	약	사
O	말	도	말	엘	도	인	엘	리	미	춘	용	기	도	면	방

1	말라기	11	충만	21	엘리야
2	멸시	12	경멸	22	소멸
3	심령	13	광선	23	십일조
4	야곱	14	용광로	24	분향
5	에서	15	학대	25	봉헌물
6	에돔	16	호렙	26	법도
7	언약	17	표상	27	규례
8	울음	18	희생 제물	28	기념책
9	연단	19	외양간	29	평강
10	압제	20	율례	30	표백

하나님은 사람이 아니시니 거짓말을 하지 않으시고
인생이 아니시니 후회가 없으시도다.
어찌 그 말씀 하신 바를 행하지 않으시며
하신 말씀을 실행하지 않으시랴.

〈민수기 23:19〉

신약성서

4 복음서란?

4 복음서란 신약의 첫부분인 마태,마가, 누가, 요한복음을 말하며 마태복음은 유대인들을 위해, 마가복음은 로마인들을 위해, 누가복음은 다른 이교적 이방인들을 위해, 요한복음은 그리스도인들을 위해 기록되었다.

이 복음서들은 사람들에게 예수님은 어떤 분인가를 알게 하고, 또 그를 믿을 수 있게 하려고 기록하였다.

당시 기독교가 급속히 전파됨으로써 그리스도의 생애에 대하여 목격했던 주요 인물들과 목격자들이 보고 들은 내용을 성문화된 기록으로 남겼다. 이 복음서들은 당시 새로운 회심자들을 회심시키고 교육하는 데 사용되었다.

마태복음은 왕 되신 예수 그리스도의 인격과 설교, 이적과 권능, 메시야적인 입성, 성도 입성, 예언, 수난과 죽음, 부활 승천 등으로 이루어졌다.

마가복음은 예수 그리스도의 종과 같은 봉사 사역과 예수 그리스도의 희생적인 사역으로 이루어져 있다.

누가복음은 인자 되신 예수 그리스도의 강림과 그 소개, 사역, 고난, 부활, 승리 등으로 이뤄져 있다.

요한복음은 하나님 아들의 성육신, 보이심, 대면, 교훈과 기도, 죽으심과 부활로 이뤄져 있다.

이들 복음서들간의 개별적인 차이는 순서와 내용과 문체의 강한 유사성에 의해 균형이 잘 맞는다.

그러므로 그리스도의 생애에서 수많은 사건은 4 복음서 안에 이야기되어 있다.

저자들이 각기 복음서를 기록할 때 문서에 의하지 않고 사람들에게서 들은 것을 기록한 까닭을 말함으로써 공통점과 차이점이 생겼다.

이 복음들은 같은 인물을 취급하기 때문에 예수 생애의 주요한 미래의 서술에서나 실질적으로 일치해야 함은 지극히 당연한 일이다.

1. 마태복음 (MATTHEW)

1. 내용

구약이 하나님의 언약에 초점이 맞추어져 있다면 신약은 메시야의 언약이 예수 그리스도를 통해 어떻게 성취되고 있는지를 보여준다. 마태복음은 예수를 '다윗의 자손'으로 표현하며 그 예수가 바로 이스라엘 백성들이 대망하던 메시야이자 구원의 왕이라는 사실을 선포한다. 이런 점에서 본서는 언약 성취의 첫발을 힘차게 내딛는 관문이라 할 수 있고, 하나님의 모든 창조와 구원이 어떤 식으로 예수 안에서 완성되는지를 보여준다.

2. 배경

예수 그리스도의 출생지 베들레헴, 어린 시절을 보내신 나사렛, 공생의 중심지 갈릴리 지방, 북부 사역중심지 두로와 제자들을 훈련시킨 가이사랴, 빌립보와 십자가에 달려 돌아가심으로써 인류 구원의 대업을 완수하신 예루살렘이 주배경이다.

3. 흐름

크게 네 단계로 왕의 등장, 왕의 선포, 왕의 가르침과 배척, 왕의 수난과 부활로 메시야의 탄생부터 부활과 지상 대명령으로 이뤄졌다.

4. 목적

다윗이 자손 예수가 그토록 대망하던 메시야 왕임을 증거하고 유대교에서 기독교로 개종한 성도에게 구약의 예언이 예수에게서 성취되었음을 가르치기 위해 기록됨을 알린다.

5. 본서에 나타난 하나님의 섭리

첫 장부터 '왕의 족보'를 싣고 있는 것은 예수님께서 유대인의 왕으로 세상에 오셨음을 분명하게 보여주고, 하나님의 아들이며 세상의 왕이심을 나타내며, 하늘과 땅의 모든 권세를 하나님께 받았고, 현세에도 내세에 이르기까지 유일무이하신 왕은 바로 예수 그리스도 한 분이라는 것과 메시야에 관해 예언된 구약의 많은 예언들이 예수에게 적용되고 있음을 증명한다.

마태복음 퍼즐

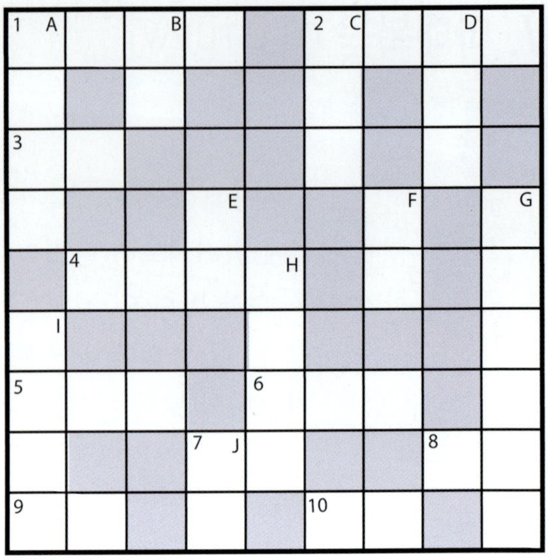

가 로

1. 헤롯대왕과 사마리아 여인 말다케가 낳은 아들. 자신의 후계자 계승을 반대하던 유대인 3,000명을 말발굽에 깔아 죽임. (마 2:22-23)
2. 당시 로마군대가 주둔하고 있던 세관인데 예수님 제자 중 한 사람인 세리 마태가 이 세관에서 부름을 받음. (마 9:9-13, 막 1:21)
3. 족보에는 다윗과 그리스도의 조상으로 기록됨. (마 1:3, 룻 4:12, 대상 2:4)
4. ○○○○사람 요셉은 자신을 위해 준비한 새 무덤에 예수님의 시신을 안치함. (마 27:57)
5. 신약시대에도 이 사람들에게 친절히 대접할 것을 가르치고 있음. (마 25:35-40)
6. 예수께서 그를 일컬어 구약의 마지막 순교자라 칭함. (마 23:35)
7. 아름답게 만들기 위해 얼굴을 곱게 하고 맵시 나게 꾸미는 일. (딤전 2:9, 벧전 3:3)
8. 세무 행정에 종사하고 세금을 징수는 관리. 마태가 제자가 되기 전 직업임. (마 9:-9-10)
9. 마음이 부드럽고 행동이 친절함. 예수 그리스도께서 지닌 품성이라고 소개함. (마 5:5)
10. 훗날 예수 그리스도의 죽으심과 부활에 대한 표적이요, 모형이 되는 구약의 선지자. (마 12:39-40)

세 로

A. 가룟 유다가 예수님을 배신한 후 양심의 가책을 받아 대제사장과 장로들에게 되돌려 준 예수님 몸값으로 나그네 묘지를 삼. 그 밭은 피밭이라 함. (마 27:3-8, 행 1:19)
B. '어리석은 자', '바보'라는 뜻. (마 5:22)
C. 예수께서 이곳에서 해안 절벽 무덤가 동굴에 살던 귀신들린 두 사람을 고쳐줌. (마 8:28)
D. 애굽에서 돌아오신 후 줄곧 이곳에서 거주하심. (마 2:23)
E. 예수님의 부활 소식 후 손으로 만져보고 눈으로 확인해야 믿겠다고 한 제자. (마 10:3, 요 20:24-29)
F. 죄악된 자아가 철저히 무너지고 영적으로 깨어져 겸손히 회개하다는 의미. (마 26:75)
G. 최후의 순간 십자가 형상까지 동행하셨고, 예수께서 죽으신 후 무덤까지 찾아갔다가 부활하신 주님을 목격하고 제자들에게 부활소식을 전하는 부활의 증인이 됨. (마 28:1-9)
H. 산헤드린 공회의 의장 역할을 했다. (마 26:57)
I. 신약성경에 자주 언급되는 돈으로 그리스의 드라크마와 거의 같은 가치를 지님. (마 20:13)
J. 적기에 내리는 충분한 비. 이런 비는 곡식의 결실을 풍성하게 함. (신 32:2)

"우리가 알거니와 하나님을 사랑하는 자 곧 그의 뜻대로 부르심을 입은 자들에게는 모든 것이 합력하여 선을 이루느니라." 〈롬 8:28〉

▣ 다음 성구 말씀을 채워 넣고 묵상해 보세요.

1. 무엇이든지 남에게 ○○을 받고자 하는 대로 너희도 남을 ○○하라. 이것이 율법이요 선지자니라.(마 7:12) (   )
2. ○○을 받지 아니하려거든 ○○하지 말라. (마 7:1) (   )
3. 주여~ 주여 하는 자마다 다 천국에 들어갈 것이 아니요, 다만 하늘에 계신 내 아버지의 ○○○를 행하는 자라야 들어가리라.(마 7:21) (   )
4. 나는 ○○이 ○○하고 겸손하니 나의 ○○를 메고 내게 배우라. 그리하면 너희 마음이 ○을 얻으리라.(마 11:29) (   )
5. 만일 너희에게 믿음이 ○○○한 알 만큼만 있어도…이 산을 면하여 여기서 저기로 옮겨지라 하면 옮겨질 것이요, 또 너희가 못할 것이 없느니라.(마 17:20) (   )
6. 네 마음을 다하고 ○○을 다하고 ○을 다하여 너희 하나님을 ○○하라.
(마 22:37) (   )

▣ 다음은 씨 뿌리는 자의 비유입니다. 맞게 연결하세요. (참조 : 마 13장)

1. 길가에 떨어진 씨	●	●	A. 세상유혹에 쉽게 빠지는 자
2. 돌밭에 떨어진 씨	●	●	B. 말씀에 대한 깨달음이 없는 자
3. 가시떨기에 떨어진 씨	●	●	C. 풍성하게 믿음의 결실을 맺는 자
4. 좋은 땅에 떨어진 씨	●	●	D. 박해를 이기지 못하는 자

▣ 다음은 일곱 가지 천국에 대한 비유입니다. 맞게 연결하세요. (참조 : 마 13장)

1. 그물 비유	●	●	A. 열매 맺는 삶이 요청되는 천국
2. 겨자씨 비유	●	●	B. 끊임없이 원수의 도전을 받는 천국
3. 보화 비유	●	●	C. 외적확장력(역동성)이 뛰어난 천국
4. 씨 뿌리는 비유	●	●	D. 막강한 영향력을 가진 천국(질적성장)
5. 누룩 비유	●	●	E. 모든것을 희생할때 얻을 수 있는 천국
6. 진주 비유	●	●	F. 무엇과도 비교할수 없을만큼 가치있는 천국
7. 가라지 비유	●	●	G. 모든 사람에게 제한 없이 선포되어야 할 천국

2. 마가복음 (MARK)

1. 내용

마가복음은 예수의 생애를 시간 순서대로 기술하기 보다는 하나님의 아들이신 예수 그리스도를 통해 우리가 구원을 받는다는 복음의 핵심 내용을 긴박하게 전하고 있다. 본서는 이 세상에 종의 모습으로 오셔서 자기 백성의 구원을 위하여 쉼 없이 일하시는 예수님의 생생한 활동에 초점을 맞추고 있다. 또 사건들을 주제별로 정리하며 소개하고 있다. 더욱이 내용이 단순명료하고 생기 있고 박진감이 넘친다.

2. 배경

예수님이 요단강에서 세례요한에게 세례를 받는 것으로부터 시작해 갈릴리 사역 두로 · 시돈 · 데가볼리 등 예루살렘 입성, 수난과 십자가 위에서 죽으시고 부활 등을 소개한다.

3. 흐름

종의 출연 · 세례 · 복음 사역 십자가 수난 등의 부활과 영광, 그리고 지상명령으로 이어진다.

4. 목적

기독교 공동체의 신앙에서 생겨난 복음서인 만큼 예수의 말씀과 행위를 자세히 설명함으로써 그들의 신앙을 든든히 다지고 세워주며, 오고가는 세대에게 예수의 삶과 죽음의 의미를 깊이 묵상하게 하고, 그분을 따르는 제자로서의 바른 삶을 이뤄갈 수 있도록 안내하기 위해 기록됐다.

5. 본서에 나타난 하나님의 섭리

하나님의 아들 예수 그리스도의 복음 시작으로 구원의 복음이 무엇인지, 성도의 구원은 어떻게 이루어지는 것인지를 보여주려 한다. 본서에서 예수님의 고난과 박해 십자가 죽음을 다루는 것은 구원이 십자가 죽음으로 부터 시작됨을 말하며, 고난과 죽음 없이는 부활의 영화로움이 있을 수 없음을 보여준다. 그리스도를 언급하며 '즉시'라는 말이 41회나 사용되는데 이는 우리를 향한 하나님의 구원의 의지가 그만큼 열정적임을 드러낸다.

1 A				2 B			C	
3	D				4			
	5	E			6	F		
G				H				
								I
			7					
8						9		

가 로

1. 가버나움의 회당장, 12살 외동딸이 위독하여 예수께 자기 집에 올 것을 요청했으나 혈루증 앓는 여인 때문에 지체되어 딸이 죽었으나, 예수께서 그의 마음을 아시고 딸을 살리신 후 이야기하지 말라 당부함. (막 5:21–22)
2. 백성으로부터 멸시와 배척을 받던 관원. 세리 출신 제자. (마 9:9–13, 막 2:14)
3. 예수님의 제자인 야고보와 요한의 별명. 성격이 불같이 급하고 과격한 데서 유래됨. (막 3:17)
4. 갈릴리 호수를 다른 말로 부르는 이름. 가버나움, 막달라가 이 지역. (막 6:53)
5. 12사도의 한 사람. 누가복음과 사도행전에는 야고보의 아들로, 요한복음에는 가룟인 아닌 유다로 나온다. (막 3:18, 요 14:22)
6. 갈릴리 호수 어부로 야고보와 요한의 아버지. 그의 아내는 살로메임. (막 1:19)
7. 세무행정에 종사하고 징수는 관리. 삭개오의 직업. (막 2:15, 마 9:10)
8. '사람의 아들'이란 뜻. 예수께서 자신을 일컬을 때, 예수의 인성이 강조될 때 상용. (막 8:31)
9. 예수님의 세 제자인 베드로, 안드레, 빌립의 고향. 이 마을에서 오병이어 기적을 행함. (막 6:45)

세 로

A. 사도요한의 형제로 변화산상과 야이로의 딸을 살리실 때, 겟세마네 동산에 기도할 때 동행. (막 5:37)

B. 그의 집이 초대 예루살렘 교회당으로 사용된 곳의 주인(○○의 다락방). (행 1:12–15)

C. 예수께서 무덤 주변에 사는 귀신들린 자를 치유하신 사건이 발생한 장소. (막 5:1)

D. 헤롯 안디바의 장인이었으나 그의 딸이 파혼당하고 헤롯이 헤로디아를 취하자 이에 분노하여 헤롯을 공격하여 승리함. (고후 11:32)

E. 부채나 속박 또는 죄의 상태로부터 자유롭게 해주기 위해 대신하여 부담하는 대가. 신약에서는 철저히 죄인을 위해 자신의 몸을 희생하신 예수의 거룩한 초점에 맞춰 있음. (막 10:45)

F. 예루살렘 근처 마을로 나사로, 마르다, 마리아 남매가 살았던 곳으로 죽은 나사로를 살려주신 곳. (막 11:1, 요 11:1)

G. 헬라화를 반대하고 선민으로서 성결을 주장하던 경건주의자를 가리키는 말. 율법과 전승을 중시. 백성께 존경받았으나 너무 형식에 치우쳐 비난도 받음. (막 12:13–17, 마 23:2–7)

H. 예수께서 성장하셨고 그분의 공생애 기간 복음전도사역의 주무대임. (막 1:14–20, 마 4:18–21)

I. 예수께서 데가볼리를 통과하여 갈리리 호수에 이르렀을 때 귀먹고 말 더듬는 자를 만나 고치면서 하신 말. (막 7:34)

▣ 다음 설명을 읽고 보기에서 맞게 채우세요.

옷자락, 겟세마네, 호산나, 몽치, 바돌로매, 살로메, 고르반, 달리다굼, 골고다, 랍비, 수로보니게, 헤로디아

1. 12제자 중 한 사람, 빌립이 전도한 '나다니엘'과 동일인으로 추정. (막 3:18)
   (　　　　　)
2. 원래 '하나님께 바친 헌물'의 뜻. 바리새인들이 ○○○이다는 맹세를 악용하여 부모에 대한 의무마저 게을리하다 주님으로부터 위선자로 큰 꾸지람을 받음.
   (막 7:11) (　　　　　)
3. 예수께서 평소 자주 찾아 기도하며 하나님과 대화하였고, 십자가 지기 전 기도한 곳.
   (막 14:32-42, 마 26:36-40) (　　　　　)
4. 처형장소로 사용되어 해골이 많은 지형에서 유래. 예수께서 십자가에 못 박히신 곳.
   (막 15:21-32, 마 27:33-35) (　　　　　)
5. 이곳 출신이며 헬라어를 말하는 한 여인은 이방인인데도 인내와 겸손함으로 예수께 간구하여 귀신 들린 딸의 병을 치료 받음. (막 7:26, 마 15:22) (　　　　　)
6. 예수님의 갈리리 사역 중에 따라다니며 섬기고, 십자가 못 박힐 때 십자가 아래에 있었으며, 안식일 다음날 시체에 향유를 바르러 갔다 부활소식을 들음. (막 16:1) (　　　　　)
7. 옷의 아래로 드리운 부분. 한 여인이 예수님의 이것을 만지고 병에서 치유됨.
   (마 14:36) (　　　　　)
8. 신약에서 '예수님' '세례 요한' '바리새인' 등에 사용. 예수님께서 공생애 기간 동안 이렇게 불리셨다. (막 9:5) (　　　　　)
9. 살로메의 어머니, 헤롯 안디바의 생일에 전 남편의 딸을 교사하여 세례요한의 목을 요구한 여인. (막 6:14-29) (　　　　　)
10. 예수께서 예루살렘에 입성하실 때 길가에 섰던 군중들이 외친 함성인데 메시야의 구원을 찬양하고 감격하는 의미를 지니고 있음. (막 11:9) (　　　　　)
11. '소녀야 내가 네게 말하노니 일어나라'는 뜻. 예수께서 회당장 야이로의 죽은 딸을 살리실 때 하신 말씀. (막 5:41) (　　　　　)
12. 길이가 짧고 단단한 나무 몽둥이. 예수님 당시 성전 수비대의 치안유지용 무기.
    (막 14:43) (　　　　　)

3. 누가복음 (LUKE)

1. 내용

본서는 복음서 가운데 유일하게 이방인 의사인 누가에 의해 기록되었다. 예수님이 어떻게 태어나셨고, 무엇을 가르쳤으며, 어떻게 활동하다 죽으셨는지, 그리고 어떻게 다시 살아나셔서 하늘로 올라가셨는지 연대기적으로 기술하고 있다.

당대 기득권 세력이 제외시켰던 가난한 자, 병든 자, 소외된 자, 여성, 이방인들에 대한 주님의 사랑과 관심을 수려하고 아름다운 문체로 잘 부각했다. 특히 사람의 아들로 오신 예수님 모습에 초점을 맞추고 구원 사역과 잘 접맥시켰다.

2. 배경

예수님의 공생애 당시 이스라엘은 로마의 식민지 아래 헤롯 대왕의 세 아들에 의해 통치되고 있었다. 이 당시 총독은 본디오 빌라도로 이 시기 주님은 갈릴리를 중심으로 사역했으며, 십자가 죽음 직전에는 예루살렘에서도 무리들을 가르치셨다.

3. 흐름

전체적으로 공생애 이전과 공생애 그리고 공생애 말기로 구성되었다. 탄생 이전 사건과 탄생과 어린 시절, 세례, 갈리리 전도, 각종 이적과 가르침, 제자들 부르심과 양육, 사마리아인, 종교지도자들의 배척, 예루살렘 입성과 사역, 수난과 죽음, 그리고 부활과 승천으로 이어진다.

4. 목적

데오빌로로 대표되는 이방 지성인에게 복음을 증거하고, 이방 선교의 토대를 공고히 하고, 예수가 신성을 갖춘 하나님의 아들인 동시에 인성을 갖춘 온전한 사람임을 가르치며, 복음을 거스르는 여러 문제들을 변증하여 성도들의 믿음을 더욱 굳게 하기 위해서였다.

5. 본서에 나타난 하나님의 섭리

본서는 당시 비주류 계층을 이루는 자들에게 초점이 맞춰졌다. 사마리아에서 복음을 전하였으며, 10명의 나병환자를 치유하시고 백부장의 믿음을 자라게 하셨다. 하지만 주님은 이들 모두 치유의 대상으로 보시지 않고 구원의 대상으로 보셨기에 구속사적 관점으로 보는 게 중요하다.

누가복음 퍼즐

가 로

1. 누가복음과 사도행전의 수신자. '각하'라고 호칭이 붙은 것으로 보아 기독교로 개종한 로마의 고위 관리인 듯함. (눅 1:3)
2. 제사장 사가랴의 아내로 예수님의 모친 마리아와는 친척관계, 남편과 함께 하나님 앞에서 순결한 삶을 살았다. 하나님의 은총으로 세례 요한을 낳음. (눅 1:5–57)
3. 소나 말 등 두 마리의 짐승이 함께 끄는 큰 쟁기. (눅 14:19)
4. 떼를 지어 다니는 무리를 낮추어 이르는 말. 예수님의 제자 무리를 경멸하여 일컬음. (눅 22:58)
5. 세밀하게 직조된 이것은 부의 상징임. 성전 휘장. 시신을 싸는 수의재료로 이용. (눅 23:53)
6. 마리아의 언니며, 나사로의 누이. 이들 남매는 예수님의 사랑을 크게 입은 자들임. (눅 10:38–39)
7. 예수께서 이 성을 지나시다가 맹인 바디매오의 눈을 치료해 주셨고, 세리장 삭개오를 만나기도 한 곳. (눅 19:1–2)
8. 다윗의 아버지 이새의 할아버지, 예수그리스도의 조상 중 한 사람. (눅 3:32, 룻 4:21–22)
9. 사해 남방 페트라를 수도로 한 나바테안 왕국의 왕 아레타스 4세, 헤롯 안디바 장인. (고후 11:32)
10. 신발이 벗겨지지 않도록 단단히 동여매는 끈으로 들메끈, 신발끈이라 함. (눅 3:16, 막 1:7)

세 로

A. 로마의 폼페이우스 장군에게 협력하며 자치와 통상 면세의 특권을 부여받은 도시. 유대인은 이 지역 주민을 배척, 예수께서는 이곳에서도 천국 복음을 전파함. (막 5:20, 7:31)

B. 예수 그리스도에게 반역죄를 씌워 사형을 언도한 유대 주재 로마 5대 총독. (눅 23:22)

C. 변화산상에서 모세와 더불어 예수님과 대화하는 장면에서 나타난 선지자. (눅 1:17, 9:28–31)

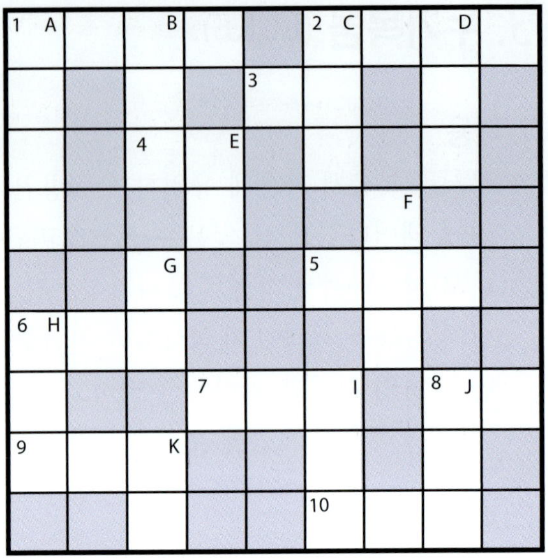

D. 성전에서 직무를 수행할 때 천사가 나타나 '요한'의 출생을 알려주었고, 그 아들이 주님의 길을 예비하는 사람이 될 것이라는 예고를 받은 제사장. (눅 1:8–17)

E. 같은 목적과 뜻을 가진 사람들의 집단. (행 5:17)

F. 예수께서 부활하신 그날 ○○○로 가던 두 제자가 예수님을 만나 대화를 나누었고, 저녁 식사 시간 때 떡을 떼어 주실 때에야 비로소 그분을 알아봄. (눅 24:13–35)

G. 야고보의 형제이며 예수님의 육신의 아우. 다대오라고도 함. (눅 6:16)

H. 요셉과 약혼하고 성령으로 예수를 잉태하여 주의 모친이 되는 은혜를 입음. (눅 1:26–38)

I. 예수께서 벳새다와 함께 불신앙을 책망했던 갈릴리 성읍, 갈리리 사역 중심지. (눅 10:13)

J. 세베대의 아내이며 예수님 제자인 야고보와 요한의 어머니. (막 16:1)

K. 목자요, 군인이며 왕이자 탁월한 시인임. 예수는 이 사람의 자손. (눅 18:38–39)

"영접하는 자 곧 그의 이름을 믿는 자들에게는 하나님의 자녀가 되는 권세를 주셨으니." 〈요 1:12〉

■ **다음 설명을 읽고 보기에서 맞게 채우세요.**

겨자씨, 무저갱, 발등상, 황금률, 청지기, 수종병, 디베료, 삭개오, 글로바
나사로, 구레뇨, 가이사

1. 예수님의 공생애와 십자가 죽음 당시 로마의 황제, 사용하던 은화에 흉상이 새겨짐. (눅 3:1) (   )

2. 왕의 보좌 앞이나 신분이 높은 자의 의자 앞에는 이게 놓여 있음. (눅 20:43) (   )

3. 복부에 물이 차서 신장, 간장, 심장 등을 압박하고 붓는 것. (눅 14:2) (   )

4. 예수께서 여리고를 지나가실 때 키가 작았던 이 사람은 돌무화과나무 위로 올라갔다가 이를 보고 내려오라는 예수님을 자기 집에 모심. (눅 19:5-6) (   )

5. 끝이 없이 깊은 구멍. 죽은 사람이 가는 곳. 형벌의 장소. (눅 8:31) (   )

6. 두 차례 수리아에 파견된 명문가 출신 로마 총독. 인구조사를 실시함. (눅 2:1-2) (   )

7. 갈릴리 지방에서 특히 많이 재생하는 십자화과 식물, 영적으로 눈에는 보이지 않지만 점진적으로 그 영역을 넓혀 나가는 하나님 나라에 비유됨. (눅 17:6) (   )

8. 로마 황제를 가리키는 칭호. 예수께서 "○○○의 것은 ○○○에게. 하나님의 것은 하나님에게 바치라"고 함. (눅 20:22-25) (   )

9. 예수님의 십자가 죽음 후 엠마오로 가던 중 부활하신 주님을 만난 두 제자 중 한 사람. (눅 24:18) (   )

10. 예수님의 신상보훈 가운데서 "남에게 대접을 받고자 하는 대로 너희도 남을 대접하라"고 가르침. (눅 6:31) (   )

11. 예수께서는 ○○○에게 요구되는 가장 중요한 덕목은 주인에 대한 충성임을 강조. 이것이 된 성도들은 자신의 시간, 재물, 재능 등 모든 것을 드려야 함. (눅 12:42) (   )

12. 부잣집 대문 앞에 버려진 채 부자의 상에서 떨어진 음식을 먹고 살았으나 죽어서 아브라함 품에 안긴 사람. (눅 16:19-24) (   )

4. 요한복음 (JDHN)

1. 내용

마태복음은 유대인의 왕으로 오신 예수님, 마가복음은 종으로 오신 예수님, 누가복음은 인자로 오신 예수님을 묘사하고 있다. 본서는 예수그리스도의 신적 성품을 강조한다는 측면에 공관 복음과 차이가 있다.

예수의 행적보다는 그 의미에 더 초점을 두며, 예수 그리스도의 신적 권위를 하나님과의 관계성을 통하여 설명하고 핵심적 내용은 말씀이신 예수가 바로 하나님의 아들이고, 하나님의 자신이라는 사실이다.

2. 배경

세례를 받으신 요단강, 첫 번째 이적을 행하신 가나, 사마리아, 공생애 기간 방문한 예루살렘에서의 사역, 또한 죽은 나사로를 살리신 베다니, 부활 후 제자들에게 사명감을 고취시켜 주신 디베랴 바닷가가 주요 배경이다.

3. 흐름

크게 출생(하나님의 아들의 오심), 공생애(하나님의 아들의 삶, 지상의 삶과 사역, 새계명과 성령 약속), 수난(체포에서 십자가까지), 부활(고난과 승리, 부활과 이후 행적) 등으로 구성됐다.

4. 목적

예수가 하나님의 아들이며 영생을 주시는 분이심을 가르치고, 그리스도의 성육신을 부인하는 영지 주의자들의 잘못된 가르침에 대해 예수의 신성을 입증하며 진리를 사수하기 위해 기록됐다.

5. 본서에 나타난 하나님의 섭리

본서를 기록한 목적은 "예수께서 하나님의 아들 그리스도이심을 믿게 하려함이니라"(요 20:31)는 말씀 가운데 분명히 나타내고 있다.

예수 그리스도의 신성과 인성을 분명하게 가르치고 동시에 예수님이 하나님의 아들이요, 그리스도이심을 증거하여 성도들로 하여금 이단 사설에 미혹되지 않고 영생을 얻게 하기 위해 기록됐다.

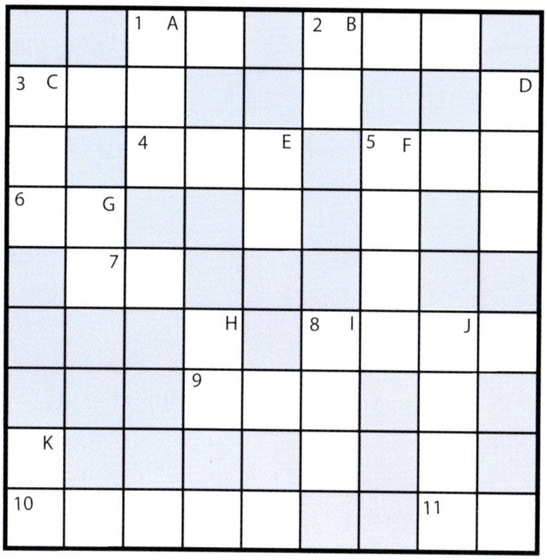

가 로

1. 이곳에서 예수님은 물로 포도주를 만드는 공생애 최초의 이적을 행하셨으며, 왕과 신하의 병든 아들을 고쳐주기도 함. (요 2:1-11)
2. 죽은 나사로를 살려준 곳. 나병환자 시몬의 집 방문. 예수님 죽음을 예비하여 한 여인이 향유를 부어 드린 사건도 이곳임. (요 11:1)
3. 예수님 당시 대제사장 죽은 나사로를 살리신 예수님을 많은 유대인들이 믿고 따르자 적개심과 살해 의도를 드러냄. (요 11:45-53)
4. 지붕 위 옥상에 짓기도 하고, 건물 2층에 베란다처럼 만든 공간. 기도처 및 집회장소로 사용. (행 1:13)
5. 세례 요한의 제자였던 형제 안드레에게 메시야를 소개받았고, 12제자 중 대표적인 자. (요 1:40)
6. 복음 전파의 사명을 띠고 주님으로부터 부름을 받고 보냄받은 12제자를 가리킨다. (눅 6:13)
7. 악한 영들, 곧 귀신들의 우두머리인 사탄을 일컫는다. (마 12:24-26)
8. 빌립의 소개로 예수님의 제자가 된 갈릴리 사람. 나사렛에서 메시야가 나올 수 없다고 의심을 했으나 예수님의 영적 통찰력을 발견하고 하나님의 아들이요, 이스라엘의 왕으로 고백한 자. (요 1:47-48)
9. '위로자', '중보자' 대부분은 '성령'을 가리키며, 이것은 성도와 영원토록 함께 거하시며 성도를 가르치고 주의 말씀을 생각나게 하시며, 그리스도를 증거하고 죄를 책망함. (요 16:7-8)
10. 죽지 않는 몸으로 다시 살아나는 것. 모든 죽은 자들은 믿든지 믿지 않든지 세상 마지막 날 하나님의 보좌 앞에서 최후 심판을 받기 위해 다시 살아난다. (요 5:29)
11. 열심당원이며 야고보의 아들로 다대오란 별명을 가짐. (요 14:21-24)

세 로

A. 왕궁이나 시위대 뜰에 깔린 포장도로. 예수님께서 빌라도에게 심문을 받으신 장소. (요 19:13)
B. 참회하거나 심히 애통하는 자들이 재를 머리에 뒤집어쓸 때 착용함. (눅 10:13)
C. 로마황제를 가리키는 칭호. (요 19:12, 눅 2:1)
D. 예수께서 나면서부터 소경된 자의 눈에 침과 흙을 이겨 바른 후 이 연못의 물로 씻으라고 명함. (요 9:6-11)
E. 절제하지 못하고 허영심이 넘쳐나며, 삶의 규모가 없고 타락한 자의 그릇된 형태. (잠 12:11)
F. 예루살렘 동북쪽 양문 곁에 있는 못. 예수께서 38년 된 중풍병자를 고쳐주심. (요 5:2-9)
G. 예수께서 십자가 처형 후 부활하셨을 때 눈으로 보지 않고는 믿지 못할 정도로 의심 많은 사람. (요 20:24-25)
H. 예수님 공생애 당시 70인 제자 중 한 사람. 사도 바울은 그의 집에 보관된 겉옷을 디모데에게 가져오라고 시킴. (딤후 4:13)
I. 베다니에 살던 마리아와 마르다 오빠. (요 11:1-2)
J. 마리아가 이것을 예수님의 발에 붓고 자신의 머리털로 예수님의 발을 닦음. (요 12:3)
K. 예수께서 주시는 영원한 생명. (요 3:16)

▣ 다음 설명을 읽고 보기에서 맞게 채우세요.

골고다, 수전절, 기드론 시내, 침향, 몰약, 채찍질, 성육신, 안나스
랍오니, 생명의 떡, 행악자, 구주

1. 예수께서 육신을 입고 세상에 오신 일. (요 1:14) ( )
2. 하나님이 인류를 구원하기 위해 보내신 참되고 살아 있는 양식으로서 예수 자신을 지칭하는 표현. (요 6:48) ( )
3. 예수께서 당신을 세상의 빛으로 비유한 것에 볼 수 있듯이 성도 역시 날마다 빛된 삶을 살아야 함. 유대 종교력 9월 25일부터 8일간. (요 10:22) ( )
4. 인간의 영육을 죄와 사망에서 건져내시는 분. (사 43:11, 벧후 1:1) ( )
5. 예수님은 이곳 골짜기를 건너 겟세마네 동산으로 향하셨고 이곳에서 밤을 새워 기도하신 후 무리들에게 체포되어 십자가를 지셨다. (요 18:1) ( )
6. 미르나무에서 얻은 향이 좋은 황갈색 수액, 향수, 마취제, 방부제로 사용. (요 19:39) ( )
7. 예수께서 인류의 죄를 대신 지고 십자가에 못 박히신 곳으로 치욕과 죽음의 언덕이자 대속의 은혜의 장소임. (요 19:17-18) ( )
8. 현직 대제사장 가야바의 장인으로 전직 제사장임. (요 18:13) ( )
9. 성격, 행동, 감정, 계획, 행사 등이 악한 자. (요 18:30) ( )
10. 로마 형벌 중 하나. 예수가 빌라도 법정에서 당한 태형은 로마 형벌 가운데서도 매우 고통스러운 형벌. (요 19:1) ( )
11. '주', '선생'. 유대에서 가장 존경받는 자에게 사용되는 극존칭. (요 20:16) ( )
12. 팥꽃나뭇과에 속하는 상록 교목. 몰약과 마찬가지로 방향성이 뛰어남. 몰약에 섞어 시체의 방부제로 쓰임. (요 19:39) ( )

역사서란?

신약의 역사서는 다른 역사가 아닌 교회의 역사이기에 그 의미는 대단하다. 구약시대를 성부 하나님 시대라고 한다면 4복음시대는 성자 하나님 시대 사도행전부터는 성령 하나님의 시대, 즉 교회시대가 열렸기에 귀하고 귀한 역사이다.

누가복음의 저자이기도 한 누가는 자기가 직접 사도 바울과 선교 여행을 하며 기록한 여행일지에 기초하여 기록하였다.

교회의 생일인 오순절 때 예수의 명령에 순종한 문도들은 열흘 동안의 기도는 성령 강림을 맞게 되었고, 성령님은 표적을 동반하여 입하셨고 새 방언의 역사가 일어났다.

이 분의 강림은 세례 요한이 예언한 성취였고(눅 3:15-16), 예수님의 약속의 성취(눅 24:49), 요엘 선지자의 예언 성취(행 2:16-21), 예수 그리스도의 부활의 증거였다(행 2:32-36).

사도행전의 전반부는 베드로, 요한, 스데반, 빌립, 바나바, 야고보 등의 사도들과 집사들의 사역의 역사이고 후반부는 바울사도의 선교 역사로 꾸민 선교행전이다.

예루살렘에서 - 유대와 사마리아 - 땅끝까지는 이 복음의 역사가 유대인에게만 한정되지 않고 세계적 종교로 뻗어나가는 대역사를 볼 수 있는 것이 사도행전의 역사이다.

사도행전의 중심 사상은 살아계신 하나님께 순종하고 성령의 역사를 믿으며 땅끝까지 복음의 증인이 되는 것, 즉 성령을 통한 복음전파 사상이다.

즉 교회의 계속 성장을 말한다.

5. 사도행전 (ACTS)

1. 내용

신약 성경 유일의 역사서이다. 복음서와 서신서의 가교 역할을 하는 본서는 종교 · 정치 · 문화적으로 변방이던 갈릴리에서 시작된 예수의 구원(복음) 사역이 어떻게 이스라엘의 중심지인 예루살렘을 거쳐 당시 세계의 중심지인 로마로까지 전달되었으며, 어떻게 이방인에게도 구원의 빛을 비출 수 있었는지를 알려준다. 엄청난 역사 이면에 끊임없이 개입하사 이 땅에 교회를 세우시고 교회와 성도를 보존하시는 성령님의 강력한 역사를 생생하게 보여주는 '복음행전', '성령행전'이다.

2. 배경

복음 전파의 중심지인 예루살렘, 이방 선교의 중심지 수리아의 안디옥, 사도 바울의 세차례 선교여행 행선지인 소아시아와 유럽(그리스), 바울의 최종 사역지 로마 등 역사서답게 신약에서 가장 큰 무대를 중심으로 전개되고 있다.

3. 흐름

흐름을 구분하면 예수살렘에서 주의 역사(주의 승천과 교회 시작, 베드로사역 교회의 박해와 성장, 스데반 순교), 유대와 사마리아교회(바울의 박해와 회심, 이방인 선교시작, 교회의 확장과 발전), 선교여행과 주의 역사(바울의 세 차례 선교, 투옥, 로마전도)로 꾸며졌다.

4. 목적

교회의 태동과 복음의 확산 과정을 밝힘으로써 복음의 진실성과 기독교가 하나님을 섬기는 참 종교임을 알리고, 특히 유대인들과 이방인들에게 성령의 충만한 역사를 확인시키며 기독교를 변증하기 위해 기록됐다.

5. 본서에 나타난 하나님의 섭리

본서는 전후반부로 크게 나눠진다. 전반부는 예수 그리스도의 죽음과 부활 승천 이후 성령강림으로 예루살렘 교회 부흥, 박해를 피해 안디옥에 교회를 세우고, 이방교회 선교사 파송과 소아시아 · 그리스에 교회를 세우고 로마까지 복음을 전파하는 내용이다. 본서는 사도들의 행적 이면에 성령께서 어떻게 역사하시며, 교회를 세우시고 성도를 보호하는지 상세히 보여준다.

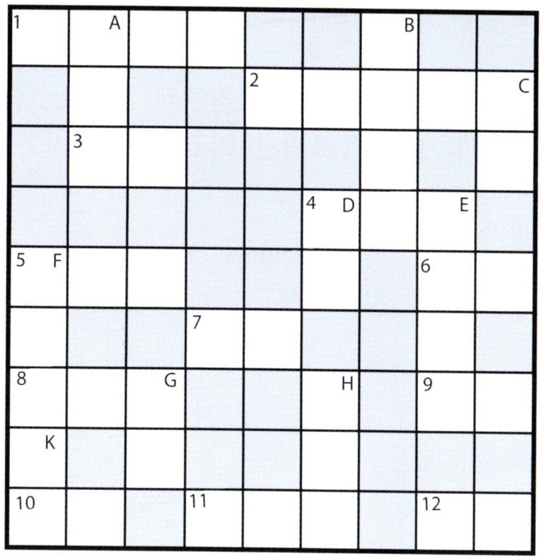

가 로

1. 소아시아 남부 지중해 연안에 위치. 바울 일행은 귀향길에 이곳 버가에서 복음을 전한 후 앗달리아로 와서 배를 탐. (행 14:24–25)
2. 여행객들이 숙박하면서 말을 바꾸어 타던 일종의 경유지. 로마로 호송되던 바울은 로마서부터 마중 나온 그리스도들을 이곳에서 만나 하나님께 감사하고 담대함을 얻게 됨. (행 28:15)
3. 선악의 행위에 따라 받게 되는 복과 화 또는 되갚음을 말함. 문자적으로 되돌려주다. (눅 23:41)
4. 사도바울은 2차 선교여행 때 이곳에서 환상을 보고 소아시아 선교를 중단하여 유럽(마게도냐)으로 건너가는 중요한 결단을 함. (행 16:8–10)
5. 바울의 2차 선교여행 때 동역자로 발탁된 루스드라 출신의 교회 지도자. (행 16:1–3)
6. 예수그리스도의 조상으로 에슬리의 아들이며, 아모스의 아버지. (눅 3:25)
7. 다메섹을 동서로 관통하는 곧은 도로로 양쪽에는 행인을 위한 인도가 마련됨. (행 9:11)
8. 믿음과 성령이 충만한 사람으로 초대교회가 가난한 자들을 매일 구제하는 일을 맡기려고, 선출했던 일곱 사람 가운데 한 사람. 초대 교회의 최초 순교자. (행 6:1–6)
9. 이곳은 헬라 철학과 예술 · 과학의 중심지요, 민주주의의 발상지. 바울이 제2차 선교여행 중 회당과 시장, 아레오바고 등지에서 복음을 전함. (행 17:16–34)
10. 유대인들이 상대방을 경멸하거나 욕할 때 사용함. (마 5:21~26)
11. 에디오피아 여왕, 성경에는 이 여왕의 내시가 예루살렘을 순례하고 귀국하는 길에 집사 빌립을 만나 세례를 받고 신자가 되는 장면이 소개됨. (행 8:27)
12. 사도바울이 3차 선교여행 중 드로아에서 유두고를 살린 후 걸어서 방문한 곳. (행 20:13)

세 로

A. 바울과 실라는 2차 선교여행 중 이곳에서 옥에 갇히고 매를 맞는 등 고초를 겪으며 복음을 전함. (행 16:12)

B. 각하라는 호칭이 붙은 것으로 보아 로마의 고위 관리. 누가복음과 사도행전 수신자. (행 1:1)

C. 예수님 당시 유대교에서는 산헤드린 공회 회원들로 구제의 일을 담당함. (행 4:8)

D. 헤롯대왕 사망 직후 자칭 메시야라 하며 유대인 400여명을 선동하여 폭동을 일으켰다가 죽임을 당한 자. (행 5:36)

E. 삽비라의 남편, 초대 교회 당시 교인들은 자신들의 소유를 팔아 필요한 자에게 나눠주는 선행을 했지만, 재산을 감춰 성령 하나님을 속인 죄로 부부가 함께 죽음. (행 5:1–11)

F. 유대인으로서 이스라엘 밖의 이방세계에 정착하여 사는 자를 일컬음. (요 7:35, 약 1:1)

G. 왕이나 하나님의 권위에 도전하거나 의견이 다르거나 적대적이라는 의미. (요 19:12)

H. 헤롯 아그립바 1세의 맏딸, 그녀의 오빠와 가이사랴에 왔다 베스도에게 바울의 재판을 듣게 된 사람. (행 25:13–16)

"수고하고 무거운 짐 진 자들아. 다 내게로 오라. 내가 너희를 쉬게 하리라." 〈마 11:28〉

■ 다음 설명을 읽고 보기에서 맞게 채우세요.

바사바, 오순절, 디오스구로, 두란노서원, 브리스길라, 아그립바, 사두개인
삽비라, 가말리엘, 다마리, 아레오바고, 바나바

1. 종교와 정치의 구심점이라 할수 있는 대제사장을 중심으로 귀족들의 권익을 대변하는 일종의 정치 집단 부활로 천사도 영도 없다고 함. (행 23:8) (   )
2. 사도 바울이 에베소 전도 당시 2년간 사용했던 강연장. (행 19:9–10) (   )
3. 선원들이 지키는 수호신, 사도바울이 로마로 압송될 때 타고 간 곡물 수송선 역시 이런 형상을 닮고 있음. (행 28:11) (   )
4. 아나니아의 아내로 남편과 공모하여 자기 소유의 판돈을 일부 감추고 나머지를 사도 앞에 헌금했다가 하나님의 징벌을 받아 죽음. (행 5:1–10) (   )
5. 신약에서는 이 날이 성령강림절로 기념됨. 이 날에 성령이 강림하시어 사람들에게 성령의 은사를 부어 주셨음. (행 2:1) (   )
6. 헬라의 개혁자 솔론이 세운 대법원이 있고, 사도 바울이 이곳에서 복음을 전함. (행 17:19) (   )
7. 초대교인으로 예수님의 12제자 중 한 사람인 가룟 유다를 대신할 후임 사도를 선택할 때 추천되었다 탈락한 자. (행 1:23–26) (   )
8. 본명은 '요셉'. 설교자로서 능력을 인정했던 사도들이 붙여준 별명임. (행 4:36) (   )
9. 에베소로 건너가 바울의 전도 활동을 돕고 아볼로에게 복음의 진리를 전함. (행 18:24–28) (   )
10. 헤롯대왕의 손자로 유대인들을 기쁘게 하기 위해 야고보를 죽였으며, 베드로마저 사형시킬 목적으로 투옥시킨 자. (행 12:1–3) (   )
11. 바리새파 양대 산맥의 하나인 힐렐학파를 창시한 힐렐의 손자. 당대 최고 랍비라는 명성과 함께 백성의 존경을 받음. (행 5:34) (   )
12. 사도바울이 아덴의 아레오바고 광장에서 행한 설교를 듣고 회심하여 신앙을 갖게 된 여성. (행 17:34) (   )

6. 로마서 (ROMANS)

1. 내용

예수 그리스도의 죽음과 부활에 근거하여, 기독교의 중심교리인 선택과 구원과 칭의와 성화 등의 문제를 심도 있게 서술한 교과서로서 구원의 결정판이다.

영원히 죽을 수밖에 없는 존재가 믿음으로 의롭다 함을 받고(칭의), 거룩하신 하나님의 존귀하고 영화로운 존재가 되는 구원여정을 심도 있게 기술했다.

구원의 의미와 구원의 목적을 논증하고 믿음으로 구원받는 성도의 구체적인 삶의 실천을 제시한다.

2. 배경

본 서신의 수신처인 로마와 바울의 궁극적 선교지인 스페인, 고린도 등지가 주요 무대이다.

3. 흐름

크게 하나님의 의의 계시(문안인사, 유다인과 이방인의 죄, 칭의, 성화), 의에 대한 변론(하나님의 의로우심), 의의 실천(구원받은 성도의 삶, 의무, 자유, 작별인사)으로 꾸며졌다.

4. 목적

바울이 3차 선교여행을 하면서 기록한 것이다. 로마방문 계획을 미리 알려 일정을 순조롭게 하고, 서바나 전도의 발판을 마련하며, 구원의 교리를 가르쳐 믿음 가운데에서 서로 격려하고 유대인과 이방인 성도간의 화합을 도모했다.

5. 본서에 나타난 하나님의 섭리

무분별하게 자생적으로 설립된 교회에서 율법주의가 만연하고 전통 풍속을 좇고 있어, 바울은 올바른 복음을 전하려 서신으로 바른 교리와 올바른 구원관을 가르치며, 기독교 핵심 진리인 구원관과 구원받은 성도의 바른 삶에 대해 분명하고도 명쾌하게 제시했다.

"주는 영이시니 주의 영이 계신 곳에는 자유가 있느니라." 〈고후 3:17〉

▣ 다음 성구를 읽고 빈칸을 채우시고 묵상하세요.

1. 하나님 우리 아버지와 주 예수 그리스도로부터 ○○와 ○○이 있기를 원하노라.
(롬 1:7) ( )

2. 마음에 하나님 두기를 싫어하매 하나님께서 그들을 그 ○○한 마음대로 내버려 두사 합당하지 못한 일을 하게 하셨으니. (롬 1:28)
( )

3. 선을 행하는 각 사람에게는 ○○과 ○○와 ○○이 있으리니 (롬 2:10)
( )

4. 우리가 ○○으로 의롭다 하심을 받았으니 우리 주 예수 그리스도로 말미암아 하나님과 ○○을 누리자. (롬 5:1)
( )

5. 우리가 아직 죄인이 되었을 때에 그리스도께서 우리를 위하여 죽으심으로써 하나님께서 우리에 대한 자기의 사랑을 ○○하셨느니라. (롬 5:8)
( )

6. 한 사람이 ○○하지 아니함으로 많은 사람이 죄인 된 것 같이 한 사람이 순종하심으로 많은 사람이 ○○이 되리라. (롬 5:19)
( )

7. 죄의 종으로 ○○에 이르고 혹은 순종의 종으로 ○에 이르느니라. (롬 6:16)
( )

8. 죄의 삯은 ○○이요, 하나님의 ○○는 그리스도 예수 우리 주 안에 있는 ○○이니라.
(롬 6:23) ( )

9. 그리스도 예수 안에 있는 ○○의 성령의 법이 죄와 ○○의 법에서 너를 해방하였음이라.
(롬 8:2) ( )

10. ○○의 생각은 사망이요 ○의 생각은 ○○과 ○○이니라. (롬 8:6)
( )

11. 현재의 ○○은 장차 우리에게 나타날 ○○과 비교 할 수 없도다. (롬 8:18)
( )

12. 우리가 알거니와 하나님을 사랑하는 자 곧 그의 뜻대로 ○○○을 입은 자들에게는 모든 것이 ○○하여 선을 이루느니라. (롬 8:28)
( )

13. 하나님께서 하고자 하시는 자를 긍휼히 여기시고 하고자 하시는 자를 ○○하게 하시느니라. (롬 9:18) (   )

14. 사람이 마음으로 믿어 ○에 이르고 입으로 시인하여 ○○에 이르느니라. (롬 10:10)
(   )

15. ○○은 들음에서 나며 ○○은 그리스도의 ○○으로 말미암았느니라. (롬 10:17)
(   )

16. 깊도다 하나님의 ○○와 ○○의 풍성함이여. 그의 ○○은 헤아리지 못할 것이며 그의 길은 찾지 못할 것이로다. (롬 11:33)
(   )

17. 너희는 이 세대를 본받지 말고 오직 마음을 새롭게 함으로 ○○를 받아 하나님의 ○하시고 ○○하시고 온전하신 뜻이 무엇인지 ○○하도록 하라. (롬 12:2)
(   )

18. 하나님의 나라는 먹는 것과 마시는 것이 아니요 오직 성령 안에 있는 ○와 ○○과 ○○이라. (롬 14:17) (   )

19. 믿음을 따라하지 아니하는 것은 다 ○니라. (롬 14:23)
(   )

20. 소망의 하나님이 모든 ○○과 ○○을 믿음 안에서 너희에게 ○○하게 하사 성령의 능력으로 ○○이 넘치게 하시기를 원하노라. (롬 15:13)
(   )

7. 고린도 전서 (1 CORINTHIANS)

1. 내용

물질적으로 번성했지만 우상 숭배와 도덕적 타락이 만연해 그 여파가 교회에 미치자 바울이 고린도교회에 써보낸 첫 번째 편지다.

교회에서 발생하고 있는 분파 소송문제, 독신과 결혼, 은사, 성만찬, 우상 재물을 먹는 문제, 성도의 죽음과 부활 등 모든 제반 문제에 대한 답변들로 원만하게 해결하기 위한 긴 편지이다. 기본원리로서 십자가의 도를 역설하고 또 이 조치는 오늘날 교회에도 모범적인 지침이 된다.

2. 배경

무역과 상업 중심도시 고린도를 중심으로 세워진 교회인데, 사도바울이 에베소에서 체류하며 선편을 통해 고린도 교회 소식을 듣고 그에 대한 답변서를 기록한 곳이다.

3. 흐름

크게 교회의 분열(이유, 오해, 결과, 권면), 타락상(근친상간 문제, 형제송사 문제와 성적부도덕 문제), 교회의 제반 문제점 (혼인, 독신, 재혼, 우상제물, 성만찬 은사, 부활문제) 등을 다뤘다.

4. 목적

이전 편지에서 비롯된 오해를 바로잡고 글로에 집사람에게 들은 고난도 교회의 여러 문제에 답하며 교회내의 분쟁을 바로잡기 위함이다.

5. 본사에 나타난 하나님의 섭리

온갖 분쟁에 대한 문제점을 해결하기 위한 것은 십자가의 도리다. 바울은 우리 위해 온갖 고초를 겪고 십자가를 지신 그리스도의 사랑과 희생정신을 생각한다면 교회 문제는 해결될 것이기에 주님께서 우리에게 몸소 보여 주신 사랑장(13장)을 통해 교훈하며, 다시 한 번 "깨어 믿음에 굳게 서서 남자답게 강건하라"(16:13), "사랑으로 행하라"(16:13)는 말씀으로 당부했다. 결론적으로 교회나 성도간 분쟁의 해결 방법은 믿음과 사랑뿐이다.

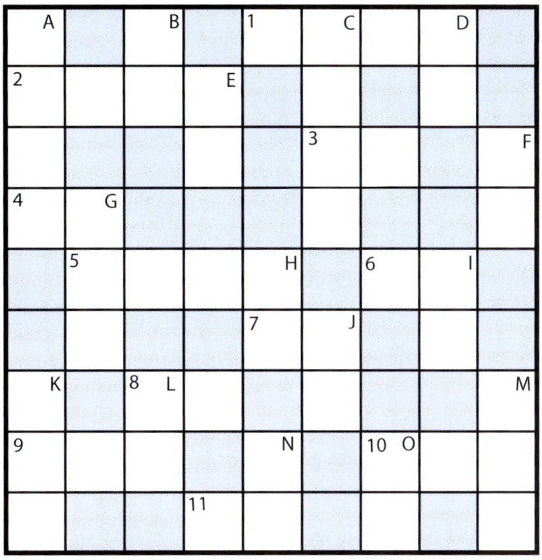

가 로

1. 이방인을 가리키는 관용적 표현으로 이스라엘 주변 이방 사람들은 모두 할례를 받지 않아 이렇게 부름. (고전 7:18, 행 11:3)
2. 고린도 교회의 성도. 그의 가족은 바울의 전도를 받고서 아가야에서 처음으로 회개한 사람들임. (고전 1:16)
3. 구레네 시몬의 아들 바울이 그의 어머니를 내 어머니라고 함. (롬 16:13)
4. 로마황제 클라우디우스의 뒤를 이어 즉위한 로마 5대 황제.
5. 그리스도의 십자가 고난과 죽음을 기념하는 절기.
6. 축복하거나 하나님께 감사하고 찬양하는 일 혹은 하나님을 향해 감사기도를 드리는 것. 최후만찬 때도 이것을 하시고 제자들에게 떡을 떼어주심. (고전 11:24, 행 27:35)
7. 정조를 깨뜨리는 음란하고 난잡한 행실, 육체적인 성범죄나 성적인 타락. (고전 5:1, 요 8:3–11)
8. 죄가 있다 공시적으로 선언. 범죄, 교만, 회개치 않음이 이것에 해당. (고전 11:32, 눅 11:31–32)
9. 바울이 세례를 줬던 고린도인으로 그의 집은 한때 집회처(교회)로 사용. (고전 1:14)
10. 세례요한의 제자로서 웅변과 구약성경에 능통했으나 예수그리스도에 대한 지식이 불안전했으며, 고린도 교회는 그를 추종하는 한 분파가 생겨남. (고전 1:12, 3:4–6)
11. 쾌락을 추구하는 무절제하고 감각적인 욕망. (고전 7:9, 롬 1:24)

세 로

A. 바울의 2차 선교여행 때 고린도에서 바울로 인해 갈리오 앞에서 유대인에게 폭행당했던 고린도 지역 회당의 회당장. (고전 1:1, 행 18:17)
B. 예수께서 사도 베드로에게 주신 별명. (고전 15:5, 요 1:42)
C. '여호와를 찬양하다'는 뜻. (계 19:1 · 3 · 4 · 6)
D. 자신이나 자신과 관계되는 것을 남에게 드러내고 뽐내는 것. (고전 1:31)
E. 구브로 출신 성도. 일찍부터 그리스도인이 되었고, 바울과 친숙한 관계 유지. (행 21:16)
F. 신약에서는 구원의 확고부동한 기초가 되시는 '그리스도'를 비유할 때 은유적으로 사용. (고전 10:4)
G. 하나님과 인간 사이의 매개 역할을 하는 중보자(예수그리스도) 등을 뜻하는 철학적이며 신학적인 용어. 또는 하나님 말씀. (요 1:1 · 14)
H. 결혼한 사람이 배우자 외에 다른 사람과 성관계를 갖는 일. (고전 6:9)
I. 바울처럼 부활하신 예수를 만나는 신령한 체험을 통해 예수로부터 직접 부름받은 경우. 선교사로 파송되었던 바나바와 형제 야고보들 이렇게 불렀다. (고전 9:1)
J. 인간 생활의 행위나 태도에 대한 도덕적 관점을 의미. (고전 15:33, 시 119:9)
K. 사도바울이 2~3차 선교여행 중 다녀갔고, 수도는 고린도 총독은 갈리오. (고전 16:15, 고후 1:1)
L. 낮 12시. 히브리인 계산법으로 오전 10시부터 오후 3시경. (시 37:6)
M. 에베소에 머물던 바울에게 고린도 교회의 분쟁을 알려준 고린도 교회 여성도. (고전 1:11)
N. 지나치게 많은 욕심. 부당하게 탐하는 욕망. (막 7:22, 고전 6:10)
O. 기도나 송영에 사용하여 '믿습니다', '그렇게 되기를 소망합니다'의 뜻. (고전 14:16)

■ 다음 설명을 읽고 보기에서 맞게 채우세요.

파당, 십자가, 언변, 강림, 형체, 통달, 박해, 남색, 그리스도, 사모, 방언, 종말

1. 믿음을 말살시키거나 개종 · 배교를 강요하기 위해 개인이나 집단에게 육체적 · 정신적으로 형벌을 가하는 행위. (고전 15:9) (   )
2. 하나님께서 이 세상에 친히 내려오시는 행위. 신약에서는 이 단어가 예수 그리스도의 재림과 관련하여 언급됨. (고전 15:23) (   )
3. 성령의 역사로 습득한 일이 없는 언어를 무아지경 상태에서 말하는 것. (고전 14:2) (   )
4. 십자 모양으로 된 사형틀. 예수께서 이것을 지고 가기 전 심한 매질을 당함. (고전 1:13) (   )
5. 무엇을 얻기 위해 간절한 열망을 가지고 좇다. (고전 14:1) (   )
6. '기름 부음을 받은 자'. 신약에서 예수님은 메시야, 또는 이렇게 불림. (고전 1:17) (   )
7. 한 집단 내에서 여러 갈래로 나누어진 파벌. 고린도교회는 개척자 바울이 떠나간 뒤 바울파, 아볼로파, 게바파, 그리스도파로 큰 혼란을 겪음. (고전 1:11-12) (   )
8. 남자끼리 나누는 성행위. (고전 6:9) (   )
9. 시간이나 사건의 끝(마지막)을 뜻하는 말. '주예수의 날'로 불림. (민 23:10) (   )
10. 물건과 생김새가 바탕이 되는 몸을 말함. (고전 15:38) (   )
11. 의사 전달이 명쾌한 말 재주나 사람들을 잘 설득하는 말솜씨. (고전 1:5) (   )
12. 어떤 일에 숙달되어 막히는 것이나 거침없이 환히 알다. (고전 2:10) (   )

8. 고린도 후서 (2 CORINTHIANS)

1. 내용

거짓 교사에게 미혹되어 바울의 사도권을 부인하고 지도력을 문제 삼는 고린도교회에 바울이 자신의 사도권과 권위를 변호하며 경거망동하는 일부 성도들을 강하게 질책한다. 본 서신에는 바울의 개인적인 체험과 감정이 생생하게 드러나서 바울의 인간적인 면모와 내면의 세계가 잘 나타나 본서신은 바울의 자서전적인 서신이라 할 수 있다.

2. 배경

사도 바울의 3차 선교여행에 방문한 소아시아와 유럽의 여러 도시들 에베소, 마게도냐, 소아시아와 그리스반도의 여러 성읍들이 중심 무대이다.

3. 흐름

크게 바울의 복음사역과 구제사역, 그리고 사도권의 변호로 구성되어 있다. 복음사역에 대한 변호, 아시아에서 당한 환난, 권면과 훈계, 사도권 변호, 바울의 고난과 체험, 방문 계획과 작별인사로 구성되어 있다.

4. 목적

거짓 교사의 선동에서 오는 고린도교회 성도들의 오해를 막고 자신의 사도권을 변호하며, 예루살렘 교회를 돕기 위한 구제헌금을 모금하기 위함이다.

5. 본서에 나타난 하나님의 섭리

바울의 사도권에 대한 도전에 직면한 것은 바울이 고린도교회의 잘못을 지적하고 회개를 촉구한 데 대한 일부 불만 세력들의 선동 때문이다. 대부분 바울의 편지를 받고 회개하며 돌아섰지만 유대인을 비롯한 일부 거짓 교사들은 바울의 가르침을 비난하며 그의 사도권에 이의를 제기하였다.

바울은 십자가의 도를 전파하기 위해 자신이 당한 고초를 생생하게 소개하고, 하나님께서 오늘날 주님의 일꾼으로 자처하며 교회와 성도를 섬긴다고 자부하는 모든 지도자들에게 원하시는 자격 역시 이런 것이다.

고린도 후서 퍼즐

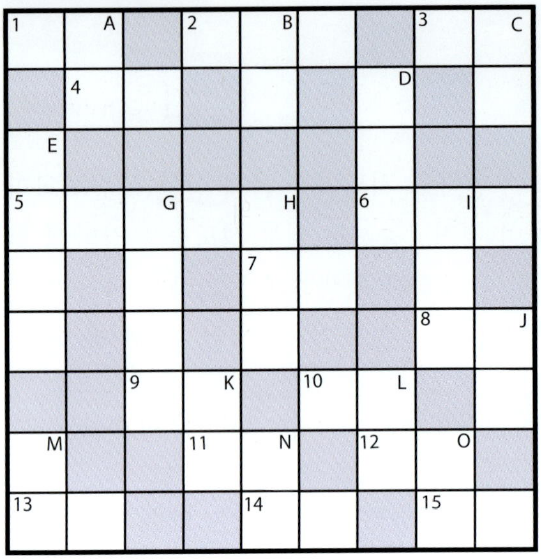

가 로

1. 마음이 부드럽고 행동이 친절함. 하나님의 종으로 여기며 주께 순종하는 자세로 이웃을 대하는 마음가짐. (고후 10:1, 갈 5:23)
2. 하나님에 의해 창조된 만물. 죄사함과 구원의 은총 입을 때 가능함. (고후 5:17)
3. 효과적으로 권세를 행사하거나 일을 처리하는 능력. (느 1:10)
4. 다른 성분이 섞이지 않고 순수한 것. 성도는 예배, 하나님 말씀, 전도, 성도간 교제, 일상생활에서 이것을 유지해야 함. (고후 2:17)
5. 사도 바울이 1차 선교 여행때 루스드라에서 앉은뱅이를 고쳤을 때 이 방언으로 무리들이 신들의 형상으로 왔다고 말함. (행 14:11)
6. 예수님의 12제자 중 하나인 야고보의 아버지. (행 1:13)
7. 가혹하기 그지없이 살 소망까지 끊어지게 함. 성도를 넘어뜨리기 위함이 아니라 연단을 통해 겸손케 만듦. (고후 8:2)
8. 자기를 천거함. (고후 3:1)
9. 똑같은 모양의 물건을 만들기 위한 틀. (롬 5:14)
10. 사물의 정해진 범위. 여기서는 사도 바울이 복음 사역자로서 책임 맡은 영역이나 분량을 나타냄. (고후 10:13)
11. 연회장의 가장 높은 자리. 예수께서 서기관과 바리새인이 여기 앉는 것을 비판함. (막 12:39)
12. 신약시대 예수께서 친히 이곳을 방문하여 천국복음을 전파. 사도 바울도 이곳 항구를 이용. (행 27:3)
13. 무슨 일을 권하고 격려하여 힘쓰게 함. (고후 5:11)
14. 더러운 것을 제거하고 깨끗이 함. (눅 11:25)
15. 남을 해칠 목적을 가지고 계획적으로 진리와 사실을 외면한 채 시도하는 음모나 거짓된 행동. (잠 13:2)

세 로

A. 부드럽고 온화한 대답이나 성질. 또는 겸손하고 상냥한 행동을 나타내는 말. (고후 10:1, 살전 2:7)
B. 정오가 되기 전에 적당한 시간에 먹는 가벼운 식사. (요 21:12)
C. 업신여겨 욕보이는 행위. 성경은 거만한 자, 불효한 자에게 이것이 따른다고 경고. (고후 12:10)
D. 영적 측면에서 하나님의 백성을 괴롭히고, 하나님의 거룩한 사역을 훼방하는 사탄이나 그 하수인을 지칭하는 고유명사. (고후 6:15)
E. 바울과 바나바와 함께 파송된 인물. 이 사람이 고린도에서 복음을 전했다고 함. (고후 1:19)
G. 빌레몬의 물건을 훔쳐갔다가 옥중에서 바울을 만나 그리스도인으로 회심하고 돌아간 자. (몬 1:9–10)
H. 이방인의 사도로 부음을 받았던 바울은 주로 이곳을 무대로 사역. (고후 1:8)
I. 하나님께 불순종하며 끝까지 회개치 않고 고집부리는 사악한 자. (사 46:8)
J. 하나님께서 다스리는 나라. 이곳은 능력으로 역사하는 나라. 하나님의 집. (고후 12:4, 마 3:2)
K. 물건 특유의 형체나 생긴 모양. (고후 3:18, 민 12:8)
L. 문자적으는 '—로부터 베일을 벗기다', '숨겨진 것이 드러내다'는 뜻. (고후 12:1)
M. 사도 바울은 그리스도의 변함없는 확고부동한 사랑을 일컬어 '○○하시는 사랑'으로 표현. (고후 5:14)
N. 나무나 바위틈 등 야산이나 들판에서 채집한 야생 벌꿀. (마 3:4)
O. 예수님의 제자인 가룟 유다는 이것을 보관하는 자로서 12제자의 모든 경비를 관리하고 회계를 담당하던 자였다. (요 12:6)

▣ 다음 설명을 읽고 보기에서 맞게 채우세요.

욱여쌈, 디도, 고린도, 디모데, 변증, 환상, 관용, 표적, 미혹, 파선, 언약, 규범

1. 어머니 유니게와 외할머니 로이스를 통해 신앙을 배웠고 루스드라 출신의 교회 지도자. (고후 1:1) (   )

2. 각 나라와 민족들의 우상이 총집결한 우상의 도시. 아프로디테 신전이 있음. (고전 1:2) (   )

3. 성경에서는 '너그럽다' 의미를 넘어 모든 정황을 공정하게 판단하도록 공정성을 잃지 않는 마음 상태를 가리킴. '공평함', '적절함'의 뜻. (고후 10:1, 빌 4:5) (   )

4. 사물의 본보기가 되는 것. 개혁 한글판에서는 '한계'로 다소 완곡하게 표현. (고후 10:15-16) (   )

5. 바울이 전도하여 제자로 삼은 헬라인이자 바울의 동역자. 바울을 대신하여 고린도 교회를 방문하여 문제를 해결하였고 바울은 '참아들'이라 부르며 사랑함. (딛 1:4) (   )

6. 쌍방간의 합의에 의해 이뤄진 약속. 하나님과 사람과의 약속. (고후 3:6) (   )

7. '누르다'는 뜻. 압착기로 눌러 기름을 짠다는 뜻으로 혹독한 고통을 상징함. (고후 4:8) (   )

8 성경에서는 초자연적 능력에 의해 외부로 나타나는 현상. (고후 12:12) (   )

9. 마음이 흐려서 무엇에 홀리다. 성경에서는 속임을 당해 진리의 길에서 떠나 죄악 가운데 헤매고 방황하는 것을 말함. (고후 11:3, 마 24:24) (   )

10. 상대의 논리를 반박하여 자신의 옳음을 증명하는 것. 성경에서는 복음을 위해 변론하는 행위를 가리킴. (고후 7:11) (   )

11. 를 가리킬 때 비유적으로 언급함. (고후 11:25) (   )

12. 이것은 하나님께서 당신의 뜻을 보여주고 사역을 맡기기 위해 전달하는 방법으로 보여줌. (고후 12:1) (   )

서신서란!

신약 성경은 27권 중에서 그 2/3 이상인 21권이 서신으로 구성되어 있다.

유대인 사울은 히브리인으로 교육을 받으며 주로 바리새인의 영향을 많이 받고 헬라 문화의 정통파요 로마 시민권을 소유하였고, 기독교 박해의 선봉에 섰다.

이런 사울이 다메섹 도상에서 예수 그리스도를 만나 부르심을 맏고 개종하여 바울이 되었다.

그후 그는 그리스도와 동행하는 삶을 살았고 교회 설립에 일인자로 역사하였다. 그러하기에 바울서신은 신약에서 서신의 위치와 그 중요함을 잘 배려해 주고 있다.

이 서신들은 주로 저자-서사자-전달자-수신자의 순서로 이뤄져 있다. 수신자의 경우는 다양해서 개인(디모데서, 디도서, 빌레몬서), 지역사회(에베소서, 빌립보서, 골로새서), 교회의 집단(갈라디아서), 혹은 넓은 지역의 신자(베드로전서), 또 보편적으로(요한 일서), 또 개인이나 교회에 함께 보내진 서신(빌레몬서, 딤전후서, 디도서), 지명되지 않은 유대 기독교인들에게 쓴 서신(히브리서)도 있다. 바울 서신은 바울에 의해 씌어진 13개 서신을 지칭한다. 이들 서신은 주로 그 주제를 교회로 하였다.

그래서 서신의 목적 역시 그리스도의 몸으로서 교회에 대한 필요한 진리를 소개하여 주기 위함인데 교회의 성원, 특권, 책임 그리고 그 운영에 관한 것들이다.

바울서신이 성경이 될 수 있었던 것은 그 서신의 내용은 오직 예수 그리스도 하나님의 말씀, 십자가의 능력으로 이 모두가 생명을 건지는 말씀이기에 가능했던 것이다.

히브리서와 공동 서신

1) 히브리서

사도 서신 혹 사도 바울은 판테누스와 알렉산드리아의 클레멘트로, 하르낙은 브리스길라와 아굴라로, 칼빈은 누가로, 루터는 아블로로, 짠과 고데는 바나바로 보는 등 히브리서의 저작자 문제는 지금까지 많은 논란을 계속해 왔다. 지금도 그 주장이 구구하지만 명확한 결론을 얻지 못하고 있다.

구약에서 제사학을 기록한 성경이 레위기라면 신약에서의 예배학을 기록한 성경은 히브리서라고 할 수 있다.

히브리서에는 새 제사장직, 새 언약, 새 제사, 새 성소의 변화가 담겨 있다. 오직 예수 그리스도의 십자가의 제사가 구약의 모든 제사를 대표한 완전한 제사가 되었음을 잘 교시하고 있다.

또한 믿음의 선진들의 믿음의 역사를 기록하면서 "믿음의 주요 온전케 하시는 이인 예수를 바라보자"라는 신앙의 기치를 높이 든 서신이다.

2) 공동서신

공동서신은 야고보서, 베드로 전후서, 요한 1 · 2 · 3서, 유다서를 합친 7개의 서신을 말한다. 이 명칭의 유래는 유명한 역사가 유세비우스가 바울 서신과 구별하기 위한 편의에서 공동서신이라 부르게 되었고, 여기서 공동이라는 말은 보편서한이란 뜻으로 이 보편성은 일정한 개인이나 교회를 상대로 기록하지 않고 일반적으로 주어진 보편성을 띤다.

물론 이 중에 요한 2서와 3서는 예외이다. 그런데 특이한 점은 이 서신들은 서로간 내용상에는 전혀 공통성이 없다. 그렇지만 믿음의 실천을 강조하고 말씀 안에서의 승리, 거짓교리를 배격하라는 것 등은 귀한 공통점이라 하겠다.

3) 옥중서신

사도 바울이 쓴 편지 가운데 옥중에서 기록한 에베소서, 빌립보서, 골로새서, 빌레몬서 등을 말한다. 바울은 비록 죄수의 몸이 되어 있었으나 하나님께서 바울을 통해 이루고자 하는 뜻이 담겨 있는 서신으로 에베소서는 교회론을, 빌립보서와 골로새서는 기독론을, 빌레몬서는 용서와 화해라는 메시지 등을 담고 있다.

옥중서신으로 인증받은 이유가 연대, 쓴 곳, 기자뿐만 아니라 여러 가지 사정들을 헤아려 보면 서로 밀접한 연관성을 가지고 있다.

4) 목회서신

목회서신은 바울의 서신 중 디모데 전후서와 디도서 3권을 말하며 디모데와 디도에게 교회 목회의 원리적인 면들과 목회자가 지녀야 할 자질에 대하여 교훈하고 있다. 이 목회서신은 교회 앞으로 보낸 것이 아니라 개인에게 보냈다는 것이 다른 서신과 구별된다. 목회서신의 중심 내용은 이단을 조심하고 배격하여 교회의 순수성을 잘 보존하고 교회의 조직과 직분자의 사명과 교회 구성원들에 대한 교훈이 담겨 있다.

9. 갈라디아서 (GALATIANS)

1. 내용

구원이 율법의 행위로서가 아니라 믿음으로 말미암는다는 이신득의(以信得義) 사상을 명쾌하게 보여주는 교리서신이다. 하지만 율법으로부터의 자유가 곧 율법 폐기를 의미하는 것은 아니다. 율법에서 자유를 얻고 믿음으로 구원받는 자는 어떻게 살아가야 할지 소상하게 가르쳐준다. 본서는 율법으로부터 자유, 진리 안에서 자유를 선포한다. 그래서 믿는 자는 은혜 안에서 자유를 누리는 삶을 살아야 하고 예수 그리스도 안에서 성령의 열매를 맺어야 한다고 가르친다.

2. 배경

갈라디아는 바울의 1차 선교여행지로 비시디아 안디옥, 이고니온, 루스드라, 더베 등이 있다. 로마의 한 주로 편입시켰는데 일찍부터 유대인들이 자리잡고 있던 곳으로 이곳이 갈라디아의 주요배경이다.

3. 흐름

복음의 신적권유(바울의 권위), 율법과 복음의 상관관계(바울이 전한 복음), 성도의 자유로운 삶(바울의 신앙윤리)으로 꾸며졌다.

4. 목적

자신의 사도권을 변증함으로써 복음의 우월함을 입증하고 구원은 율법의 행위가 아닌 믿음으로 얻는 것임을 가르치며, 진리 안에서 자유함을 얻은 성도의 삶을 가르치기 위해 기록됐다.

5. 본서에 나타난 하나님의 섭리

바울은 1차 선교여행 때 유독 고초를 많이 받았다. 비시디아 안디옥에서는 유대인에게 쫓겨 이고니온으로, 이고니온에서 유대인들의 박해를 피해 루스드라로 도망쳐야 했다. 또 루스드라에서는 이곳까지 쫓아온 유대인에게 돌에 맞아 성 밖으로 버려지기까지 할 정도로 박해를 받았다. 끝까지 그리스도를 믿는 믿음으로 의롭게 되는 것이니 "자유로 육체의 기회를 삼지 말고 오직 사랑으로 서로 종노릇하라"고 가르친다. 구원받은 성도의 진정한 자유는 형제를 섬기고 사랑의 종이 됨으로써 완성되는 것이다.

▣ 다음은 성령의 9가지 열매이다. 설명에 맞게 채우세요. (참조 : 갈 5:22-23)

양선, 화평, 희락, 절제, 충성, 사랑, 자비, 오래 참음, 온유

1. 성경에서는 하나님의 최고의 본질. 이것에 근거하여 성도는 이웃을 섬김.
   (　　　　　)

2. 참마음에서 우러나오는 정성. 이것은 하나님의 일을 맡은 자의 기본적 도리.
   (　　　　　)

3. 온화하고 태평함. 화해와 일치로 인해서 평화가 유지되는 것으로 산상보훈의 8복 가운데 하나. 미움이 있는 곳에 평화를, 분열이 있는 곳에 화해와 일치를 줌.(　　　　　)

4. 깊이 동정하여 불쌍히 여김. 성경에서는 하나님이 진노를 그치시고 죄인을 용서하시며 은혜를 베푸시는 것. (　　　　　)

5. 기뻐하고 즐거워함. 기쁨, 환희를 의미함. (　　　　　)

6. '분노를 멀리 두다', '화를 가라앉히다'. 하나님과 관련해서는 죄인을 향해 노하기를 더디 하시는 하나님의 거룩한 인내를 강조하는 표현으로 쓰임. (　　　　　)

7. 방종에 빠지지 않도록 이성으로 감정을 조정하고 자기 자신을 다스리는 것. 참된 이것은 인간의 본성으로는 불가능하며 오직 성령을 통해서만 가능함.(　　　　　)

8. 단순히 마음이 부드러운 차원을 넘어 적극적으로 선을 행하는 상태 .(　　　　　)

9. 마음이 부드럽고 행동이 친절함. 예수께서 지닌 품성. (　　　　　)

Tip

성령의 열매란?

'육체의 일'과 대조를 이루는 말로서 성령의 역사로 인해 성도가 그 삶을 통해 맺어가는 열매이다. 이 열매는 성도에게 성령의 능력을 부어 주시는 하나님의 은혜로써 맺어지는 신령한 덕목이요, 하나님의 은혜를 입은 성도가 생활 속에서 그 은혜에 보답하여 맺어가는 결실을 가리킨다.

▣ 다음 성구를 채워 완성하고 묵상해 보세요.

1. 내게는 우리 주 예수 그리스도의 ○○○ 외에 결코 자랑할 것이 없으니 그리스도로 말미암아 세상이 나를 대하여 ○○○에 못 박히고 내가 또한 세상을 대하여 그러하니라.
(갈 6:14) (　　　　　　　　　　　　　　　　　　　　　　　　)

2. 자기의 ○○를 위하여 심는 자는 ○○로부터 썩어질 것을 거두고 ○○을 위하여 심는 자는 ○○으로부터 ○○을 거두리라. (갈 6:8)
(　　　　　　　　　　　　　　　　　　　　　　　　)

3. 가르침을 받는 자는 ○○을 가르치는 자와 모든 좋은 것을 ○○하라. (갈 6:6)
(　　　　　　　　　　　　　　　　　　　　　　　　)

4. 다른 ○○은 없나니 다만 사람들이 너희를 ○○하여 그리스도의 ○○을 변하게 하려 함이라.
(갈 1:7) (　　　　　　　　　　　　　　　　　　　　　　　　)

5. 내가 그리스도와 함께 십자가에 못 박혔나니 그런즉 이제는 내가 사는 것이 아니요, 오직 내 안에 ○○○○께서 사시는 것이라 이제 내가 ○○ 가운데 사는 것은 나를 사랑하사 나를 위하여 자기 자신을 버리신 ○○○의 아들을 믿는 믿음 안에서는 사는 것이라.
(갈 2:20) (　　　　　　　　　　　　　　　　　　　　　　　　)

6. 그리스도 예수의 사람들은 육체와 함께 그 ○○과 ○○을 십자가에 못 박았느니라.
(갈 5:24) (　　　　　　　　　　　　　　　　　　　　　　　　)

7. 그리스도께서 우리를 ○○롭게 하려고 ○○를 주셨으니 그러므로 굳건하게 서서 다시는 종의 ○○를 메지 말라. (갈 5:1)
(　　　　　　　　　　　　　　　　　　　　　　　　)

8. 너희가 다 ○○으로 말미암아 그리스도 예수 안에서 하나님의 ○○되었으니 (갈 3:26)
(　　　　　　　　　　　　　　　　　　　　　　　　)

9. 사람이 의롭게 되는 것은 ○○의 행위로 말미암음이 아니요, 오직 예수 그리스도를 ○○으로 말미암는 줄 알므로 우리도 그리스도 예수를 믿나니. 이는 우리가 율법의 행위로써가 아니고 그리스도를 믿음으로써 ○○○함을 얻으려 함이라. 율법의 행위로써는 ○○○함을 얻을 육체가 없느니라. (갈 2:16)
(　　　　　　　　　　　　　　　　　　　　　　　　)

10. 하나님 앞에서 아무도 율법으로 말미암아 의롭게 되지 못할 것이 분명하니 이는 의인은 ○○으로 살리라 하였음이라. (갈 3:11)
(　　　　　　　　　　　　　　　　　　　　　　　　)

10. 에베소서 (EPHESIANS)

1. 내용

에베소서는 하나님의 계획과 그리스도의 구속, 성령의 보증을 통해 세워진 교회의 의미를 설명하고 성령의 인도하심을 따르는 성도의 삶을 권면한다. 교회의 본질(교회론)과 교회와 그리스도와의 관계(기독론)를 아주 차분하면서 조용하게 가르치는 교리서다. 전반부는 하나님의 구원계획과 교회를 통해 이뤄지는 그리스도의 구원사역이, 후반부에는 구원받은 성도들의 올바른 삶의 자세가 소개된다.

2. 배경

에베소는 교통의 요지이며 전략 중심도시, 상업도시, 우상의 도시이다. 지중해 연안의 3대도시로 불렸으며, 지역적 위상과 교회의 중요도를 알고 사도바울이 에베소 교회를 설립하고 2년 3개월 체류하며 전도하고 목회한 것을 배경으로 한다.

3. 흐름

크게 그리스도와 교회(교회론, 기독론), 그리스도 안에서 새 생활(그리스도인의 행위, 성도의 생활)로 구성됐다.

4. 목적

에베소지역 교회 성도들에게 교회의 본심과 사명에 대해 가르치고, 유대인과 이방인 성도 사이에 서로 연합하여 화평을 도모하도록 권면하고, 모든 성도는 유기적으로 연합된 공동체임을 알려주고 그리스도인의 삶에 방향을 제시한다.

5. 본서에 나타난 하나님의 섭리

바울이 에베소 교회를 설립했고, 체류하며 복음을 전한 곳이다. 애착이 갔지만 아데미 신상을 비롯한 온갖 우상의 신전이 범람해 에베소 교회를 위협했다.

바울은 에베소 교인은 하나님께 택함을 받고 자녀가 되어 하늘나라에 신령한 복을 받을 존귀한 자로 상기시키며, 무엇을 하든지 주 안에서 행하며,살아도 주를 위하고 죽어도 주를 위하는 주님 중심의 삶을 살아야 하는 것을 강조한다.

"믿음은 들음에서 나며 들음은 그리스도의 말씀으로 말미암았느니라." 〈롬 10:17〉

에베소서 퍼즐

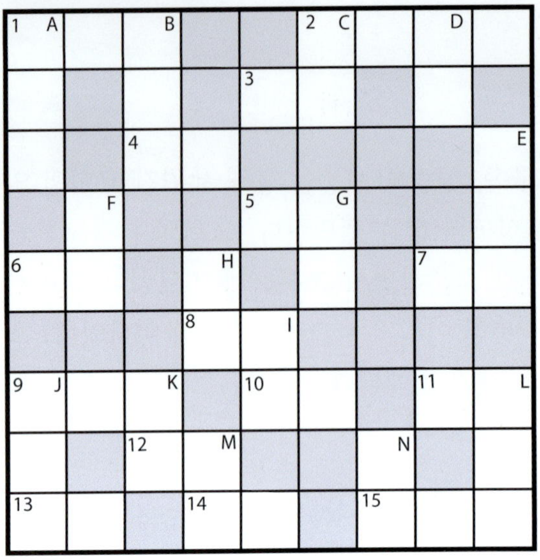

가 로

1. 고대세계에서 상대방을 위협하는 파괴력 있는 화공무기. (엡 6:16)
2. 하나님의 말씀을 가리키는 성경 문학적 표현, 영적전투 최고의 병기. (엡 6:17)
3. 무엇을 이루고자 하는 계획이나 생각. (마 26:8)
4. 마음이 흐려서 무엇에 홀리다. 성경에서는 속임을 당해 진리의 길에서 떠나 죄악 가운데 헤매고 방황하는 것. (히 3:10)
5. 남을 헐뜯고 조롱하는 것. (엡 4:31)
6. 신약에서 십자가를 지사 인류의 죄를 용서하고 구원을 베푸신 그리스도의 구원행위. (엡 1:7)
7. 예수께서 겟세마네 동산에서 성전 수비대와 로마 군병에 의해 체포되실 때 베드로가 칼로 오른쪽 귀를 벤 대제사장의 종. (요 18:10)
8. 감추어진 것들을 드러내 명확하게 밝히는 행위. 하나님의 뜻과 섭리를 사람에게 친히 나타내 보여 주시는 거룩한 행위. (엡 1:17)
9. 예수님께서 예루살렘에 입성하실 때 길가에 섰던 군중들이 외친 함성. 메시야의 구원을 찬양하고 감격하는 의미. (막 11:9–10)
10. 사람이 생각하거나 행할 수 없는 신기한 일. (살후 2:9)
11. 지난날로부터 전승되어 오는 관습, 사상, 행동 등의 양식이나 그것의 핵심을 이루는 정신. (마 15:2)
12. 참고 견딤. 이것은 단순히 수동적으로 환경을 참아내는 것이 아니다. 참는 가운데 거룩한 목표를 이루어 전진하는 적극적인 행동까지 포함. (약 1:4)
13. 일차적으로는 청지기 직분을 가리키는데 신학적으로는 하나님의 거룩하신 뜻과 계획. 즉, 세상 만물의 운행과 질서, 인간 구원의 계획 등 하나님의 거룩한 섭리를 의미. (엡 1:9)
14. 사람이 머리를 써서 무엇을 헤아리거나 또는 알아차리려는 일. (엡 3:20)
15. 앞의 일을 내다보고 예견하는 사람. 하나님의 계시를 받아 뜻과 섭리를 전하는 자. (엡 2:20)

세 로

A. 하나님께 순종하기를 거부함. (엡 2:2)
B. 로마시대 번성했던 도시로 바울과 바나바는 이곳 유대인 회당에서 복음을 전파함. (행 13:5)
C. 그리스도를 믿고 하나님의 자녀가 되어 속된 세상에서 거룩한 하나님의 공동체 일원으로 부름을 받은 자들. (엡 1:15)
D. 마음이 둘로 나뉘어져 서로 판단하는 상태. 마음이 확고하지 않고 흔들리는 상태. (눅 24:38)
E. 사도 바울이 로마 감옥에 1차 투옥되었을 때 바울의 편지를 가지고 소아시아에 있는 에베소 교회와 골로새교회에 전달. 사랑받는 형제요 신실한 종이라 칭찬함. (엡 6:21–22)
F. 물건을 재는 일. (엡 3:8)
G. 절제하지 못하고 허영심이 넘쳐나며, 타락한 자의 그릇된 행태. (엡 4:19)
H. 타일러서 경계하는 것. 하나님의 언약을 전제한 교육적 목적을 가진 경계나 책망, 교훈 등의 의미. (엡 6:4)
I. 남이 잘되는 것을 싫어함 (벧전 2:1–2)
J. 전투시 가슴을 보호하기 위해 갑옷의 가슴에 대는 구리 조각. (엡 6:14)
K. 에스드렐론 골짜기를 내려다보는 전망이 좋은 마을. 예수께서 이곳에서 과부의 죽은 외아들을 살려주었다. (눅 7:11–17)
L. 지배자가 주권을 행사하여 국토, 국민을 다스리는 것. 하나님이 최고의 ○○○이다. (엡 3:10)
M. 죽음 이후 세상에서의 영원한 생명. (딤전 4:8)
N. 단순히 마음이 부드러운 상태를 넘어 적극적으로 선을 행하는 상태. (갈 5:22)

▣ 다음 설명을 읽고 보기에서 맞게 채우세요.

탐욕, 지혜, 빛의 아들, 화평, 소망, 용납, 간구, 희생제물, 방탕, 소멸 지체, 만유

1. 모든 것, 곧 우주만물이나 세상에 존재하는 모든 것. (엡 4:6) (　　　　　　　)
2. 신체의 각 부분. 죄에 지배되기 쉬운 약한 인성을 상징. 성도간의 유기적인 연합을 교훈할 때 사도바울이 사용함. (엡 4:15-16) (　　　　　　　)
3. 경험이나 사고, 관찰 등을 통해 얻을 수 있는 마음의 작용. (엡 1:8) (　　　　　　　)
4. 희생제사에 사용된 양, 소, 염소로 거룩한 하나님께 드려지는 것이기에 정결하고 흠이 없어야 됨. (엡 5:2) (　　　　　　　)
5. 이것은 인간의 행위와 상관없이 하나님께서 일방적으로 베풀어 주시는 은혜요 복임. (엡 2:14) (　　　　　　　)
6. 가장 좋은 일에 대한 기대. 성도를 향해 항상 ○○ 중에 즐거워하라 함. (롬 12:12) (　　　　　　　)
7 예수께서는 이것이 사람을 더럽게 하는 인간의 속성이라고 가르침. (엡 5:3) (　　　　　)
8. 유흥을 즐기고 흥청망청하다는 의미. (엡 4:19) (　　　　　　　)
9. 불에 타 없어지거나 태워 없애다. 거룩한 하나님의 진노를 표현할 때 사용. (엡 2:16) (　　　　　　　)
10. 참빛이신 예수 그리스도를 믿고 따르는 성도. 또는 빛이신 하나님의 자녀들. (엡 5:8) (　　　　　　　)
11. 구하는 것을 얻기 위해 강력하게 매달리다. (엡 6:18) (　　　　　　　)
12. 받아들이고 수용하다. 성경에서는 단순히 상대방을 받아들이고 인정하는 것. (엡 4:2) (　　　　　　　)

11. 빌립보서 (PHILIPPIANS)

1. 내용

본서는 에베소서 · 골로새서 · 빌레몬서와 함께 4대 옥중서신 가운데 하나로 그리스도의 성품을 저자가 따뜻한 인간미와 풍성하고 깊이 있는 내면을 신앙심으로 잘 승화시켰다. 고난 중에도 그리스도와 동행함으로써 얻는 기쁨과 행복이 가득 담겨 있다. 옥중에서 기록되었음에도 감사와 찬양, 환희의 기쁨이 넘쳐나며 성도들이 내면의 성숙을 이루기 위해서는 반드시 예수를 본받아야 한다고 가르친다.

2. 배경

로마와 아시아를 연결하는 중요 국제도로 길목에 위치한 교통 · 전략요충지로 중근동의 소로마로 불렸던 빌립보가 본서의 무대다.

3. 흐름

그리스도와 동행(바울의 간증), 그리스도의 마음(성도의 생활양식), 그리스도를 아는 지식(성도의 상급, 이단에 대한 경고), 그리스도의 화평(성도의 평화)으로 구성됐다.

4. 목적

빌립보 교인들이 자신을 물질적으로 가까이 도와준 데 감사의 말을 전하고, 박해받은 교인들을 위로하며, 율법주의와 교회의 분열을 경계하고 자신의 사정과 형편을 알리고, 믿는 자들이 갖추어야 할 성숙한 신앙인의 자세를 제시한다.

5. 본서에 나타난 하나님의 섭리

주님의 성육신 사건과 십자가 죽음을 신학적으로 가장 잘 해설하였고, 옥중에서도 빌립보 교인들을 향해 위로하고 권면하며 주안에서 기뻐하라고 가르치며, 주님의 겸손을 본받으라고 당부한다. 낮아지지 않고 높아질 수 없으며, 죽지 않고는 부활이 없다는 본 서신의 핵심 교훈이야말로 하늘 끝에서 높아지려다 수없이 실패하는 현대인들이 다시 한 번 귀기울여야 할 대목이다.

"누구든지 그리스도 안에 있으면 새로운 피조물이라. 이전 것은 지나갔으니 보라 새것이 되었도다." 〈고후 5:17〉

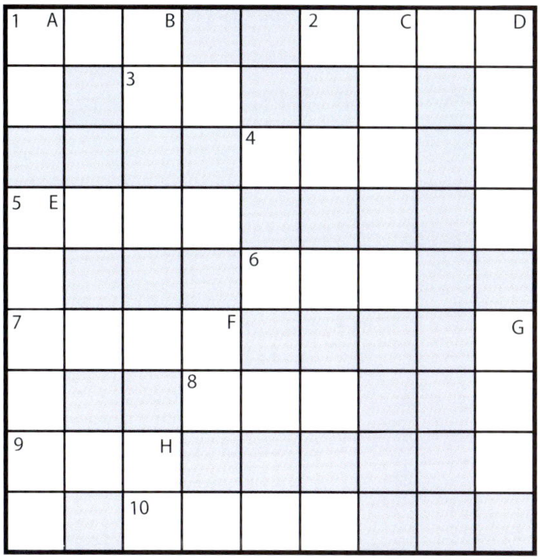

가 로

1. 왕 또는 높고 존귀한 직위의 사람이 정복에 갖추는 관이나 연회 때 갖추는 화려한 관. (빌 4:1)
2. 빌립보 출신으로 사도바울의 동역자. 바울은 그의 이름이 생명책에 기록되었다고 특별히 언급함. (빌 4:3)
3. 상대방의 허물이나 과실을 눈감아 주거나 혹은 그 책임을 면제해 주거나 관계를 회복시켜 주는 것. (골 3:13)
4. 예수께서 탄생하셨을 때 결례일에 성전에서 아기 예수를 자기 팔로 안고 하나님을 찬양했던 경건한 유대인. 그는 성령의 은혜를 입어 죽기 전에 메시야를 만나는 복을 만남. (눅 2:25)
5. 사도바울이 아시아에 머물렀을 때 자기를 돕는 사람 중에서 디모데와 함께 마게도냐에 파견했었던 바울의 동역자. 그 후 고린도에서 복음 전파사역을 감당하게 됨. (행 19:22)
6. 쓰레기 음식 찌꺼기 등 전혀 가치 없는 것. 사도바울은 그리스도를 아는 지식 외 모든 전통이나 가치를 다 이것으로 여겼다. (빌 3:8)
7. 에베소에 체류하던 바울에게 스데바나와 아가이고와 함께 고린도 교회 소식과 안부 전한 것. (고전 16:17)
8. 말이 많은 사람. 이런 자는 말을 이곳저곳으로 옮겨 분쟁을 일으킴. (잠 16:28, 26:20)
9. 젊은 시설부터 아덴, 데살로니가, 고린도, 예베소 등지에서 바울의 지시로 별도 사역과 목회를 할 정도로 바울의 신임을 받는 신실하고 실력 있는 지도자. 바울 후계자. (빌 1:1)
10. 대표 도시로는 바울이 2~3차 선교여행 때 복음을 전한 암비볼리, 네압볼리, 빌립보, 데살로니가, 베뢰아 등이 있다. (빌 4:15)

세 로

A. 마주대하여 책망함. 위신과 체면을 봐주지 않고 면전에서 그 잘못을 따지며 공격하는 것. (잠 27:5)

B. 성경에서는 단순히 '너그럽다'는 의미를 넘어 모든 정황을 공정하게 판단하도록 공정성을 잃지 않는 마음 상태를 가리킴. (빌 4:5)

C. 시칠리아 섬에서 떨어진 항구도시며 군사도시. 사도바울 방시 로마인과 헬다인으로 구성. 레몬, 귤, 포도주 산지로 유명 사도바울이 로마로 이송가던 중 여기서 정박했다. (행 28:13)

D. 유다인에게 체포된 바울은 가이사랴에서 로마 황제의 재판을 기다리던 중 벨릭스와 이 사람 앞에서 진리와 복음에 대해 선포한 적이 있다. (행 24:24-25)

E. 로마 감옥에 투옥되었던 바울을 돕기 위해 빌립보 교회에서 파송된 신실한 성도. 그는 죽을병이 걸릴 정도로 바울에게 헌신했고, 빌립보서의 전달자임. (빌 2:25)

F. 겉에다 무엇을 칠하거나 덮어서 본래 모습이 드러나지 않게 하다. 성경에서는 '죄악을 깨끗이 없애다', '법이나 제도를 완전히 폐기하다' 등의 용례도 사용. (사 43:25)

G. 할례받은 것을 자랑하며, 하나님의 백성임을 자랑하는 유대인들, 곧 할례에 대한 영적 의미보다 할례의식만을 중요시하는 자들을 가리키는 말. (빌 3:2-3)

H. 옥중에 갇힌 바울(1차 투옥)이 골로새 교회와 빌레몬에게 편지할 때 문안한 성도로 바울의 신실한 동역자. 그러나 그는 말년에 세상을 사랑하여 옥에 갇힌(2차 투옥) 바울의 곁을 떠났다. (골 4:14)

▣ 다음 설명을 읽고 보기에서 맞게 채우세요.

비천, 순두게, 동역자, 연단, 허영, 생명책, 시위대, 본체, 유오디아
시민권, 푯대, 심령

1. 보호하고 경계하는 무리. 이들은 황제에게 재판을 청구한 죄수들도 감시함. (빌 1:13)
( )
2. 바울의 사역을 도운 빌립보 교회의 여성도, 동료인 유오디아와의 지나친 경쟁으로 바울의 걱정거리도 됐고, 빌립보서에서 유오디아와 이 사람께 주 안에서 같은 마음을 품으라 권면함. (빌 4:2) ( )
3. 영생을 얻은 사람들에 대한 하나님의 기록. (빌 4:3) ( )
4. 성경에서는 예수그리스도의 신적인 속성이나 거룩한 성품이 바로 하나님 자신임을 가르칠 때 사용. (빌 2:6) ( )
5. 육체와는 따로 떨어져 있다고 생각되는 마음의 주체. (빌 4:23) ( )
6. 분수에 넘치는 필요 이상의 사치나 겉치레. (빌 2:3) ( )
7. 성경에서는 물질적으로나 사회적으로 더 이상 도움 받을 곳이 없어 그대로 내팽개쳐진 상태. (빌 4:12, 눅 1:48) ( )
8. 사도 바울은 빌립보 교회의 불화의 원인이 된 이 사람과 순두게에게 그리스도 안에서 주님의 낮아지심을 본받아 사랑과 겸손으로 하나 되라고 권면함. (빌 4:2) ( )
9. 성경에서는 로마 제국에서 시민들에게 주는 자유권. (빌 3:20) ( )
10. 금속을 태워 불순물을 제거하거나 육체 혹은 인격, 신앙 등을 단련하여 성숙한 상태로 만드는 것. (빌 2:22, 히 12:11) ( )
11. 목표를 세우는 기둥. 성경에서는 신앙의 최종 종착점인 하늘나라를 상징. (빌 3:14)
( )
12. 한 가지 목적을 가지고 함께 일하는 자. 바울이 이렇게 칭한 자는 브리스가와 아굴라, 디모데, 디도, 에바브로디도, 빌레몬, 아가, 데마, 누가, 실라, 바나바 등이 있다.
(빌 4:3) ( )

▣ 다음 성구를 채우시고 묵상해 보세요.

1. 아무 일에든지 ○○이나 ○○으로 하지 말고 오직 ○○한 마음으로 각각 자기보다 남을 낫게 여기고 (빌 2:3) ( )
2. 너희 안에 이 ○○을 품으라. 곧 그리스도 예수의 ○○이니 (빌 2:5) ( )
3. 아무것도 염려하지 말고 다만 모든 일에 ○○와 ○○로 너희 구할 것을 감사함으로 아뢰라. 그리하면 모든○○에 뛰어난 하나님의 ○○이 그리스도 예수 안에서 너희 ○○과 ○○을 지키시리라. (빌 4:6-7) ( )

12. 골로새서 (COLOSSIANS)

1. 내용

로마서가 구원론, 에베소서가 교회론을 강조한 서신이라면 본서신은 기독론에 초점을 둔 교리서이다. 본 서신의 기독론은 만유(우주만물)의 머리이신 그리스도라는 우주적 차원에서의 기독론을 말한다. 예수 그리스도를 자신의 삶의 중심으로 삼지 않는 교회의 일부 성도들에게 그리스도가 창조와 구원 사역의 한가운데 계시다는 확신을 가지고 그리스도를 삶의 중심에 모실 것을 냉철한 지성으로 친절하게 설명하며 권면한다.

2. 배경

골로새가 중심무대로 이곳은 일찍부터 이단 사상과 철학 등이 성행했다. 유대인들을 강제 이주시킨 곳이라 유대인의 영향력이 강한 도시로 무역 중심지이다.

3. 흐름

그리스도의 위대하심과 우월성(인생의 푯대이신 그리스도), 그리스도에 대한 순종(그리스도를 본받는 성도의 삶)으로 나눌 수 있다.

4. 목적

골로새 지역에 난무한 혼합주의적 이단들로부터 성도들을 보호하고 올바른 기독론을 정립하여 교회를 진리 가운데 굳건히 하기 위함이다. 죄와 사탄의 권세로부터 해방되어 구원받았음을 알려주고, 믿는 자들이 어떻게 그리스도인의 빛된 삶을 살아가야 하는지 제시해 준다.

5. 본서에 나타난 하나님의 섭리

그리스도는 본질상 하나님이시며 만물의 창조자요, 만물을 보존하시는 분이심을 역설한다. 경배받으실 분은 천사가 아니라 그리스도이시며, 천사 역시 주님으로 말미암아 지음을 받은 존재임을 가르쳤다. 주님을 바르게 섬기는 방법은 주님과 연합된 삶, 사회에서나 가정에서나 주님의 말씀을 좇아 그 말씀대로 살아가는 것임을 가르쳤고, 오로지 그리스도만이 찬양과 경배를 받으실 합당한 분이심을 가르쳤다.

골로새서 퍼즐

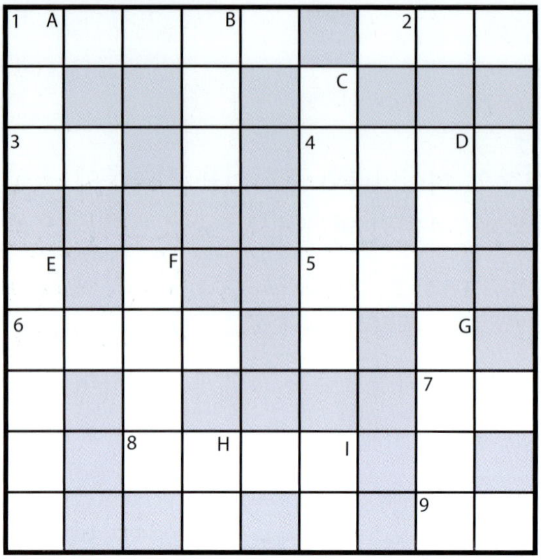

가 로

1. 유대교에서 기독교로 개종한 데살로니가 출신의 마게도냐인, 사도바울의 동역자로서 선교여행에 동참함. (골 4:10)
2. 드로비모와 함께 아시아 출신으로 바울의 3차 선교여행 때 그리스에서 드로아까지 바울을 수행한 신실한 동역자. (골 4:7–9)
3. 선악의 행위에 따라 받게 되는 복과 화, 이것은 주체는 하나님. (골 3:25, 롬 11:9)
4. 주인 발레몬의 물건을 훔쳐 로마로 도주했다가 당시 옥중에 있던 바울을 만나 그리스도인으로 회심하고 주인에게로 돌아간 자. 바울은 회심하여 형제로 인정함. (골 4:9, 몬 1:10–12)
5. 예수께서 사도 베드로에게 주신 별명. (요 1:42)
6. 바울의 동역자로서 '너희를 위한 그리스도의 신실한 일꾼', '그리스도 예수의 종'으로 일컬었고, 옥중에서 바울의 수종을 들었고 골로새 교회의 개척자. (골 1:7)
7. 인간의 영육을 죄와 사망에서 건져내시는 분. 구속자, 구원자로 불림. (벧후 1:1)
8. 이사야의 예언을 쫓아 그 탄생이 예고된 한 아들의 이름. 하나님 자신이심을 역설. (사 7:14)
9. 기도나 송영에 사용하여 '믿습니다', '그렇게 되기를 원합니다'는 뜻. (고전 14:16, 엡 3:21)

세 로

A. 사도바울이 '우리와 함께 병사된 ○○○'라고 부를 만큼 바울의 복음 전도사역에 힘써 동참했던 자. 바울이 '주 안에서 받은 직분을 삼가 이루라' 한 것으로 보아 책임 사역자로 보임. (골 4:17, 몬 1:2)
B. 구제와 선행으로 유명한 욥바의 여성도. 그녀가 살았을 때 과부들에게 속옷과 겉옷을 지어 입히는 등 많은 선행을 베풀었다. (행 9:39)
C. 사도바울에게 복음을 전해들은 에바브라에 의해 세워진 것으로 추정되는 이 교회는 인근 히에라볼리교회, 골로새교회와 더불어 사도바울의 서신을 회람하는 등 영적교류를 나눔. (골 2:1)
D. 바울 당시 고린도에서 우상 신전에 드려진 제물들이 이곳에 매매되어 고린도교회 성도들에게 도전이 되기도 함. (고전 10:25)
E. 성경에서 라오디게아 골로새와 함께 언급되었는데 바울의 에베소 체류 기간 중 바울에 의해 복음을 들은 에바브라가 복음을 전파한 도시. (골 4:13)
F. 주요 성읍으로 벧엘과 실로가 있고, 예수께서 가야바를 피해 일시적으로 이곳에 머묾. (요 11:54)
G. 바울사도는 '미개인', '야만인'으로 이 사람들은 언급하면서 그리스도 안에서는 만민이 평등함을 강조함. (골 3:11)
H. 인간의 내면적 활동인 지식 · 감정 · 의지를 통합한 정신적 작용으로서 선악을 판단하는 힘이요, 인격과 행위를 결정하는 근간이며, 하나님의 계시를 수용할 수 있는 통로. (골 1:21)
I. 오순절 성령 강림당시 예루살렘 방문자 중에 이곳 사람도 있었다. (행 2:9)

"그리스도 예수 안에 있는 속량으로 말미암아 하나님의 은혜로 값없이 의롭다 하심을 얻은 자 되었느니라." 〈롬 3:24〉

▣ 다음 설명을 읽고 보기에서 맞게 채우세요.

초등학문, 직분, 충만, 데마, 탐심, 골로새, 눔바, 누가, 야만인, 근본 안식일, 사욕

1. 성경에서는 세상에서 말하는 가장 기초가 되는 학문. 자연숭배나 천체 숭배와 같은 대의 우주관과 운명론을 기초한 원시적인 학문이나 종교를 일컬음. (골 2:8) (　　　)
2. 사도바울이 골로새 교회에 문안할때 안부를 물었던 성도. 자신의 집을 예배처로 제공. (골 4:15) (　　　)
3. 문화의 정도가 낮고 미개함. 헬라어나 헬라의 문화를 지적이나 도덕적으로 잘 모르는 외국인을 이렇게 부름. (골 3:11) (　　　)
4. 나중에 세상을 사랑하여 옥에 갇혔던 바울의 곁을 떠나 데살로니가로 갔다. (골 4:14) (　　　)
5. 예수 그리스도 안에는 하나님의 인격과 성품이 완전하게 들어 있으며 하나님의 뜻을 완전하게 성취하셨다는 의미. (골 2:9) (　　　)
6. 예수께서 만물 중 가장 탁월한 주권자라는 의미. (골 1:18) (　　　)
7. 경영이란 뜻으로 인류에 대한 하나님의 섭리를 의미. (골 1:25) (　　　)
8. 동서 문물의 교류가 빈번하여 이단 사상과 철학이 난무. 이 교회는 바울 동역자인 에바브라에 의해 빌레몬의 집에서 시작된 듯하다. (골 1:2) (　　　)
9. 한 주간의 마지막 날인 토요일. 금요일 해질 때부터 토요일 해질 때까지 시간. (골 2:16) (　　　)
10. 의사였던 이 사람은 바울의 2차 선교여행 때 동행함으로써 바울과 교분을 쌓고 드로아에서 환상을 본 바울이 유럽에 첫발을 내딛는 데 조력을 함. (골 4:14) (　　　)
11. 무엇인가를 가지려는 과도한 욕망. 바울사도는 이것을 가리켜 물질을 추구하여 그것을 하나님의 위치에 놓기 때문에 우상숭배라 함. (골 3:5) (　　　)
12. 개인의 사적인 욕심이나 자기 이익만 차리는 욕심. 관능적 욕망을 가리킴.(골 3:5) (　　　)

▣ 다음 성구를 채우고 말씀을 묵상해 보세요.

1. ○의 것을 생각하고 ○의 것을 생각하지 말라. (골 3:2) (　　　)
2. 무엇을 하든지 말에나 일에나 다 주예수의 ○○으로 하고 그를 힘입어 하나님 아버지께 ○○하라. (골 3:17) (　　　)
3. 너희는 하나님이 택하사 거룩하고 사랑받는 자처럼 ○○과 ○○와 ○○과 ○○와 ○○○○을 옷 입고 (골 3:12) (　　　)
4. 무슨 일을 하든지 ○○을 다하여 ○께 하듯 하고 사람에게 하듯 하지 말라. (골 3:23) (　　　)
5. ○○를 계속하고 기도에 ○○함으로 깨어 있으라. (골 4:2) (　　　)

13. 데살로니가 전서 (1 THESSALONIANS)

1. 내용

데살로니가 교회에서 일어나고 있는 임박한 종말사상으로 신앙의 혼란을 겪고 있는 성도들을 위해 바른 재림관과 종말관을 가르치고 있다. 당시 교회의 관심사였던 그리스도의 재림과 성도의 부활문제를 다룸으로써 교회를 위로하고 하나님께서 예수 안에서 앞으로 행사하실 일을 기대하며 성결하게 살 것을 권면한다.

2. 배경

정치 · 무역 · 군사 · 문화의 중심도시인 데살로니가가 본서신의 주요무대이고, 인구이주정책으로 헬라 · 유대 · 사마리아 · 로마인 등 수많은 민족들이 섞여 살던 다민족 도시가 배경이다.

3. 흐름

두 단락으로 나누면 개인적인 체험(데살로니가 교회를 향한 칭찬과 격려), 실천적 권고(교회를 향한 도덕적 교훈과 권면)로 나눠져 있다.

4. 목적

데살로니가 교회의 교인들에게 자신이 가르쳤던 복음의 진리를 기억할 것을 권면한다. 박해받은 교인들을 위로하고, 바른 부활사상을 가르치며 바른 재림 신앙을 제시하기 위함이 목적이다.

5. 본서에 나타난 하나님의 섭리

재림에 대한 성도들의 불안감이 몰려오자 바울은 재림의 시기는 아무도 알 수 없고, 재림을 기다리는 성도는 자기 일에 충실하면서 끝까지 믿음을 지키며 항상 깨어 있어야 하고, 이미 죽은 성도라도 재림 때는 모두 부활하여 주님의 재림을 맞이하게 된다. 재림이 임박한 시기에 성도들은 주님이 오심을 깨어 준비하고 기다려야 한다.

"우리가 알거니와 우리의 옛사람이 예수와 함께 십자가에 못 박힌 것은 죄의 몸이 죽어 다시는 우리가 죄에게 종 노릇 하지 아니하려 함이니." 〈롬 6:6〉

1 A		B				2 C		
		3						
4						5	D	
			6					
7 E					F		8	G
		9						
10				11				

가 로

1. 바울의 제2차 선교여행 때 동반자가 되었고, 빌립보에서 바울과 함께 매를 맞고 옥에 갇히기도 했다. (살전 1:1)
2. 성경에서는 하나님을 섬기는 영적이고 초자연적인 존재의 우두머리. (살전 4:16)
3. 유대인들의 위협을 받던 바울과 실라를 자신의 집에 피신시켜 주었다가 그 일로 유대인들에 의해 읍장에게 끌려갔으나 보석금을 내고 풀려난 사람. (행 17:5–9)
4. 바울은 제2차 선교여행 중에 이곳을 방문하여 회당과 시장, 아레오바고 등지에서 복음을 전하였다. (살전 3:1, 행 17:16–19)
5. 국가 경비를 충당하기 위해 국민들로부터 받는 세금. (마 17:25)
6. 법정에서 진실여부를 명확하게 가려 억울함을 풀어주는 것. 성경에서 이것은 하나님이 성도들 편에서 옳다고 변호해 줄 뿐 아니라 악인들을 징벌함으로써 원한을 풀어주는 것. (살전 4:6)
7. 디모데의 모친이자 로이스의 딸, 신앙의 유산을 자식에게 아름답게 물려준 모범적 신앙인. (딤후 1:5)
8. 다른 사람을 대신해서 하나님께 간구하고 청원하는 것. (딤전 2:1)
9. 주체할 수 없이 강렬한 성적 요망. 하나같이 하나님을 모르는 불신 이방인의 특징. (살전 4:5)
10. 구속받지 않는 상태. 성경에서 이것은 진리, 성령, 예수그리스도에 의해 이뤄진다고 가르침. (갈 5:1)
11. 사도바울은 2차 선교여행 때 이곳을 방문하여 전도했고, 다수의 결신자를 얻었지만 유대인들의 반대로 이곳을 떠나야 했음. 이곳의 신실한 성도 아리스다고와 세군도가 있음. (살전 1:1, 행 20:4)

세 로

A. 수리아 안디옥의 좋은 항구. 바울과 바나바가 구브로로 가기 위해 이곳에서 배를 탔다. (행 13:4)

B. 그리스 반도의 남쪽 주요도시라는 아덴, 고린도, 겐그레아가 있다. 북쪽에는 마게도냐가 있고, 바울이 2~3차 선교여행 때 방문했으며 수도는 고린도. (살전 1:7–8)

C. 요한계시록에 언급된 '그리스도와 함께 천년동안 왕 노릇할 것'이라고 하는 표현에서 비롯된 개념. (계 20:1–6)

D. 아리스다고와 함께 데살로니가 교회를 대표하는 신자, 3차 선교여행을 마치고 예루살렘으로 귀환하는 바울 일행과 동행. (행 20:4)

E. 부드럽고 온화한 성질 또는 겸손하고 상냥한 행동을 하는 사람. (살전 2:7)

F. 감시하고 살피다 면밀히 조사하고 깊이 진단하여 사실 여부를 분별해냄. (살전 2:4, 시 7:9)

G. 인생행로에서 만나는 온갖 수고와 고통과 어려움을 통틀어 일컫는 말. (살전 2:14, 히 11:25)

"믿음은 바라는 것들의 실상이요 보이지 않는 것들의 증거니." 〈히 11:1〉

▣ 다음 설명을 읽고 보기에서 맞게 채우세요.

영광, 사탄, 소멸, 예언, 재림, 증언, 환난, 강림, 호심경, 외인

1. 불에 타 없어지거나 태워 없애다. 거룩한 하나님의 진노를 표현할 때 사용. (살전 5:19) (　　　　)
2. 신약에서는 이 단어가 예수그리스도의 재림과 관련됨. (살전 1:10, 5:23) (　　　　)
3. 하나님으로부터 직접 계시된 진리를 사람들에게 전하는 일. (살전 5:20) (　　　　)
4. 하나님을 대적하거나 사람들을 유혹하여 하나님을 대적하게 만드는 악한 영의 우두머리. (살전 2:18) (　　　　)
5. 외국인. 낯선 타국인, 성경에서는 이방인, 나그네를 의미. (살전 4:12) (　　　　)
6. 빛나는 영예, 인간이 감당할 수 없는 초월한 빛. (살전 2:6 · 12) (　　　　)
7. 전투 시 가슴을 보호하기 위해 갑옷의 가슴에 대는 구리 조각. (살전 5:8) (　　　　)
8. 신약성경에서는 주로 예수그리스도의 신성과 그분이 죄인들을 구원하기 위해 하나님께서 이 땅에 보내신 참 메시야이심을 드러내는 내용. (살전 2:5) (　　　　)
9. 부활, 승천하신 예수께서 이 땅에 다시 오심을 뜻함. (행 1:9-11) (　　　　)
10. 근심과 재난, 고난, 고통, 죄 아래 있는 모든 인간들이 인생을 살아가면서 겪는 삶의 고통. (살전 3:3-4) (　　　　)

▣ 다음 성구를 채우고 묵상해 보세요.

1. 우리의 ○○이나 ○○이나 ○○의 면류관이 무엇이냐. 그가 강림하실 때 우리 주 예수 앞에 너희가 아니냐. 너희는 우리의 ○○이요 ○○이니라. (살전 2:19-20)
   (　　　　　　　　　　　　　　　　)
2. 우리가 모든 ○○과 ○○ 가운데서 너희 믿음으로 말미암아 너희에게 ○○를 받았노라. (살전 3:7) (　　　　　　　　　　　　)
3. 항상 기뻐하라, 쉬지 말고 ○○하라, 범사에 ○○하라. 이것이 그리스도 예수 안에서 너희를 향하신 하나님의 뜻이니라. (살전 5:16-18) (　　　　　　　　)
4. 평강의 하나님이 친히 너희를 ○○○ 거룩하게 하시고 또 너희의 온 ○과 ○과 ○이 우리 주 예수 그리스도께서 강림하실 때 흠없게 ○○되기를 원하노라. (살전 5:23)
   (　　　　　　　　　　　　　　　　)
5. 너희 마음을 굳건하게 하시고 우리 주 예수께서 그의 모든 성도와 함께 ○○하실 때에 하나님 우리 아버지 앞에서 거룩함에 ○이 없게 하시기를 원하노라. (살전 3:13) (　　　　　　　　　　　　)

14. 데살로니가 후서 (2 THESSALONIANS)

1. 내용

데살로니가 교회에는 편지 내용을 잘못 오해한 자들에게 주님의 재림과 올바른 지식을 가르쳐 주기 위함이다.

전편보다 훨씬 단호한 것은 종말론에 사로잡힌 자들이 사회생활을 게을리하고 성도들끼리 몰려다니며 물의를 빚는 사례가 많아져 주님의 재림을 준비하는 성도의 바른 태도와 생활, 즉 성도는 성실과 성결의 삶으로 인내 하며 주의 날을 기다려야 한다고 강조한다.

2. 배경

사도 바울이 2차 선교여행 때 유럽에 세운 두 번째 교회로, 동서양을 잇는 길목에 있어 교통 · 무역 · 정치 · 군사적 도시로 다민족이 섞여 사는 화려하고 번창한 이 도시가 주요 배경이다.

3. 흐름

원리적 교훈(바울의 감사와 격려, 바울의 교훈과 경고), 실천적 권고(실천적 권면)를 주로 다뤘다.

4. 목적

핍박 중에 있는 데살로니가 교인들로 하여금 인내 가운데 믿음으로 승리를 이루도록 격려하며, 잘못된 재림관으로 헛되게 살아가는 성도들에게 바르고 윤리적인 사회생활을 가르치기 위함이 목적이다.

5. 본서에 나타난 하나님의 섭리

재림 때는 알 수 없지만 성도들이 나타나는데 그 중 하나가 이단과 거짓교사들이 난무할 것이기에 성도는 항시 깨어 경청해야 한다.

그럴수록 건전한 사고방식과 노동, 자기생활에 충실하는 것 역시 종말을 살아가는 성도들의 몫이기에 균형 잡힌 신앙생활을 하며 깨어 준비하는 삶이 될 것을 가르친다.

"행함이 없는 믿음은 그 자체가 죽은 것이라." 〈약 2:17〉

데살로니가 후서 퍼즐

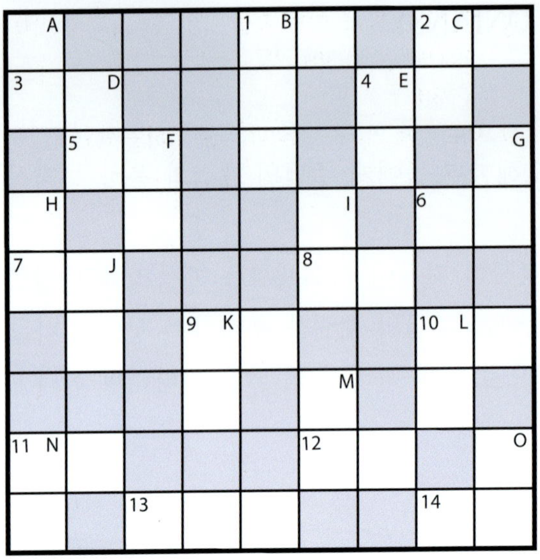

가 로

1. 옳지 아니한 일. 사람의 도리에서 벗어난 일 (살후 2:10)
2. 성경에서는 하나님께서 인간 구원을 위해서 예수 그리스도를 통해 주신 기쁨의 소식, 곧 복된 소식을 가리킴 (살후 1:8)
3. 성경에서 이것은 본질적으로 의롭고 착하며 고결한 인격자라는 뜻이 아니다. 하나님의 은혜로 용서받은 죄인을 가리킴. (롬 1:17)
4. 하나님의 말씀을 듣고 준행하는 일. 이것을 해야 할 대상은 하나님, 그분의 명령, 하나님의 부르심, 복음의 말씀, 그리고 진리이다. (살후 3:14)
5. 죽음 이후 세상에서의 삶과 영원한 생명 (딤전 4:8)
6. 성경에서 이것은 하나님의 거룩한 속성 중 하나라고 가르침. 죄인을 구원하고 거듭나게 함. (살후 2:12)
7. 아무것도 걸치지 않은 알몸. 죽음 직전의 처참한 상태를 상징. (롬 8:35)
8. 창조주 하나님의 영. 삼위일체 하나님에게 있어 아버지 하나님에게 있어 아버지 하나님, 아들이신 그리스도와 구별. (살후 2:13)
9. 어떤 일을 감당해내는 힘. 성경에서는 하나님의 권능이나 전능하심. (살후 1:11)
10. 성경에서는 단순히 과실로 인해 남의 권리나 인격에 손해를 끼치는 행위나 남을 넘어지게 하는 것. (살후 2:3)
11. 몸이나 마음을 편히 쉼. 모든 육체적 · 정신적 고통과 속박으로부터 자유롭게 된 상태. (살후 1:7)
12. 믿음을 저버리고 변절함. (살후 2:3)
13. 바울의 1차 선교여행 때 복음을 듣고 회심한 자로 바울과 고린도에서 합류하여 수종을 들음. (살후 1:1)
14. 성경에서는 초자연적 능력에 의해 외부로 나타난 현상. (살후 2:9)

세 로

A. 선과 악을 정확하게 분별하는 하나님의 거룩한 성품 가운데 하나. (살후 1:5)
B. 믿음이 없고 신뢰성이 없는 자. 그리스도를 구주로 믿어 영접하지 않는 자. 심판이 예비된 자. (딤전 5:8)
C. 남의 명령이나 요구 의지를 좇음. 성도가 이것을 해야 할 때는 하나님 그리스도 복음 때만 해야 함. (살후 1:8)
D. 인간이 하나님을 바라며 기다리는 신앙적 이것은 성부 · 성자 · 성령 하나님의 도우심이 있을 때만 가능하다. 참고 견딤. (살후 3:5)
E. 타인의 말을 귀담아듣고 그에 따라 행동하는 것. 순순히 복종함을 일컫는다. (벧전 1:14)
F. 사람을 위시한 모든 생명체가 살아가는 원동력. 모든 ○○은 하나님이 주신다. (요일 5:11–12)
G. 선교 후원을 요구할 수 있는 사도의 권리. 순회 전도자가 이틀 동안 대접받고 다음 사역 시까지 최소한의 식량을 요구할 수 있다는 규정이 「열두 사도 교훈집」에 기록되어 있다. (살후 3:9)
H. 사람이 생각하거나 행할 수 없는 신기한 일. 신앙의 눈으로 볼 때 자연의 법칙을 어기는 것보다 하나님을 계시하는 역사적 사건이나 자연적인 현상으로 봄. (살후 2:9)
I. 넉넉하고 많음. 가득하고 충만함. 성도와 관련해서 사랑 · 영광 · 은혜 등을 기원하거나 권면. (살후 1:3)
J. 인간이 절대자를 믿고 죽는 일. 성경에서 ○○의

대상은 하나님. (살전 4:14)

K. 어떤 일에 환히 통달하거나 수행할 수 있는 능력을 지녔음을 뜻함. (행 18:24)

L. 기본적으로 '나쁘다'는 의미로 고난, 역경, 불운 등 다양한 뜻을 지님. (전 8:5)

M. 훌륭한 사람이나 절대시하는 종교적 대상을 높이고 우러러 공경하는 것. (살후 2:4)

N. 환난과 핍박을 받는 자들에게 격려하고 용기를 북돋아주는 권면에 사용. 영혼을 편한케 함. (시 23:4)

O. 서로 맞서 겨루는 적이나 적을 대하는 행위. (살후 2:4, 삼상 29:4)

▣ 다음 성구를 채우시고 묵상해 보세요.

1. 주께서 너희 마음을 ○○하여 하나님의 사랑과 그리스도의 ○○에 들어가게 하시기를 원하노라. (살후 3:5) (   )
2. ○○를 믿지 않고 ○○를 좋아하는 모든 자들로 하여금 ○○을 받게 하려 하심이라. (살후 2:12) (   )
3. 환난을 받는 너희에게는 우리와 함께 ○○으로 갚으시는 것이 하나님의 ○○시니 주 예수께서 자기의 능력의 천사들과 함께 하늘로부터 불꽃 가운데에 나타나실 때에 (살후 1:7) (   )
4. 우리 하나님과 주예수 그리스도의 ○○대로 우리 주 예수의 이름이 너희 가운데서 ○○을 받으시고 너희도 그 안에서 영광을 받게 하려 함이라. (살후 1:12) (   )
5. 그러나 원수와 같이 생각하지 말고 ○○같이 권면하라. (살후 3:15) (   )
6. 우리주 예수 그리스도와 우리들 사랑하시고 영원한 ○○와 좋은 ○○을 은혜로 주신 하나님 우리 아버지께서 너희 마음을 위로하시고 모든 선과 일과 말에 굳건하게 하시기를 원하노라. (살후 2:16-17) (   )

"무엇을 하든지 말에나 일에나
주 예수 이름으로 하고
그를 힘입어 하나님 아버지께 감사하라." 〈골 3:17〉

15. 디모데 전서 (1 TIMDTHY)

1. 내용

디모데 후서, 디도서와 더불어 목회서신으로 나이든 바울이 믿음의 아들이요, 복음의 동역자인 디모데에게 보낸 첫 번째 보낸 옥중서신이다. 바울은 교회의 감독, 이단에 대한 경계, 직분자들의 자격, 교인들의 신앙 성숙 등 목회에 관한 여러가지 사항을 구체적으로 알려줌으로써 디모데로 하여금 주님의 좋은 목회자가 될 수 있도록 안내하며 교회의 질서를 세우는 데 초점을 맞추고 있다.

2. 배경

로마 제국의 3대 도시의 하나인 에베소가 주요 무대로 이곳은 아데미 신전 탓으로 아데미 숭배, 황제 숭배가 만연하였다.

바울이 2차 선교여행 때 교회를 설립하고 신실한 동역자요, 믿음의 아들 디모데에게 목회를 의뢰한 곳이다.

3. 흐름

크게 두 가지로 분류하면 목회원리에 대한 교훈(교리, 예배, 거짓 교사에 대해)과 목회 실천에 관한 교훈(교회질서와 목회자 자격에 대해)으로 구성됐다.

4. 목적

디모데에게 올바른 목회 지침을 제시하고 소아시아 지역에 난무하던 이단 시설을 경계하며 교회를 조직하고 성도를 바르게 양육하기 위해 기록됐다.

5. 본서에 나타난 하나님의 섭리

본서는 예배의 질서, 감독이나 남녀 집사 등 직분자의 자격 및 경건생활, 올바른 목회를 위한 교훈, 교회 행정과 교인들의 예우에 관한 문제, 성도의 양육 지침 등 교회 질서와 성도의 윤리적 문제를 주로 다룬다.

신앙의 참과 거짓은 하나님이 기뻐하시는 선과 삶의 열매를 맺느냐의 여부로 판명되는 것이다.

주어진 직분에 충실하며, 믿음에 근거한 바른생활 자세만이 거짓 교사와 거짓 교훈을 물리치는 힘임을 분명하게 가르치고 있다.

▣ 다음 설명을 읽고 보기에서 맞게 채우세요.

집사, 멍에, 괴수, 소망, 족보, 해산, 대속물, 금생, 온유, 담력, 중보자, 존귀

1. 부채나 속박 또는 죄의 상태로부터 자유롭게 해주기 위해 부담하는 댓가. 신약에서 이것은 철저히 죄인을 위해 자신의 몸을 희생하신 예수 그리스도의 죽음을 가리킴.
(딤전 2:6) (　　　　　)

2. 적이나 악인 앞에서 두려움이 없는 상태나 혹은 주의 복음을 전하는 데 있어 주저하거나 거침이 없이 당당하게 선포하는 자세. 겁이 없고 매우 용감스러운 기운.
(딤전 3:13) (　　　　　)

3. 사도바울은 불신자와의 결혼을 금하면서 이 표현을 사용. 소나 나귀 목에 얹어 수레 끄는 도구. (딤전 6:1) (　　　　　)

4. 마음이 부드럽고 행동이 친절함. 그리스도를 좇는 주의 백성은 마땅히 이같은 거룩한 품성을 본받아야 함. (딤전 6:11) (　　　　　)

5. 가장 좋은 일에 대한 기대. 성도들은 항상 이것 가운데 즐거워하라고 권면함.
(딤전 6:17) (　　　　　)

6. 사도 바울이 언급한 이것 논쟁은 거짓 교사들은 하나님과 인간 사이를 중재하는 중간 존재가 있음을 가정해 놓고 그 중에 '누가 천상의 존재와 가까이 있는가'를 따지며 언급함.
(딤전 1:4) (　　　　　)

7. 사도들을 돕는 자로서 봉사와 구제 사역을 감당하는 직분을 가리킴.(딤전 3:8) (　　　　)

8. 지위나 신분이 높고 귀함. 하나님과 예수그리스도를 묘사할 때 사용. (딤전 1:17) (　　　)

9. 예수 그리스도 한분만이 하나님과 인간 사이의 이것이라고 가르침. (딤전 2:5) (　　　　)

10. 악상의 우두머리. 사도바울 역시 유대 종교 지도자들로부터 죄인들 중의 이것으로 자처하며 겸손히 하나님께 영광을 돌렸다. (딤전 1:15) (　　　　　)

11. 성도에 있어 이것은 단순히 이 세상에서 숨 쉬며 살아가는 차원의 생명이 아니다. 예수그리스도를 믿음으로써 누리는 복된 삶의 의미. (딤전 4:8) (　　　　　)

12. 신약에서 '○○의 고통'은 급작스런 종말이 임함을 시사함. (딤전 2:15) (　　　　　)

디모데 전서 퍼즐

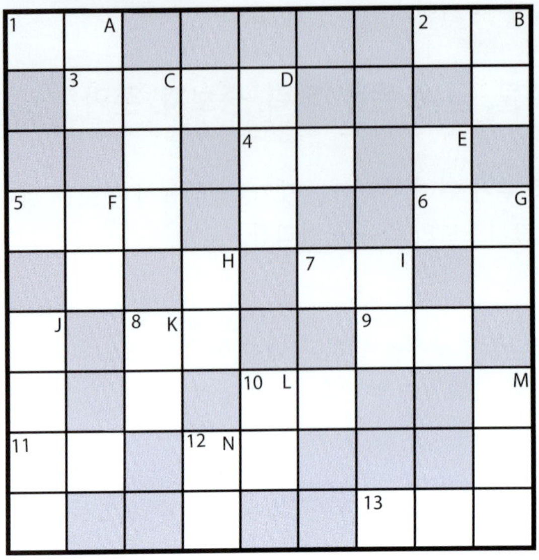

가 로

1. 다른 종교에서 개종하여 새 종교로 귀의하는 것. (딤전 3:6)
2. 불에 단 인두로 짐승이나 노예의 살갗에 찍은 흔적. 사도바울은 사악한 시대나 말세에 거짓 교사나 추종자를 이것 맞은 양심이라고 함. (딤전 4:2)
3. 이 말은 예수 그리스도에게 적용시켜 이 땅의 절대적 최고의 권위자는 오직 하나님 한 분이라는 신앙을 '만왕의 왕 ○○의 ○'라 함. (딤전 6:15)
4. 하나님의 은혜로 용서받은 죄인. 영생의 복락을 누리게 된 영화로운신 분. (롬 1:17)
5. '믿음이 없고 신뢰성이 없는 자'. 하나님을 향한 참 믿음을 소유한 신실한 성도에 대칭된 표현. (딤전 5:8)
6. 고요하고 조용함. 성경에서는 특히 남의 일에 쓸데없이 관여치 않고 자기 생활에 충실하는 것. (딤전 2:11–12)
7. 그 존재의 의미가 없을 정도로 망해 버림. 또는 그런 상태. (딤전 6:9)
8. 가난한 자들이나 어려움에 처한 이웃을 돕는 자선 행위나 구체적인 도움을 주는 행위. (딤전 5:10)
9. 하나님의 뜻을 거스르는 불경스럽고 신성 모독적인 제반 언행을 가리킴. (딤전 4:7)
10. 지나온 발자취. 개인의 인생 역정. 성경에서는 예수 그리스도의 생애(가르침)를 말함. (눅 1:2)
11. 다른 사람을 대신해서 하나님께 간구하고 청원하는 것. (딤전 2:1)
12. 죄와 사망의 권세로부터 완전히 해방된 구원과 자유와 생명을 일컫고 장차 임할 천국에서의 삶만 의미하지 않고 그리스도를 믿은 이후 이 세상에서도 소유하게 된 영원한 삶을 말함. (딤전 1:16)
13. 나쁘게 남을 헐뜯고 모독(조롱)과 폭언을 일삼는 자. (딤전 1:13)

세 로

A. 잘난 체하며 겸손하지 않고 방자히 행함. 성경에서 이것은 하나님의 은혜와 도움을 부인하는 최고의 범죄행위로 간주함. (딤전 6:4)
B. 참고 견딤. 성경에서는 하나님의 편에서 오래 참고 인간의 편에서 시련을 견디는 태도. 곧 어려움 가운데서 하나님의 능력을 기다리고 주를 대망하는 자세로 나타내는 말. (딤전 6:11)
C. 하나님은 우리의 생사화복을 주관하시는 ○○○이시다. (딤전 6:15)
D. 성경에서는 종말적 관점에서 심판의 날이라는 의미와 함께 주 예수께서 부활하신 날을 말함. (살전 5:2)
E. 시키는 대로 복종함. 그리스도의 본을 따르는 그리스도인들을 '○○의 자녀'라고 부름. (벧전 1:14)
F. 아주 오래된 옛날에 신들을 중심으로 꾸며진 이야기. 거짓 교사들에 의해 유포. 망령되고 허탈함. (딤전 4:7)
G. 받아들이고 수용하는 것. 성경에서는 단순히 상대방을 받아들이고 인정하는 것. (롬 2:4)
H. 방종에 빠지지 않도록 이성으로 감정을 조절하고 자기 자신을 다스리는 것. 술 · 언행을 주의하여야 함. (딤전 3:11)
I. 육체적 죽음보다 영적인 죽음을 뜻함. (딤전 6:9)

J. 대표적 도시로는 암비볼리, 네압볼리, 빌립보 데살로니가. 바울이 2~3차 선교여행 때 방문. (딤전 1:3)

K. 말을 잘하는 능력이나 재주. 복음을 훌륭하게 잘 전하는 언변을 가리킴. (삼상 16:18)

L. 사도바울이 이 세상에서 한시적으로 유익한 육체의 훈련과 비교하여 경건의 유익을 가르칠 때 사용. 죽음 이후 세상에서의 삶과 영원한 생명. (딤전 4:8)

M. 하나님의 백성이나 성도들을 핍박하는 자. (딤전 1:13)

N. '하나님께서 성령을 통해 주시는 지혜나 생각'. 성경은 하나님의 이것으로 기록됨. (딤후 3:16)

▣ 다음 성구를 채우고 묵상 하세요

1. 모든 사람을 위하여 ○○와 ○○와 ○○와 감사함으로 하되 (딤전 2:1) (   )

2. 하나님은 모든 사람이 구원을 받으며 ○○를 아는데 이르기를 원하시느니라. (딤전 2:4) (   )

3. 하나님은 한분이시요 또 하나님과 사람 사이에 ○○○도 한 분이시니 곧 사람이신 그리스도 예수라. (딤전 2:5) (   )

4. 하나님의 ○○과 ○○도 거룩하여짐이라. (딤전 4:5) (   )

5. ○○되고 허탄한 ○○를 버리고 경건에 이르도록 네 자신을 ○○하라. (딤전 4:7) (   )

내가 그리스도와 함께 십자가에 못 박혔나니
그런즉 이제는 내가 사는 것이 아니요
오직 내 안에 그리스도께서 사시는 것이라.
이제 내가 육체 가운데 사는 것은
나를 사랑하사 나를 위하여 자기
자신을 버리신 하나님의 아들을 믿는 믿음
안에서 사는 것이라. 〈갈 2:20〉

16. 디모데 후서 (2 TIMOTHY)

1. 내용

바울이 쓴 13 서신 중 마지막 서신이다. 죽음을 목전에 둔 자신의 지난 생을 회고하면서 믿음의 아들이며 복음의 동역자인 디모데를 향한 따뜻하고 애틋한 부성애가 담겨 있다.

바울은 복음과 함께 고난을 받으라는 권면과 전도자의 소명을 언급하며 말세에 나타날 현상을 대비하라고 충고한다. 디모데에게 어려운 시기가 닥쳐온다는 사실을 알려주며 적극적인 자세로 믿음의 선한 싸움을 격려한다.

2. 배경

에베소가 중심 무대로 네로의 대박해가 이어지던 시기로 바울은 감옥에 갇혀 죽음 직전에 놓여 있었고, 디모데 또한 목회자로서 믿음의 선한 싸움을 하던 시기이다.

3. 흐름

현재의 고난에 대한 인내(주의 말씀을 지키고 가르치며, 밤낮으로 복음에 충성하라), 미래의 고난에 대한 대비(주의 말씀에 거하고 전파하며, 믿음의 선한 싸움을 싸우라)로 구성됐다.

4. 목적

대박해로부터 교회를 보호하고 성도들을 위로하며, 목회자의 자세를 가르치기 위해, 그리고 개인적으로 디모데를 만나 믿음의 교체를 나누고 필요한 물건을 조달받기 위함이다.

5. 본서에 나타난 하나님의 섭리

그리스도의 재림에 대한 약속이 강조되며, 그리스도께서 다시 오신다는 사실이 부인할 수 없는 분명한 약속이기 때문에 바울은 수많은 고초를 겪으면서도 기쁘게 복음을 전파하고 주님의 교회를 세웠다.

이제 대박해 속에 믿음 가운데 낳은 아들 디모데가 감당하여 믿음의 선한 싸움을 할 것을 당부하며, 주님의 재림에 대한 확신과 믿음이 있을 것이라고 강조했다.

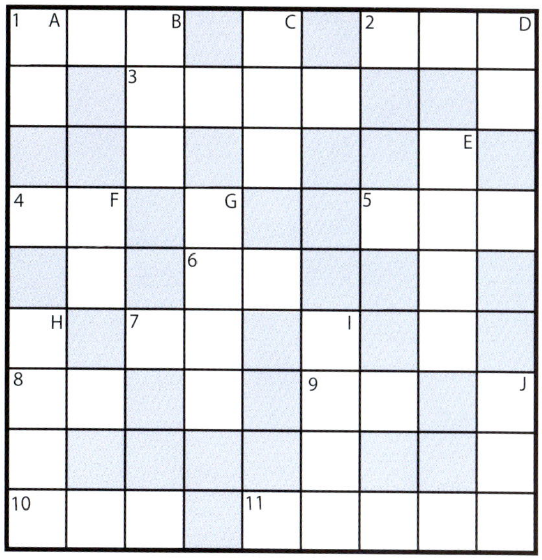

가 로

1. 감옥에 있는 바울을 버리고 떠나간 신실하지 못한 자. 바울과 사상이 맞지 않아 혹 죄인된 바울과 가까운 관계가 되는 것을 꺼렸음. (딤후 1:15)
2. 바울이 로마 감옥에 1차 투옥되었을 때 바울의 편지를 에베소와 골로새 교회에 전달 후 에베소 교회에서 사역함. (딤후 4:12)
3. 에베소에서 다소로 향하는 로마 가도 길목의 교통요지. 바울의 1~2차 선교여행의 주요 행선지. (딤후 3:11)
4. 하나님 앞에, 몸과 마음을 바쳐 감사와 찬송을 드리는 행위. (대상 16:36)
5. 좋은 소식. 성경에서는 하나님께서 인간 구원을 위해서 예수 그리스도를 통해 주신 기쁨의 소식. (롬 5:1)
6. 감옥에 갇혔던 베드로가 하나님의 기적적인 능력으로 옥에서 나와 마리아의 집 대문을 두드릴 때 영접했던 자. 마가요한의 어머니 마리아 집에 일하던 하녀. (행 12:13)
7. 깊이 동정하여 불쌍히 여김. 이것은 근본적으로 하나님의 속성으로 이것에 기초하여 죄인들을 용서하시며 구원하신다. (히 2:17)
8. 마리아의 아들. 바울과 바나바간의 충돌의 빌미를 제공했던 인물. 10년 후 로마 옥중에 있는 바울을 돕고 좋은 협력자가 된다. (딤후 4:11)
9. 이 사람은 장차 십자가에 달려 인류를 대속하실 예수그리스도를 대표하는 인물. (요 3:14)
10. 알렉산드리아 출신 아볼로에게 하나님의 말씀을 풀어서 가르쳐 주었으며 바울을 위해 자기 목이라도 내놓을 만큼 헌신적임. (딤후 4:19)
11. 바울이 옥에 갇힌 것을 부끄러워하거나 두려워하지 않고 보살펴 줌. 바울은 디모데를 권면하여 이 사람의 집에 문안하라고 할 정도로 그의 섬김을 귀하게 봄. (딤후 1:16)

세 로

A. 개인 · 사회 · 국가가 윤리 · 종교적으로 타락한 상태. 그래서 성경은 말씀과 경건을 따르라고 함. (딤후 3:8)

B. 헬라인 아버지와 유대인 어머니 유니게 사이에 태어난 외손자 디모데에게 경건한 믿음의 유산을 물려준 인물. (딤후 1:5)

C. 로이스의 딸로 불신 세계라 할 수 있는 헬라 사회에 믿음과 전통을 지킨 신실한 자의 표본. (딤후 1:5)

D. 온갖 수고와 고통과 어려움. 사탄이 지배하는 이 세상을 살아가는 성도에 있어서 이것은 피할 수 없는 현실. (딤후 1:8)

E. 남의 행복을 비는 일. 개혁 개정판에는 복으로 번역. (창 24:60, 롬 15 · 29)

F. 개인의 사적인 욕심이나 자기 이익만 차리는 욕심. (딤후 4:3)

G. 에베소 출신의 바울의 동역자. 바울은 자신이 로마로 향하던 중 이 사람이 병들어 고향 가까운 밀레도에 남겨 두었다고 마지막 서신에 술회하고 있다. (딤후 4:20)

H. 일루리곤주 남부지방. 사도바울이 전도했던 곳. 그레 데에서 사역을 마친 디도에 의해 복음됨. (딤후 4:10)

I. 로마의 한 주. 아시아 출신으로 그 이유는 알 수 없으나 바울의 노년에 바울을 배반하여 떠났다. (딤후 1:15)

J. 로마의 한 성도로서 사도 바울의 서신에서 디모데에게 문안한 사람. (딤후 4:21)

▣ **다음 설명을 읽고 보기에서 맞게 채우세요.**

> **루스드라, 알렉산더, 에라스도, 선포자, 글라우디아, 미쁨, 후메내오, 리노 얀네와얌브레, 안수, 승리자, 전제**

1. 부활이 이미 지나갔으며, 그리스도의 재림시 육체의 부활은 일어나지 않을 것이며, 망령되고 허탄한 말을 함부로 하다 바울에 의해 제명된 인물. (딤후 2:17) (　　　　　　)

2. 사도 바울이 아시아에 마물렀을 때 자기를 돕는 사람 중에서 디모데와 함께 마게도냐에 파견했었던 바울의 동역자. 그 후 고린도에서 복음 전파 사역을 담당함.
(딤후 4:20)　(　　　　　　)

3. 바울의 전도로 입교한 듯하며 바울의 2차 투옥 기간 중 바울을 보살핀 것으로 추정.
(딤후 4:21) (　　　　　　)

4. 유대인으로서 랍비 전승에 익숙했던 사도바울은 지난날 악인들의 모형인 이것을 통해 말세에 진리에 맞서는 자들, 곧 배교자나 건전한 가르침에 대적하는 거짓 선지자들의 실상을 지적함.
(딤후 3:8) (　　　　　　)

5. 바울을 크게 괴롭혔던 구리 세공인. (딤후 4:14) (　　　　　　)

6. 손을 얹고 축복하거나 죄의 전가 또는 은사나 권위가 주어지도록 기도하는 행위.
(딤후 1:6) (　　　　　　)

7. 안디옥과 이고니온에서 바울 일행의 사역을 훼방했던 유대인들은 이곳까지 쫓아와 바울을 괴롭혔는데 바울은 이들에게 돌을 맞아 실신하는 지경에 이름.
(딤후 3:11, 행 14:19-20) (　　　　　　)

8. 바울이 디모데이게 보낸 편지에서 안부를 물었고 로마 초대교회 감독으로 임명됨.
(딤후 4:21) (　　　　　　)

9. 하나님을 섬기는 자들의 헌신적인 봉사. 주를 위해 생명까지도 기꺼이 내놓을 수 있는 거룩한 희생을 상징. (딤후 4:6) (　　　　　　)

10. 성경에서는 복음을 전파하는 자나 하나님의 사역자에게 사용. (딤후 1:11) (　　　　　　)

11. 싸우거나 겨루기에서 상대방을 누르고 이기는 자. 종말에 생명의 면류관을 받음.
(딤후 2:5) (　　　　　　)

12. 믿음직하고 확실함. 성경에서는 하나님과 관련하여 언약을 끝까지 지키고 이루시는 신실한 분이심을 강조하는 말로 사용. (딤후 2:13) (　　　　　　)

▣ 다음 성구를 채우고 묵상해 보세요.

1. 하나님이 우리에게 주는 것은 두려워하는 마음이 아니요, 오직 ○○과 ○○과 ○○하는 마음이니. (딤후 1:7) (   )

2. 누구든지 이런 것에서 자기를 깨끗하게 하면 귀히 쓰는 ○○이 되어 거룩하고 주인의 쓰임에 ○○하며 모든 선한 일에 준비함이 되리라. (딤후 2:21) (   )

3. 경건의 ○○은 있으나 경건의 ○○은 부인하니 이같은 자들에게서 네가 돌아서라.
   (딤후 3:5) (   )

4. 모든 성경은 하나님의 ○○으로 된 것으로 ○○과 ○○과 바르게 함과 ○로 교육하기에 ○○하니. (딤후 3:16) (   )

5. 주께서 나를 모든 악한 일에서 건져내시고 또 그의 ○○에 들어가도록 구원하시리니 그에게 ○○이 세세무궁토록 있을지어다. 아멘!
   (딤후 4:18) (   )

내 형제들아 너희가 여러 가지 시험을 당하거든 온전히 기쁘게 여기라. 이는 너희 믿음의 시련이 인내를 만들어 내는 줄 너희가 앎이라. 인내를 온전히 이루라. 이는 너희로 온전하고 구비하여 조금도 부족함이 없게 하려 함이라. 〈야고보서 1:2~4〉

17. 디도서 (TITUS)

1. 내용

로마 감옥에서 1차로 석방된 뒤 네 번째 선교여행을 떠나게 되는데 디도와 함께 그레데섬을 방문하여 문제점을 파악하고 목회지침을 기록하며 전달한다. 이 서신은 사신 성격을 띠고 있지만 영생, 구원 등 교리적으로 매우 중요한 신학적 주제들과 장로의 자격, 거짓 교사를 향한 경고, 성도 양육에 필요한 지침, 성도들의 바른 대인관계와 사회생활을 위한 조언 등 실천적 측면이 조화롭게 기록됐다.

2. 배경

일찍부터 유대인들이 거주했던 지중해 해상 교통 · 군사 요충지인 그레데섬이 중요 무대이다. 주민들은 부도덕하고 거짓말 잘하는 자들로 로마 감옥에서 석방된 뒤 디도와 함께 이곳에서 전도사역을 했다.

3. 흐름

바른 교리 수호(교회의 질서에 대하여), 바른 교리의 실천(성도 양육 및 사회생활에 관하여)으로 꾸며졌다.

4. 목적

바른 신앙관을 정립하여 교회의 질서를 세우고, 영지주의를 비롯한 이단 사설들로부터 교회를 보호하며, 올바른 목회지침서를 제공한다. 어떻게 하면 성경 진리의 터전 위에서 주님의 진리를 잘 돌볼 것인가를 말해준다.

5. 본서에 나타난 하나님의 섭리

본 서신에는 선택, 영생, 구원, 예수그리스도의 신성, 그리스도의 재림, 중생, 칭의 등의 교훈들이 나타난다. 직분도 중요하고 교회를 조직하는 기술도 다스리는 능력도 중요하지만 우선시되는 것은 교회의 본질, 곧 교회의 머리 되신 그리스도와 그분의 구속 사역을 분명히 깨닫는 믿음이다. 목회는 바로 이 기초 위에 이루어져야 함을 가르친다.

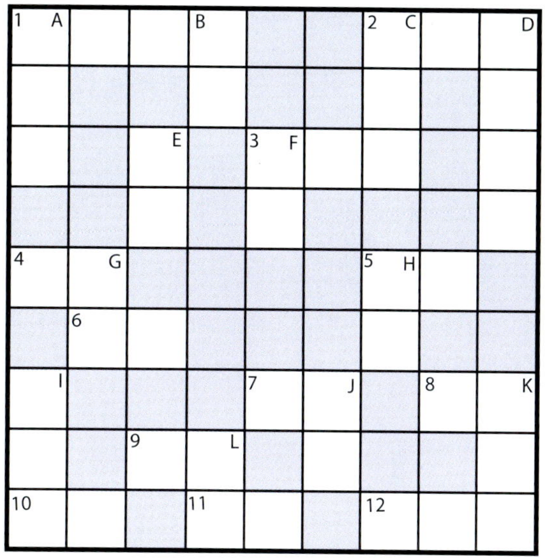

가 로

1. 사도바울은 선교여행 도중 이곳에서 겨울을 보내며 에피루스 복음화를 구상하고 디도의 동참을 기다린 것 같다. (딛 3:12)
2. 니고볼리에 있던 바울의 동료, 바울은 디도를 니고볼리로 데려오기 위해 이곳과 두기고를 디도에게 보내려 했다. (딛 3:12)
3. 감옥에 있던 바울을 버리고 떠난 자. 바울의 신실한 수종자 역할을 한 에베소의 오네시보로와 극명한 대조를 이룸. (딤후 1:15)
4. 방종에 빠지지 않도록 이성으로 감정을 조절하고 다스림. 주의 말씀을 좇고 하늘의 것을 소망할때 가능. (딛 2:2)
5. 권세나 위력, 혹은 개인적인 덕망이나 문벌 등으로 생겨난 사회 세력. (딛 2:15)
6. 구속받지 않은 상태. 성경에서는 '죄에서 놓여 구원받다'는 의미로 자주 사용. (롬 6:20)
7. 남을 헐뜯고 모독과 폭언을 일삼는 일. (딛 2:5, 딤전 1:13)
8. 겉으로만 착한 체함. 또한 겉치레로 보이는 선행.
9. 하나님의 입장에서 주로 사용되는 단어로 우상숭배와 관련하여 종종 언급됨. (딛 1:16)
10. 마음으로 바라는 바가 이루어지기를 하나님께 비는 일이나 그 의식. (살전 5:17)
11. 시련이나 역정을 견디는 성실이나 마음의 태도. 참고 견딤. (딛 2:2, 벧후 3:15)
12. 성경은 이 사람에게 순복하고 그들을 위해 기도하라고 권면함. 하나님은 인류의 ○○○이다. (딛 3:1)

세 로

A. 안디옥 교회의 선지자며 교사인 시므온의 라틴식 별명. (행 13:1)
B. 전승에 의하면 글라우디아의 아들로 바울과 베드로에 의해 로마 초대감독으로 임명받음. (딤후 4:21)
C. 알렉산드리아 출신의 유대인 학자. 바울이 개척한 고린도 교회에 큰 영향을 미쳤고, 그를 추종하는 분파가 생겨나기도 함. (딛 3:13, 고전 1:12)
D. 이곳 성도들은 예루살렘 성도들을 구제하기 위한 헌금을 했고, 바울이 이곳을 떠나 아가야로 갈 때 유일하게 그를 후원하기로 함. (빌 4:15)
E. 그레데 교회의 신자로 교법사, 바울은 디도에게 이 사람과 아볼로를 전적으로 후원 할 것을 당부. (딛 3:13)
F. 봉사, 섬김, 도움을 주는 것을 의미에서 ○○헌금을 가리킨다고 할 수 있다. (행 11:29)
G. 스승으로부터 가르침과 훈련을 받는 자. (마 13:52)
H. 권력과 세력 권위 권능 하나님과 관련하여서는 당신이 만드신 죄로 세계에 대한 보편적이고 영원한 지배력을 가리킴. (딛 3:1)
I. 성경은 교회 지도자인 감독은 하나님의 거룩한 일을 맡은 이것이라 했다. 신약시대 교회의 에라스도와 구사가 대표적임. (딛 1:7)
J. 유흥을 즐기고 흥청망청 하다는 의미. (딛 1:6)
K. 앞의 일을 내다보고 예견하는 사람. 하나님의 계시를 받고 예언하는 자. (딛 1:12, 벧전 4:3)
L. 자신이 직접 목격한 사건에 대하여 증언하기 위해 부름 받은 사람. (딤후 2:2)

▣ 다음 설명을 읽고 보기에서 맞게 채우세요.

디도, 긍휼, 정죄, 장로, 상속자, 전도, 그레데, 구원, 족보, 이단, 소망, 선행

1. 로마 감옥에서 1차 석방된 바울은 디도와 함께 이곳에서 복음 사역을 하였고, 당시 이곳 사람들은 게으르고 거짓말 잘하기로 유명함. 디도는 이곳에 남아 계속 복음 사역한 곳. (딛 1:5-14) (　　　　)
2. 초대 교회에서 교회를 다스리고 교인들을 양육하던 지도자. 교인들을 권면함.(딛 1:5) (　　　)
3. 죄와 사망의 권세로부터 건져내어 영원한 생명을 누리게 하는 행위. (딛 2:11, 롬 5:9) (　　　　)
4. 다정히 사랑하며 측은히 여김. 이것을 가장 극적으로 나타난 사건이 바로 죄인을 구원하기 위해 예수 그리스도께서 인간의 육신을 입으시고 이 땅에 오신 성육신사건이다. (딛 3:5-6) (　　　　)
5. 정통 학파나 종파에서 벗어나 다른 학설을 주장하는 일이나 교파. 복음 외에 다른 것을 쫓는 행위. (딛 3:10) (　　　　)
6. 착한행실. 성도의 생활 규범 중 하나로서 마땅히 할 본분이며 사랑에서 우러나와야 함. (딛 1:8, 2:14) (　　　　)
7. 사울이 전도하여 제자로 삼은 헬라인이자 바울의 복음 동역자로 '참아들'이라 부름. (딛 1:4) (　　　　)
8. 복음을 전파하여 불신자로 하여금 주님을 믿게 하는 일. 하나님께서 죄인들에게 복된 말씀을 전하기 위해 사용하시는 거룩한 방법. (딛 1:3) (　　　　)
9. 가문의 혈통 관계를 기록한 책. (딛 3:9) (　　　　　　)
10. 죄가 있다고 공식적으로 선언함. 칭의의 반대 개념이다. (딛 3:11) (　　　　)
11. 가장 좋은 일에 대한 기대. 성경에서 이것은 단순한 기대나 갈망이 아니다. 믿음과 신뢰를 가지고 하나님을 의지하는 것. (딛 1:2) (　　　　)
12. 재산이나 신분, 지위 등을 이어 받을 사람. 모든 성도는 남녀를 불문하고 그리스도 안에서 하나님 나라의 ○○○들이다. (딛 3:7, 히 1:2) (　　　　)

▣ 다음 성구를 채우고 묵상해 보세요.

1. 범사에 네 자신이 선한 일의 ○을 보이며 ○○에 ○○하지 아니함과 단정함과 책망할 것이 없는 바른 말을 하라. (딛 2:-7-8) (　　　　　　　　　　　　)
2. 그가 우리를 대신하여 자신을 주심은 모든 불법에서 우리를 ○○하시고 우리를 깨끗하게 하사. ○한 일을 열심히 하는 자기 백성이 되게 하려 하심이라. (딛 2:14) (　　　　　　)
3. 우리로 그의 ○○를 힘입어 ○○○하심을 얻어 ○○의 ○○을 따라 상속자가 되게 하려 하심이라. (딛 3:7) (　　　　　　　　　　　　)
4. 우리를 구원하시되 우리가 행한 바 의로운 행위로 말미암지 아니하고 오직 그의 ○○하심을 따라 ○○의 씻음과 성령의 새롭게 하심으로 하셨나니 (딛 3:5) (　　　　　　　)
5. ○○에 속한 사람은 한두 번 훈계한 후 멀리하라. (딛 3:10) (　　　　　　　)

18. 빌레몬서 (PHILEMON)

1. 내용

바울 서신 중 가장 짧은 서신으로 주인으로부터 도망쳐 로마법에 의해 사형에 처해질 수밖에 없는 오네시모를 너그럽게 용서하기를 당부하는 내용이다.

노예가 자신의 잘못을 깨닫고 다시 주인에게 돌아가는 노예를 그리스도인의 사랑으로 용서해 주고 형제처럼 받아들여 달라는 사랑과 화해의 메시지가 담겨 있다. 바울의 호소는 사랑만이 모든 허물을 용서할 수 있다는 교훈과 '서로 사랑하라'는 주님의 가르침이 내포되어 있다.

2. 배경

골로새 출신 빌레몬은 사도바울의 복음을 듣고 사역자가 되어 골로새 지역을 토대로 사역한 그 무대이다.

3. 흐름

빌레몬에 대한 칭찬, 오네시모를 위한 부탁, 빌레몬에 대한 약속과 축복으로 내용이 구성됐다.

4. 목적

주인 빌레몬에게서 도망친 노예 오네시모를 돌려보내면서 그를 용서하고 성도와 형제로 받아들이도록 부탁하며, 오네시모가 다시 복음의 일꾼으로 사역할 수 있도록 배려해 줄 것을 당부했다.

5. 본서에 나타난 하나님의 섭리

바울은 주인 빌레몬에게 오네시모를 보내면서 그를 용서하고 형제처럼 받아줄 것을 당부하며 빌레몬을 향해 하나님의 아들이신 그리스도께서 친히 세상에 오셔서 십자가를 지시고 돌아가신 것도 바로 우리와 같은 죄인을 사랑하셨기 때문임을 상기시킨다. 이런 주님의 사랑과 용서를 기억하고 오네시모를 기꺼이 받아들여 달라는 바울의 간청은 오늘날 화해보다는 분쟁이, 사랑보다는 미움이 범람하는 세상에서 우리 성도들이 어떤 정신으로 살아가야 할지 분명하게 보여준다.

빌레몬서 퍼즐

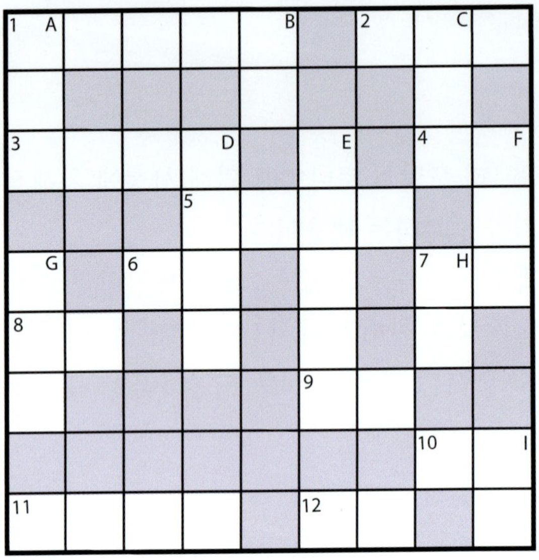

가 로

1. 유대교에서 기독교로 개종한 데살로니가 출신 마게도냐인으로 사도바울의 동역자로 선교 여행에 동행했고 아데미 숭배자가 소란을 일으킬 때 바울과 함께 연행됨. (몬 1:24, 행 19:28–29)
2. 바울을 통해 회심한 골로새 교회 지도자. 오네시모의 주인. (몬 1:1)
3. 바울이 죄수의 몸으로 배를 타고 로마로 압송되어 가던 도중에 좌초되어 상륙했던 멜리데 섬의 추장. 열병을 앓던 부친을 고쳐줌. (행 28:7)
4. 마음이 부드럽고 행동이 친절함. 그리스도를 좇는 주의 백성은 마땅히 이같은 품성을 지녀야 함. (마 11:29)
5. 사도바울 일행이 2차 선교여행 때 드로아에서 환상을 보고 유럽으로 건너가 당도한 성읍. (행 16:11)
6. 식물의 바늘처럼 뾰족히 돋아난 부분. 성경에서는 심히 교만하고 완악하여 항상 하나님과 대적하고 또 타인에게 영육 간에 상처를 입히는 타락한 인간을 상징. (호 10:8)
7. 마음으로 바라는 바가 이루어지기를 하나님께 비는 일이나 의식. (몬 1:4)
8. 어떤 사물의 모양이나 상태 등을 보다 효과적으로 표현하기 위하여 그것과 비슷한 다른 사물을 빗대어 표현하는 수사법.(마 13:18)
9. 예수께서는 최초의 순교로 인정. 가인은 자신을 돌아보지 않고 미움 가득한 마음으로 동생을 살해함. (창 4:8)
10. 가슴과 배. 아주 요긴하여 없어서는 안 될 사람이나 물건. 곧 심장과 같이 소중하고 사랑스러운 사람을 말하는데 바울이 빌레몬을 일컬어 사용한 말. (몬 1:12)
11. 바울의 동역자로 바울로부터 '그리스도 예수 안에서 나와 함께 갇힌 자'로 일컬어졌다. (몬 1:23)
12. '영혼', '마음'이란 뜻. 육체와는 따로 떨어져 있다고 생각되는 마음의 주체. (몬 1:25)

세 로

A. 골로새 교회의 교인으로 사도바울이 '우리와 함께 병사된 사람'이라고 부를 만큼 바울의 복음 전파사역에 힘써 동참했던 자. 책임 있는 사역자로 사역함. (몬 1:2)
B. 믿음으로 하나님의 존재와 권위를 인정하거나 자신이 범죄한 죄들을 인정하는 것. 사도신경이 바로 성도들의 전통적인 이것이다. (행 24:14)
C. 시칠리아섬에서 112km 떨어진 항구 도시. 사도바울 당시 로마인과 헬라인이 혼자 로마로 이송되어 가던 중 정박하기도 함. (행 28:13)
D. 옥중에 있던 바울을 만나 회심한 빌레몬의 종. (몬 1:10)
E. 마케도냐의 한 성읍으로 사도 바울은 2차 선교여행 중 이곳을 지나 데살로니가로 감. (행 17:1)
F. 고린도 교회에서 하나님을 공경했던 디도의 다른 이름. 바울이 유대인들로부터 방해받을 때 그를 잠깐 동안 회당 옆에 있던 자기 집에 머물게 함.(행 18:7)
G. 사도바울이 안부를 전한 골로새 교회 여성도 빌레몬의 아내이자 아킵보의 어머니. (몬 1:2)
H. 성경에서 하나님의 공의로운 심판. 예수님의 승천 등 때를 정하고 약속함. (시 75:2)
I. 하나님께서 인간 구원을 위해서 예수그리스도를 통해 주신 기쁨의 소식. (몬 1:13)

▣ 다음 설명을 읽고 보기에서 맞게 채우세요.

동역자, 마가, 불의, 데마, 위로, 순종, 영접, 간구, 승낙, 담력

1. 손님을 맞아 접대함. (몬 1:17) (　　　　　)
2. 고통을 씻어주고 마음을 즐거워함. (몬 1:7) (　　　　　)
3. 옳지 아니한 일. 사람의 도리에서 벗어난 일. 하나님과의 관계에서 하나님이 요구하시는 기준에서 벗어나거나 하나님을 대적하는 모든 행위. (몬 1:18) (　　　　　)
4. 겁이 없고 매우 용감스러운 기운. 주의 복음을 전하는 데 있어 주저하거나 거침없이 당당하게 선포하는 자. (몬 1:8, 딤전 3:13) (　　　　　)
5. 옥중에 갇힌 바울이 빌레몬과 골로새 교회에 편지할 때 문안한 성도들의 명단에 들어 있던 신실한 동역자였다. 말년에 세상을 사랑하며 바울 곁을 떠났다. (몬 1:24) (　　　　　)
6. 한 가지 목적을 가지고 함께 일하는 자. 바울이 이것으로 칭한 이는 디모데, 디도, 에바브로디도, 빌레몬, 마가, 아리스다고, 데마, 누가, 실라, 바나바가 있음. (몬 1:1) (　　　　　)
7. 시키는 대로 복종함. 그리스도께서는 하나님의 말씀에 전적으로 따르는 모범을 보여주심으로써 죄와 사망의 권세 아래 신음하고 있던 인류를 구원함. (몬 1:21) (　　　　　)
8. 사도바울은 오네시모를 자신의 조력자로 사용하기 전에 먼저 오네시모의 주인인 빌레몬에게 ○○을 당부함. (몬 1:14) (　　　　　)
9. 히브리식 본명은 요한 바나나의 조카. 10년후 로마 옥중에 있는 바울을 돕고 좋은 협력자가 됨. (몬 1:24) (　　　　　)
10. 구하는 것을 얻기 위해 강력하게 매달리다. (몬 1:9) (　　　　　)

19. 히브리서 (HEBREWS)

1. 내용

본서는 '신약의 레위기', '유대교에 대한 기독교의 변증서'라고 일컬어지며 구약적인 사상에 근거하여 기독교 복음의 우월성을 강조했다.

구약의 제사 제도와 희생제물, 대제사장의 직분을 언급하며 우리가 구원을 얻기 위해서는 오직 예수 그리스도만을 믿고 그분께 순종해야 한다고 가르치고 있다.

2. 배경

본 서신의 수신자는 기독교로 개종한 유대인들로 로마 제국 전역에 흩어져 살며, 도처에서 박해와 위협을 받고 있어 이들을 위로하고 격려할 목적으로 본무대는 로마 전역이다.

3. 흐름

그리스도의 탁월한 품성과 사역, 믿음의 대상이신 그리스도, 성도의 탁월한 믿음으로 구성됐다.

4. 목적

대다수의 유대 출신 성도와 소수의 이방 출신 성도들에게 기독교 신앙의 우수성을 변증하고 박해를 피해 다시 율법주의로 돌아가려는 성도들에게 믿음 안에서 인내하도록 격려하며, 구원을 얻기 위해서는 오직 예수 그리스도만을 믿고 그분께 순종해야 한다고 가르친다.

5. 본서에 나타난 하나님의 섭리

예수 그리스도야말로 구약의 제사와 제도를 완성하신 유일무이하신 대제사장이심을 가르치고 있고, 구약의 희생제물은 바로 십자가를 지시고 인류의 죄를 위해 하나님의 어린양으로 희생당하신 예수 그리스도의 모형이다.

성도는 그리스도를 통해 하나님께 단번에 나아가는 길이 열려 있기에 이제 성도는 구원의 은혜에 감사하는 찬미의 제사를 드릴 분이라고 가르친다. 오늘날 왜 구약 성경이 필요하고 그리스도께서 십자가를 지셔야 했는가를 묻는 성도들에게 참된 해답이 될 것이다.

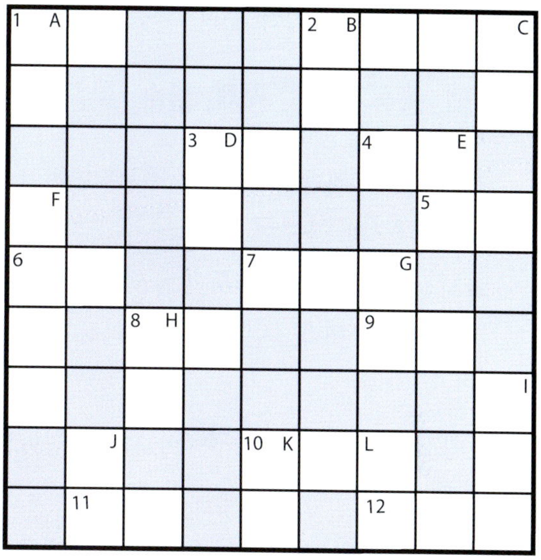

가 로

1. 조상이 난 땅이라는 뜻. 성경에서는 "이 세상 삶은 나그네의 삶이다" 라며 성도의 소망은 영원한 하늘나라의 ○○에 있음을 가르친다. (히 11:14)
2. 무의식중에 고의성이 없음을 강조하는 표현임. 개혁 개정에서는 몰래. (히 13:2)
3. '되돌려주다'는 뜻으로 성경에서는 이것의 주체는 하나님이시며, 각 사람에게 그 행한 대로 갚으시는 분으로 묘사됨. (히 2:3)
4. 하나님 앞에 몸과 마음을 바쳐 감사와 찬송을 드리는 행위. (대상 16:36)
5. 좋은 소식. 성경에서는 하나님께서 인간 구원을 위해서 예수 그리스도를 통해 주신 기쁨의 소식. (롬 5:1)
6. 때를 정하고 약속함. 성경에서 하나님의 공의로운 심판. 예수님의 승천 등에 사용. (시 75:2)
7. 시민으로 누리는 권리. 성경에서는 로마 제국에서 시민들에게 주는 자유권을 일컬음. (행 22:25-30, 빌 3:20)
8. 문자적으로는 차례, 순서, 서열을 의미. 예수 그리스도의 영원한 대세자장 직분은 신적 기원을 갖는 것으로서 멜기세덱의 계통을 따라 세워진 것을 가르치면서 이 표현을 사용. (히 5:6)
9. 허물없이 꾸짖는 것. (잠 27:5)
10. 구약시대의 마지막 선지자. 구약 성경의 마지막 책을 기록한 저자. (말 1:1)
11. 물건 특유의 형체나 생긴 모양, 성경에서는 하나님의 임재를 표현. 다른 물체 모방도 의미. (히 10:1)
12. 주로 종, 노예 신복 신하의 뜻으로 사용. 성경에서는 복음의 일꾼. 목회자에 사용. (히 1:7)

세 로

A. 모양, 형태, 외모. 성경에서는 예수 그리스도의 신적인 속성이나 거룩한 성품이 바로 하나님 자신임을 가르칠 때 사용. (히 1:3)
B. 죽은 자가 다시 생명을 얻어 되살아나는 것. 예수 그리스도의 이것이 대표적임. (히 6:2)
C. 이삭의 장님이자 야곱의 형인에서의 별명이며 그 후손들이 세운 나라. (창 36:1)
D. 권세 귀빈 통치자가 앉는 권위의 자리. 메시야와 관련 언급된 하나님의 우편도 해당. (히 2:2)
E. 남의 행복을 비는 일. 개혁 개정판에는 복으로 번역. (창 24:60, 롬 15, 29)
F. 살렘(이스라엘)의 왕이며 제사장, 부모도, 족보도, 출생일도 알 수 없고, 생명도 끝이 없어 신적 존재를 방불케 하는 자. (히 5:6-10)
G. 격려, 간청, 위로, 위안을 뜻하며, 특히 성도의 삶을 바르게 이끌어 가기 위한 도움을 의미. (히 3:13)
H. 신약에서는 구원의 확고부동한 기초가 되는 '그리스도'를 비유할 때 종종 사용하고, 예수께서 제자인 시몬에게 붙여주신 '베드로'는 이것을 가리킨다. (마 16:18)
I. 무엇을 처음 시작했거나 앞에서 인도하거나 혹은 다스리는 사람을 가르침. (히 2:10)
J. 똑같은 모양의 물건을 만들기 위한 틀. 히르비 기자는 지상의 제사 제도는 장차 하늘나라에서 행할 예배의 ○○이라 가르쳤음. (히 8:5)
K. 하나님께서 자신의 뜻과 계획과 목적을 인간에게 알리시고 또 섭리와 경륜에 따라 세계를 인도하시면서 그 목적하신 바를 성취시키는 데 사용하신 특수 수단. (히 1:3)
L. 기이하고도 경이로운 일. 주로 하나님의 거룩하신 뜻을 나타내고 불손종하는 자를 향한 경고의 의미로 사용. (히 2:4)

■ 다음 설명을 읽고 보기에서 맞게 채우세요.

경배, 동류, 선진, 광채, 골수, 확증, 관절, 경고, 피조물, 돌판, 이달리야, 완고

1. 뼈와 뼈를 연결하는 부분. 하나님의 말씀의 세밀하고 예리한 능력을 묘사할 때 비유. (히 4:12) (　　　　　)
2. 뼈의 중심부에 가득 차 있는 누런 빛. 성경에서 이것은 마음속을 가리키고 이는 하나님의 말씀의 위력이 뼛속 깊은 곳까지 철저하게 파고든다는 사실을 보여줌. (히 4:12) (　　　　　)
3. 눈부시고 찬란한 빛. 성경에서는 주로 하나님의 거룩하신 임재나 그분의 초월한 열광을 나타낼 때 사용. (히 1:3) (　　　　　)
4. 문자적으로 만들어진 것. 오직 이렇게 새로운 ○○○로 거듭나고 회복된 존재만이 하나님 앞에 담대히 나아가 교제를 회복할 수 있다. (약 1:18) (　　　　　)
5. 성경시대 로마제국의 국토 명칭. 황제 박해 때도 브리스길라와 이굴다가 이주함. (행 18:2) (　　　　　)
6. 같은 무리. 대개 같은 뜻과 같은 믿음을 가진 신실한 친구를 의미. (히 1:9) (　　　　　)
7. 구약 시대를 산 이스라엘 백성의 조상이나 신약교회의 장로를 가리킴. (히 11:2) (　　　　　)
8. 조심히 알리다. 경계하여 타이르다. 영육간에 깨어 있도록 충고하다. (히 11:7) (　　　　　)
9. 원래는 용광로에서 불순물을 걸러내어 순수한 금속을 뽑아내는 것. 성경에서는 시험 과정을 거쳐 믿음이 인정받는다는 의미. (히 2:3, 고후 13:5) (　　　　　)
10. 모세가 시내 산에서 하나님으로부터 받은 십계명이 기록된 두개의 판. (히 9:4, 출 24:12) (　　　　　)
11. 예배하다. 하나님만이 이것 받기에 합당하신 유일한 분이다. (히 1:6, 눅 4:8) (　　　　　)
12. 마음이 강박하고 목이 곧아 순종치 않는 상태. 성경에서는 하나님께 대한 적극적이고 지속적인 행위를 의미함. (히 3:15, 삼상 15:23) (　　　　　)

■ **다음 성구를 채우고 묵상하세요.**

1. 주께서 ○를 사랑하시고 ○○을 미워하셨으니 그러므로 하나님 곧 주의 하나님이 즐거움의 기름을 주께 부어 주를 ○○들보다 뛰어나게 하셨도다. (히 1:9)
   (　　　　　　　　　　　　　　　　　　)

2. 오직 오늘이라 일컫는 동안에 매일 피차 ○○하여 너희 중에 누구든지 죄의 ○○으로 ○○하게 되지 않도록 하라. (히 3:13) (　　　　　　　　　　　　　　　　　　)

3. 하나님의 ○○은 살아 있고 ○○이 있어 좌우에 날선 어떤 검보다도 예리하여, ○과 ○○ 및 관절과 골수를 찔러 쪼개기까지 하며, 또 마음의 생각과 뜻을 ○○하나니
   (히 4:12) (　　　　　　　　　　　　　　　　　　)

4. 한번 죽는 것은 사람에게 정해진 것이요. 그 후에는 ○○이 있으리니 (히 9:27) (　　　　)

5. ○○은 바라는 것들의 ○○이요 보이지 않는 것들의 ○○니 (히 11:1)
   (　　　　　　　　　　　　　　　　　　)

**믿음이 없이는 하나님을 기쁘시게 하지 못하나니
하나님께 나아가는 자는 반드시 그가 계신 것과
또한 그가 자기를 찾는 자들에게 상
주시는 이심을 믿어야 할지니라.** 〈히 11:6〉

20. 야고보서 (JAMES)

1. 내용

믿음으로 구원을 얻는 이신득의 사상에 기초하여 구원받은 자의 행위(삶), 곧 믿음의 실천적 측면을 강조한다. 또 믿음과 행위의 상관관계 곧 행함이 있는 믿음을 가르치고 예수 그리스도를 믿음으로써 구원을 받은 자들이 이 세상에서 믿는 자답게 살아가야 한다며 강조한다. 행함이 없는 자들을 향한 준엄한 경고와 질책도 한다.

2. 배경

예루살렘 교회를 섬기며 교회를 지도하던 야고보가 이스라엘과 로마 전역에 흩어져 살던 모든 유대 성도들에게 바른 신앙과 삶을 가르치기 위한 시대이다.

3. 흐름

그리스도인의 시련(시련당하는 믿음), 믿음과 행함(차별과 편벽금지), 믿음의 승리(소망 중에 인내, 믿음으로 간구, 형제를 돌봄)로 구성되었다.

4. 목적

로마지역에 흩어진 유대인 성도들에게 믿음과 행위의 상관관계와 실천적 삶의 중요성과 교훈적인 경고와 불의에 대한 질타, 공의에 대한 교훈을 가르친다. 가중되는 박해 중에도 믿음을 잃지 않고 인내하며 주의 재림을 대망하도록 격려한다.

5. 본서에 나타난 하나님의 섭리

예루살렘 교회뿐만 아니라 이방지역 어느 곳이라도 박해가 심했고, 황제 숭배가 만연해 늘 배교의 위험이 도사리고 있어 믿음으로 의롭게 된다는 이신칭의 사상은 오해를 불러일으켜 믿음만 강조될 뿐 믿음에 걸맞은 삶은 외면당하고 있었다. 그래서 믿음으로 의롭다 함을 얻고 구원의 은총을 입을 자들이 이 땅에서 어떻게 살아가야 할지를 가르친다.

구원은 믿음으로 받지만 그 믿음은 행위로 나타난다는 사실이다. 그리스도인으로 무늬만 그리스도인의 삶을 살아가고 있는지 다시 한 번 새겨보아야 한다.

▣ 다음 성구를 채우고 묵상해 보세요.

1. 너희 중에 누구든지 ○○가 부족하거든 모든 사람에게 후히 주시고 꾸짖지 아니하시는 ○○○께 구하라. 그리하면 주시리라. (약 1:5) (　　　　　　　　　　　　　　)
2. ○○을 참는 자는 ○이 있나니 이는 ○○을 견디어 낸 자가 주께서 자기를 사랑하는 자들에게 약속하신 생명의 ○○○을 얻을 것이기 때문이라.
(약 1:12) (　　　　　　　　　　　　　　　　　　　　　　)
3. ○○이 잉태한즉 ○를 낳고 죄가 장성한즉 ○○을 낳느니라. (약 1:15) (　　　　　　　)
4. 사람이 ○○이 있노라 하고 ○○이 없으면 무슨 ○○이 있으리요.
(약 2:14) (　　　　　　　　　　　　　　　　　　　　)
5. ○○이 없는 ○○은 그 자체가 죽은 것이라. (약 2:17) (　　　　　　　　　　　　　　)
6. ○○ 없는 몸이 죽은 것 같이 ○○이 없는 ○○은 죽은 것이니라. (약 2:26)
(　　　　　　　　　　　　　　　　　　)
7. ○○하게 하는 자들은 ○○으로 심어 ○의 열매를 거두느니라. (약 3:18) (　　　　　　　)
8. 주 앞에서 ○○○ 그리하면 주께서 너희를 높이시리라. (약 4:10) (　　　　　　　　　)
9. 믿음의 ○○는 병든 자를 ○○하리니 주께서 그를 일으키시리라. (약 5:15) (　　　　　　)
10. 하나님이 ○○한 자를 물리치시고 ○○한 자에게 은혜를 주신다. (약 4:6) (　　　　　)
11. 형제들아 서로 ○○하지 말라 그리하여야 ○○을 면하리라. 보라 심판주가 문 밖에 서 계시니라. (약 5:9) (　　　　　　　　　　　　　　　　)
12. 이제도 너희가 ○○한 ○○을 하니 그러한 자랑은 다 악한 것이라. 그러므로 사람이 ○을 행할 줄 알고 행하지 아니하면 죄니라. (약 4:16-17) (　　　　　　　　　　)
13. 너희가 얻지 못함은 구하지 아니하기 때문이요, 구하여도 받지 못함은 ○○으로 쓰려고 잘못 구하기 때문이라. (약 4:2-3) (　　　　　　)
14. 어떤 사람이 말하기를 너는 ○○이 있고 나는 ○○이 있으니 행함이 없는 네 믿음을 내게 보이라. 나는 행함으로 내 믿음을 네게 보이리라. (약 2:18) (　　　　　　)
15. 너희는 ○○을 행하는 자가 되고 듣기만 하여 자신을 ○○○자가 되지 말라.
(약 1:22) (　　　　　　　　　　　　　)
16. ○○을 행하지 아니하는 자에게는 긍휼 없는 ○○이 있으리라. 긍휼은 ○○을 이기고 자랑하느니라. (약 2:13) (　　　　　　　　　　　　　　)
17. 자유롭게 하는 온전한 ○○을 들여다보고 있는 자는 듣고 잊어버리는 자가 아니요, ○○하는 자니 이 사람은 그 행하는 일에 ○을 받으리라. (약 1:25)
(　　　　　　　　　　　　　　　　　　)

21. 베드로 전서 (1 PETER)

1. 내용

예수 그리스도의 수제자로서 로마 제국에서 시작된 박해의 불길이 소아시아로 번져, 신앙을 지키기 위해 온갖 고난과 박해에 직면해 있는 성도들에게 용기를 북돋워주고, 끝까지 인내하며 산 소망을 가질 것을 권면하기 위해 썼다. 이런 측면 때문에 '소망의 서신', '격려의 서신'의 별명이 있다.

2. 배경

소아시아의 본도를 비롯하여 갈라디아, 갑바도기아, 아시아, 비두니아 등이 중심 무대로 유대인들의 자손들이 예루살렘을 방문했다가 복음을 들었을 것으로 보고 각자 돌아가 교회를 세우고 섬겼을 것으로 본다.

3. 흐름

고난과 소망의 편지로 구성된 본서는 구원과 성결, 성도의 의무, 고난에 따른 각오와 자세로 꾸며졌다.

4. 목적

소아시아 전역에 흩어져 살고 있던 성도들에게 현재 당하고 있는 고난을 분명히 직시하도록 하고, 장차 닥쳐올 더 큰 고난을 견딜 수 있도록 구원과 영광을 소망케 함으로써 마침내 신앙의 승리를 이룰 수 있도록 하기 위함이다.

5. 본서에 나타난 하나님의 섭리

사도 베드로는 고난은 이 땅에서 나그네와 같은 삶을 살아가는 모든 성도들이 피할 수 없는 과정임을 가르치고, 이 고난과 연단을 통해 능히 믿음과 승리를 이룬 자들만이 하늘 영광을 누리게 될 것을 가르친다.

그러면서 예수께서도 우리 위해 육체의 고난을 겪으셨으며, 이런 고난을 몸소 체험하신 주님께서 주님을 위해 고난당하는 자들의 사정과 형편을 아시고 능히 도와줄 것을 상기시킨다.

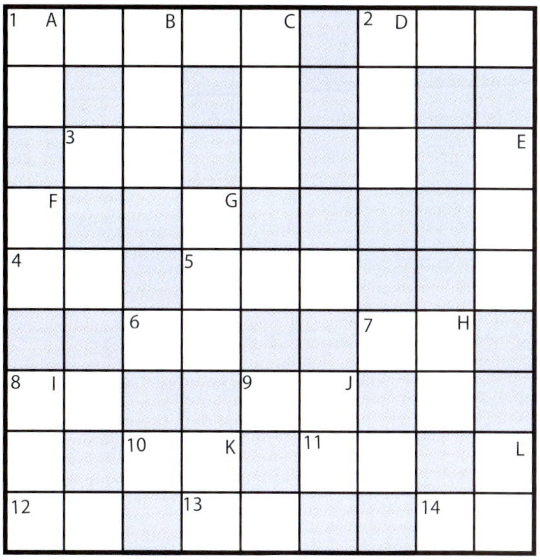

가 로

1. 오순절 성령 강림시 베드로의 설교를 듣고 신자가 된 사람들 중에는 이곳 출신 디아스포라 유대인들도 있었음. 소아시아 동부의 주. (벧전 1:1)
2. 상징적으로는 교회의 기초석이신 그리스도를 가리키는데 '모퉁이의 ○○○'로 표현됨. (벧전 2:7)
3. 사도요한의 제자 파피아스에 의하면 바울의 사후 로마에서 사도베드로의 통역을 맡은 것으로 전해진다. (벧전 5:13)
4. 다른 사람을 대신해서 하나님께 간구하고 청원하는 일. (딤전 2:1)
5. 오순절 성령강림 역사를 통해 예루살렘을 순례한 이곳 출신 디아스포라 유대인들에 의해 일찍부터 복음이 전파되었다. (행 2:11, 딛 1:5)
6. 무게를 측정하는 단위. 돈의 단위로도 사용. 신약에서는 '므나'로 변역됨. (겔 45:12)
7. 마음이 부드럽고 행동이 친절함. 그리스도를 쫓는 백성은 마땅히 이같은 거룩한 품성을 본 받아야 함. (벧전 3:15)
8. 죄 가운데 영원히 죽을 수밖에 없는 죄인들을 능히 구원해 주신 생명의 그리스도를 가리키는 사도 베드로의 특유의 표현. (벧전 2:4)
9. 제련으로 번역되고, 성경에서 고난과 환난과 장계로 이루어지는 이것이 가져다주는 유익은 정결하게 만들어주고, 소망을 이루고, 선악을 분별케 하고 의의 평강의 열매를 맺게 함. (벧전 4:12)
10. 몸과 마음을 삼가서 조심함. 자기를 반성하고 자제하며 말과 행동을 주의하고 삼가는 자세로서 성도가 가져야 할 품성의 하나. (벧전 1:13)
11. 쾌락을 추구하는 욕구. 절제하고 감각적인 욕망, 부패한 욕망은 결국 부패와 죄악을 초래. (벧전 2:11)
12. 헛되고 무익한 것. 하나님의 뜻을 거스르는 불경스러운 것. (히 12:16-17, 출 20:7)
13. 속임, 거짓, 미끼를 던져 유인하는 간교한 행위나 속임수를 일컬음. (벧전 2:1)
14. 예수께서는 ○○ 이전 우주와 세계가 존재하기 전부터 성부 하나님과 함께 계심. (벧전 1:20)

세 로

A. 적과 싸울 때 창검이나 화살로부터 신체를 보호하기 위해 입은 방어용 군복. (벧전 4:1, 대하 26:14)
B. 신약 당시 구제와 봉사로 많은 사람들의 칭송을 받은 욥바 출신 여성이 병으로 죽었으나 사도 베드로에 의해 소생함. (행 9:36-42)
C. 브리스길라의 남편으로 바울을 만나 복음 사역을 도왔고 자기 집을 교회로 사용케 함. (고전 16:19)
D. 이것을 단장하는 데 지나치게 많은 정열을 기울이거나 온갖 장식물로 요란하게 치장하는 것은 바람직하지 않는 것으로 지적됨. (마 10:30)
E. 임시로 거주하는 외국인. (벧전 2:11)
F. 흑해에 인접한 주 훗날 사도 바울이 사역하지 않은 이 지역에서 복음을 전한 것으로 추정. 이곳에 흩어진 유대인들에게 베드로 전서를 보냄. (벧전 1:1)
G. 하늘나라를 본향으로 하고 이 땅을 살아가는 성도의 신분을 상징. (벧전 2:11)
H. 성경에서는 상속재산, 땅, 소유라는 뜻. 영적으로 '천국'을 가리킴. 대대로 물려받는 사업. (벧전 1:4, 히 11:9)

뒷면에 계속

I. 무한하고 항상 새로우며 또 그 자체가 이미 강한 생명력을 가진 소망. (벧전 1:3)

J. 단순히 용모가 깔끔한 차원이 아니라 경건한 두려움과 깊은 존경을 내포한 말로 그리스도인의 절제와 질서 있는 태도를 일컬음. 교회 직분자에게 요구되는 덕목임. (딤전 3:2)

K. 하나님에 속한 뜻으로 그리스도의 신적인 능력에 대해 사용됨. (벧후 1:3)

L. 예수 그리스도의 부활 승천 이후 재림하기까지의 모든 기간 신약시대는 넓은 의미에서 이것이라 함. (벧전 1:20)

▣ **다음 성구를 채우고 묵상해 보세요.**

1. 그리스도인으로 ○○을 받으면 부끄러워하지 말고 도리어 그 이름으로 하나님께 ○○을 돌리라. (벧전 4:16) (   )
2. 서로 대접하기를 ○○없이 하고 각각 ○○를 받은 대로 하나님의 여러가지 ○○를 맡은 선한 ○○○ 같이 서로 봉사하라. (벧전 4:9-10) (   )
3. 모든 육체는 풀과 같고 그 모든 ○○은 풀의 꽃과 같으니 풀은 마르고 꽃은 떨어지되 오직 주의 ○○은 세세토록 있도다. (벧전 1:24-25) (   )
4. 건축자들이 버린 그 돌이 모퉁이의 ○○○이 되고 (벧전 2:7) (   )
5. 오직 너희를 부르신 거룩한 이처럼 너희도 모든 ○○에 거룩한 자가 되라. (벧전 1:15) (   )
6. 예수를 너희가 보지 못하였으나 사랑하는도다. 이제는 보지 못하나 믿고 말할 수 없는 ○○스러운 즐거움으로 기뻐하니. (벧전 1:8) (   )
7. 너희가 전에는 양과 같이 길을 잃었더니 이제는 너희 ○○의 목자와 ○○되신 이에게 돌아왔느니라. (벧전 2:25) (   )
8. ○에서 떠나 ○을 행하고 ○○을 구하며 그것을 따르라. (벧전 3:11) (   )
9. 선을 행함으로 ○○받는 것이 하나님의 뜻일진대 악을 행하므로 ○○받는 것보다 나으리라. (벧전 3:17) (   )
10. 악을 악으로, 욕을 욕으로 갚지 말고 도리어 ○을 빌라 이를 위하여 너희가 부르심을 받았으니 이는 ○을 이어 받게 하려 하심이라. (벧전 3:9) (   )
11. 친히 나무에 달려 그 몸으로 우리 ○를 담당하셨으니 이는 우리로 ○에 대하여 죽고 ○에 대하여 살게 하려 하심이라. 그가 채찍에 맞음으로 너희는 나음을 얻었나니. (벧전 2:24) (   )
12. 무엇보다도 뜨겁게 서로 ○○할지니 ○○은 허다한 죄를 덮느니라. (벧전 4:8) (   )

22. 베드로 후서 (2 PETER)

1. 내용

교회에서 일어나는 거짓 선생들의 위험성을 경고하는 메시지를 담고 있다. 재림의 지연으로 교회 내부에서 선동하는 거짓 교사와 거짓 교훈에 어떻게 대처할지 교훈하고 있다. 재림이 더딘 이유, 재림을 준비하는 자의 바른 삶, 재림에 대한 소망과 확신을 가르치면서 끝까지 믿음 가운데 인내하여 신앙의 승리를 이루도록 추구하며 믿음 위에서 흔들리지 말 것을 권면한다.

2. 배경

본 서신도 전서와 마찬가지로 로마의 박해와 더불어 교회내부의 이단자나 거짓 교사들과 힘겨운 영적 전투를 치러야 하는 소아시아 전역이 무대이다.

3. 흐름

경고와 확신이 담긴 본서는 기독교 진리와 그 보존(성도의 덕목), 거짓 선생에 대한 교훈(이단에 대한 경고), 그리스도의 재림의 확인(약속과 소망)의 주제가 담겨 있다.

4. 목적

당시 교회를 혼란하게 만들던 각종 이단 사상의 실체를 확인하고, 그들의 미혹을 경계시켜 성도들을 믿음의 바른 터 위에 세우며, 기독교 진리의 토대 위에 바른 기독론과 종말론을 확신토록 하기 위함이다.

5. 본서에 나타난 하나님의 섭리

예수그리스도의 성육신과 신성을 부인하고, 윤리 도덕적 삶까지 부정하는 그들의 행태는 성도들의 신앙에 중대한 도전이 되었다.

그리스도의 재림이 지연되어 성도들도 신앙이 흔들리고 있어 베드로는 그리스도의 재림이 아직 이루어지지 않는 것은 모든 사람을 구원하시기 위한 그리스도의 풍성한 사랑 때문임을 상기시키면서, 재림은 갑작스레 이루어지기 때문에 항상 깨어 준비하는 자세로 살 것을 촉구한다.

▣ 다음 성구를 채우고 묵상해 보세요.

1. 주 앞에서 ○도 없고 ○도 없이 ○○ 가운데서 나타나기를 힘쓰라.
   (벧후 3:14) (   )

2. 하나님과 우리 주 예수를 ○으로 ○○와 ○○이 너희에게 더욱 많을지어다.
   (벧후 1:2) (   )

3. 주의 ○○은 어떤 이들이 더디다고 생각하는 것 같이 더딘 것이 아니라 오직 주께서는 너희를 대하여 오래 참으사 아무도 ○○하지 아니하고 다 ○○하기에 이르기를 원하시느니라.
   (벧후 3:9) (   )

4. 너희가 더욱 힘써 너희 믿음에 ○을, 덕에 ○○을, 지식에 ○○를, 절제에 ○○를, 인내에 ○○을, 경건에 ○○○○를, 형제우애에 ○○을 더 하라.
   (벧후 1:5-7) (   )

5. 주께는 ○○가 천년 같고 천년이 ○○ 같다는 이 한 가지를 잊지 마라.
   (벧후 3:8) (   )

6. 그러므로 형제들아 더욱 힘써 너희 ○○○과 ○○○을 굳게 하라. 너희가 이것을 행한 즉 언제든지 ○○하지 아니하리라. (벧후 1:10) (   )

7. 우리는 그의 약속대로 ○가 있는 곳인 새 ○○과 새 ○을 바라보도다.
   (벧후 3:13) (   )

8. 먼저 알 것은 성경의 모든 ○○은 사사로이 풀 것이 아니니 ○○은 언제든지 사람의 ○으로 낸 것이 아니요, 오직 성령의 ○○하심을 받은 사람들이 하나님께 받아 말한 것임이라. (벧후 1:20-21) (   )

▣ 관련성의 퍼즐

1. 베드로 전서와 베드로 후서의 관련성 중 공통된 단어를 사용하였으며 ○○의 홍수를 베드로전서에서는 세례의 상징으로, 베드로후서에는 ○○의 사건으로 인용했으며
   (   )

2. 주의 날이 ○○ 같이 온다는 내용(마 24:43, 벧후 3:10)이 있으며 (   )

3. 바울 서신과의 관련성 중에는 사람을 ○으로 비유한 것(롬 6:16, 벧후 2:19) 등으로 예수님을 목격한 것과 바울의 신앙적 깊이가 비슷하다는 것을 알 수 있다. (   )

23. 요한 1서 (1 JOHN)

1. 내용

신학 사상을 체계화한 바울 사상과 믿음의 행실을 강조한 야고보 사상을 그리스도의 사랑으로 조화시킨 서신이다. 일명 '사랑과 변증의 서신'으로 불리며 예수님의 사랑받던 제자 사도요한에 의해 씌어졌다.

이단사상 곧 영지주의 사상을 배격하며, 기독교 사상을 체계 있게 변증하는 동시에 형제 사랑의 실천을 통해 그리스도 교회를 온전히 보전하고, 하나님의 참사랑 정신이야말로 모든 거짓 지식을 극복할 수 있는 참된 지식임을 가르친다.

2. 배경

사도요한이 말년에 에베소에서 목회하면서 영지주의 이단이 난무한 소아시아 일대의 교회를 중심으로 성도들을 지도한 것으로 보인다.

3. 흐름

사랑과 사귐의 편지인 본서는 교제의 근거와 목적(교제의 조건의 유익 이단경계), 교제의 특징과 실천(교제의 특성, 사랑의 실천, 마지막 권면)으로 하나님을 바로 알고 하나님과 바른 교제를 하도록 가르친다.

4. 목적

믿음을 강화시키고 사도적 복음에 머물 것을 권면하므로 교회 내의 참된 신자들을 단련시키는 것이 목적이다.

5. 본서에 나타난 하나님의 섭리

예수 그리스도의 성육신을 부인하는 자는 거짓말하는 자요, 이단이라고 정의한다. 성도는 이단을 경계할 뿐만 아니라 성도 간에, 이웃 간에 피차 사랑하여 그리스도로부터 받은 사랑을 몸소 실천할 것을 당부한다.

주님으로부터 말로 다할 수 없는 사랑을 받았으니 그 사랑을 나누며 살라는 요한의 가르침은 사랑이란 말처럼 흔한 말도 없지만 정작 참사랑을 찾아보기 어려운 이 시대에 다시 한 번 되새겨 보아야 할 소중한 교훈이다.

■ **다음 성구를 채우고 묵상해 보세요.**

1. ○ 가운데 있다 하면서 그 형제를 ○○하는 자는 지금까지 ○○에 있는 자요.
(요1 2:9) ( )

2. 하나님을 사랑하는 것은 이것이니 우리가 그의 ○○을 지키는 것이라. 그의 ○○들은 무거운 것이 아니로다. (요1 5:3) ( )

3. 또 아는 것은 하나님의 아들이 이르러 우리에게 ○○을 주사 우리로 참된 자를 알게 하신 것과 또한 우리가 참된 자 곧 그의 아들 예수 그리스도 안에 있는 것이니 그는 참 하나님이시요 ○○이시라. (요1 5:20) ( )

4. 예수 그리스도께서 육체로 오신 것을 ○○하는 ○마다 하나님께 속한 것이요. 예수를 ○○하지 아니하는 영마다 하나님께 속한 것이 아니니. 이것이 곧 적 그리스도의 영이니라.
(요1 4:2-3) ( )

5. 누구든지 하나님을 ○○하노라 하고 그 형제를 ○○하면 이는 거짓말하는 자니 보는 바 그 형제를 ○○하지 아니하는 자는 보지 못하는 바 하나님을 ○○할 수 없느니라.
(요1 4:20) ( )

6. 자녀들아 우리가 ○과 ○로만 사랑하지 말고 ○함과 ○○함으로 하자.
(요1 3:18) ( )

7. 이 세상도 그 ○○도 지나가되 오직 하나님의 ○을 행하는 자는 영원히 거하느니라.
(요1 2:17) ( )

8. 그가 빛 가운데 계신 것 같이 우리도 ○ 가운데 행하면 우리가 서로 ○○이 있고 그 아들 예수의 ○가 우리를 모든 ○에서 깨끗하게 하실 것이요.
(요1 1:7) ( )

9. 누구든지 그의 말씀을 지키는 자는 하나님의 ○○이 참으로 그 속에서 ○○하게 되었나니 이로써 우리가 그의 안에 있는 줄을 아노라.
(요1 2:5) ( )

10. 너희가 그가 ○로우신 줄을 알면 ○를 행하는 자마다 그에게서 난 줄을 알리라.
(요1 2:29) ( )

11. ○○하는 자들아 우리가 서로 ○○하자 ○○은 하나님께 속한 것이니 ○○하는 자마다 하나님으로부터 나서 하나님을 알고 ○○하지 아니하는 자는 하나님을 알지 못하나니 이는 하나님은 ○○이심이라. (요1 4:7-8) ( )

12. 누구든지 예수를 하나님의 ○○이라 ○○하면 하나님이 그의 안에 거하시고, 그도 하나님 안에 거하느니라. (요1 4:15) ( )

24. 요한 2서 (2 JOHN)

1. 내용

예수 그리스도의 인성 곧 그분의 완전한 성육신을 강력히 부정하는 영지주의 자들이 교회에서 활동하던 때로, 그들로 인해 사상적 혼란을 겪는 성도들에게 그 위험성을 경고하고 믿음의 형제된 성도들 서로간의 뜨거운 사랑을 권고한다.

2. 배경

요한이 말년에 에베소에서 목회에 전념했음을 볼 때 에베소 주변의 소아시아 일대로 본다. 당시 소아시아 일대에 흩어져 있는 교회와 성도들을 상대로 보낸 것으로 보인다.

3. 흐름

진리와 사랑의 서신인 요한 2서는 계명의 실천(문안인사, 진리를 행함, 사랑의 실천)과 이단의 경계(거짓 교훈, 거짓 선생을 피함, 마지막 인사)로 나눠져 있다.

4. 목적

영지주의 이단 사상을 퍼트리는 순회 거짓 전도자들의 그릇된 가르침을 경계하고 사랑을 실천함으로써 진리 안에 거하도록 하며 자신의 방문을 알리기 위함이다.

5. 본서에 나타난 하나님의 섭리

이단들이 난무하는 상황에서 요한은 성도들에게 '진리와 사랑 가운데 행하라'고 촉구하며, 예수 그리스도의 성육신과 신성이 부인되던 시기에 신앙관을 바로 세우는 게 필요해 '사랑을 진리 가운데 행하라'고 권면했다.

이는 진리는 예수 그리스도의 가르침이요 사랑은 예수 그리스도의 생에 전체를 아우르는 말이기에, 주의 사랑으로 구원받고 주의 말씀으로 가르침을 받고 살아가는 우리들의 자세를 본서를 통해 다시 한 번 새겨 보아야 한다.

"너희 염려를 다 주께 맡기라. 이는 그가 너희를 돌보심이라." 〈벧전 5:7〉

▣ 다음 성구를 채우시고 묵상해 보세요.

1. 미혹하는 자가 세상에 많이 나왔나니 이는 예수 그리스도께서 ○○로 오심을 ○○하는 자라 이런 자가 미혹하는 자요 ○○○○○니 (요2 1:7) (　　　　　　　　　　　　　　　　)

2. 지나쳐 그리스도의 ○○ 안에 거하지 아니하는 자는 다 하나님을 모시지 못하되○○ 안에 거하는 그 사람은 아버지와 아들을 모시느니라. (요2 1:9) (　　　　　　　　　　　　)

▣ 관련성의 퍼즐

예수님의 핵심적인 세 제자 가운데 한 사람인 사도 요한은 세례 요한을 통해 예수님의 제자(요 1:35)요 사도로 부름을 받고서 활동하였으며, 예수님의 최측근 제자로서 예수께서 야이로의 딸을 살리실 때(막 5:37, 눅 8:51)와 예수님을 거절한 사마리아에 불을 내려 멸망시킬 것을 예수께 요청할 정도로 성격이 불같아(눅 9:54) 그 일로 '보아너게'라는 별명도 얻었다.
최후의 만찬에서 예수님의 품에 의지했고(요 13:25), 예수님이 못 박히실 때 십자가 아래서 그 광경을 목격하기도 했으며(요 19:26-27), 예수님 부활 후 그 빈 무덤을 목격했을 뿐 아니라(요 20:2-10) 갈릴리 바다에서 부활하신 주님을 뵈었다(요 21:1~7).
오순절 성경 강림후 시작된 초대교회에서 베드로와 함께 활동했고(행 3:12, 4:22, 8:14-17), 그는 요한복음과 요한 1~3서를 기록했으며 밧모 섬으로 유배되었을 때 ○○ ○○○을 썼다.
(　　　　　　　　　　　　　　　　　　　　)

그는 자신을 '예수를 사랑하는 자'로 묘사했는데(요 13:23:21:20) 그같은 주님의 사랑으로 인해 인격과 성품이 변화되어 '○○의 사도'라 일컬어질 정도로 ○○의 메신저로 교회를 섬겼다(요1 2:9-10, 3:14~18, 4:7-8, 20). (　　　　　　　　　　　　　　　　　　　　)

요한 1서, 요한 2서, 요한 3서에서 ○○이라는 단어로 채워져 있을 정도로 사도 요한은 주님께서 가르쳐주신 헌신적인 이것을 그대로 실천하는 삶을 살았고, 밧모 섬에서 나와 에베소에서 숨을 거두었다고 전해진다. (　　　　　　　　　　　　　　　　　)

"형제를 미워하는 자마다 살인하는 자니 살인하는 자마다 영생이 그 속에 거하지 아니하는 것을 너희가 아는 바라" 〈요한1서 3:15〉

25. 요한 3서 (3 JOHN)

1. 내용

순회 전도자를 통해 복음이 전파되는 귀중한 자료 서신으로 진리 안에 거하는 자와 진리를 벗어난 자를 비교함으로써, 성도들이 진리 안에 머무는 것이 얼마나 복되고 가치 있는 일인가 깨우쳐 주고 있다.

본서는 초대교회 당시 땅 끝까지 복음을 확산시키는 데 큰 몫을 담당한 순회 복음 전도자들에 대한 성도들의 자세를 다루고 있다.

2. 배경

에베소와 그 인근에 흩어진 소아시아 지역의 서머나 버가모, 두아디라, 사데, 빌라델비아, 라오디게아 등이 중심 무대로 파송 전도자들과 함께한 이야기로 회람 서신이다.

3. 흐름

진리와 칭찬의 서신으로 문안 인사와 서두(사도의 사랑, 기도, 기쁨), 서신을 기록한 목적(칭찬과 권면, 책망), 끝인사(추천, 작별인사)의 내용으로 구성됐다.

4. 목적

순회 전도자(데메드리오)의 보고를 접한 사도 요한이 가이오의 선한 행정과 진리 안에 거한 사실을 칭찬하고, 그에 비해 순회 전도사를 배척한 디오드레베의 그릇된 행실을 본받지 말도록 권고하기 위함이다.

5. 본서에 나타난 하나님의 섭리

본서에는 가이오라는 사람이 순회전도자를 환영하고 극진히 영접함으로써 복음을 전파하는 데 일조했지만, 디오드레베는 오히려 교회의 지도자 위치에 있으면서도 복음 사역을 방해하고 대적하였다. 지금도 헌신적으로 복음 사역을 하는 자가 있는 반면 복음 사역에 해를 끼치는 자도 있다. 우리가 어떤 신앙인으로 살아야 하는지 단적으로 잘 보여준다.

▣ **다음 성구를 채우고 묵상해 보세요.**

1. 사랑하는 자여 ○한 것을 본받지 말고 ○한 것을 본받으라. ○을 행하는 자는 하나님께 속하고 ○을 행하는 자는 하나님을 뵈옵지 못하였느니라. (요3 1:11) (   )

2. 사랑하는 자여 네 ○○이 잘됨 같이 네가 ○○에 잘되고 ○○하기를 내가 ○○하노라. (요3 1:2) (   )

3. 우리가 이같은 자들을 ○○하는 것이 마땅하니 이는 우리로 ○○를 위하여 함께 일하는 자가 되게 하려 하심이라. (요3 1:8) (   )

4. 내가 내 자녀들이 ○○안에서 행한다 함은 듣는 것보다 더 ○○일이 없도다. (요3 1:4) (   )

● 본 서신은 신약성경에서 가장 짧은 분량으로 이루어져 있지만 순회 전도자를 통해 복음이 전파되던 당시의 교회사를 연구하는 데 훌륭한 자료를 제공해 줄 뿐만 아니라 간략하지만 사료적 가치가 매우 높다.

▣ **본 서신에 대조적인 세 사람이 나온다. 맞게 연결하세요.**

1. 디오드레베 ●	● A. 그리스도인을 형제처럼 잘 대접했던 요한 3서의 수신자 (요한 3서 1:1)
2. 가이오 ●	● B. 사도 요한이 칭찬한 신실한 성도로 요한 3서를 가이오에게 전달한 인물로 추정 (요한 3서 1:12)
3. 데메드리오 ●	● C. 가이오가 속한 교회의 사람으로, 사도요한을 대적하고 요한이 파송한 자를 박대하며, 접대하려는 성도들까지 쫓아낸 악인이었다. (요한 3서 1:9-10)

부가 정보

본 서신은 짧지만 대조를 이뤄 그리스도인의 삶과 악행을 보여준다. 순회전도자를 진리와 사랑으로 접대한 모범적 지도자 가이오에 대한 칭찬을 담고 있는 반면에 요한은 진리와 사랑으로 행치 않는 디오드레베의 악행을 지적하면서 신앙의 경계를 삼도록 당부한다.

26. 유다서 (JUDE) 71

1. 내용

요한 서신이 이단의 거짓 교훈을 경계하도록 촉구한다면 본 서신은 이보다 훨씬 강렬하게 이단의 행동을 책망한다. 초기교회에 나타난 이단들의 그릇된 가르침에 대해 책망하며 비극적 결말을 경고한다. 이러한 경고는 성도들로 하여금 바른 교훈에 굳게 설 것을 권면하며, 믿는 자들에게 올바른 진리의 터 위에 굳게 서서 경건한 믿음의 삶을 살며, 영적 나태함이 얼마나 위험한지, 그리고 매일 무엇을 선택하며 또 무엇을 위해 싸워야 하는지 일깨워준다.

2. 배경

당시 구원의 은총을 입고 살아가는 하나님의 백성과 각 지역에 흩어진 교회들로 예루살렘, 이스라엘, 그리고 소아시아 유럽 등 복음이 전파된 팔레스타인 주변 지역들이 본서의 주요 무대이다.

3. 흐름

짧지만 이단을 경고하고 책망하는 수준은 거의 규탄 수준에 이를 만큼 강도가 높은 배교에 대한 심판의 서신으로 편지의 대상과 목적, 배교에 대한 경고와 권고, 성도에 대한 권면으로 구성됐다.

4. 목적

당시 이단사상을 퍼뜨려 교회를 혼란하게 만들던 거짓 선생들의 활동상을 고발 · 경고함으로써 성도들에게 바른 교훈에 서도록 하고, 배교의 역사를 들춰냄으로써 배교의 실상을 파악하며, 배교자의 말로를 소개함으로써 배교가 지닌 위험성을 깨우쳐 준다.

5. 본서에 나타난 하나님의 섭리

영지주의자들은 영혼을 거룩하나 육신은 부정하다는 이원론적 사상을 가진 부도덕한 자들도 많았다. 유다는 이들을 가리켜 '짐승 같은 자'로 규정하고 과거 육체의 쾌락을 즐기다 멸망한 자들과 같은 심판, 곧 무시무시한 불심판에 처해질 것이라 경고하고 이전 악한 시대를 살아가는 성도들에게 날마다 깨어 있으라며 진리 가운데 굳게 서기를 촉구한다.

▣ 다음은 유다서에 나오는 인물과 지명 관계된 낱말이다.

설명을 읽고 보기에서 맞게 채우세요.

야고보, 애굽, 패역, 수치, 미가엘, 결박, 가인, 모세, 에녹, 애찬, 발람, 아담, 고라, 경건, 정욕, 소돔과고모라

1. 율법의 기록자며 대선지자로 구약을 대표하는 인물. (유 1:9) (   )
2. 행동을 제어하기 위해 몸이나 두손을 묶음. (유 1:6) (   )
3. 신약성경 유다서에는 모세의 시체를 지키기 위해 사탄과 논쟁하는 천사상으로 언급됨. (유 1:9) (   )
4. 가인의 첫아들, 그는 사는 날 동안 노아와 마찬가지로 하나님과 동행하는 삶을 살고 그는 믿음을 통해 하나님이 이 사람에게 죽음을 경험시키지 않고 옮기심. (유 1:14) (   )
5. 하나님께서 불순종하며 끝까지 회개치 않고 고집 부리는 사악한 자를 칭함. (유 1:11) (   )
6. 성경에서 이곳은 아브라함 때부터 이스라엘 역사상 큰 도움이 되기도 했고 또 위협적인 존재가 되기도 함. 성경 문학적으로는 '우상의 나라', '실패의 장소'로 상징됨. (유 1:5) (   )
7. 부끄러움, 양심에 거리끼거나 수줍어하는 감정. (유 1:13) (   )
8. 성경에서 형제를 미워한 대표적인 인물, 사탄에게 속한 전형적 악인으로 표현됨. (유 1:11) (   )
9. 예수님의 육신의 동생(행 12:17)이자 유다의 형제. (유 1:1) (   )
10. 거짓교사의 표본이자 치명적인 영향을 끼치는 이단자의 상징적인 이름이요, 또 사악한 우상숭배자로 지목됨. (유 1:11) (   )
11. 초대교회 성도들이 주의 만찬(예배, 성찬식) 후에 깊은 사랑의 교제를 나누기 위해 가졌던 공동식사로 그리스도 안에서 형제애를 나눈다는 점에서 사랑의 잔치로 부름. (유 1:12) (   )
12. 최초 인류로 이 사람은 사망을, 그리스도는 생명을 가져왔다. (유 1:14) (   )
13. 신약성경 유다서 저자는 산채로 땅속에 묻혀 죽은 이 사람과 그 일당의 죄악을 상기 시키며 믿음의 경각심을 고취시키고 있음. (유 1:11) (   )
14. 공경하는 자세로 삼가고 조심함. 성경에서는 하나님께 예배하는 것처럼 살아가는 믿음의 자세를 가리킴. (유 1:15) (   )
15. 성경시대부터 오늘에 이르기까지 타락과 부패, 사악과 심판의 상징으로 경각심을 주는 곳. (유 1:7) (   )
16. 이성에 대한 강렬한 성적 욕망, 끊임없는 욕구를 뜻함. (유 1:16) (   )

예언서란?

신약 성경은 마지막인 요한계시록은 예언서로 저자 사도 요한이 예수 그리스도의 계시(1:1)라고 밝혔다.

계시는 열어 보인다는 뜻으로, 즉 지금까지 감추었던 어떤 것을 밝힌다는 것으로 더 정확히 말해서 앞서 알려지지 않았던 신적 사건에 대한 하나님의 진리의 밝힘이다.

요한계시록은 "이는 하나님이 그에게 주사 반드시 속히 일어날 일들을 그 종들에게 보이시려고 그의 천사들 그 종 요한에게 보내어 알게 하신 것이라"고 하였다.

이 예언서는 특별히 이 땅에 그리스도의 통치가 실현되는 것을 반대하고 거부하는 수많은 시도가 사탄에 의해 반복되고 증가할 것을 강조한다.

또 이러한 갈등을 명백히 밝힘으로써 결국 악의 세력이 전멸되고 그리스도의 영원한 왕국이 성취될 것을 선언한다.

이 예언서의 핵심사상은 새 하늘과 세상, 승리자이신 예수 그리스도의 재림, 심판의 공의로움과 엄준함이다. 요한 계시록 끝 절에 "내가 진실로 속히 오리라 하시거늘 아멘 주 예수여 오시옵소서"처럼 성경을 공부하는 사람들은 예수님 재림의 징조들을 재림 나팔 소리로 듣고 주님 오시기를 기다리다가 주님이 오시는 날 부끄럽지 않게 맞이하였으면 한다.

27. 요한 계시록 (REVELATION)

1. 내용

유대 묵시묵학적 기법과 전형적인 상징주의를 활용한 본서는 인간과 온 우주의 과거 · 현재 · 미래를 담고 있다. 예수 그리스도께서 재림하실 때에 발생할 인류 미래의 사건들을 보여주는 신약성경 유일의 예언서이다.

세상의 마지막 때까지 하늘과 땅에서 무슨 일이 일어날 것인지를 많은 상징적 숫자들과 환상적 역할을 하고 구원역사의 찬란한 종말을 예견해주는 소망의 책이자 복된 미래가 언급된 은혜의 책이다.

2. 배경

사도 요한이 밧모섬에서 환상을 보고 기록한 계시의 말씀을 적어 보낸 소아시아의 일곱 교회. 에베소, 서머나, 버가모, 두아디라, 사데, 빌라델비아, 라오디게아 지역의 주요 무대이다.

3. 흐름

영광과 승리를 담은 책으로 과거(주예수), 현재(일곱교회), 미래(심판의 주, 일곱인, 나팔, 일곱 대접, 다시 오심, 새 예루살렘) 3단락으로 구성됐다.

4. 목적

로마제국의 기독교 박해가 한창이던 상황에서 예수 그리스도의 영광스러운 통치와 최종 승리를 확신시켜 줌으로써 신앙의 정절을 지켜나가고 주예수의 재림을 끝까지 소망하기 위함이다.

5. 본서에 나타난 하나님의 섭리

위기 상황에 놓인 교회와 성도들을 위해 하나님은 계시를 통해 악인의 영원한 파멸과 종말을 보여주며, 시험을 참고 견딘 신앙의 선배들이 거하는 영화롭고 존귀한 새 예루살렘의 모습도 보여준다. 불같은 고통을 이기고 승리한 자들이 참여하게 될 영원한 새 예루살렘의 영광은 현재의 고난과는 비교할 수 없으며 위로와 격려, 넘치는 은혜와 소망이 본 서신의 주제이다.

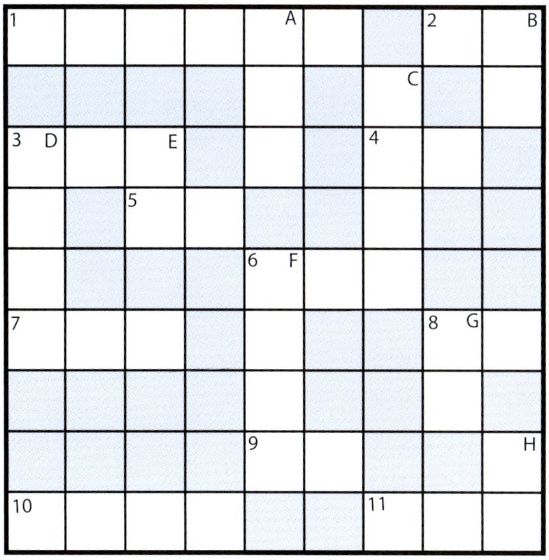

가 로

1. 처음과 나중, 완전함, 충만함, 전 존재 등을 상징. 성경에서 하나님 자신 또는 예수 그리스도를 가리키는 신의 명칭으로 사용. (계 1:8)
2. 성소의 향단에서 피어오르는 연기, 이는 성도의 기도와 함께 하늘 성전에 바쳐지는 성도들의 희생으로 묘사. (계 8:4)
3. 예수 그리스도를 믿음으로 구원을 약속받은 하나님의 자녀들의 이름이 기록되어 있는 영생의 책. (계 13:8)
4. 사도 요한은 마지막 때에 하나님의 나라와 그 나라 백성을 대적할 사탄의 세력에 빗대어 '곡과 ○○'을 언급함. (계 20:8)
5. 하나님의 뜻을 거스르는 불경스럽고 신성모독적인 제반 언행. (히 12:16–17)
6. 사도 요한은 무저갱에서 올라온 천사 곧 '사탄'을 가리켜 '○○○'이라고 함. (계 9:11)
7. 불순종의 영들 곧 사탄과 그의 졸개들이 들어가 영원히 벌 받을 형벌의 장소로 소개되기도 함. (계 20:1)
8. 이곳에는 키벨레 여신의 밀의 종교가 성행했는데, 많은 기독교인들이 이 우상에 빠졌다. 그래서 소아시아 일곱 교회 가운데 '살았으나 죽은 교회'라는 책망을 받음. (계 3:1)
9. 조금도 부족함이 없고 흠이 없으며 완벽하고 완성된 상태. (히 7:25)
10. 기독교 신앙의 자유를 율법주의와 영은 선하고 육은 악하다고 가르쳐 도덕 폐기론을 주장하며 방종과 음행에 빠지게 한 이단 집단. (계 2:6)
11. 발람의 교훈을 지키는 자들과 니골라 당의 교훈을 지키는 자들 등 여러 이단들이 성행하여 교회를 혼란케 했다. 이 교회 성도는 순교를 당하면서도 끝까지 순교를 지켰다. (계 2:12)

세 로

A. 신약시대에 이 직명이 구세주 예수를 가리키는 데 쓰이면서부터 ○○○, 곧 그리스도 예수라는 고유명사로 자리 잡게 됨. '기름 부음 받은 자'의 뜻. (요 4:25)
B. 용광로의 뜨거운 불같은 시험을 통해 단련된 굳건한 믿음을 가리키는 상징적 표현. (계 3:18)
C. 묵시 문학적으로 이 세상 끝난 모든 악의 세력이 대격전을 치를 인류 최후의 전장으로서 악의 세력이 처참하게 멸망당할 장소임. (계 16:16)
D. 신약에는 구원받아 죄악을 이긴 성도들에게 ○○○○의 열매가 주어진다는 약속. 열두 과실을 달마다 맺으며 그 나무의 잎은 만국을 소생시키는 힘이 있다고 묘사. (계 2:7)
E. 잘못을 들어 꾸짖음. (계 2:4)
F. 사도 요한이 본 계시 중에 다섯 번째 환상에 나오는 황충의 왕 이름임. (계 9:11)
G. 하나님의 백성과 교회를 지키고 보호하는 일을 함. 하나님이 보내신 선지사. (계 1:20)
H. 사도요한이 18개월 동안 이곳 섬에 유배되어 채석장에 노역하던 중 주일 아침에 하나님의 계시를 받고 요한 계시록을 기록했다고 함. (계 1:9)

"미움은 다툼을 일으켜도 사랑은 모든 허물을 가리느니라." 〈잠 10:12〉

▣ 다음 설명을 읽고 보기에서 맞게 채우세요.

참소자, 빌라델비아, 서머나, 무지개, 이세벨, 검은말, 안디바, 무저갱
두아디라, 라오게디아, 붉은 말, 빛난 주석

1. 두아디라 교회를 성적 문란과 영적 타락에 빠지게 한 여선지자로 거짓 선지자. (계 2:20) (   )
2. 초대교회 당시 소아시아 지방 버가모 교회의 순교자로서 '그리스도의 충성된 증인'이라는 명예로운 별칭을 지니고 있음. (계 2:12-13) (   )
3. 노아 대홍수 후 다시는 물로 세상을 심판하지 않겠다는 하나님의 언약의 표시. 종종 평화, 하나님의 영광을 상징. (계 4:3) (   )
4. 기독교 순교자들이 배출되기도 했으며, 요한계시록에는 이곳 성도들이 모든 환난을 잘 이겨낸 충성된 자들이라고 칭찬함. (계 3:7-13) (   )
5. 이곳 교회에 있는 성도들은 사랑과 믿음. 섬김과 인내로 칭찬받을 만했지만 이세벨로 불리는 음란한 여선지자의 이방제사를 용납하는 자들이 있어 책망받음. (계 2:18-21) (   )
6. 사람들의 죄를 하나님께 항상 고발하여 구원을 방해하는 사탄의 별명. (계 12:10) (   )
7. 종말에 있을 최후의 불심판과 지옥들을 상징. (계 9:2) (   )
8. 이곳 교회는 박해를 받은 일이 없고 이단사상에 영향을 받거나 시달린 일도 없는 평온한 교회였다. (계 3:14-17) (   )
9. 평화를 파괴하는 전쟁 중 살상으로 인한 피 흘림, 혹은 기독교 박해로 인한 순교의 피 흘림을 상징함. (계 6:4) (   )
10. 전능하신 하나님이 모든 악의 새략과 그 계획을 완전히 쳐부수는 것을 상징. (계 2:18) (   )
11. 이 교회는 부유한 도시였지만 서머나교회는 가난했다. 하지만 주님은 그들이 실제로는 부유한 자라고 칭찬 환난과 궁핍, 사탄의 사주를 받은 유대인 무리의 비방에도 불구하고 신앙을 지킨데 대해서 칭찬을 하시고 죽기까지 충성하면 생명의 면류관을 주시겠다는 약속 받은 교회. (계 2:8-10) (   )
12. 심한 불경기와 기근의 결과가 빚은 비참한 현실을 암시함. (계 6:5) (   )

십계명

1. 너희 하나님은 나 야훼다. 바로 내가 너희를 이집트 땅 종살이 하던 집에서 이끌어낸 하나님이다.

2. 너희는 내 앞에서 다른 신을 모시지 못한다. 너희는 위로 하늘에 있는 것이나 아래로 땅 위에 있는 것이나, 땅 아래 물속에 있는 어떤 것이든지 그 모양을 본떠 새긴 우상을 섬기지 못한다.

3. 그 앞에 절하며 섬기지 못한다. 나 야훼 너희의 하나님은 질투하는 신이다. 나를 싫어하는 자에게는 아비의 죄를 그 후손 삼대에까지 갚는다. 그러나 나를 사랑하여 나의 명령을 지키는 사람에게는 그 후손 수천 대에 이르기까지 한결같은 사랑을 베푼다.

4. 너희는 너희 하나님의 이름 야훼를 함부로 부르지 못한다. 야훼는 자기의 이름을 함부로 부르는 자를 죄 없다고 하지 않는다. 안식일을 기억하여 거룩하게 지켜라. 엿새 동안 힘써 네 모든 생업에 종사하고 이렛날은 너희 하나님 야훼 앞에서 쉬어라. 그날 너희는 어떤 생업에도 종사하지 못한다. 너희와 너희 아들딸, 남종 여종뿐 아니라 가축이나 집 안에 머무는 식객이라도 일을 하지 못한다. 야훼께서 엿새 동안 하늘과 땅과 바다와 그 안에 있는 모든 것을 만드시고 이레째 되는 날 쉬셨기 때문이다.
   그래서 야훼께서 안식일을 축복하시고 거룩한 날로 삼으신 것이다.

5. 너희는 부모를 공경하여라. 그래야 너희는 너희 하나님 야훼께서 주신 땅에서 오래 살 것이다.

6. 살인하지 못한다.

7. 간음하지 못한다.

8. 도둑질하지 못한다.

9. 이웃에게 불리한 거짓 증언을 못한다.

10. 네 이웃의 집을 탐내지 못한다.
    네 이웃의 아내나 남종이나 여종이나 소나 나귀 할 것 없이 네 이웃의 소유는 무엇이든지 탐내지 못한다.

☞ 「출애굽기」·「신명기」에 따르면 하나님이 시내 산에서 모세에게 십계명을 계시하고, 이것을 2개의 돌판에 새겨 주었다고 한다.

1. 창세기

생	명	나	무		므	두	셀	라
기			지	면		발		
			개			가	인	
소	명			유		인		
돔		방		다	말			
과		주	재		씀		두	마
고	센		앙					므
모				여	호	와	이	레
라	멕			둘			삭	

▣ 서로 관계되는 것을 연결하시오.

1.C 2.D 3.B 4.A

▣ 다음 설명을 보기에서 찾으시오.

1.드라빔 2. 브니엘 3. 르우벤 4. 유다 5.에브라임
6. 할례 7. 셋 8.브엘세바 9. 요셉 10. 라헬

2. 출애굽기

생	명	의	속	전		요	게	벳
			죄				르	
			제	단			솜	
십	보	라			므			메
계		암		미	리	암		추
명		셋			바			라
			규	빗		메	뚜	기
만			례					
나	일	강		우	림	과	둠	밈

▣ 다음 설명을 보기에서 찾으시오.

1.관유 2.악성종기 3.모세 4.우슬초 5.살구꽃
6.여호와닛시 7.거울 8.에봇 9.보응
10.판결 흉패

▣ 구약시대 하나님께 드리는 4대 제사 방법을 서로 연결하시오.

1.C 2.D 3.B 4.A

▣ 관계되는 것을 연결하시오.

1.D 2.C 3.A 4.B

3. 레위기

동	해	보	복	법			나	답
족		리		궤			팔	
	회				초	막	절	
	막				실			자
아			무	교	절			원
사	형		교			서	원	제
셀			전	제				
	유	출	병			아	비	후
	향					론		

▣ 구약시대 하나님께 제사하는 이스라엘 5대 제사 종류와 목적을 연결하시오.

1.D 2.E 3.B 4.A 5.C

4. 민수기

	상	번	제				네	
		제		발		도	피	성
지	성	물		람			림	
방			모			호		
		호	세	아		르	우	벤
여		밥		각		산		
호	멜		공				수	르
수		보	물			세		비
아	모	리			아	벨	싯	딤

▣ 다음 설명을 보기에서 찾아 넣으세요.

1.갈렙 2.가데스 3.살구열매 4.소금언약
5.호르마 6.언약궤 7.미리암 8.나실인
9.므리바 10.성회 11.낙헌제 12.바알 브올
13.아비람 14.여호와의사자 15.고스비 16.비느하스

▣ 민수기에 나오는 산 이름을 서로 연결하시오.
1.C 2.D 3.A 4.B

5. 신명기

여	리	고			에	드	레	이
수					돔			적
룬		벳	브	올				
	맛		올		비	스	가	
잇	사	갈			느		데	
					하		스	올
긴			욧		스		바	
네	겝		바	산			네	
렛			다		호	세	아	

▣ 족속 이름 찾기
1.경계표 2.브리스 3.여부스 4.그술 5.마아갓
6.다단 7.아낙 8.암몬 9.에서 10.왕벌

▣ 아자(字) 단어 찾기
1. 아라바 2.아로엘 3.아르곱 4.아르논
5. 아비람 6.아세라 7.아드마

▣ 산 이름 서로 연결하기
1.C 2.F 3.D 4.B 5.A 6.E

6. 여호수아

야	살	의	책		아	낙		국
	르			악	사			고
	가	사		십		아	이	성
아		하	솔			간		
스		수		라	합		아	납
글		마	길				도	
론			르	홉			니	
	메	바	앗				세	일
	롬			아	골		덱	

▣ 여호수아 당시 각 나라 왕이다. 서로 연결하시오.
호함(헤브론), 요밥(마돈), 야비아(라기스),
야빈(하솔), 드빌(에글론), 아도니세덱(예루살렘)

▣ 다음에서 찾아 넣으세요.
1.아간 2.옷나엘 3.엣 4.율법책 5.아골 골짜기
6.우박 7.붉은줄 8.목 9.세겜 10.철병거

7. 사사기

구	산	리	사	다	임			이
원				아			루	스
자	비			낙	헌	제		르
	라	이	스		신		야	엘
압	돈		엡					
박		사		여	호	와	살	롬
		사		룹			문	
음	행			바	락		나	팔
	악			알				

▣ 사사기에 나오는 12사사를 맞게 고르시오.
1.C 2.G 3.B 4.H 5.D 6.J
7.I 8.L 9.K 10.F 11.A 12.E

8. 룻기

①F12,F11,F10 ②E3,D4,C5,B6,A7 ③D7,E6
④I1,H2,G3,F4 ⑤A2, B1 ⑥L1,M2,N3 ⑦K3,L4,M5
⑧G4,H4,I4,J4 ⑨G8,H7,I6,J5 ⑩K5,J6,I7,H8,G9
⑪K7,L6,M5 ⑫C8,D9 ⑬B12,C11,D10
⑭D13,E13,F13,G13 ⑮H10,I11,J12,K13 ⑯M12,L13
⑰N8,M9 ⑱J9,K10

▣ 번호를 찾아 넣으세요.
(1)8 (2)12 (3)11 (4)6 (5)9 (6)5 (7)7 (8)1 (9)10
(10)13 (11)16 (12)15 (13)18 (14)17 (15)3 (16)2

9. 사무엘 상

엘	가	나			아	비	나	답
리		발	디		비		욧	
	기				가	드		아
아	스	돗		야	일			말
벡			에	셀				렉
	르	우	벤		미		둠	
길			에	베	스	담	밈	
보			셀		바			미
아	둘	람					길	갈

▣ 다음 보기에서 찾아 아래 설명하는 것을 찾으세요.

1.행동 2.은총 3.우레와 비 4.아비아달 5.생명
6.길갈 7.시글락 87.이가봇 9.중심 10.길보아

10. 사무엘 하

베	다		게	셀				방
레			바		야	살	의	책
스	루	야			베		향	
웃		영	문		스			
사	독		신		길	르	압	
	주	님			르		살	룩
밧					앗		롬	
세				세				
바	후	림		바	르	실	래	

▣ 다음 보기에서 괄호에 채우세요.

1.여디디야 2.그술 3.그룹 4.나곤 5.오벧에돔
6.아마사 7.벧산 8.아라우나 9.아히도벨
10.아브넬 11.벧메르학 12.리스바 13.잇대
14.아비새

11. 열왕기 상

아	도	니	야		벧	엘		아
비			긴			리		합
아	벡				하	사	엘	
달		아	비	삭			리	
		멘			여	호	야	다
스				두	로			
바	아	사			보	아	스	
여		르	호	보	암		루	
왕		단		습			아	

▣ 아래 설명하는 곳을 채우세요.

1.히엘 2.이세벨 3.아비살롬 4.아스다롯
5.아히야 6.호렙 7.소헬렛 8.아도니람
9.여호사밧 10.엘라 11.디르사 12.브나야

12. 열왕기 하

아	달	랴		느	부	갓	네	살
하				고				룸
시	드	기	야		산	헤	립	
야			베	가		나		
	요	아	스					히
	시					아	하	스
	야			므	낫	세		기
셉		교		깃		라		야
나	아	만		도	단			

▣ 다음 아래에서 찾아 넣으세요.

1.살만에셀 2.하무달 3.에윌므로닥 4.게하시
5.악볼 6.갈대 지팡이 7.그달리야 8.드라빔
9.랍사게 10.여호야긴 11.훌다 12.이세벨

13. 역대기 상

오	벧	에	돔		아	비	수	아
빌		단		기	스			삽
	비				베		구	
	디	브	핫		야	베	스	
	아		숩			레		묵
아		여		나	하	스		시
비		부	스		나			
나	하	스			냐		사	반
답			예	언			랍	

▣ 다음 아래에서 찾아 넣으세요.

1.랍바 2.기브온 3.요담 4.므술람 5.여라므엘
6.디글랏빌레셀 7.아사랴 8.에브라다 9.나답
10.에스바알 11.에훗 12.므립바알

14. 역대기 하

고	레	스		아		에		
나		마	레	사		시	삭	
냐		야				온		
	웃		산	당		게		
웃	시	엘			아	벨	마	임
	야		요		비		핫	
마			시	비	야			
아	마	시	야				경	배
가		온			율	법	책	

▣ 다음 아래에서 찾아 넣으세요.

1.브라가골짜기 2.오르난 3.오빌 4.바르와임
5.아마샤 6.보발꾼 7.소금언약 8.맛단 9.사반
10.라마 11.하맛소바 12.나아마

15. 에스라

아	닥	사	스	다		에	스	라
삽		기		리				마
				오	스	납	발	
야		잇	도		달		디	과
하	숨		우		보			
시					스	알	디	엘
엘	리	아	십		내			람
		하		바			고	
		와	스	디		게	르	솜

▣ 다음 아래에서 찾아 넣으세요.

1.악메다 2.유월절 3.닷드내 4.미드르닷 5.삽브대
6.심새 7.세스바살 8.비슬람 9.학개 10.핫두스
11.다릭 12.아바삭

16. 느헤미야

드	라	크	마		벧	학	게	렘
고			문	자		고		
아	둘	람		복		스	바	냐
					게		룩	
갓		니			셈			호
미		산	발	랏		아		디
엘	룰	월			하	삽	느	야
				만	나		디	
모	르	드	개		넬		님	

▣ 다음 아래에서 찾아 넣으세요.

1.민장 2.스마야 3.함메아 4.들라야 5.도비야
6.레갑 7.어문 8.직무 9.인봉 10.그일라
11.분문 12.벧술

17. 에스더

아	하	수	에	로		데	레	스
달		산				벳		바
리		궁		아	달	월		댜
야	망		메		본		비	
	대		대			에	스	더
여		마		나			다	
호		르		하	닥			
사	아	스	가	스		부		
닥		나			하	르	보	나

▣ 다음 아래에서 찾아 넣으세요.

1.함므다다 2.헤개 3.부림일 4.므무간 5.시완월
6.여고냐 7.도륙 8.조서 9.바마스다 10.와스디
11.바사 12.하닷사

18. 욥기

엘				계	교		관	모
리	워	야	단		만	유		퉁
바			련			황		잇
스	바			소	발			돌
	라	합		행		빌	닷	
	겔							
겹		방	백		게	렌	합	북
재	앙		체		델			두
갈							삼	성

19. 시편

1.율법 · 율법 2.정직 3.순결 · 은 4.하나님
5.생명 · 충만 · 영원 6.눈동자 · 날개
7.반석 · 요새 · 하나님 8.완전 · 순수 · 방패
9.소성 · 우둔 10.지팡이 · 막대기 11.진실
12.악 · 선 · 화평 13.원천 14.분 · 노 · 불평
15.갈급 · 갈급 16.환난 · 영화 17.정직
18.복 · 찬송 19.인애 · 진리 · 의 · 화평
20.기도 · 간구 · 환난 · 응답 21.기도 · 상달
22.송축 · 은택 23.풀 · 꽃 24.눈 · 율법
25.고난 · 유익 · 율례 26.씨 · 기쁨 27.경외 · 복
28.은혜 · 긍휼 · 인자 29.환난 · 분노 · 오른손 · 구원
30.영 · 공영 · 인도

20. 잠언

1.명철 · 지략 2.의인 3.인정 · 지도 4.마음 · 생명
5.근신 · 지식 6.개미 · 지혜 7.계명 · 법
8.생명 · 은총 9.경외 · 명철 10.미움 · 사랑 · 허물
11.공의 · 악 12.행위 · 권고 13.지혜 · 지혜 · 미련 · 해
14.어리석 · 계교 · 미움 15.다툼 · 시비
16. 계획 · 인도 17.사랑 · 이간 18.교만 · 겸손
19.영혼 · 복 20.다툼 · 다툼 21.풍부 · 궁핍
22.노 · 동행 23.형통 · 경외 24.죄 · 미움
25.음식 · 물 26.별식 27.자랑 28.형통 · 자복
29.교만 · 겸손 30.말씀 · 방패 31.지혜 · 인애

21. 전도서

책	망			학		정	욕	
	령		세	대		의		유
근					만		무	익
심	판			허	물		저	
		올					갱	
술		무	지		풍			
객					세	속		우
			지	혜				매
희	락		식			전	도	자

▣ 다음 보기에서 아래 설명하는 것을 채우세요.

1.사모 2.서원 3.소산 4.존귀 5.주술 6.명철
7.부요 8.감찰 9.권능 10.파종 11.진노 12.경외

22. 아가

번	홍	화		종		엔	게	디
		반		려			달	
침		석	류	나	무			
향	락			무		백		
		창	포			합	환	채
마	네			고	벨	화		
하				난			디	
나	도	기	름		베	데	르	
임							사	론

▣ 다음 보기에서 아래 설명하는 것을 채우세요.

1.황옥 2.아가 3.계수 4.호도 5.바알하몬
6.몰약 7.청옥 8.수선화 9.스닐 10.술람미
11.갈멜 12.헤스본

23. 이사야

마	헬	살	랄	하	스	바	스	
					랍		알	
삼			토	색			야	완
오	홀	라					숩	
라			느	바	욧			웃
기	묘	자		위		아		시
		비				이	사	야
시	돈		두		므			
님		데	마		니	므	림	물

▣ 다음 보기에서 아래 설명하는 것을 채우세요.

1.그루터기 2.호신부 3.임마누엘 4.셉나
5.아리엘 6.디르하가 7.뿔라 8.헵시바 9. 도벳
10.길하레셋

24. 예레미야

에	윌	므	로	닥		하	무	달
벳		라				맛		란
멜		다		두				트
렉		임		루	딤			
			라	마			바	룩
갈				리			로	
그	다	랴					호	멜
미							브	
스	마	야		느	부	사	라	단

▣ 다음 보기에서 아래 설명하는 것을 채우세요.

1.시드기야 2.에브라임 3.여후디 4.하늘의 여왕
5.녹로 6.바스훌 7.세삭 8.다바네스 9.게달
10.마골밋사빕 11.말감 12.하시드문

25. 예레미야 애가

〈가로〉

1.심판날 C5 · D6 · E7
2.애가 I5 · H6
3.에돔 D9 · E10
4.자비 L2 · M1
5.적막 G2 · F3
6.발등상 I11 · H12 · G13 7.참상 K8 · L7
8.치욕 B2 · A3
9.조롱 A10 · B9
10.슬픔 H4 · I3
11.눈물 G9 · H8
12.멍에 B12 · C13
13.통곡 E12 · D13
14.진노 J13 · I14
15.황폐 K10 · L11
16.담즙 K5 · J6
17.탄식 B8 · A7
18. 조소 D4 · E5
19.고통 L5 · M6
20.근심 G5 · F6
21.곤고 L14 · M13
22.본심 B5 · C5

26. 에스겔

▣ 에스겔에 기록된 네 가지 환상을 맞게 연결하세요.

1.B 2.D 3.A 4.C

▣ 에스겔 선지자의 상징적 행동을 맞게 연결하세요.

1.C 2.D 3.E 4.A 5.B 6.F

▣ 에스겔의 비유와 상징적 의미를 맞게 연결하세요.

1.D 2.C 3.A 4.E 5.F 6.B

▣ 에스겔의 두 독수리의 비유와 상징적 의미를 맞게 연결하세요.

1.D 2.C 3.B 4.A

▣ 유다 지도자와 범죄 행위를 맞게 연결하세요.

1.C 2.D 3.A 4.B

27. 다니엘

아	벳	느	고		벨	드	사	살
사			레		사		드	
랴			스		살		락	
	메	삭				을		
힛			일	흔	이	레		아
데	겔				상		구	스
겔		다	리	오				부
		니						나
미	가	엘						스

▣ 다음 보기에서 아래 설명하는 것을 채우세요.

1.환관장 2.하늘의 군대 3.미사엘 4.박수장 5.삼현금 6.풀무불 7.수금 8.참소 9.지혜자 10.하나냐

▣ 느부갓네살이 꾼 큰나무의 비유와 상징적 의미를 바르게 견결하세요.

1.B 2.C 3.D 4.F 5.A 6.E

28. 호세아

	호	세	아				다	볼
고	멜		드		벧	엘		
		사	마	리	아		스	올
아	골				웬		보	
							임	
		로	암	미		디		
		루				블		야
		하		기		라		렙
루	하	마		경		임		왕

▣ 다음 보기에서 아래 설명하는 것을 채우세요.

1.브에리 2.두로 3.기브아 4.암미 5.월삭 6.세겜 7.살만 8.에봇 9.패역자 10.광풍

29. 요엘

여	호	와	의	날				요
호						브	두	엘
사					소		발	
밧		에	덴	동	산			
골								
짜			황	충		수		사
기			무		느	치		과
	소		지					나
전	제			무	화	과	나	무

▣ 다음 보기에서 아래 설명하는 것을 채우세요.

1.보습 2.애곡 3.이른비와 늦은비 4.메뚜기 5.수종 6.심판의 골짜기 7.전능자 8.금식일 9.대추나무 10.싯딤 골짜기 11.낭실 12. 팥중이

30. 아모스

선	견	자		바		여	름	궁
지		갈	멜	산		루		창
자						엘	라	
				멍	에			삼
하	맛		보		그		묘	성
르		아	스	글	론			
몬			라					수
								은
식	굿	과	기	윤		서	원	제

▣ 다음 보기에서 아래 설명하는 것을 채우세요.

1.드고아 2.애가 3.아마샤 4.애통 5.낙헌제
6.갑돌 7.데만 8.다림줄 9.깜부기 10.정의
11.공의 12.아라바

31. 오바댜

1.F8 · G7 2.N14 · O13 · P12 3.N2 · O3
4.A13 · B14 5.H8 · G7 6.F13 · G12 · H11
7.M9 · N10 8.C5 · D4 9.J13 · K12
10.H3 · L2 11.A9 · B10 12.K5 · L6 13.D11 · E12
14.O6 · P7 15.D11 · E10 16.A3 · B2
17.H8 · I 7 18.J9 · K10 19.E5 · D4 20.L6 · K7
21.C2 · D1 22.E5 · F4 23.H13 · G14
24.O9 · P10 25.C6 · D7 26.C8 · D7
27.C14 · D13 28.N2 · M3 · L4 29.G4 · H5 · I6
30.F11 · G10 · H9 31.F12 · G12 32.B14 · B13
33.L6 · M5 34.G7 · H6 35.F2 · G1 36.K2 · J3
37.O6 · N7 38.L11 · M12 · N13
39.N2 · N3 · N4 · N5 40.B8 · B7

32. 요나

1.N14 · O13 2.D3 · E4 3.I6 · J5
4.P6 · O7 5.H11 · I12 6.B8 · C7 · D6
7.F2 · G3 · H4 8.G15 · H14 9.M2 · L3 10.F8 · G9
11.D12 · E12 12.K10 · J11 13.A11 · B10 14.K13 · L12
15.B14 · C13 · D12 16.A4 · B5 17.N6 · O7
18.D10 · E9 19.E7 · F8 20.K7 · L6
21.K1 · J2 · I3 22.D15 · E14 23.N10 · M11
24.P1 · O2 25.C11 · B10 26.J15 · K15
27.H8 · I9 · J10 28.A2 · B3 29.F13 · G12
30.O4 · P3 31.O11 · N12 · M13 · L14 ·
32.E8 · F7 · G6 · H5 33.N8 · O7

33. 미가

에	브	라	다			마	레	사
		기		묵	시			빌
목		스		상			기	
상	고		주			밀	초	
		우	상		인			
강	림				애	통		
탈			악	십				산
	미		사		타	작	마	당
	가	드			조			

▣ 다음 보기에서 아래 설명하는 것을 채우세요.

1.속량 2.심판 3.망대 4.목축 5.가드 모레셋
6.침상 7.복슬 8.아둘람 9.우두머리 10.분깃
11.지경 12.통치자

34. 나훔

파	견	자		회	오	리	바	람
수			보	복			산	
	음	녀			능			
통	행		광		욕	심		포
			풍	재				도
루		항		난				나
빔		오			노	송	나	무
			절		아		훔	
지	푸	라	기		몬			

▣ 다음 보기에서 아래 설명하는 것을 채우세요.
1.결박 2.공허 3가증 4.티끌 5.사악
6.붓 7.미혹 8.존귀 9.빗장 10.멸절

35. 하박국

1.O7 · P8 2.I9 · H10 3.L15 · M14 4.C18 · D17
5.K2 · L1 6.B11 · C12 7.C6 · D7 8.F16 · G17
9.F7 · G6 10.Q20 · R21 11.Q4 · R5 12.O11 · N12
13.J18 · K17 14.B3 · C2 15.L18 · K19 16.K6 · L7
17.I13 · J12 18.E21 · F20 19.E10 · F9 20.H3 · I4
21.N3 · O3 22.L10 · K11 23.M21 · N20
24.R9 · Q10 25.A16 · B15 26.D5 · E4 27.H20 · I21
28.I7 · J8 29.I7 · J6 30.A9 · B8 31.A21 · B20
32.G13 · H14 33.F3 · G2 34.L7 · M6 35.N9 · M10
36.I15 · J16 37.N15 · O16 38.E18 · F19 39.K4 · J5
40.C10 · D9 41.C14 · D15 42.Q1 · P2 43.R12 · Q13
44.R17 · Q18 45.F11 · E12 46.O5 · P6 47.K13 · J14
48.N18 · O19 49.D19 · C20 50.E3 · F4 · G5 · H6

36. 스바냐

1.F11 · E12 2.O1 · N2 · M3
3.O16 · N15 · M14 · L13 · K12 4.A16 · B15
5.F11 · G12 · H13 · I14 6.M8 · N9 · O10
7.F11 · G10 · H9 8.B3 · A4 9.H4 · I5
10.C8 · D9 · E10 11.H4 · I3 12.G 12 · F13 · E14
13.D5 · E4 14.A11 · B12 15.K7 · J8 16.D5 · E6
17.I16 · J15 18.F2 · G3 19.C14 · D15 · E16
20.N5 · M6 21.K10 · L11 22.A7 · B6 23.K4 · L5
24.F16 · G15 · H14 25.G3 · F4 26.F7 · G8
27.H11 · I10 28.C10 · B11 · A12 29.O12 · N13
30.O5 · N6 · M7 31.D2 · E2 32.D11 · C12 · B13
33.J2 · K3 34.K3 · L2 35.K16 · L15 36.J6 · I7
37.C16 · D15 38.A1 · B2 39.M10 · N11 40.A9 · B8

37. 학개

1.C5 · D6 · E7 2.N14 · O15 3.K7 · J8
4.C14 · D13 · E12 · F11 5.N10 · M11 · L12 · K13
6.G4 · H3 7.L2 · K3 8.G15 · H14 9.A9 · B10
10.G5 · G6 11.O4 · N5 12.I11 · J10
13.N7 · M8 · L9 · K10 14.E2 · F3 · G4 · H5
15.G9 · H10 16.A12 · B13 17.L5 · M6 18.G7 · H8
19.G12 · F13 20.K15 · L14 21.A15 · B14 · C13
22.I4 · J5 · K6 23.D4 · E5 24.N2 · O1 25.D15 · E14
26.O11 · N12 27.A5 · B6
28.A13 · B12 · C11 · D10 · E9 · F8 29.L7 · M7
30.G7 · G8

38. 스가랴

만	군	의	여	호	와			화
			호			금	강	석
헬	대		사	레	셀			류
라		하	닥		라			나
		다			못			무
	하	드	락			헨		
베		림						다
레		몬			두	루	마	리
갸			이	드	로			오

▣ 다음 보기에서 아래 설명하는 것을 채우세요.
1.면류관 2.등잔대 3.므깃도 4.나단 5.레겜멜렉
6.언약 7.잇도 8.도비야 9.시므이 10.측량줄

39. 말라기

1.O1 · N2 · M3 2.E10 · F11 3.J10 · I9 4.E4 · D5
5.C14 · D15 6.C14 · D13 7.M13 · N14 8.L6 · M7
9.C8 · B8 10.I14 · H15 11.J5 · J4 12.N9 · M10
13.A11 · B18 14.D11 · C10 · B9 15.H4 · I5
16.B3 · C4 17.K8 · L7 18.F6 · G7 · H8 · I9
19.K2 · J3 · I4 20.G13 · H12 21.O7 · N6 · M5
22.A6 · B5 23.J11 · K12 · L13 24.G1 · H2
25.G10 · F11 · E12 26.K6 · J7 27.F15 · G15
28.O12 · N13 · M14 29.A14 · B15 30.E2 · F3

1. 마태복음

아	켈	라	오		가	버	나	움
겔		가			다		사	
다	말				라		렛	
마			도			통		막
	아	리	마	대		곡		달
데				제				라
나	그	네		사	가	랴		마
리			단	장			세	리
온	유		비		요	나		아

▣ 다음 성구 말씀을 채워 넣고 묵상하세요.
1.대접 · 대접 2.비판 · 비판 3.뜻대로
4.마음 · 온유 · 멍에 · 쉼 5.겨자씨
6.목숨 · 뜻 · 사랑

▣ 다음은 씨 뿌리는 자의 비유다. 맞게 연결하세요.
1.B 2.D 3.A 4.C

▣ 다음은 일곱 가지 천국에 대한 비유다. 맞게 연결하세요.
1.G 2.C 3.E 4.A 5.D 6.F 7.B

2. 마가복음

야	이	로		마	태		거	
고				가			라	
보	아	너	게		게	네	사	렛
	레							
	다	대	오		세	베	대	
바		속		갈		다		
리		물		릴		니		에
새			세	리				바
인	자					벳	새	다

▣ 다음 설명을 읽고 보기에서 맞게 채우세요.
1.바돌로매 2.고르반 3.겟세마네 4.골고다
5.수로보니게 6.살로메 7.옷자락 8.랍비
9.헤로디아 10.호산나 11.달리다굼 12.몽치

3. 누가복음

데	오	빌	로		엘	리	사	벳
가		라		겨	리		가	
볼		도	당		야		랴	
리			파			엠		
		유			세	마	포	
마	르	다				오		
리			여	리	고		살	몬
아	레	다			라		로	
		윗			신	들	메	

▣ 다음 설명을 읽고 보기에서 맞게 채우세요.
1.디베료 2.발등상. 3.수종병 4.삭개오
5.무저갱 6.구레뇨 7.겨자씨 8.가이사
9.글로바 10.황금율 11.청지기 12.나사로

4. 요한복음

		가	나		베	다	니	
가	야	바			옷			실
이		다	락	방		베	드	로
사	도			탕		데		암
	마	귀				스		
			가		나	다	나	엘
			보	헤	사		드	
영					로		향	
생	명	의	부	활			유	다

▣ 다음 설명을 읽고 보기에서 맞게 채우세요.
1.성육신 2.생명의떡 3.수전절 4.구주
5.기드론 6.몰약 7.골고다 8.안나스
9.행악자 10.채찍질 11.랍오니 12.침향

5. 사도행전

밤	빌	리	아			데		
	립			압	비	오	광	장
	보	응				빌		로
					드	로	아	
디	모	데			다		나	훔
아			직	가			니	
스	데	반			버		아	덴
포		역			니			
라	가		간	다	게		앗	소

▣ 다음 설명을 읽고 보기에서 맞게 채우세요.

1.사두개인 2.두란노서원 3.디오스구로
4.삽비라 5.오순절 6.아레오바고 7.바사바 8.바나바
9.브리스길라 10. 아그립바 1세
11.가말리엘 12.다마리

6. 로마서

▣ 다음 성구를 읽고 빈칸을 채우시고 묵상하세요.

1.은혜 · 평강 2.상실 3.영광 · 존귀 · 평강
4.믿음 · 화평 5.확증 6.순종 · 의인
7.사망 · 의 8.사망 · 은사 · 영생 9.생명 · 사망
10.육신 · 영 · 생명 · 평안 11.고난 · 영광
12.부르심 · 합력 13.완악 14.의 · 구원
15.믿음 · 들음 · 말씀 16.지혜 · 지식 · 판단
17.변화 · 선 · 기뻐 · 분별 18.의 · 평강 · 희락 19.죄
20.기쁨 · 평강 · 충만 · 소망

7. 고린도 전서

소		게		무	할	례	자	
스	데	바	나		렐		랑	
데			손		루	포		반
네	로				야			석
	고	난	주	간		축	사	
	스			음	행		도	
아		정	죄		실			글
가	이	오		탐		아	볼	로
야			정	욕		멘		에

▣ 다음 설명을 읽고 보기에서 맞게 채우세요.

1.박해 2.강림 3.방언 4.십자가
5.사모 6.그리스도 7.파당 8.남색
9.종말 10.형체 11.언변 12.통달

8. 고린도 후서

온	유		피	조	물		권	능
	순	전		반		벨		욕
실						리		
루	가	오	니	아		알	패	오
아		네		시	련		역	
노		시		아			자	천
		모	형		한	계		국
강			상	석		시	돈	
권	면			청	소		궤	사

▣ 다음 설명을 읽고 보기에서 맞게 채우세요.

1.디모데 2.고린도 3.관용 4.규범
5.디도 6.언약 7.욱여쌈 8.표적
9.미혹 10.변증 11.파선 12.환상

9. 갈라디아서

1.사랑 2.충성 3.화평 4.자비
5.희락 6.오래참음 7.절제 8.양선 9.온유

▣ 성구를 채워 완성하고 묵상하세요.

1.십자가 · 십자가 2.육체 · 육체 · 성령 · 성령 · 영생
3.말씀 · 함께 4.복음 · 교란 · 복음
5.그리스도 · 육체 · 하나님 6.정욕 · 탐심
7.자유 · 자유 · 멍에 8.믿음 · 아들
9.율법 · 믿음 · 의롭다 · 의롭다 10.믿음

10. 에베소서

불	화	살			성	령	의	검
순		라		의	도		심	
종		미	혹					두
	측			비	방			기
속	량		훈		탕		말	고
			계	시				
호	산	나		기	적		전	통
심		인	내			양		치
경	륜		생	각		선	지	자

▣다음 설명을 읽고 보기에서 맞게 채우세요.

1.만유 2.지체 3.지혜 4.희생제물 5.화평 6.소망
7.탐욕 8.방탕 9.소멸 10.빛의자녀 11.간구 12.용납

11. 빌립보서

면	류	관			글	레	멘	드
책		용	서			기		루
				시	므	온		실
에	라	스	도					라
바				배	설	물		
브	드	나	도					할
로			말	쟁	이			례
디	모	데						파
도		마	게	도	냐			

▣ 다음 설명을 읽고 보기에서 맞게 채우세요.

1.시위대 2.순두게 3.생명책 4.본체 5.심령 6.허영
7.비천 8.유오디아 9.시민권 10.연단 11.풋대 12.동역자

▣성구를 채우세요.

1.다툼 · 허영 · 겸손 2.마음 · 마음
3.기도 · 간구 · 지각 · 평강 · 마음 · 생각

12. 골로새서

아	리	스	다	고		두	기	고
킵			비		라			
보	응		다		오	네	시	모
					디		장	
히		에			게	바		
에	바	브	라		아		스	
라		라					구	주
볼		임	마	누	엘		디	
리			음		람		아	멘

▣ 다음 설명을 읽고 보기에서 맞게 채우세요.

1.초등학문 2.눔바 3.야만인 4.데마 5.충만
6.근본 7.직분 8.골로새 9.안식일 10.누가
11.탐심 12.사욕

▣다음 성구를 채우고 말씀을 묵상해 보세요.

1.위 · 땅 2.이름 · 감사
3.긍휼 · 자비 · 겸손 · 온유 · 오래 참음
4.마음 · 주 5.기도 · 감사

13. 데살로니가 전서

실	루	아	노			천	사	장
루		가				년		
기		야	손			왕		
아	덴					국	세	
			신	원			군	
유	니	게			감		도	고
순					찰			난
한		색	욕					
자	유			데	살	로	니	가

▣다음 설명을 읽고 보기에서 맞게 채우세요.

1.소멸 2.강림 3.예언 4.사탄 5.외인 6.영광
7.호심경 8.증언 9.재림 10.환난

▣다음 성구를 채우고 말씀을 묵상하세요.

1.소망 · 기쁨 · 자랑 · 영광 · 기쁨
2.궁핍 · 환난 · 위로 3. 기도 · 감사
4.온전히 · 영 · 혼 · 몸 · 보전 5.강림 · 흠

14. 데살로니가 후서

공				불	의		복	음
의	인			신		순	종	
	내	생		자		복		권
기		명			풍		진	리
적	신				성	령		
	앙		능	력			불	법
			통		숭		행	
안	식				배	교		대
위		디	모	데			표	적

▣ 다음 성구를 채우고 묵상하세요.

1.인도 · 인내 2.진리 · 불의 · 심판 3.안식 · 공의
4.은혜 · 영광 5.형제 6.위로 · 소망

15. 디모데 전서

▣ 다음 설명을 읽고 보기에서 맞게 채우세요.

1.대속물 2.담력 3.멍에 4.온유 5.소망
6.족보 7.집사 8.존귀 9.중보자 10.괴수
11.금생 12.해산

입	교						화	인
	만	주	의	주				내
		권		의	인		순	
불	신	자		날			종	용
	화		절		파	멸		납
마		구	제			망	령	
게		변		내	력			박
도	고		영	생				해
나			감			비	방	자

▣ 다음 성구를 채우고 묵상하세요.

1.간구 · 기도 · 도고 2.진리 3.중보자
4.말씀 · 기도 5.망령 · 신화 · 연단

16. 디모데 후서

부	겔	로		유		두	기	고
패		이	고	니	온			난
		스		게			그	
교	사		드			빌	레	도
	욕		로	데			스	
달		자	비		허		게	
마	가		모		모	세		으
디					게			불
아	굴	라		오	네	시	보	로

▣ 다음 설명을 읽고 보기에서 맞게 채우세요.

1.후메내오 2.에라스도 3.글라우디아
4.얀네와 얌브레 5.알렉산더 6.안수
7.루스드라 8.리노 9.전제 10.선포자
11.승리자 12.미쁨

▣ 다음 성구를 채우고 묵상하세요.
1.능력 · 사랑 · 절제 2.그릇 · 합당
3.모양 · 능력 4.감동 · 교훈 · 책망 · 의 · 유익
5.천국 · 영광

17. 디도서

니	고	볼	리			아	데	마
게			노			볼		게
르		세		부	겔	로		도
		나		조				냐
절	제					권	위	
	자	유				세		
청				비	방		위	선
지		가	증		탕			지
기	도		인	내		통	치	자

▣ 다음 설명을 읽고 보기에서 맞게 채우세요.
1.그레데 2.장로 3.구원 4.긍휼 5.이단
6.선행 7.디도 8.전도 9.족보 10.정죄
11.소망 12.상속자

▣ 다음 성구를 채우고 묵상하세요.
1.본 · 교훈 · 부패 2.속량 · 선
3.은혜 · 의롭다 · 영생 · 소망 4.긍휼 · 중생
5.이단

18. 빌레몬서

아	리	스	다	고		빌	레	몬
킵				백			기	
보	블	리	오		아		온	유
			네	압	볼	리		스
압		가	시		로		기	도
비	유		모		니		약	
아					아	벨		
							심	복
에	바	브	라		심	령		음

▣ 다음 설명을 읽고 보기에서 맞게 채우세요.
1.영접 2.위로 3.불의 4.담력 5.데마
6.동역자 7.순종 8.승낙 9.마가 10.간구

19. 히브리서

본	향				부	지	중	에
체					활			돔
			보	응		송	축	
멜			좌				복	음
기	약			시	민	권		
세		반	차			면	책	
덱		석						창
	모			말	라	기		시
	형	상		씀		사	역	자

▣ 다음 설명을 읽고 보기에서 맞게 채우세요.
1.관절 2.골수 3.광채 4.피조물 5.이달리야
6.동류 7.선진 8.경고 9.확증 10.돌판
11.경배 12.완고

▣ 다음 성구를 채우고 묵상해 보세요.
1.의 · 불법 · 동류 2.권면 · 유혹 · 완고
3.말씀 · 활력 · 혼 · 영과 · 판단 4.심판
5.믿음 · 실상 · 증거

20. 야고보서

▣ 다음 성구를 채우고 묵상해 보세요.
1.지혜 · 하나님 2.시험 · 복 · 시련 · 면류관
3.욕심 · 죄 · 사망 4.믿음 · 행함 · 유익
5.행함 · 믿음 6.영혼 · 행함 · 믿음
7.화평 · 화평 · 의 8.낮추다
9.기도 · 구원 10.교만 · 겸손
11.원망 · 심판 12.허탄 · 자랑 · 선
13.정욕 14.믿음 · 행함 15.말씀 · 속이는
16.긍휼 · 심판 · 심판 17.율법 · 실천 · 복

21. 베드로 전서

갑	바	도	기	아		머	릿	돌
옷		르		굴		리		
	마	가		라		털		거
본			나					류
도	고		그	레	데			민
		마	네			온	유	
산	돌			연	단		업	
소		근	신		정	욕		말
망	령		기	만			창	세

▣ 다음 성구를 채우고 묵상해 보세요.

1.고난 · 영광　2.원망 · 은사 · 은혜 · 청지기
3.영광 · 말씀　4.머릿돌　5.행실　6.영광
7.영혼 · 감독　8. 악 · 선 · 화평　9.고난 · 고난
10.복 · 복　11.죄 · 죄 · 의　12.사랑 · 사랑

22. 베드로 후서

▣ 다음 성구를 채우고 묵상해 보세요.

1.점 · 흠 · 평강　2.앎 · 은혜 · 평강
3.약속 · 멸망 · 회개
4.덕 · 지식 · 절제 · 인내 · 경건 · 형제우애 · 사랑
5.하루 · 하루　6.부르심 · 택하심 · 실족
7.의 · 하늘 · 땅　8.예언 · 예언 · 뜻 · 감동

▣ 관련성의 퍼즐

1.노아 · 심판　2.도둑　3.종

23. 요한 1서

▣ 다음 성구를 채우고 묵상해 보세요.

1.빛 · 미워 · 어둠　2.계명 · 계명　3.지각 · 영생
4.시인 · 영 · 시인　5.사랑 · 미워 · 사랑 · 사랑
6.말 · 혀 · 행 · 진실　7.정욕 · 뜻
8.빛 · 사귐 · 피 · 죄　9.사랑 · 온전　10.의 · 의
11.사랑 · 사랑 · 사랑 · 사랑 · 사랑 · 사랑
12.아들 · 시인

24. 요한 2서

▣ 다음 성구를 채우고 묵상해 보세요.

1.육체 · 부인 · 적그리스도　2.교훈 · 교훈

▣ 관련성의 퍼즐

요한계시록, 사랑, 사랑, 사랑

25. 요한 3서

▣ 다음 성구를 채우고 묵상해 보세요.

1.악 · 선 · 선 · 악　2.영혼 · 범사 · 강건 · 간구
3.영접 · 진리　4.진리 · 기쁜

▣ 맞게 연결하세요.

1.C　2.A　3.B

26. 유다서

▣ 다음 설명을 읽고 보기에서 맞게 채우세요.

1.모세　2.결박　3.미가엘　4.에녹　5.패역
6.애굽　7.수치　8.가인　9.야고보　10.발람
11.애찬　12.아담　13.고라　14.경건
15.소돔과 고모라　16.정욕

27. 요한 계시록

알	파	와	오	메	가		향	연
				시		아		단
생	명	책		야		마	곡	
명		망	령			겟		
나				아	바	돈		
무	저	갱		볼			사	데
				루			자	
				온	전			밧
니	골	라	당			버	가	모

▣ 다음 설명을 읽고 보기에서 맞게 채우세요.

1.이세벨　2.안디바　3.무지개　4.빌라델비아
5.두아디라　6.참소자　7.무저갱　8.라오게디아
9.붉은말　10.빛난 주석　11.서머나　12.검은말

부록 1

〈부록 1〉 가로 문제

1. 성령을 일컫는 어휘로 돕는 자. 중보자. 예수 그리스도를 지칭하며 예수님 승천 후 성도들에게 오셔서 내재하신다. (요 14:16 · 26, 15:26)

2. 모세5경의 세 번째 책으로 출애굽 이후 광야 생활 중 성막 등에서 수행되는 제사제도와 성결한 삶에 대한 율례가 담긴 책. (레 1장)

5. 그리스 알렉산더 대왕의 이복누이의 이름을 따서 만든 도시로 바울이 2차 전도여행 때 교회가 설립되었던 곳. (행 17:1–10)

8. 남자 성기의 표피 끝을 자르는 의식으로 이스라엘 백성과 하나님이 언약을 맺은 상징임. (창 17:12, 레 12:3)

9. 누가복음과 사도행전의 수신자. (눅 1:3, 행 1:1)

11. 하나님이 우리와 함께 하심이라는 뜻. (사 7:4, 마 1:23)

13. 야곱의 열한번째 아들로 애굽으로 팔려갔다가 누명으로 옥에 갇혔지만 결국 총리가 되는 인물. (창 37:3–5)

14. 예수님의 육신의 동생이며 부활하신 예수님을 만나고 예루살렘 교회의 지도자가 된 예수님 제자. (마 27:56, 막1:19)

17. 바울이 2차 전도여행 때 이곳에 들렀지만 복음사역은 못하고 그 지역이 드로아로 가서 유럽 선교가 시작되었다. (행 16:6–11)

18. 네 번째 사사이며 여성 사사로 가나안 왕 야빈과 군대장관 시스라를 기손 강 전투에서 전멸시킴. (삿 4:4–5)

19. 유다지파 훌의 손자로 성막 건축 엔지니어링. 성령의 특별한 은사를 받고 성막의 모든 것을 만든 인물. (출 31:2–5, 38:22)

20. 겸손의 반대말로 자기 능력을 자랑하는 행위. 이것은 하나님의 은혜와 도움을 부인하는 하나님께 싫어하는 죄임. (시 18:27, 잠 29:23)

21. 부지중에 살인한 자가 생명을 건지기 위해 도피할 수 있는 성읍. 죄인들의 피난처 되신 예수 그리스도의 예표가 됨. (수12:22, 19:33)

23. 바사 제국을 통치한 왕으로 에스더를 왕비로 맞았던 인물. '크레르크세스'(헬라명)왕이며 살라미스 전투 때 헬라에게 패배함. (에 1:17)

25. 갈렙의 형제인 그나스의 아들로 드빌 성읍을 정복한 공로로 갈렙의 딸을 아내로 맞이한 이스라엘 최초의 사사임. (수 15:13–19, 삿 1:11–15)

27. 다윗이 사울을 피해 숨어 있었던 곳으로 다윗의 아내가 된 아비가엘의 고향이었던 장소. (삼상 23:24–28)

28. 바울이 세운 빌립보 교회의 전신이 되는 유럽 최초의 신자로 두아디라 성에 살던 자색 옷감 장사. (행 16:15 · 40)

30. 하나님께 감사와 기쁨의 감정을 표현하며 하나님께 예배하거나 영광을 돌리는 거룩한 노래. (시 118:14, 삿 5:3)

32. '덜 익은 무화과의 집'이란 뜻으로 베다니와 예루살렘 사이에 있는 마을로 예수님의 예루살렘 입성시 나귀를 준비시킨 마을임. (마 21:1, 막 11:1, 눅 19:29–40)

36. 메뚜기 재앙을 통해 하나님의 심판을 경고하였으며 오순절 성령 감림을 예언한 소선지자 중 한 사람. (삼상 8:1–3, 대상 4:35)

38. 모세가 가나안 땅에 들어가지 못하고 바라보았던 산. 이 곳에서 모세는 최후를 마침. (신 3:27, 34:1–4)

41. 이새의 아들로 이스라엘 제2대 왕이며 골리앗을 쓰러뜨린 인물로 메시야의 전형으로 보는 인물. (삼상 17장, 삼하 2:1–4)

42. 신약시대 노동자나 군인의 하루 품삯에 해당되는 로마의 은전. (마 20:13)

43. '여호와는 구원'이라는 뜻을 가진 대선지자. 유다를 향한 하나님의 심판을 전하고 메시야의 소망을 예언함. 히스기야 왕의 죽을 병을 낫게 해주는 해그림자의 징표를 전한 선지자. (사 1:1)

46. 골로새 도시의 서쪽에 있는 면직과 모직산업이 발달된 도시로 바울의 복음을 들은 에바브라에 의해 이곳에 교회가 세워졌으며, 사도 요한의 편지에서 '안약을 사서 눈에 발라보게 하라'(계 3:18)는 책망을 받았던 교회가 있던 곳. (계 3:17–18, 골 4:12–13)

47. 최초의 이방인 교회가 세워진 곳으로 바나바와 바울이 사역한 교회 이름이며 바울은 이 교회에서 1차 2차 선교여행에 관한 보고를 함. (행 14:26, 18:22)

49. 지금의 터키 내 이고니온, 루스드라, 더베 등의 성읍이 있었던 곳에 있는 성도들에게 바울이 쓴 서신으로 구원은 율법의 행위로써가 아니라 믿음으로 말미암는다는 핵심 내용을 기록한 서신. (갈 1:2, 고전 16:1)

51. 에베소 남쪽 에게해에 있는 섬으로 사도 요한이 이 섬에 18개월 동안 유배되었으며, 이곳에서 하나님의 계시로 요한계시록을 기록하였음. (계 1:9–11)

52. 시온 왕 엣바알의 딸이며 북이스라엘 7대 왕인 아합의 아내. 우상 숭배자로 나봇 포도원을 차지하고 엘리야 선지자를 죽이려고 하였음. (왕상 16:31, 19:1–2 · 10)

54. 예루살렘 교회 지도자이며 바울과 2차 전도여행 때 동역자가 된 인물. 빌립보에서 바울과 감옥에 투옥되기도 함. (행 16:19 · 24 · 40)

55. 성막에서 분향에 사용된 거룩한 향 재료 중 하나. 몰약으로도 번역되기도 하였음. (출 30:34 · 38)

59. 디두모라는 이름으로 불리었으며 예수님의 부활을 의심한 제자로 예수님의 못 자국과 창 자국을 보고서야 믿었던 인물. (요 11:16, 20:24–25, 행 1:9–13)

 ※ 해답풀이 용지는 맨 뒷장에 있습니다.

61. 신약 당시 이스라엘의 대제사장 등의 구심점이 되었던 종교와 정치의 당파 중 하나. 부활이나 영생, 영혼을 믿지 않았음. 예수님께 비난을 받음. (막 12:18, 눅 20:27, 행 23:8)

64. 남유다 제12대 왕으로 히스기야 왕의 부친이며 가증한 우상 숭배와 아들을 산 채로 우상(몰록)에게 제물로 바치기도 하였으며 악한 왕이었음. (왕하 16:2-4, 대하 28:2-4)

65. 티그리스 강과 함께 메소보다미아 문명의 근원이 되는 강. '큰강'이란 뜻이 있으며 세상 마지막 날 사탄과 최후의 일전을 벌이는 곳으로 상징된 곳. (계 16:12, 창 15:18, 신 1:7)

69. '10개의 도시'란 뜻. 예수님께서 이곳에도 천국 복음을 전파한 곳으로 구약의 길르앗 지방에 해당되는 장소. (마 4:25, 막 5:20, 7:31)

72. 전통적으로 솔로몬의 다른 이름으로 보는 왕으로 잠언 31장에서 이 왕의 어머니가 왕으로서 갖추어야 할 덕목을 말하고 있음.

74. 말소리, 목소리라고 하며 성경에서는 '하나님의 소리'라고 번역되기도 함. (창 3:8)

75. 잇사갈 지파의 성읍으로 다윗 왕이 늙었을 때 이비삭이라는 시녀와 엘리사 선지자에게 음식을 대접한 여인의 고향임. (삼상 28:4, 왕상 1:3)

76. 예루살렘 동북쪽 양문(베냐민문) 옆에 있던 간헐천의 못으로 먼저 들어가면 병을 고친다는 전설이 있었으며 예수님께서 38년 된 중풍병자를 이곳에서 고쳐주셨음. (요 5:8-9)

78. 로마시대 거리의 길이를 측정하는 단위. 대략 192m가 1에 해당되며 오늘날 스타디움이 이 단어에서 유래됨. (요 6:19, 계 14:20, 20:16)

79. 예루살렘 동쪽 기드론 시내 건너편이며 감람산 서편으로 기름 짜는 틀이 있었으며, 예수님이 십자가를 지시기 전 하나님께 간절히 기도하였던 장소. 가룟 유다의 밀고로 이곳에서 예수님께 잡히셨음. (마 26:36, 눅 22:39-40)

81. 모세가 애굽 땅에서 이스라엘 민족을 이끌고 홍해를 건너 나오는 과정과 광야 생활과 성막, 제사 등의 기록이 있는 모세5경의 두 번째 책.

82. 이스라엘 백성들의 광야 생활 동안 하나님께서 공급한 양식으로 꿀 섞은 과자처럼 맛이 있고 깟씨 같았으며 '이것이 무엇이냐'는 뜻이 있는 하늘 양식. (시 105:40, 민 11:7-9, 출 16:31)

83. 야곱이 형 에서를 피해 하란으로 갈 때 사닥다리를 본 곳. 엘리사 시절 선지자 학교가 있었고 사사시대 법궤가 있었던 곳임. (창 28:19, 삿 20:18 · 26-28)

84. 오늘날 에티오피아 근처를 말하는 곳으로 이곳의 여왕 간다케의 내시가 이스라엘을 방문했다가 빌립 집사에게 복음을 듣게 됨. (행 8:26-39)

85. 이스라엘 민족을 애굽에서 나오게 한 지도자. 시내산에서 십계명을 하나님께 받은 구약의 대표적인 인물. (출 2:1, 6:20, 민 26:59)

86. 고대 거인 자손 아낙의 아버지인 아르바가 세운 성읍으로 헤브론의 옛지명이며 사라가 이곳 막벨라 굴에 매장됨. (창 23:2, 느 11:25)

88. 창공이라고 하며 지구를 둘러싼 대기권의 공간. 하나님께서 하늘이라고 부르시고 창조 두 번째의 날에 만드신 것임. (암 9:6, 잠 8:27)

90. 베드로, 안드레, 빌립의 고향이며 오병이어의 기적을 행하셨던 곳으로 예수님께서 고라신과 함께 책망하였던 장소. (막 6:45, 요 1:44)

92. 환난날의 피난처가 되는 바위. 베드로 이름이 이 단어에서 옴. (마 7:24, 16:28)

93. 모세의 후계자로 갈렙과 함께 가나안을 정탐한 지도자. (민 14:30 · 38)

95. 사울 왕의 아들로 다윗과 우정이 돈독했으며 길보아 전투에서 사울과 함께 전사함. (삼상 31:2)

98. 최초 인류. 뱀(사탄)의 유혹으로 에덴동산에서 쫓겨난 인물. (창 4:1-2 · 25

100. 여호수아 군대가 가나안 땅을 점령할 때 해와 달리 멈추는 기적이 일어날 때의 '태양아 너는 기브온 위에, 달아 너도 ○○○골짜기'라고 한 곳. 단지파가 이곳을 분배받음. (수 10:12)

101. 솔로몬이 일천번제를 드린 곳으로 가나안 정복 당시 이곳의 사신들이 여호수아를 속여 불가침 조약을 맺게 된 성읍. (수 9장, 대상 14:6)

103. 예수님께서 자신을 이 나무에 비유하고 성도들을 가지라 함. 무더위를 잘 견디며 경사진 곳에서도 열매를 잘 맺는 덩굴식물. (창 49:22, 렘 2:21)

105. 아론의 손자이며 엘르아살의 아들로 출애굽한 백성들이 싯딤에서 바알브올을 숭배하여 염병이 돌 때 미디안 여자 고스비를 죽여 하나님의 진노를 그치게 한 인물. (민 25:7-13)

108. 동쪽에서 부는 바람. 애굽에 메뚜기 재앙을 몰고 오기도 하고 이스라엘 백성들의 출애굽시 홍해 물을 갈라지게 한 바람. (렘 4:11)

109. 삼손을 유혹하여 삼손의 힘의 비밀을 캐내어 머리카락을 자름으로써 삼손을 죽음으로 몰고 간 블레셋 땅 창녀로 추정되는 여인. (삿 16:4-20)

110. 예수님의 육신의 동생이며 야고보의 동생인 이 인물이 기록한 서신으로 이단의 부도덕성을 고발하고 책망하는 내용을 담고 있으며 성도들에게 날마다 깨어 진리 가운데 굳게 서기를 촉구함. (유 1:1, 마 13:54-58)

112. 요셉이 애굽에 팔려갔던 친위대장으로 자기 아내 말만 듣고 무고한 요셉을 감옥에 가둔 자. (창 37:36)

113. 아론의 16대손이며 모세 율법에 능한 서기관이며 제사장으로 이스라엘 백성들의 바벨론 귀환(2차) 때 1800명을 이끌고 유대 땅에 돌아온 지도자. 율법 낭독과 율법을 가르침. (스 7:8, 8:17)

115. 이삭과 리브가에서 태어난 쌍둥이 중 동생. 이스라엘이라는 이름을 얻었고 열두 아들을 낳아 열두지파가 만들어지게 되었고, 팔려 갔던 아들 요셉과 애굽에서 만나게 됨. (창 25:21-26)

116. 십자 모양의 사형틀. 예수 그리스도께서 인류의 죄를 대속하기 위하여 이 나무에서 피를 흘리고 죽으셨음. (마 27:32)

117. 구속받지 않은 상태의 사람을 말하며 노예와 반대되는 존재이며 하나님으로부터 영적인 자유를 얻은 사람을 뜻함. 개혁 한글에서는 이렇게 말함. (행 6:7)

119. 나사로, 마르다, 마리아가 살던 곳으로 이곳에서 예수님께서 나사로를 살려주셨고 나병환자 시몬의 집이 있던 곳. (요 11:1, 12:1)

120. 영원히 죽지 않는 삶을 말하며 그리스도를 믿고 하나님과 새로운 관계가 되어 마지막 날 완성되는 삶. (눅 10:25, 요 3:16)

122. 룻기의 중심인물로 룻의 시어머니. 남편과 아들이 모두 죽고 고향땅 베들레헴에 돌아온 여인. (룻 4:13-17)

123. 바울과 함께 1차 전도여행을 떠난 동역자. 마가의 외삼촌이며 구브로에 복음을 전한 구브로 출신 레위인. (골 4:10)

125. 지중해 연안에서 팔레스타인 중부를 가로질러 요단강에 이르는 골짜기이며 비옥한 벌판. 나봇의 포도원이 있었음. (왕상 21:1)

127. 모세와 십보라 사이에서 태어난 첫째 아들. 나그네란 뜻. (출 2:22, 18:3)

129. 북이스라엘의 여로보암 1세부터 오므리 왕조까지 약 40여년간 북이스라엘의 수도. 아가서에도 아름다운 경치가 언급됨. (왕상 14:17, 아 6:4)

132. 라반의 둘째 딸. 야곱이 사랑했던 아내. 베냐민과 요셉을 낳음. (창 29:28-30)

135. 시몬 베드로의 형제. 어부이며 예수님의 오병이어 기적 때 물고기 두 마리와 보리떡 다섯 개를 가진 소년을 발견한 예수님 제자. (요 1:14, 6:8-9)

136. 시돈 남쪽. 이스라엘 북쪽의 항구도시이며 이곳 왕 히람이 솔로몬의 예루살렘 건축 때 자재와 목공, 석공을 제공한 도시국가. (왕상 5:1-2)

137. 유대인들의 최고 의결기관. 대제사장이 의장이며 공회원은 바리새인, 사두개인, 장로들로 구성. 율법에 따라 70명이었음(의장 1명 포함 71명). (민 11:6)

139. 바울 사도가 에베소 전도 당시 2년 동안 사용했던 강연장이자 사원임. (행 19:9)

141. 소돔의 멸망을 피해 도피한 롯과 작은 딸 사이에서 태어난 아이. 훗날 암몬 족속의 조상이 됨. (창 19:38)

143. 첫 인류인 아담의 범죄로 그의 후손인 온 인류가 태어나면서부터 지니게 되는 본질적인 죄. 오직 하나님 은혜로 예수 그리스도의 대속적인 죽음과 부활만이 해결이 가능함. (창 3장, 롬 5:12-21)

149. 가축이나 짐승을 잡는 곳(도살장을 의미함). 고난받는 메시야의 예언 등으로 언급됨. (사 53:7)

151. 하나님을 향한 경배와 영광과 높으심을 찬양하고 섬기는 거룩한 행위, 가르침, 성경 낭독, 기도, 찬송, 세례, 성찬, 헌금, 축도 등으로 진행됨. (요 4:20, 창 4:3-5)

153. 갈릴리 호수 근처 마을로 나사렛과 가까운 곳. 예수님께서 이곳에서 물을 포도주로 만든 최초의 기적을 행한 곳임. (요 2:1-11)

155. 새끼 양. 하나님께 드리는 제사 제물로 하나님의 백성으로 그리스도로 비유된 동물임. (창 4:2-4, 22:7)

157. 자비롭고 사랑스러움을 말하며 히브리어 '헤세드'로 하나님의 불변적인 사랑임. 은혜, 은총, 자비의 다른 말임. (창 47:29, 신 7:9, 마 9:13)

159. 모세와 아론의 누이. 이스라엘 백성들이 출애굽시 홍해를 건넌 뒤 소고를 치며 하나님을 찬양한 여인. (민 26:59, 출 15:20-21)

160. 예수님을 배신한 제자. 목매어 죽음. (마 27:3-5)

162. 다윗의 아들로 이스라엘 통일왕국 제3대 왕. 예루살렘 성전을 건축함. (대하 1:14, 9:25)

164. 다윗이 가드에 있을 때 함께 살았던 아내. 맏아들 암논을 낳았음. (삼상 25:43, 삼하 3:2)

166. 사래의 하녀로 아브라함의 첩이 된 애굽 여인. 이스마엘을 낳고 쫓겨남. (창 16:1)

167. 구약에서는 먼 훗날의 의미로, 신약에서는 주께서 오시는 날, 마지막 날, 심판 날의 의미가 있는 말임. (신 32:29, 히 1:2)

168. 야곱이 레아를 통해 낳은 둘째 아들. 레위와 함께 세겜에서 누이 디나를 욕보였다는 이유로 모두 죽인 인물. (창 34:24-31)

170. 배의 뒤쪽 부분. 선미. 반대인 뱃머리는 '이물'임. (막 4:38, 행 27:29)

171. 아하수에르 왕의 바사 제국 때 총리 대신으로 유다인을 몰살하려는 계획이 모르드개와 에스더 왕비의 역할로 수포로 돌아가고 처형당한 유다인의 민족적 원수였음. (에 3:1 · 10)

172. 다윗에게 예루살렘 성 북쪽에 있는 타작마당을 이 사람이 팔았으며 이삭을 바쳤던 모리아 산과 동일한 장소로 보는 곳이며 다른 이름은 '오르난'임. 솔로몬이 이곳에서 성전을 건축함. (삼하 24:16, 대하 3:1)

174. 엘리사 선지자의 시종으로 아람의 군대장관 나아만의 나병을 엘리사가 고쳐주었을 때 몰래 뇌물을 받아 나병이 걸리게 됨.

176. '오, 구원해 주시옵소서'라는 뜻으로 예수께서 예루살렘에 입성할 때 군중들이 외친 함성이며 메시야의 구원을 찬양하는 의미임. (시 118:25, 마 21:9-15, 막 11:8 · 10)

177. 욥의 친구 중 가장 나이가 많은 자로 데만에 거주하던 인물. 세 번이나 욥에게 욥의 고난이 죄로 인하여 생겨났다고 질책하고 권면한 인물. (욥 4-5장, 15 · 22장)

179. 고대 바벨론의 성읍으로 아브라함의 옛 고향이며 하나님의 소명을 받은 곳. 우상의 도시. 하란이 여기서 죽음. (창 11:28 · 31, 15:7)

180. 이스라엘 초대 왕인 사울 왕 당시 군대 총사령관이며 사울과 사촌간이며 요압의 동생 아사헬을 죽인 이유로 결국 요압에 의해 살해됨. (삼상 17:55, 삼하 3:22-27)

181. 왕들의 행적을 기록한 책으로 다윗 왕의 죽음에서부터 왕국이 분열되어 북이스라엘의 아합 왕의 죽음까지 120여년의 역사가 있는 상(上)권과 북이스라엘 아하시야 왕부터 남북 왕국의 멸망 및 포로기까지 300년 역사를 그린 하(下)권으로 되어 있는 책. (대하 25:26, 대상 9:1)

183. 유다의 며느리로 예수 그리스도의 족보에 올라가는 여인이며 같은 이름의 다른 여인은 다윗의 아들 압살롬의 누이로 암논에 의해 겁탈되어 결국 압살롬의 반역의 원인이 된 여인. (마 1:3, 삼하 13장)

184. 아담의 둘째 아들. 양을 치는 자. 형 가인이 죽임으로써 인류 최초의 순교자가 된 인물. (창 4:2 · 5-8, 마 23:25, 눅 11:51)

186. 국가에서 필요한 식량과 무기들을 보관했던 성으로 병거성도 있었고 전쟁용 전차를 보관했던 성읍을 말한다. (왕상 9:15-19, 대하 8:4-6)

188. 가사와 브엘세바 사이에 있었던 성읍으로 출애굽한 이스라엘 백성들이 모세의 제지에도 가나안을 진격하다가 이곳 일대 아멜렉 원주민들에게 패배한 곳임. (민 14:45, 신 1:44)

189. 마태복음 5~7장에 기록되어 있는 예수님의 설교문. 천국 백성으로 도덕적 수준의 실천 주제와 복에 대해 기록한 내용임. (마 5:1)

192. 이스라엘을 저주하려다가 축복을 하게 된 메소포타미아의 거짓 선지자로 당나귀의 말을 듣게 된 자임. (신 23:4, 민 22-24장)

193. 인류 최초의 살인자. (창 4:8)

195. 여리고의 세리장. 키가 작았기 때문에 예수님을 보기 위하여 돌무화과 나무 위로 올라간 인물. (눅 19:5-6)

196. 성막에서 제사 업무를 했던 레위 지파 제사장들 가운데 최고 높은 지위. 최초는 아론이었음. (출 27:21)

198. 아브라함의 아내 사라를 보고 미모에 반해 취하려 했으나 꿈에 하나님의 경고를 받고 사라를 아브라함에게 돌려준 인물. (창 20:1-18)

199. 감추어진 것을 드러내어 명확하게 밝히는 행위를 말하며 신실한 종들에게 하나님의 뜻을 보여주시고 성경이 곧 ○○의 책이라고 할 수 있다. (고후 12:1, 엡 3:3)

201. 8년 동안 중풍을 앓던 룻다의 성도로 베드로가 그리스도의 이름으로 병을 고쳐주었음. (행 9:32-35)

203. 잇도의 손자이며 베레갸의 아들로 이스라엘 백성들이 바벨론 포로에서 귀환하여 성전을 재건할 때 학개 선지자와 함께 백성들을 독려한 인물. 또한 소선지서 중 하나를 기록하여 메시야의 강림을 소망하는 말씀을 전한 선지자임. (슥 6:14-15, 9:9)

205. 돈을 넣어 보관하는 작은 상자. 예수님 제자 중 가룟 유다는 이것을 보관하던 자임. (요 12:6, 13:29)

207. 갈대아의 수도. 니므롯에 의해 세워진 도시 중 하나이며 함무라비 왕이 있었으며 바사(페르시아)에 의해 멸망됨. 이스라엘 백성들이 70년간 이곳에 포로로 끌려감. (마 1:11, 계 14:18)

208. 야곱이 라헬의 여종 빌하를 통해 낳은 아들. 갈릴리 지방으로 메시야가 이 지역에서 복음을 전한다고 함. (창 30:7-8, 대상 2:2)

210. 예수님 제자 중 수제자. 반석이라는 이름으로 예수님을 세 번 부인하기도 함. (마 16:18, 눅 6:14, 요 1:42)

213. 베냐민 지파 기스의 아들로 이스라엘의 초대 왕. 하나님께 순종하지 않다가 길보아 전투에서 죽게 됨. (삼상 9:1-2)

214. 야곱의 딸 디나를 욕보였다가 레위와 시므온에게 살해된 인물. 또한 아브라함이 가나안으로 들어왔을 때 처음 방문했던 곳이며 요셉의 시신이 안치된 곳임. (창 34:2)

216. 성도들에게 바르게 삶을 이끌어가기 위해 위로하고 도와주며 권하는 것임. (롬 12:8, 빌 2:1)

219. 아브라함이 이 사람에게 모든 소유를 관리하게 하고 또 아브라함의 아들 이삭의 아내를 구하기 위해 라홀의 집으로 간 자임. (창 15:2-3, 24:2)

221. 야곱과 레아 사이에 난 야곱의 열 번째 아들. '해변에 거주하며 그 경계가 시돈까지'라는 예언의 주인공임. (창 30:19-20)

222. 아데미 신전과 극장이 있었던 곳으로 바울 사도가 이

곳에 있는 두란노 서원에서 복음을 전하였고 약 2년 이상 거주하였던 곳임. (엡 19:23-41)

224. 의인이지만 이유없이 고난을 받은 인물로 잃은 재산의 두 배로 축복을 받은 인물이 주인공인 이 책. (욥 1:1)

225. 죽은 자가 다시 생명을 얻어 되살아나는 것을 말하며 기독교의 핵심이며 예수 그리스도의 ○○는 우리를 죄에서 자유롭게 하시고 의롭다 하심을 위하신 것임. (요 6:39, 고 15:12-13)

227. 남유다 아하시야 왕이 죽고 왕비였던 아달랴가 통치하던 때에 왕자 요하스를 구하고 성전을 수리하고 종교개혁을 하는 등 십정정치를 한 대제사장임. (왕하 12:9-10, 11:18)

229. 하나님의 나라. 하늘나라를 말하며 사망과 애통이 없는 곳임. (마 3:2, 4:17)

230. 호수를 끼고 있는 이스라엘 북부지역이며 예수님께서 성장하신 곳으로 제자를 부르시고 많은 이적을 행하신 곳임. (수 20:7, 마 2:22, 4:23)

231. 시험이란 뜻을 가진 장소로 이스라엘 백성들이 광야 생활 도중 물이 없어 하나님을 원망할 때 모세가 반석을 두 번 쳐서 물이 나오게 한 곳임. (출 17:1-7)

233. '노래 중의 노래'란 뜻이 있으며 솔로몬과 술람미의 포도원지기인 한 여인과의 아름답고 순결한 사랑을 주제로 기록된 책으로 비유적으로 해석할 때 예수님과 교회 또는 성도들간의 사랑을 담고 있음. (아 1-8장)

234. 선과 악을 알게 하는 나무. 에덴동산에 있었음. (창 2:9, 롬 5:12)

235. 유브라데 강과 함께 메소보다미아의 주요한 강 이름으로 힛데겔 강으로도 불렸고 다니엘이 이 강에서 환상을 봄. (창 2:14, 단 10:4)

236. 왕의 식탁에 올리는 술을 맡은 관리를 말하며 느헤미야도 이 일을 한 관원이었다. (느 1:11, 2:1)

238. 사무엘의 어머니. 아들을 주면 그를 나실인으로 하나님께 드리겠다고 서원하며 간절히 기도한 여인. (삼상 1-2장, 대상 6:1 · 27)

239. 에게해 북쪽 항구도시로 바울이 2차 선교여행 때 드로아에서 환상을 보고 유럽으로 건너가 첫 번째 도착한 성읍임. (행 16:11)

241. 밧세바의 남편이며 다윗의 30용사 중 한 사람으로 다윗이 자신의 죄를 감추기 위해 전쟁터에서 죽게 한 인물. (삼하 23:39, 대상 11:41)

242. 빛의 명절이라고도 불리며 이스라엘 민족의 지도자 마카비가 수리아 군대를 물리치고 성전을 정화하면서 이 날을 기념하는 축제일을 말함. (외경 마카비상 4:52-59, 마카비하 10:5)

244. 하나님의 얼굴이라는 뜻을 가진 곳으로 야곱이 천사와 씨름하여 이스라엘의 이름을 얻은 곳임. (창 32:30)

246. 요한계시록의 일곱 교회 중 하나가 있었던 곳으로 사도요한이 많이 칭찬한 교회이며 죽도록 충성하라 생명의 관을 주겠다고 한 교회가 있었던 지역임. (계 2:9-10)

250. 바알 숭배의 중심지였으며 블레셋에게 언약궤를 빼앗기고 20년간 이곳에서 보관되었다가 다윗이 이곳에서 예루살렘으로 옮겨감. (삼상 6:21, 7:1-2)

253. 날마다 성경을 상고하고 깊이 묵상하였던 성도들이 있었던 지역으로 바울이 복음을 전한 데살로니가 서쪽 지역. (행 17:11)

256. '속이 빈', '쓸모없는', '어리석은'이란 뜻을 가진 아람어로 욕을 말하며 상대방을 경멸할 때 사용하며 예수님께서 형제에 대하여 ○○라 하는 자는 공회에 잡히고 미련한 놈이라 하는 자는 지옥 불에 들어가게 된다고 하심. (마 5:22)

257. 유다 왕국에서 우상숭배가 가장 극심했던 아하스왕 시기에 신랄한 지적을 선지자로 하나님의 심판과 남은 자의 구원에 대한 메시지를 선포한 인물. '베들레헴 에브라다야 너는 유다 족속 중에 작을지라도 이스라엘을 다스릴 자가 네게서 나올 것이라'고 예수 그리스도가 베들레헴에서 탄생하실 덧을 예언한 선지자. (미 1:1)

258. 재판관들이란 이름으로 기록된 책이며 기드온, 드보라, 삼손 등의 사사들이 주인공으로 씌어진 책. (삿 1-21장)

259. 활을 쏘거나 창을 던질 때 목표물을 말하며 하나님의 심판이나 징계를 비유하기도 함. (삼상 20:20, 욥 16:12)

260. 아론의 셋째 아들로 성막에 사용되는 물건들의 명세서를 계산하는 일을 하던 제사장임. (출 38:21)

262. 앗수르 수도 니느웨가 요나 선지자의 복음을 듣고 회개하고 돌아선 뒤 약 100여년이 지나면서 다시 니느웨 백성이 완악해지고 교만하자 니느웨의 심판과 멸망에 대해 예언한 엘고스가 고향인 선지자가 쓴 책. (나 1:1)

263. 두로 왕으로 히람으로 불리기도 한 다윗과 솔로몬에게 예루살렘 성전의 건축을 위하여 백향목과 석수들을 후원한 인물. (삼하 5:1)

264. 유대인의 11대 로마 총독이며 바울이 예루살렘에서 체포되었을 때 바울이 무죄함을 알면서도 혹시 뇌물을 받을 심산으로 2년간 바울을 감금한 인물. (행 24:26-27)

265. 남왕국 유다의 제3대 왕으로 경건한 왕이었지만 북이스라엘을 치기 위해 아람왕 벤하닷과 동맹을 맺었다가 선견자 하나니의 꾸중을 듣게 된 왕임. (대하 14-16장, 왕상 15:16-19)

266. 사사 입다가 암몬 족속을 물리치자 에브라임 지파가 시기하게 되고 그것 때문에 에브라임인지를 식별하기 위해 발음을 시켜 시험했던 단어임. 쉽볼렛을 이 단어로 발음한

4200명을 죽이게 됨. (삿 12:5-6)

267. 바울이 고린도전서를 통해 훈계한 후 다시 펜을 들어 고린도 교인들에게 감사하면서 자신의 사도권을 변호하는 등의 서신을 말함. 바울의 자서전적 서신임.

269. 다윗의 아버지이며 오벳의 아들로 '○○의 뿌리'라는 표현으로 예수 그리스도가 다윗의 자손에서 나온다는 말로 사용됨. (룻 4:18-22, 마 1:5-6)

271. 오늘날의 이란이며 페르시아의 성경적 표현인 나라로 고레스 왕이 있었으며 느헤미야 당시의 이름임. (스 4장)

273. 히스기야 왕 때 왕의 못이라고 불리기도 하였으며 예수께서 소경된 자의 눈에 침과 흙을 이겨 바른 후 이 연못의 물로 씻으라고 한 곳임. (요 9:6-11)

274. 남유다의 13대 왕으로 죽을 병이 걸리자 벽을 보고 간절히 기도하자 15년의 수명을 연장받았음. (왕하 20:1-11)

277. 엘리야의 후계자로 대머리였으며 나아만의 나병을 치유한 선지자임. (왕하 5:1-27)

278. '섬기다'라는 뜻에서 유래된 단어로 바울은 하나님의 은혜의 복음을 전하는 일이 주님께 받은 ○○라고 고백하였음. 복음 속의 제목으로도 유명함. (행 20:24)

279. 그리스도의 이름으로 구원이시다는 뜻임. (롬 1:1, 마 1:21, 눅 1:31)

281. 바나바의 고향인 구브로 섬의 동쪽 성읍으로 바나바와 바울의 1차 전도여행 때 이곳에서 복음을 전함. (행 13:5)

282. 하늘의 군대들(천사들)이란 뜻이 있는 지명으로 야곱이 고향으로 돌아오다 에서를 만나기 전 하나님의 군대를 만난 데서 유래된 곳임. (창 32:2)

284. 룻의 남편인 보아스의 아버지이며 부인은 여리고의 기생인 라합이며 예수님의 족보에 있는 인물. (룻 4:20-21)

285. 바울 당시 유대를 다스린 로마 총독 벨릭스의 후임으로 바울이 아그립바 앞에서 복음을 변론하게 한 인물임. (행 25:1)

286. 예수님께 반역죄를 씌워 사형을 언도한 로마 제5대 총독. 사도신경에서 암송할 때 거론되는 인물임. (막 15:15, 눅 23:23, 행 3:13)

290. 평화의 도시이며 이스라엘의 정치적 중심지로 솔로몬의 성전이 건축되었고 예수님께서 이곳에 입성하여 체포되고 십자가에 돌아가시게 됨. (눅 9:31, 요 4:45)

292. 블레셋 가드의 키가 큰 용사로 다윗의 물맷돌에 맞아 죽은 인물임. (민 13:33, 수 11:22, 삼상 17:50)

294. 바돌로매와 동일인으로 보이는 예수님의 제자로 빌립의 소개로 제자가 되어 예수님을 하나님의 아들로 고백한 인물임. (요 1:45, 21:2)

296. 유다지파 갈미의 아들로 여리고 성의 함락 뒤 전리품을 훔쳐 아골 골짜기에서 처형당한 인물. (수 7:16-21)

298. 유다의 마지막 왕 시드기야 때 바벨론에 의해 유다가 망할 것이라는 예레미야의 예언을 반대하며 핍박하다가 오히려 죽음을 당한 거짓 선지자임. (렘 25:12, 28장)

299. 모세5경의 마지막 책으로 출애굽 이후 40여년의 광야 여정을 마친 모세가 회고하면서 약속의 땅에서 지켜야 할 율법 등의 설교를 한 책.

301. 베드로와 요한이 예수 그리스도의 능력에 의지하여 이 문 앞에서 구걸하던 앉은뱅이를 고쳐줌. 예루살렘 성전 동편 출입문임. 아름답다 하여 붙여진 문. (행 3:3-10)

302. 이동식 거주지로 성막, 회막, 여호와의 전이라고 불리었으며 하나님의 보호, 육신의 비유로 사용된 단어임. (창 4:20, 삿 8:11)

305. 다니엘을 사자굴에 넣은 왕이며 동명이인 중에 느헤미야 때 바삭 왕인 아닥사스다의 아들의 이름도 있었음. (단 6:16)

307. 느헤미야가 성벽을 재건할 때 사마리아 사람 산발랏과 함께 그 일을 방해한 암몬 사람으로 성전 안 방에 있다 쫓겨난 인물. (느 2:10 · 19)

309. 급히 달리는 모습으로 바울 사도는 복음 전도자로 자신의 삶을 달리기 선수로 비유할 때 사용한 단어임. (고전 9:24)

310. 다메섹 르손이 세운 수리아 왕국의 마지막 왕으로 앗수르의 침략을 저지하기 위해 북이스라엘의 베가 왕과 동맹을 맺고 남유다의 아하스에게도 원군을 요청하다 거절하자 남유다를 침공한 왕임. (왕하 15:37)

312. 해골이란 뜻이며 갈보리라고도 하는 곳으로 예수님께서 십자가에 못 박히신 곳임. (마 27:33-35)

314. 바울이 쓴 목회서신으로 지중해 섬 그레데 교회에서 감독으로 지낸 바울의 동역자에게 보낸 서신임. 구원, 영생, 중생, 재림 등의 내용이 나옴. (고후 2:13, 7:13)

315. 예루살렘 동쪽의 해발 814m의 산이며 올리브나무인 감람나무가 많았으며 이곳에 겟세마네 동산과 나사로의 마을 베다니 등이 있었던 산임. (행 1:12, 마 26:36)

317. 말씀이란 뜻이며 예수 그리스도를 전하는 말씀. 사도 요한은 하나님은 이 말씀으로 우주 만물을 창조하셨다. (창 1:1, 요일 1:1, 계 19:13)

319. 바사에 머물렀다가 아하수에르 왕의 왕비가 된 여인으로 유다의 위기를 모르드개와 함께 구한 왕비임. (에 2:16-18)

321. 구브로 섬이 고향이며 마가의 숙부로 1차 전도여행 때 바울과 동역하였던 인물. (행 14:14, 골 4:10)

326. 최후의 만찬을 하셨던 곳의 다락방이 그의 집이었으며 바울의 1차 전도여행 때 동행한 인물로 베드로가 아들이라

고 불렀으며 4복음서 중 하나를 기록한 인물임. (행 1:12–15, 12:12, 13:13)

327. 사울 왕의 맏딸이며 이 여인의 다섯 아들은 다윗이 기브온 사람들에게 넘겨 주어 목베임을 당한 여인임. (삼하 21:8–9)

329. 흙이 적고 돌이 많은 밭. 이 밭에 떨어진 씨앗은 말씀을 듣고 즉시 기쁨으로 받되 환난이나 박해가 일어나면 곧 넘어진다는 비유 때 사용된 밭임. (마 13:20)

330. 이스라엘 백성들이 애굽에서 노예생활을 할 때 지은 국고성이 있던 성읍임. (출 1:11)

331. 헬라인 아버지와 유대인 어머니인 유니게 사이에서 태어난 디모데의 외할머니임. (딤후 1:5)

333. 야곱과 레아 사이에서 낳은 야곱의 다섯 번째 아들이며 용사들을 많이 배출한 지파가 되고 가나안 정복 때 길보아와 갈릴리 산지의 땅을 차지함. (창 30:17–18, 수 19:17–23)

335. 어떤 사물이나 상태를 효과적으로 표현하기 위하여 그것과 비슷한 다른 것으로 표현하는 방법이며 은유, 예시 등을 말함. 예수님께서 이러한 실례를 많이 사용함. (시 49:4, 마 13:18)

337. 아브라함의 아내이며 원래 이름은 사래인 여인으로 미모가 매우 아리따운 여인이었음. (창 11:29)

338. 권능과 능력, 영광 등의 상징적인 의미를 갖는 손을 말함. '하나님의 ○○손'이라고 함. (출 15:6–12, 사 48:13)

339. 주인 빌레몬의 물건을 훔쳐 로마로 도주했다가 옥중의 바울을 만나 회심하고 주인에게 다시 돌아갔던 자로 바울사도가 사랑받는 형제로 인정하였음. (몬 1:9–10)

340. 짐승을 잡는 데 사용되는 덫이나 그물임. (욥 18:8)

341. 사해를 지나 아카바 만에 이르는 저지대를 말하며 ○○의 바다는 염해를 말하며 다윗이 사울을 피해 잠시 머물렀던 곳. (렘 52:7, 삼상 23:24)

342. 예수님의 시신을 안치한 공회의원의 고향으로 사무엘의 고향인 라마다임 산지로 보이는 곳임. (삼상 1:1, 마 27:57, 막 15:43, 눅 23:51)

343. 바울과 논쟁한 자란 뜻이 있는 인물로 기드온의 별명인 이름임. (삿 6:32, 7:1)

344. 향기로운 냄새를 말하며 하나님께 드리는 제물을 ○○로운 제물이라고 하며 성도들의 기도는 어린양 앞의 금대접에 가득한 ○○로 비유됨. (아 1:12, 시 66:15, 말 1:11)

〈부록 1〉 세로 문제

2. 이스라엘의 마지막 사사. 어머니가 한나이며 초대왕 사울과 2대왕 다윗 왕을 세운 선지자이자 지도자임. (삼상 1:20, 대상 6:28)

3. 라반의 맏딸로 야곱의 아내가 된 여인임. (창 29:16)

4. 다섯 번째 사사이며 용사 300명으로 미디안과의 전쟁에서 대승한 지도자. (삿 8:28, 7:22–23)

5. 아브라함, 나홀, 하란의 아버지이며 205세에 죽은 인물. (창 11:24–27, 눅 3:34)

6. 바울 사도가 로마에 있는 성도들에게 보낸 서신으로 구원에 대한 복음의 진리를 담고 있는 서신임.

7. 미가엘 천사가 전쟁을 수행하는 천사라면 이 천사는 하나님의 거룩하고 복된 소식을 전하는 천사임. (눅 1:11–20 · 26–38)

8. 하나님을 찬양하라는 뜻의 단어이며 시편의 시작이나 끝부분에 사용되어 능력의 하나님을 찬양할 때 외치는 소리임. (시 104–106, 111–118)

9. 왕의 대로(큰길)가 지나가는 요충지로 욥에게 찾아온 엘리바스가 이 지역 사람임. (합 3:3, 욥 2:11)

10. 바울 당시 소아시아에서 무역과 상업이 번성했던 곳으로 요한계시록에서 환난을 잘 이겨낸 충성된 자들이라고 칭찬받은 교회 이름. (계 3:7–13)

12. 의사였으며 바울의 주치의로 2차 전도여행 때부터 바울과 동행한 인물이며 신약 4복음서 중 하나와 사도행전을 기록한 인물임. (골 4:14)

13. 레위의 딸이며 아므람의 아내로 모세, 아론, 미리암을 낳은 여인임. (출 6:20, 민 26:59)

14. 솔로몬의 성전 앞 현관에 세워진 기둥 중 왼쪽 기둥은 보아스이고 오른쪽 기둥 이름. (왕상 7:13–22, 시 21:1, 대하 3:17)

15. 살몬과 여리고 기생 라합과의 사이에서 태어난 아들이며 룻이 그의 아내인 인물로 베들레헴 출신이며 예수 그리스도의 계보에 있는 인물. (룻 4:7 · 22, 마 1:5, 눅 3:32)

16. 아론이 죽어 매장된 산이며 에돔 국경에 있음. ○○산. (민 20:22–29, 33:37–41)

21. 욥바 출신의 여자 성도로 병으로 죽었지만 베드로에 의해 소생한 여인임. '다비다'라는 이름도 있음. (행 9:36–42)

22. 구약의 유월절과 관계가 있는 기독교 의식의 하나로 예수님의 십자가 죽음을 기념하는 의식임. 떡은 주님의 몸을, 포도즙은 주님의 피를 기념함. (출 12장, 마 26:26–30, 고전 11:23–26)

24. '열려라'라는 뜻으로 예수님께서 귀먹고 말 못하는 자를 고치면서 하신 말씀. (막 7:34)

26. 산헤드린의 공회의원으로 예수님을 한밤중에 찾아와 중생(거듭남)의 진리를 배웠고, 예수님이 돌아가셨을 때 향유와 몰약을 드린 인물. (요 3:1, 7:50)

27. 레위인으로 가버나움에서 세관원 출신으로 예수님의 제자가 되었으며, 신약의 첫 번째 복음서를 기록한 인물임. (막 2:14, 눅 5:27)

29. 데라의 아들이며, 이삭의 아버지이며, 아내는 사라이며, 열국의 아버지라고 불렸던 믿음의 조상인 인물. (창 11:28-31, 갈 3:7)

31. 노아의 손자. 함의 네 번째 아들의 이름이며 팔레스타인 땅의 옛 이름임. 약속의 땅이었음. (창 12:7, 출 6:4, 신 11:24)

33. 예수님을 다메섹 도상에서 만난 뒤 회심하고 복음을 전한 인물로 신약서신 13편을 기록함. (행 9:1-9, 22:6-7)

34. '기름 부음을 받은 자'라는 뜻으로 곧 메시야를 일컫는 단어이며 예수님을 부르는 말임. (행 10:38, 마 1:16, 요 20:31)

35. 갈렙의 딸이며 옷니엘과 결혼한 여인. (수 15:16-19)

36. 복음을 전하라는 하나님의 뜻을 저버리고 도망하다 큰 물고기 뱃속에 갇혀 있다 3일 만에 살아나서 니느웨에 가서 복음을 전한 선지자임. (왕하 14:25, 욘 1:2)

37. 아브라함의 후처 그두라에게서 낳은 넷째 아들로 이스마엘 족속이 되었고 사사 기드온의 300명의 용사들이 이들과 싸움을 하여 격파함. (삿 6-8장, 창 25:1-6)

39. 회개하지 않은 죄인이 마지막 날 심판 때 형벌과 고난을 받는 곳으로 게헨나, 스올 등으로 표현되기도 하며 불과 유황이 있는 곳. (마 5:29, 민 16:30)

40. 모압에서 나온 나오미가 남편과 두 아들을 사별하고 돌아와 자신을 부른 호칭으로 고통, 괴로움의 뜻임. (룻 1:20)

43. '하나님과 겨루어 이김'이라는 뜻으로 야곱이 얍복 강가에서 천사와 씨름을 한 뒤 얻은 이름. (창 32:28, 호 12:12)

44. 가버나움의 회당장으로 12살 된 외동딸이 죽게 되어 예수님께서 살려준 인물. (막 5:21-22, 눅 8:41-42)

45. 삼손이나 사무엘 같이 일평생 특별한 헌신을 하기 위하여 구별된 자로 살아가는 자임. (삿 13:5)

48. 예레미야가 저자로 추정되는 책으로 예루살렘이 파괴되고 멸망당한 현실을 슬퍼하며 눈물로 노래한 다섯 장의 시 형식의 책임.

50. 부친은 헬라인이고 모친은 유니게, 외할머니는 로이스로 바울의 동역자였으며 바울이 로마 감옥에 있을 때 마가를 데리고 오고 겉옷을 가져오라고 편지한 인물. (행 16:1-3, 딤후 1:5)

53. 연회장 벽에 손가락이 나타나 '메네메네데겔우바르신'이란 글이 나타날 때의 왕이며 다니엘이 해석해 줌. (단 5장)

55. 바울이 2차 전도여행 때 바울로 인해 고린도에서 유대인에게 폭행을 당했던 회당장임. (행 18:17, 고전 1:1)

56. 향기로운 냄새가 나는 기름을 말하며 손님을 대접할 때나 의료용으로 사용함. (에 2:12, 시 104:15)

57. 이스라엘 백성들이 광야 생활에서 물이 없어 하나님을 원망할 때 모세가 반석을 두 번 쳐서 물이 나온 곳. 시험이라는 뜻의 맛사로 부르기도 함. (출 17:1-7)

58. 유다왕 여고냐의 아들이며 바벨론 포로에서 귀환할 때 지도자인 스룹바벨의 아버지로 예수님의 족보에 오른 인물임. (대상 3:17, 마 1:12)

60. 베다니의 마리아의 언니이자 나사로의 누이이며 나사로의 죽음에 마지막 부활을 믿었으며 예수님을 그리스도요, 하나님의 아들로 고백한 여인임. (눅 10:38-39, 요 11:1 · 21 · 27)

62. 지혜롭고 통찰력이 있으며 앞일에 대해 미리 준비하는 비유로 사용된 허리가 가는 곤충. (잠 6:6, 30:25)

63. 하나님을 신뢰하고 그분이 천지창조주의 주관자이심을 믿고 그 이루신 일을 신앙하는 것. (행 1:11, 롬 10:9, 고전 15:3-4)

66. 여리고에 살던 기생으로 살몬과 결혼하여 보아스를 낳고 예수님 족보에 오른 여인임. (수 2:1, 마 1:5)

67. 여호수아가 예언한 여리고 성을 재건하면 저주가 임한다는 내용이 훗날에 실제 일어났는데 벧엘 사람 히엘이 여리고 성문을 재건할 때 히엘의 막내 아들인 이 인물이 죽었음. (수 6:26, 왕상 16:34)

68. 출애굽한 이스라엘 백성들이 38년 동안 광야에 있다 모압 평지로 왔을 때까지의 역사를 기록하고 백성의 수를 기록한 모세5경 중 네 번째 책임.

70. '나훔의 마을'이라는 뜻이 있는 성읍으로 갈릴리 호수 북쪽 해안에 위치하고 세관이 있었으며 예수님께서 백부장의 하인과 베드로의 장인 등을 고치는 등 많은 기적을 행하신 곳임. (마 8:14-15, 9:9-13)

71. 태어날 때 모친이 힘겨운 출산으로 붙여진 이름이며 지경(지역)을 넓히시고 환난을 벗어나 근심이 없게 해달라는 유명한 '○○○의 기도'를 하여 응답받았음. (대상 4:9)

73. 길르앗과 기생 출신 어머니에게서 난 자로 암몬과의 전쟁에서 이기고 경솔한 서원으로 딸을 제물로 바치게 된 사사임. (삿 11:1)

77. 초대교회 최초의 순교자로 공회 앞에서 유명한 설교를 한 인물. (행 7:59-60)

78. 솔로몬의 지혜와 명성을 듣고 찾아온 여왕임. (왕하 10:1-13, 대하 9:1-9)

80. 사가랴의 엘리사벳 사이에서 태어난 선지자로 예수 그리스도의 오는 길을 예비하고 예수님께 세례를 한 인물임. (마 11:13, 마 3:13-17)

83. 여호수아가 아모리 족속을 칠 때 하나님께 기도하여 태양과 달의 운행이 멈추었던 현장으로 예루살렘의 북서쪽 성읍임. (수 10:12-15)

84. 불기둥과 함께 이스라엘 백성들의 광야길에 낮에 인도하실 때 보호해 주신 기둥을 말하며 하나님의 임재를 알 수 있었음. (출 13:21-22)

86. '형제를 대신하여 보수할 자'라는 뜻과 구속자의 뜻이 있으며 히브리어로는 '고엘'이라고 하는 것으로 자손이 없이 죽는 형제를 대신해서 아들을 낳아 주거나 가난하여 팔아버린 땅을 되찾아주는 일을 하는 자를 말함. 예수님의 예표라고 볼 수 있음. (룻 2:20, 신 25:5)

87. 율법에 정통한 알렉산드리아 출신의 유대인으로 세례요한의 제자였지만 예수 그리스도에 관한 지식은 부족했던 인물. (행 18:25)

89. 우주만물의 시작과 기원을 알려주는 모세5경의 첫 번째 책임.

91. 옛 언약인 모세의 율법과 대조되는 언약으로 성령의 법으로 생명을 가져오는 완전한 언약을 말함. (롬 8:2, 히 7:19)

94. 수리아와 베니게(페니키아)의 합성어로 귀신들린 딸의 병을 낫게 해달라고 '주인의 상의 부스러기'라는 말을 하며 예수님께 간구하여 나음을 받았던 여인의 고향임. (막 7:26, 마 15:22)

96. 적기에 내리는 충분한 비를 말하며 이런 비는 곡식의 결실을 풍성하게 함. 하나님의 은혜를 상징함. (시 65:10, 렘 3:3)

97. 라헬의 여종으로 야곱의 첩이며 단과 납달리를 낳았던 여인임. 야곱의 장남 루우벤과 통간하여 근친상간의 죄를 범한 여자임. (창 29:29, 30:1-8, 35:22)

99. 수메르, 메소보다미아 등에서 봄의 식물을 보호하는 신으로 배우자 신은 아스다롯 여신임. 제사시에는 음란한 의식이 거행되었음. (겔 8:14)

100. 노아 때 홍수가 그치고 난 뒤 방주가 머물렀던 산 이름. (창 8:4)

102. 마음이 부드럽고 친절한 것을 말하며 예수님께서 산상보훈에서 '○○하는 자는 복이 있나니 그들이 땅을 기업으로 받을 것이라'고 하셨음. (민 12:3, 시 25:9, 37:11)

106. 바사 왕 아닥사스다 1세 때 왕궁의 술관원이었던 유다인으로 예루살렘 성전과 성벽을 재건한 총독으로 있었던 인물. (느 1:1)

107. 유다 왕 여호야긴의 손자이며 고레스 왕의 이스라엘 백성들의 제1차 포로귀환 허락 때 백성들을 이끌고 예루살렘에 돌아온 인물임. 성전을 재건했으며 그리스도의 족보에 올라가 있는 인물임. (스 3:2, 학 1:1, 마 1:13, 눅 3:27)

108. 예수님의 탄생을 축하하기 위해 동방에서 온 현인, 점성가 세 사람을 일컫는 말임. (마 2:1 · 2 · 7 · 9 · 10)

111. 바벨론의 유다 침공 때 1차 포로로 잡혀간 인물로 사자굴에서 살아남았고 나라의 총리까지 된 인물임. (단 6장)

113. 낙원이라는 뜻이 있는 동산으로 아담과 하와가 살았던 곳이며 선악과가 있었음. (창 2:8-15)

114. 브두엘의 아들로 이삭의 아내 리브가의 오빠이며 야곱의 아내인 레아와 라헬의 아버지임. (창 24:29, 28:5)

115. 노아의 세 명의 아들 중 한 명으로 셈과 함과 '○○'임. 주로 섬과 해안지역에서 후손들이 번성하였음. (창 5:32, 6:10)

116. 미디안 제사장의 딸이며 모세의 아내임. (출 2:21)

118. '다른 것은 없는 오직 하나'라는 단어로 하나님은 ○○하신 분이시며 하나님은 홀로 영광 받으실 분이심. (사 37:16, 막 12:29)

119. 예수님께서 태어나신 곳으로 다윗이 그곳에서 자랐고 보아스의 고향임. (마 2:1 · 5-6, 눅 2:4 · 15)

121. '생명, 기력, 호흡하다'라는 뜻으로 아담의 코에 이것을 불어넣어 생명을 가진 존재가 되게 하심. (창 2:7)

122. 베다니에 살던 마르다와 마리아의 오빠이며 죽었다가 예수님께서 소생시켰던 인물임. (요 11:1-44)

124. 예수님께서 고쳐주셨던 여리고에서의 맹인 거지이며 디메오의 아들이란 뜻임. (막 10:46-52)

125. 아브라함이 100세 때 얻은 아들로 야곱과 에서를 낳은 인물임. (창 21:1-3)

126. 야곱의 열두 아들 중 장남으로 아버지의 첩인 빌하와 통간하는 죄를 범한 자. (창 32:22, 49:1-4)

128. 솔로몬과 암몬 여자 나아마 사이에 태어나 분열 왕국 남유다의 초대왕으로 솔로몬을 이어 왕이 되었으나 여로보암의 반란으로 유다, 베냐민 지파만 가지고 왕이 됨. (왕상 12:1-15)

130. 바울 당시 아덴(아테네)에서 서쪽으로 64㎞ 지점에 위치한 아가야 주의 수도이며 항구도시로 아프로디테의 신전이 있었던 곳임. (고전 5:1)

131. 짐승의 가죽을 벗기고 가죽을 부드럽게 하는 일. 즉 제혁업자를 말하며 베드로가 욥바에서 시몬이라는 ○○장이 집에서 숙박함. (행 9:43, 10:6)

133. 인도-유럽어 족의 한 언어로 히브리어로 된 구약성경을 '○○어'로 옮긴 70인 역이나 코이네로 기록되었는데 이것은 '○○어'이다. (계 9:11)

134. 노예 상태나 곤란한 처지에 있는 사람들을 건져내는 행위를 말하며 이것은 죄를 사하기 위해 오신 예수 그리스도께서 우리를 ○○해 주셨으며 바울은 구원은 의롭다 함을 여겨 주시고 영화롭게 되는 과정이라고 말함. (마 9:21-22, 막

5:23)

136. 가인의 자손 라멕이 두 아내 중 하나인 씰라를 통해 얻은 아들로 금속 등을 제작하는 대장장이의 조상임. (창 4:22)

138. '거룩한 산' '헐몬' 등으로 불리는 산으로 다메섹 남쪽과 팔레스타인 북방경계에 있는 해발 2769m의 만년설이 있는 산임. (시 133:1-3)

140. 자유를 속박당하고 주인으로 모시면서 사는 자로 포로로 끌려온 자나 가난 등의 이유로 팔려온 자를 말함. (왕하 5:2)

142. 모세와 아론의 누이로 모세가 태어나 갈대상자에 실려갈 때 뒤를 따라가 자신의 어머니 요게벳을 유모로 추천한 여인임. 홍해를 건넌 후 여선지자로 하나님을 찬양하기도 함. (출 2:1-10)

144. 죄를 지은 사람을 말하며 하나님을 알지 못하는 자. 여호와를 경외하지 않는 자를 말함. '내가 의인을 부르러 온 것이 아니요, ○○를 불러 회개시키러 왔노라'라고 예수님께서 말씀하셨음. (마 9:13)

145. 야곱의 열한번째 아들인 요셉이 애굽에서 온 제사장의 딸 아스낫과 결혼하여 낳은 맏아들임. 동생은 에브라임으로 나중에 각각 지파가 되며 동명이인으로는 히스기야 왕의 아들로 우상을 섬긴 나쁜 왕의 이름도 같은 이름임. (창 41:51)

146. '용서하다'라는 뜻으로 인간의 노력과 공로로 되는 것이 아닌 하나님의 무조건적인 은혜에 의해 되는 것을 말함. '○유'. (대하 6:30, 느 9:17, 미 7:18)

147. 아카비만 엘랏 근처의 항구도시로 출애굽한 이스라엘 백성들이 가데스에 가기 전 마지막 진을 친 곳이며 솔로몬이 무역의 중심지로 만든 항구를 만들었음. (신 2:8, 대하 20:36)

148. 사사 드보라와 바락에게 정복되었던 곳으로 야빈이 통치했던 메롬 물가에서 서쪽에 위치한 성읍임. (수 11:1 · 10, 삿 4장, 삼상 12:9)

152. 사도 바울은 그리스도를 아는 지식 이외의 모든 전통이나 가치를 다 이것으로 여겼음. (빌 3:8, 신 23:13)

154. 나병이 걸린 아람(수리아) 군대장관으로 엘리사를 찾아가 요단강에 일곱 번 몸을 씻음으로 나았음. (왕하 5장, 눅 4:27)

156. 숫양의 뿔로 만든 구부러진 나팔로 백성을 소집하거나 큰 사건이 있을 때 울려퍼지게 함. (수 6:4-6, 왕상 1:39)

158. 나일강이 지나가는 아프리카 북동쪽의 고대문명의 발상지가 있는 나라임. 요셉이 이곳에 가서 총리가 되고 모세가 이곳에서 출○○함. (창 41-47장, 사 23:3)

159. 사울의 둘째 딸로 다윗의 아내가 되었으나 하나님의 법궤가 예루살렘으로 돌아올 때 다윗이 춤을 추자 비웃다 평생 아기를 낳지 못하게 된 여인임. (삼상 14:49, 삼하 6:14-23)

161. 요나가 니느웨에 복음을 전하라는 하나님의 말씀을 듣지 않고 이곳으로 가는 배를 탔으며 '달시스'(창 10:4)라고 부르기도 함. (욘 1:3, 4:2, 창 10:4)

163. 엘리야가 이세벨을 피해 시내산으로 도망갈 때 이 나무 아래에서 더위를 식혔으며 연료로도 사용되기도 한 나무임. (왕상 19:4-5)

165. 셈과 함. 야벳의 아버지. (창 5:28-29 · 32)

166. 신약시대에 헤롯 대왕의 친구인 안토니우스를 위해 개축한 망대로 예루살렘 북쪽 성벽에 위치한 망대임. (느 3:1, 슥 14:10-11)

167. 구약성경 제일 마지막 책이며 선지자가 나타날 것이라는 예언이 있으며 십일조를 강조한 내용이 있음.

169. 여호수아가 예언한 여리고 성을 재건하면 장자와 막내아들을 잃을 것이라는 것이 실제 아합 왕 때 여리고 성읍을 재건한 인물로 두 아들을 잃은 사람임. (수 6:26, 왕상 16:34)

170. 미디안 종족의 두령인 수르의 딸이며 이스라엘 백성들을 영적으로 타락시켜 염병이 발생되고 비느아스가 시므리와 고스비를 죽임으로써 염병이 그침. (민 25:6-18)

171. 소선지자로 레위 지파 출신의 음악 봉사자로 보이는 인물로 의인이 고통받는 이유 등에 대한 대답을 제시하는 책을 기록하였으며 바울은 이 책에 나오는 '의인은 그의 믿음으로 말미암아 살리라'(합 2:4)라는 말씀에 근거하여 구원에 대한 원리를 가르침. (합 2:1)

172. 노아의 손자로 셈의 셋째 아들이며 예수님 조상이 되는 인물임. 누가복음 3장의 아박삿과 동일한 인물임. (대상 1:17-18 · 24, 눅 3:36)

173. 성막의 물두멍과 같은 것으로 솔로몬 성전 안뜰에 배치하여 제사장들의 성결의식을 위해 물을 담아 두었던 물탱크임. (왕상 7:23)

175. 모세가 십계명과 율법을 받은 산 이름임. (출 3장, 19:25-24:8)

178. 이삭의 아내이며 에서와 야곱의 모친임. (창 24:67)

180. '므깃도'라고도 하며 갈멜산 아래쪽에 있는 곳으로 이스라엘의 수많은 전쟁이 일어난 곳이며, 인류 최후의 대격전장이 이곳이라고 사도요한은 언급하였음. (계 16:16)

181. 열두 제자와 동의어이며 예수님의 제자 수를 지칭하며 '보냄을 받은 자'란 뜻이 있음. 예수님과 공생애를 함께 보낸 자나 예수님의 부활을 목격한 증인을 말함. (마 10:2)

182. 바울과 바나바가 제1차 선교여행 때 구브로 섬의 수도 바보에 갔을 때 그곳의 총독으로 복음을 영접한 인물. (행 13:4-13)

184. 다윗과 솔로몬 시대의 찬양 봉사자이며 합창단의 악장. 제금을 켜는 자로 시편 열두 편을 작시한 인물임. (대상

6:39, 시 50:78–83)

185. 셈의 다섯 째 아들 이름으로 요단강 위쪽에서 유프라데스강 유역의 지역을 말하며 '수리아'라고도 부르며 수도는 다메섹임. (민 23:7, 삼하 8:5)

187. 바벨론 제국을 멸망시키고 바사 제국을 만든 왕으로 바벨론 포로로 잡혀간 유다 백성들을 본토로 귀향시켰으며 기름부음을 받은 자라고도 기록되어 있음. (단 5:30, 사 44:27–28)

190. 아브라함이 가나안으로 들어와 하나님께 예배한 곳에 있는 나무 이름이며 세겜의 모레 ○○○ 나무임. (창 12:6, 35:4)

191. 타일러서 경계하는 것을 말하며 교훈 · 책망 등을 의미함. (시 16:7)

192. 모압 왕 십볼의 아들로 가나안으로 가는 이스라엘 백성들이 두려워 미디안 술사 ○○을 초청하여 이스라엘을 저주하도록 시킨 인물. (민 22–24장, 수 13:22)

194. 어질고 자비로움을 말하는 단어로 은혜, 은총, 자비, 긍휼 등을 의미함. (창 19:9, 잠 31:26, 마 9:13)

197. 이스라엘 초대 제사장이며 모세의 형으로 가지고 있던 지팡이에 싹이 나 증거궤 앞에 두었음. '○○의 싹난 지팡이'. (출 6:20, 민 17:10)

198. 아브라함이 십일조를 바친 인물이며 영원한 대제사장이며 예수 그리스도의 예표인 분임. (시 110:4, 히 5:6–10, 6:20)

200. 시민으로 누리는 권리를 말하며 사도바울은 로마의 이 권리를 가지고 있었으며 성도의 이것은 하늘에 있음. (행 22:25–30)

202. 죄와 허물을 짊어지고 황량한 광야로 떠나가는 염소를 가리킴. (레 16:8 · 10)

204. 가나안에 갔다 온 정탐꾼의 보고에 하나님의 노여움을 사서 38년간 광야생활이 시작된 곳이며 물이 없어서 백성들이 원망할 때 모세가 반석을 두 번 침으로써 하나님의 분노를 산 곳임. (민 33:36–37)

206. 간사스럽게 속이는 것을 말하며 이웃을 속이고 빼앗을 때나 반란을 할 때 주로 사용되는 단어임. (잠 5:12–13)

209. '소녀야 네게 말하노니 일어나라'는 말이며 회당장 야이로의 죽은 딸을 예수님께서 살리실 때 한 말씀임. (막 5:41)

211. 트로이 전쟁으로 유명한 항구도시로 사도 바울은 이곳에서 환상을 보고 유럽으로 복음을 전하게 되며 이곳에 가보의 집에 겉옷과 책을 남겨두었음. (행 16:8–10, 딤후 4:13)

212. 불행과 어려움에서도 사랑과 헌신으로 이겨내면서 하나님에 대한 신앙을 끝까지 지키면서 마침내 예수 그리스도의 족보에 오른 여인에 관한 이야기가 있는 책이며 보아스가 남편임. (룻 4:13)

213. '선한 ○○○○인의 비유'로 예수님께 진정한 이웃은 누구인가를 가르친 소재가 되는 장소로 북이스라엘의 수도였으며 인종혼혈정책이 있었던 곳임. (왕상 16:24–25)

215. 몸이 하늘로 올라가는 것을 말하며 예수님께서는 십자가 죽음 이후 부활하셔서 하늘로 올라가셨음. (막 16:19, 눅 24:51)

217. 왕이나 직위가 높은 사람이나 올림픽 경기에서 승리자의 머리에 씌어주던 관임. (고전 9:25, 딤후 2:5)

218. 출애굽한 이스라엘 백성이 요단강을 건넌 뒤 첫 번째 진을 친 곳으로 사울 왕이 이곳에서 왕국을 세웠음. (수 4:19–20)

219. 아론의 넷째 아들로 사무엘이 어릴 때 이 사람의 밑에 있었고 자신의 아들을 제대로 교육시키지 못해 결국 집안의 몰락과 의자에 넘어져 자신도 죽는 불운을 겪는 대제사장직을 한 인물. (대상 24:3 · 6, 삼상 2:12–25)

220. 사무엘의 부친이며 한나의 남편으로 에브라임 산지의 라마다소빔 출신인 인물. (삼상 1:1–2 · 21)

222. 야곱의 쌍둥이 형으로 팥죽 한 그릇에 장자권을 판 인물임. (창 25:25 · 30)

223. 구약성경 호세아부터 말라기까지 12권을 말함.

226. 살아 움직이는 힘을 말하며 운동력으로 번역됨. "하나님의 말씀은 살아 있고 ○○이 있어 좌우에~". (히 4:12)

228. 행실이 좋지 못한 음녀인 고멜과 결혼하여 우상을 숭배하고 타락한 이스라엘 백성들에게 하나님의 사랑에 대해서 말씀을 전한 자임. (호 1:2–9)

231. 969세로 죽은 성경에서 가장 오래 산 인물임. (창 5:21–27, 눅 3:37)

235. 작고 가벼운 물질로 먼지 같은 것을 말하며 땅의 ○○으로 인간을 만드셨고 죽으면 티끌로 돌아간다고 함. (창 2:7, 전 3:20)

237. 자신에 대적하여 해를 끼치는 자를 말하며 '○○를 사랑하라'고 예수님께서 가르쳤음. (창 3:15, 삿 16:23, 갈 4:16)

240. 이삭의 아내이며 야곱과 에서를 낳은 여인임. (창 25:21–23)

241. '빛들과 완전'이란 뜻으로 제사장의 흉패 안에 보관하다가 중대한 문제가 있을 때 꺼내 하나님의 뜻을 분별하는 물건임. (레 8:8)

243. 헛되다로 시작되는 책으로, '해 아래 무의미한 인생이지만 오직 하나님을 경외하는 길만이 복된 인생'이라고 되어 있는 책임.

245. 사가랴의 아내이자 세례요한을 낳은 여인임. (눅 1:5–57)

248. 바울을 3차 선교여행 때 그리스에서 드로아까지 수행한 동역자로 에베소서와 골로새서를 전달한 인물임. (행 20:4)

249. '아마겟돈'의 다른 말이며 갈멜산 남쪽에 위치한 성읍으로 전쟁을 많이 치른 곳이며 세상 종말에는 이곳에서 최후의 일전을 할 장소임. (계 16:16)

251. 솔로몬이 죽은 후 유다와 베냐민 지파를 제외한 10개 지파로 북이스라엘을 세워 왕이 된 인물임. (왕상 12:1–20)

253. 물소, 코끼리, 하마 같이 몸집이 큰 짐승을 말함. (욥 40:15)

254. 아간의 범죄로 이 성과의 싸움에서 패하였음. (수 7–8장)

255. 앗수르 군대 산헤립이 예루살렘을 포위하였을 때 엘리아김과 요아가 함께 랍사게와 협상했던 인물임. (사 36:3–37, 왕하 18:18)

257. 사무엘이 영적 각성 운동을 전개한 장소임. (삿 20:1–3, 삼상 7:5)

263. 다윗의 친구로 압살롬의 반역시 아히도벨의 계략을 물리친 다윗의 고문임. (삼하 15:37, 대상 27:33)

264. 바벨론 포로가 된 다니엘이 붙여진 바벨론식 이름임. (단 1:7, 2:26)

266. 모세가 하나님께 받은 열 가지 명령을 말함. (출 20:3–17, 신 5:7–21)

268. '결혼의 신에 속한 자'란 뜻. 그리스도의 재림시 육체의 부활은 일어나지 않을 것이라며 주장하다 바울에 의해 제명당함. (딤전 1:19–20, 딤후 2:16–18)

269. 아브라함과 여종사갈을 통해 낳은 아들임. (창 16:1)

270. 아브라함이 소돔과 고모라와 함께 심판하신 싯딤 골짜기의 다섯 성읍 중 하나임. (창 10:19, 14:2)

272. 하나님을 대적하는 자이며 악한 영의 우두머리이며 시험하는 자임. 두루 다니며 삼킬 자를 찾음. (마 12:24–26)

274. '건너가다'라는 뜻으로 아브라함이 큰강 유브라데를 건너 이주해 왔음을 말하며 그의 자손을 부르는 말임. (창 14:13, 출 5:3)

275. 솔로몬 등이 역사를 인용할 때 사용한 책임. (수 10:13, 삼하 1:18)

276. 나손의 부친. 다윗의 선조로 예수 그리스도의 족보에 있는 인물로 람의 아들임. (룻 4:19, 마 1:4)

277. 살아서 하늘나라로 간 선지자로 신약의 세례요한을 예표하는 인물임. (왕하 2:1–15)

278. 기독교의 대표적인 신앙고백을 암송하는 것을 말함.

279. 아나돗의 제사장 힐기야의 아들로 '눈물의 선지자'라고도 하며 메시야의 구원을 선포한 선지자임. (렘 7:16, 9:1)

280. 예루살렘의 옛 이름이며 멜기세덱이 있었던 성읍임. (히 7:1–2, 창 14:18)

283. 다윗이 밧세바를 빼앗자 다윗을 책망한 선지자. (삼하 12:1–15, 시 51편)

285. 요셉의 친동생으로 어머니 라헬이 낳다가 숨을 거두면서 낳은 아들. 왼손잡이가 많이 배출된 지파의 조상임. (창 35:16–20)

287. 야곱이 레아에게서 낳은 외동딸이며 세겜에게 강간당한 뒤 시므온과 레위가 복수를 함. (창 35:1–5)

288. 바울이 2차 전도여행 때 옥에 갇히고 매를 맞으며 복음을 전하여 세운 교회로 보낸 편지로 4대 옥중서신 중 하나임.

289. 이것을 갖고 있으면 신분(지위)을 나타내는 것으로 인장이라고도 함. (출 28:11, 아 8:6)

291. 남유다 요시야 왕 때 여선지자 훌다의 남편임. (왕하 22:14, 대하 34:22)

292. 로마서가 구원론, 에베소서가 교회론이라면 바울이 보낸 이 서신은 기독론이라 할 수 있는 편지로 에바브라가 세운 이 교회에 보낸 서신으로 보임.

293. 북이스라엘을 패망시킨 나라로 바벨론에 정복당한 국가임 니느웨가 주 활동 도시임. (왕하 15:29)

295. 예수님이 공생애를 시작하기 전 주로 살았던 지역으로 마리아가 예수 나심을 고지받았으며 '○○○ 예수'라는 명칭으로 자주 언급됨. (마 26:71, 막 1:24)

297. 에디오피아의 여왕 이름이며 이 왕의 내시가 예루살렘을 순례하고 가는 길에 빌립 집사를 만나 세례를 받고 복음을 듣게 됨. (행 8:27)

298. 사람 이름으로는 데라의 아들로 아브라함의 동생이며, 지역명으로 이삭의 아내인 리브가가 살았던 지역임. 번역이 같은 단어이나 히브리어의 어원은 다른 것으로 보임. (창 24:4)

300. 마음으로 바라는 바가 이루어지기를 하나님께 비는 것을 말하며 예수님께서는 ○○의 본을 보이셨으며 땀이 핏방울 같이 될 정도로 이것을 하셨음. (시 119:164, 빌 4:6, 살전 5:18)

303. 일곱 귀신이 들린 여인이었으나 예수님께서 고쳐준 여인이며 부활한 주님의 소식을 가장 먼저 전한 여인임. (눅 8:2–3, 마 28:1–9, 막 16:9)

304. 금속을 녹이는 뜨거운 가마를 말하며 극심한 시련 등을 의미함. (단 3:19–27)

306. 하나님의 법궤를 예루살렘으로 옮기려 할 때 도중에 웃사가 죽는 사건으로 법궤가 이 집에 안치됨으로써 그 집이 복을 받게 된 인물임. (삼상 6:10–12, 대상 13:9–14)

308. 남에게 알려서는 안 되는 일의 내용을 말하며 '하나님의 ○○'은 그리스도, 하나님의 나라, 복음, 구원, 예수 그리스도의 재림 등을 말함. (고전 4:1, 골 2:2, 계 10:7)

311. 신발끈으로도 번역된 단어로 세례요한이 예수님이 이것을 풀기도 감당 못한다고 함. (창 14:23, 사 5:27, 막 1:7)

313. 로마 동전으로 가장 작은 단위를 말하며 헬라의 2렙돈에 해당됨. (마 5:26, 막 12:42)

314. 북이스라엘의 여로보암 1세부터 오므리 왕까지 거의 40여년간 북이스라엘의 수도였음. (왕상 14:17, 15:21)

316. 예수 그리스도를 베드로가 표현한 단어로 살아 있는 반석이라는 뜻임. (벧전 2:4)

318. 아브라함과 롯의 시대 도덕적 타락이 극심하여 소돔과 함께 유황불로 심판받은 도시임. (창 10:19, 레 23:14)

320. 바울을 도와 로마서를 대필한 인물임. (롬 16:22)

322. 큰 집이라는 뜻으로 요셉 당시 애굽의 왕의 이름이며 모세의 출애굽시의 애굽 왕의 이름임. (창 37:36-41)

323. 솔로몬이 사랑한 여자의 고향이며 수넴으로 번역되기도 하였으며 아가서에 ○○○ 여인의 아름다움이 잘 표현되어 있음. (아 6:13)

324. 아브라함이 이삭을 바친 곳으로 솔로몬이 이곳에서 성전을 건립한 것으로도 추정되는 산 이름임. (대하 3:1)

325. 예수님 당시 대제사장 안나스의 사위로 이 사람에게 심문을 받은 예수님은 빌라도에게 넘겨짐. (요 18:24-27, 행 4:6-7)

328. 대체로 율법 교사나 서기관 등 종교지도자를 말하며 예수님께서도 공생애 기간 ○○로 불리었으며 선생님이란 뜻의 단어임. (요 1:4, 3:26, 마 23:7)

330. 에덴동산에서 발원한 네 강 중 하나로 금과 베델리엄(진주 같은 것) 등이 많이 난 곳임. (창 2:11)

332. 죽은 사람이 가는 무덤이나 형벌이나 고난의 장소를 의미하며 죽음, 지옥, 무덤, 음부 등의 의미로 사용됨. (신 32:22, 욥 10:21-22, 눅 16:19-31)

333. 압살롬의 반역시 다윗의 군인으로 반역을 블레셋인 600명과 함께 제압한 인물임. (삼하 18:2)

334. 하나님의 영광을 하나님 곁에서 지키는 호위천사이며 에덴동산의 생명나무를 지켰으며 성전 법궤 위에 날개로 덮는 형상임. (출 25:18, 창 3:22-24)

336. 감람과의 이 나무에서 추출한 향기가 나는 물질이며 예수님 탄생시 드렸던 선물의 한 종류이기도 함. (사 60:3, 렘 6:20)

337. 기독교의 핵심 진리이자 가장 큰 덕목으로 하나님의 최고 본질을 말하며 고린도전서 13장은 이것이 주제임. (요일 4:8 · 16, 롬 13:8-10)

〈부록 1〉 가로 해답

1. 보혜사	3. 레위기	5. 데살로니가
8. 할례	9. 데오빌로	11. 임마누엘
13. 요셉	14. 야고보	17. 무시아
18. 드보라	19. 브살렐	20. 교만
21. 도피성	23. 아하수에르	15. 옷니엘
27. 마온	28. 루디아	30. 찬송가
32. 벳바게	36. 요엘	38. 비스가
41. 다윗	42. 데나리온	43. 이사야
46. 라오디게아	47. 안디옥	49. 갈라디아서
51. 밧모	52. 이세벨	54. 실라
55. 소합향	59. 도마	61. 사두개인
64. 아하스	65. 유브라데스	69. 데가볼리
72. 르무엘	74. 음성	75. 수넴
76. 베데스다	78. 스다디온	79. 겟세마네
81. 출애굽기	82. 만나	83. 벧엘
84. 구스	85. 모세	86. 기랏아르바
88. 궁창	90. 벳새다	92. 반석
93. 여호수아	95. 요나단	98. 아담
100. 아얄론	101. 기브온	103. 포도나무
105. 비느하스	108. 동풍	109. 들릴라
110. 유다서	112. 보디발	113. 에스라
115. 야곱	116. 십자가	117. 자유인
119. 베다니	120. 영생	122. 나오미
123. 바나바	125. 이스르엘	127. 게르솜
129. 디르사	132. 라헬	135. 안드레
136. 두로	137. 산헤드린	139. 두란노
141. 벤암미	143. 원죄	149. 도수장
151. 예배	153. 가나	155. 어린양
157. 인애	159. 미리암	160. 가룟유다
162. 솔로몬	164. 아히노암	166. 하갈
167. 말세	168. 시므온	170. 고물
171. 하만	172. 아라우나	174. 게하시
176. 호산나	177. 엘리바스	179. 우르
180. 아브넬	181. 열왕기서	183. 다말
184. 아벨	186. 국고성	188. 호르마
189. 산상보훈	192. 발람	193. 가인
195. 삭개오	196. 대제사장	198. 아비멜렉
199. 계시	201. 애니아	203. 스가랴
205. 돈궤	207. 바벨론	208. 납달리
210. 베드로	213. 사울	214. 세겜
216. 권면	219. 엘리에셀	221. 스불론
222. 에베소	224. 욥기	225. 부활
227. 여호야다	229. 천국	230. 갈릴리
231. 므라바	233. 아가서	234. 선악과
235. 티그리스	236. 술관원	238. 한나

부록 1

239. 네압볼리　241. 우리아　242. 수전절
244. 브니엘　246. 서머나　250. 기럇여아림
253. 베뢰아　256. 라가　257. 미가
258. 사사기　259. 과녁　260. 이다말
262. 나훔서　263. 후람　264. 벨릭스
265. 아사　266. 십볼렛　267. 고린도후서
269. 이새　271. 바사　273. 실로암
274. 히스기야　277. 엘리사　278. 사명
279. 예수　281. 살라미　282. 마하나임
284. 살몬　285. 베스도　286. 본디오빌라도
290. 예루살렘　292. 골리앗　294. 나다나엘
296. 아간　298. 하나냐　299. 신명기
301. 미문　302. 장막　305. 다리오
307. 도비야　309. 달음질　310. 르신
312. 골고다　314. 디도서　315. 감람산
317. 로고스　319. 에스더　321. 바나바
326. 마가　327. 메랍　329. 돌밭
330. 비돔　331. 로이스　333. 잇사갈
335. 비유　337. 사라　338. 오른손
339. 오네시모　340. 올가미　341. 아라바
342. 아리마대　343. 여룹바알　344. 향기

〈부록 1〉 세로 해답

2. 사무엘　3. 레아　4. 기드온
5. 데라　6. 로마서　7. 가브리엘
8. 할렐루야　9. 데만　10. 빌라델비아
12. 누가　13. 요게벳　14. 야긴
15. 보아스　16. 호르　21. 도르가
22. 성찬식　24. 에바다　26. 니고데모
27. 마태　29. 아브라함　31. 가나안
33. 바울　34. 그리스도　35. 악사
36. 요나　37. 미디안　39. 지옥
40. 마라　43. 이스라엘　44. 야이로
45. 나실인　48. 예레미야애가　50. 디모데
53. 벨사살　55. 소스데네　56. 향유
57. 므리바　58. 스알디엘　60. 마르다
62. 개미　63. 믿음　66. 라합
67. 스굽　68. 민수기　70. 가버나움
71. 야베스　73. 입다　77. 스데반
78. 스바여왕　80. 세례요한　83. 벧호론
84. 구름기둥　86. 기업무를자　87. 아볼로
89. 창세기　91. 새언약　94. 수로보니게
96. 단비　97. 빌하　99. 담무스
100. 아라랏　102. 온유　106. 느헤미야
107. 스룹바벨　108. 동방박사　111. 다니엘
113. 에덴동산　114. 라반　115. 야벳
116. 십보라　118. 유월　119. 베들레헴
121. 생령　122. 나사로　124. 바디매오
125. 이삭　126. 르우벤　128. 르호보암
130. 고린도　131. 무두장이　133. 헬라어
134. 구원　136. 두발가인　138. 헤르몬
140. 노예　142. 미리암　144. 죄인
145. 므낫세　146. 사유　147. 에시온게벨
148. 하솔　152. 배설물　154. 나아만
156. 양각나팔　158. 애굽　159. 미갈
161. 다시스　163. 로뎀나무　165. 노아
166. 하나넬망대　167. 말라기　169. 히엘
170. 고스비　171. 하박국　172. 아르박삭
173. 바다　175. 시내산　178. 리브가
180. 아마겟돈　181. 열두사도　182. 서기오바울
184. 아삽　185. 아람　187. 고레스
190. 상수리　191. 훈계　192. 발락
194. 인애　197. 아론　198. 멜기세덱
200. 시민권　202. 아사셀　204. 가데스바네아
206. 궤휼　209. 달리다굼　211. 드로아
212. 룻기　213. 사마리아　215. 승천
217. 면류관　218. 길갈　219. 엘리
220. 엘가나　222. 에서　223. 소선지서
226. 활력　228. 호세아　231. 므두셀라
235. 티끌　237. 원수　240. 리브가
241. 우림과둠밈　243. 전도서　245. 엘리사벳
247. 나사렛　248. 두기고　249. 므깃도
251. 여로보암　253. 베헤못　254. 아이
255. 셉나　257. 미스바　263. 후새
264. 벨드사살　266. 십계명　268. 후메네오
269. 이스마엘　270. 스보임　272. 사탄
274. 히브리　275. 야살의 책　276. 암미나답
277. 엘리아　278. 사도신경　279. 예레미야
280. 살렘　283. 나단　285. 베냐민
287. 디나　288. 빌립보서　289. 도장
291. 살룸　292. 골로새서　293. 앗수르
295. 나사렛　297. 간다게　298. 하란
300. 기도　303. 막달라마리아　304. 용광로
306. 오벧에돔　308. 비밀　311. 신들메
313. 고드란트　314. 디르사　316. 산돌
318. 고모라　320. 더디오　322. 바로
323. 술람미　324. 모리아　325. 가야바
328. 랍비　330. 비손　332. 스올
333. 잇대　334. 그룹　336. 유향
337. 사랑

부록퍼즐 2

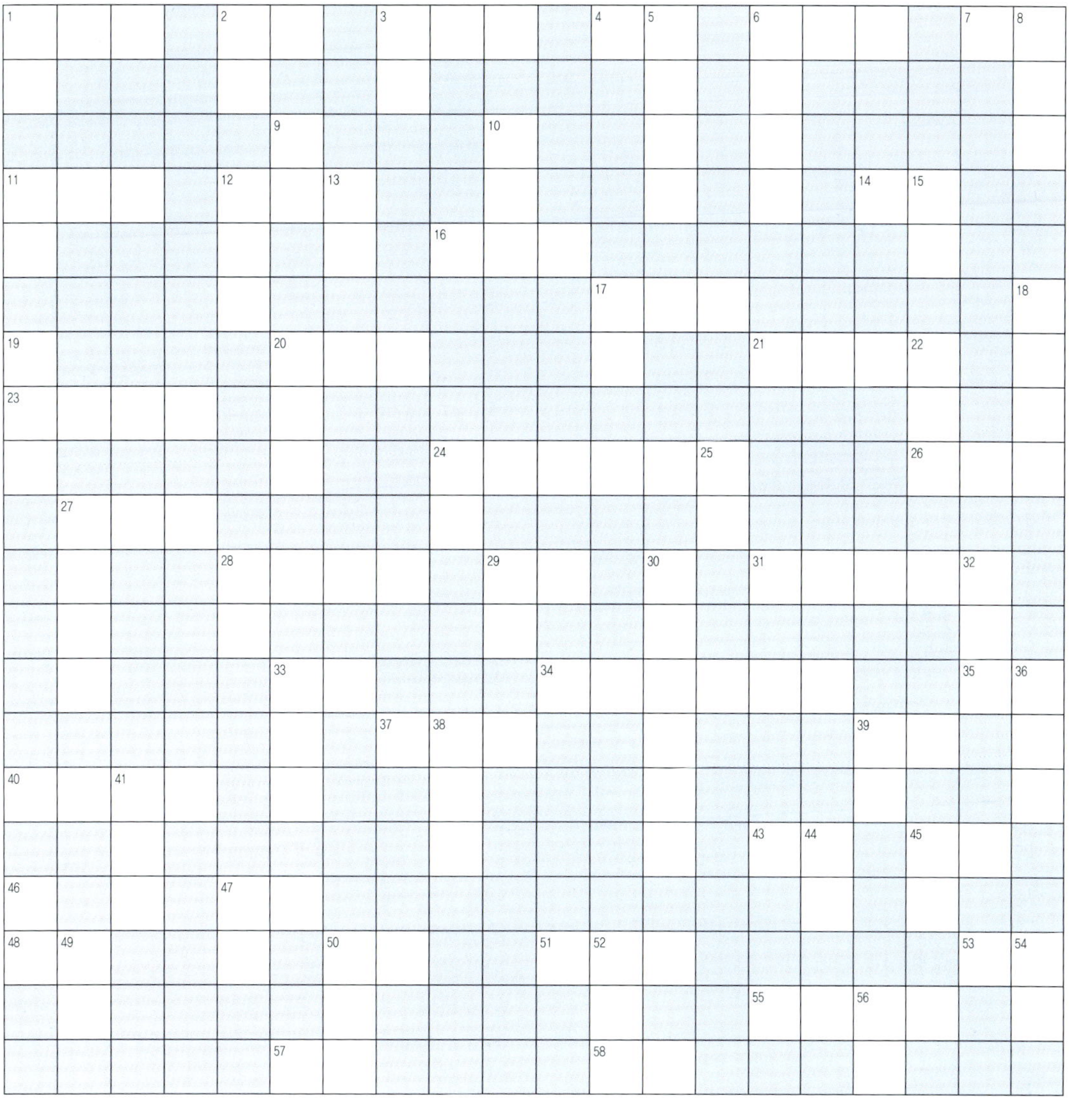

〈부록 2〉 가로 문제

1. 만물과 역사의 창조자이시며 영원히 찬양과 예배를 받으실 유일한 분이심. (시 19:1, 롬 1:20, 창 1:1)

2. 큰 물고기 뱃속에 들어가 살아난 선지자. (왕하 14:25, 욘 1:14–15)

3. 높은 탑을 쌓다가 언어가 혼란케 된 탑. (창 11:4 · 9)

4. 대홍수가 났을 때 방주를 만든 분임. (창 6:3 · 5, 벧전 3:20)

6. 여호수아가 성을 매일 한 번, 일곱째날 일곱 번 돌아 무너진 성 이름임. (수 6:12–25)

7. 아브라함의 아들로 모리아 산에서 이 아들을 바치려고 함. (창 17:17, 21:3, 22:13–14)

11. "이때를 위함이라" "죽으면 죽으리라"라고 하면서 이스라엘 민족을 살린 아하수에르 왕의 왕비임. (에 1:7 · 17, 2:5–7)

12. 바알과 아세라 선지자 850명과 영적 싸움에서 이기고 사르밧 과부집의 가루와 기름이 끊이지 않도록 해주었고 죽지 않고 승천한 선지자임. (왕상 17:8–24, 18:19, 왕하 2:1–11)

14. 갈대상자에 띄워져 살아난 인물로 이스라엘 백성들을 애굽에서 홍해를 건너 데리고 나온 지도자임. (출 2:1, 6:1)

16. 자신의 아기라고 싸우던 두 여인을 지혜롭게 재판한 왕으로 성전을 지은 다윗의 아들임. (왕상 3:4-14, 6:37-38)

17. 바벨론 포로로 잡혀갔지만 총리가 된 인물이며 사자 굴에서 살아난 산지자임. (단 1:3 · 6)

20. 예수님께서 인류를 위해 이곳에 매달려 피를 흘리면서 돌아가셨던 형틀임. (마 27:37, 눅 9:23)

21. 떡(빵) 다섯 개와 물고기 두 마리로 남자만 오천명을 먹인 예수님의 기적을 말함(떡 다섯 개, 물고기 두 마리). (눅 9:10-17, 마 14:13-21)

23. 예수님께서 선한 ○○○○인의 비유를 말씀하셨으며 북이스라엘의 수도였으며 땅끝까지 복음을 전하라고 할 때 나오는 지명임. (왕상 16:24, 눅 9:52-56)

24. 구원자라는 이름과 메시야라는 이름을 합쳐서 부르는 이름이며 기름 부은 자로 우리를 구원해 주시는 분을 말함. (롬 1:1, 마 1:21)

26. 유다왕 웃시야, 아하스, 히스기야 등 4대에 걸쳐 약 50년 동안 예루살렘의 선지자로 메시야의 수난을 예언한 인물임. (사 6:1-8, 7:3)

27. '나는 나다(I AM WHO I AM)'라는 뜻으로 유일하신 하나님의 거룩한 이름이며 구약에서 야웨(야훼)로 불린 이름. (출 3:14-15, 창 2:4)

28. 예수님을 은 30에 판 예수님의 제자임. (요 12:6, 마 27:3)

29. 본명은 레위이며 신약에서 가장 처음 나온 복음서를 기록하 저자이며 예수님의 족보를 기록한 예수님 제자임. (마 1장, 9:9)

31. 성찬식, 성만찬이라고도 하며 예수님께서 십자가에 달리시기 전 유월절 예식과 함께 열두 제자와 마지막 식사를 나누셨던 일을 말함. (마 26:17-30, 요 13:1-30)

33. 최초 인간의 이름. 선악과를 따먹고 에덴동산에서 쫓겨난 인물임. (창 2:19, 5:3)

34. 의인 10명이 없고 타락한 도시여서 유황불 심판을 받은 곳. "○○과 고모라". (창 10:19, 13:13)

35. 예수님께서 공생애 기간 중 최초로 기적을 베푸신 곳이며 물로 포도주를 만드신 곳임. (요 2:1-11)

37. 용사 300명으로 이스라엘을 압제하는 미디안을 물리친 사사임. (삿 7:1-14)

39. 죽었다가 다시 살아 영원히 사는 것을 말하며 예수님은 3일만에 죽음에서 ○○하셨음. (요 11:25-26, 마 27:63)

40. 예수님의 공생애 시작을 알리던 선지자로 예수님께서 여인이 낳은 자 중에 가장 큰 자라고 칭찬한 인물. (마 3:4, 11:11)

43. 하나님께서 부르셔서 하나님께 예배드리는 구원의 공동체를 말하며 또 그러한 공간을 말하기도 함. (행 19:32 · 41)

45. 예수님께서는 ○○으로 잉태되셨고 예수님께서 승천하시고 보혜사 ○○을 선물로 주셨으며 ○○은 우리를 위해 간구해 주심. (롬 8:26, 마 1:28, 눅 1:35)

47. "쉬지 말고 ○○하라": 하나님과 성도 간의 교제는 대화를 말하며 우리는 하나님을 찬양하며 예배를 드려야 한다. (단 4:34, 살전 5:18, 빌 4:16)

48. 예수님께서 '○○를 사랑하라'고 하셨음. 자신이나 나라에 해를 끼치고 대적하는 자를 말함. (창 3:5, 마 5:43-44)

50. 기독교의 최고 덕목이며 하나님의 본질을 말하며 고린도전서 13장은 ○○장임. (요일 4:8, 고전 13:13)

51. 구원론의 핵심이라고 할 수 있는 바울의 서신으로 로마에 있는 성도들에게 보낸 편지임. (롬 1:1)

53. 고마움에 대한 감정을 나타내는 말임. "범사에 ○○하라". (시 106:1, 살전 5:18)

55. '하나님과 겨루어 이김'이란 뜻으로 야곱이 얍복 나루에서 부여받은 이름으로 하나님이 선택하신 민족의 나라 이름이 됨. (창 32:28, 42:5)

〈부록 2〉 세로 문제

1. 생명이라는 뜻으로 아담의 갈비뼈로 만든 인류 최초의 여자 이름임. (창 2:20-23)

2. 애굽에 팔려갔으며 감옥에 들어갔으나 총리가 된 인물임. (창 30:22-24)

3. 신약 27권 중 13편의 서신을 기록한 인물로 다메섹 도상에서 예수님을 만난 사람임. (롬 11:1, 행 9:1-9)

5. 열국의 아버지. 믿음의 조상. 복의 근원이 되는 인물이며 100세에 아들을 얻었음. (창 11:26-27, 롬 21:3)

6. 모세의 후계자로 갈렙과 함께 가나안 땅 정탐을 하였으며 여리고 성을 무너뜨리며 가나안을 정복한 리더임. (출 33:11, 민 13:8)

8. 키가 작은 여리고의 세리장으로 예수님께서 지나가실 때 돌무화과 나무 위로 올라갔다 예수님을 만난 인물임. (눅 19:5-6 · 8-9)

9. 나는 곧 길이요 ○○요 생명이니 나로 말미암지 않고는 아버지께로 올 자가 없느니라(요 14:6). 참된 도리나 바른 이치를 말함. (잠 12:17, 요 8:31-32)

10. 어부이며 반석, 바위란 뜻을 가진 예수님 제자이며 예수님을 모른다고 3번 부인한 적이 있음. (막 1:16, 마 16:18)

11. 야곱의 쌍둥이 형으로 팥죽 한 그릇으로 장자권을 판 인물. (창 25:24-26 · 30)

12. 엘리야의 후계자로 대머리였으며 나아만의 나병을 요단강에 7번 목욕하라고 시켜 낫게 한 선지자임. (왕상 9:16-20, 왕하 2:23)

13. 이삭의 쌍둥이 아들 중 동생으로 형에게 팥죽을 주고 장자권을 얻고 형의 미움을 맏아 외삼촌 집으로 도망하였고 12명의 아들을 낳은 인물. (창 25:27–34, 28:1–5)

15. 물 속에 들어가는 의식을 말하며 그리스도를 주라고 고백하는 사람들이 그리스도와 함께 죄에 대해 죽고 그리스도의 생명으로 다시 태어나 그리스도와 연합함을 상징하는 의식을 말함. (롬 6:3–5, 갈 3:26–27)

17. 골리앗을 물맷돌 하나로 물리친 인물로 이스라엘의 2대 왕이며 시편의 많은 글들을 남긴 인물임. (삼상 16:11, 17:1–18)

18. 눈물의 선지자라고 불리는 인물이며 아나돗의 제사장 힐기야의 아들로 남유다의 5명의 마지막 왕의 시기에 활동한 인물임. (렘 1:1–3, 18:1–12)

19. 예수님께서 미르다와 마리아의 오빠인 이 사람을 죽음 가운데서 살려주셨음. (요 11:1–5 · 39)

20. 모세가 시내산에서 하나님께 받은 돌판에 기록되어 있었던 열 가지 계명임. (출 31–34장)

22. 어른의 반대를 말하며 예수님께서는 ○○○들과 같이 되지 아니하면 결단코 천국에 들어가지 못한다고 하셨음. (마 18:3)

24. 하나님의 살아계심을 아는 성도들이 하나님께 영광과 찬송을 드리는 행위를 말하며 "영과 진리로 ○○할지니라"는 말씀처럼 하나님을 기쁘시게 하는 ○○를 드려야 함. (대상 16:4–6, 요 4:25)

25. 의심이 많았던 예수님 제자 중 한 사람으로 부활하신 예수님의 옆구리에 손을 넣어 보지 않고는 부활을 믿을 수 없다고 한 제자임. (요 20:24–25)

27. 미리암, 드보라, 훌다, 안나 등처럼 예언 능력을 지니고 있었던 여성 선지자를 일컫는 말임. (출 15:20, 삿 4:4)

28. 인류 최초 살인자임. (창 4:6–10)

29. 유대인 이름으로는 요한이며 바울의 1차 선교여행 때 외삼촌인 바나바와 함께 갔다가 중간에 돌아갔으며 예수님의 마지막 만찬이 있었던 곳이 이 인물의 어머니 집으로 오순절 날 성령이 임했던 ○○의 다락방임. (행 1:6, 12:12, 막 14:14)

30. 머리털에서 힘이 나온 장사로(사사) 그 머리털을 소렉에 사는 여인 때문에 잘리면서 힘을 잃고 눈이 뽑히는 수치를 당하는 인물과 그 여인을 말함. (삿 14:6, 16:4–17)

32. 하나님께 감사와 기쁨의 감정을 표현하는 행위나 노래, 연주를 말함. (시 118:4, 출15:1–8, 눅 1:46–55)

33. 기독교 신앙의 핵심 중 하나인 하나님을 성도들이 부르는 호칭이며 성도는 양자의 영을 받았으므로 아빠 ○○○로 부를 수 있음. (창 28:13, 신 32:6, 롬 1:7)

36. 예수님께서 어린 시절 살았던 곳으로 갈릴리 호수 남서쪽에 위치한 작은 성읍임. (눅 2:29, 막 1:9)

38. 이스라엘의 네 번째 여성 사사로 가나안 왕 야빈과 시스라의 군사들을 기손강 전투에서 이긴 인물임. (삿 4:4, 5:5)

39. 자식을 낳고 길러준 어버이를 말하며 십계명에서 제5계명에 있음. (신 6:7, 창 22:1–19, 출 20:12)

41. 갈릴리 호수에서 사해로 흐르는 강이며 나아만이 나병을 이곳에서 나았으며 예수님도 이곳에서 세례를 받으셨음. (수 1:2, 3:1–17)

44. 죄에 대한 인정과 하나님께 죄를 지었다는 깨달음을 말하며 하나님 은혜로 죄성을 알게 되고 예수님께서는 이것을 구원과 동일시하였음. (욥 42:6, 히 6:1, 마 3:2)

45. 구분된 자, 성별된 자, 거룩한 자로 그리스도로 말미암아 구원받고 하나님의 백성으로 또 자녀가 된 거룩한 자를 말함. (벧전 2:5, 고전 16:1)

46. 노예 상태나 곤란한 처지에 있는 사람을 건져내어 자유를 주는 것을 말하며 바울 사도는 예수를 그리스도로 입으로 시인하면 이것을 받는다고 하였음. (롬 5:9, 9:27)

47. 마음이 만족하고 희망에 차 있고 즐거운 상태를 말하며 성도는 항상 ○○해야 함. (시 104:31, 살전 1:6)

49. "○○하고 무거운 짐 진 자들아, 다 내게로 오라"고 예수님께서 말씀하셨음. (마 11:28, 시 104:23)

50. 기독교의 가장 큰 덕목이자 핵심이며 하나님의 최고 본질을 가리키며 "하나님이 세상을 이처럼 ○○하사 독생자를 주셨으니.". (요 3:16, 고전 13:13)

52. 예수님의 어머니 이름. (눅 1:5, 요 19:27)

54. 예수님께서 금식 기도한 날이며 모세가 율법을 받기 위해 시내산에서 머문 기간임. (눅 4:1–2, 행 7:23)

56. 예수님 족보에 있는 여인이며 살몬의 아내이자 보아스의 모친이며 여리고의 기생이었음. (수 2:1, 마 1:5)

〈부록 2〉 가로 해답

1. 하나님	2. 요나	3. 바벨탑
4. 노아	6. 여리고	7. 이삭
11. 에스더	12. 엘리야	14. 모세
16. 솔로몬	17. 다니엘	20. 십자가
21. 오병이어	23. 사마리아	24. 예수 그리스도
26. 이사야	27. 여호와	28. 가룟유다
29. 마태	31. 최후의 만찬	33. 아담
34. 소돔	35. 가나	37. 기드온
39. 부활	40. 세례 요한	43. 교회
45. 성령	47. 기도	48. 원수
50. 사랑	51. 로마서	53. 감사
55. 이스라엘		

부록 2

〈부록 2〉 세로 해답

1. 하와　2. 요셉　3. 바울
5. 아브라함　6. 여호수아　8. 삭개오
9. 진리　10. 베드로　11. 에서
12. 엘리사　13. 야곱　15. 세례
17. 다윗　18. 예레미야　19. 나사로
20. 십계명　22. 어린이　24. 예배

25. 도마　27. 여선지자　28. 가인
29. 마가　30. 삼손과 들릴라　32. 찬송가
33. 아버지　36. 나사렛　38. 드보라
39. 부모　41. 요단강　44. 회개
45. 성도　46. 구원　47. 기쁨
49. 수고　50. 사랑　52. 마리아
54. 사십　56. 라합

부록퍼즐 3

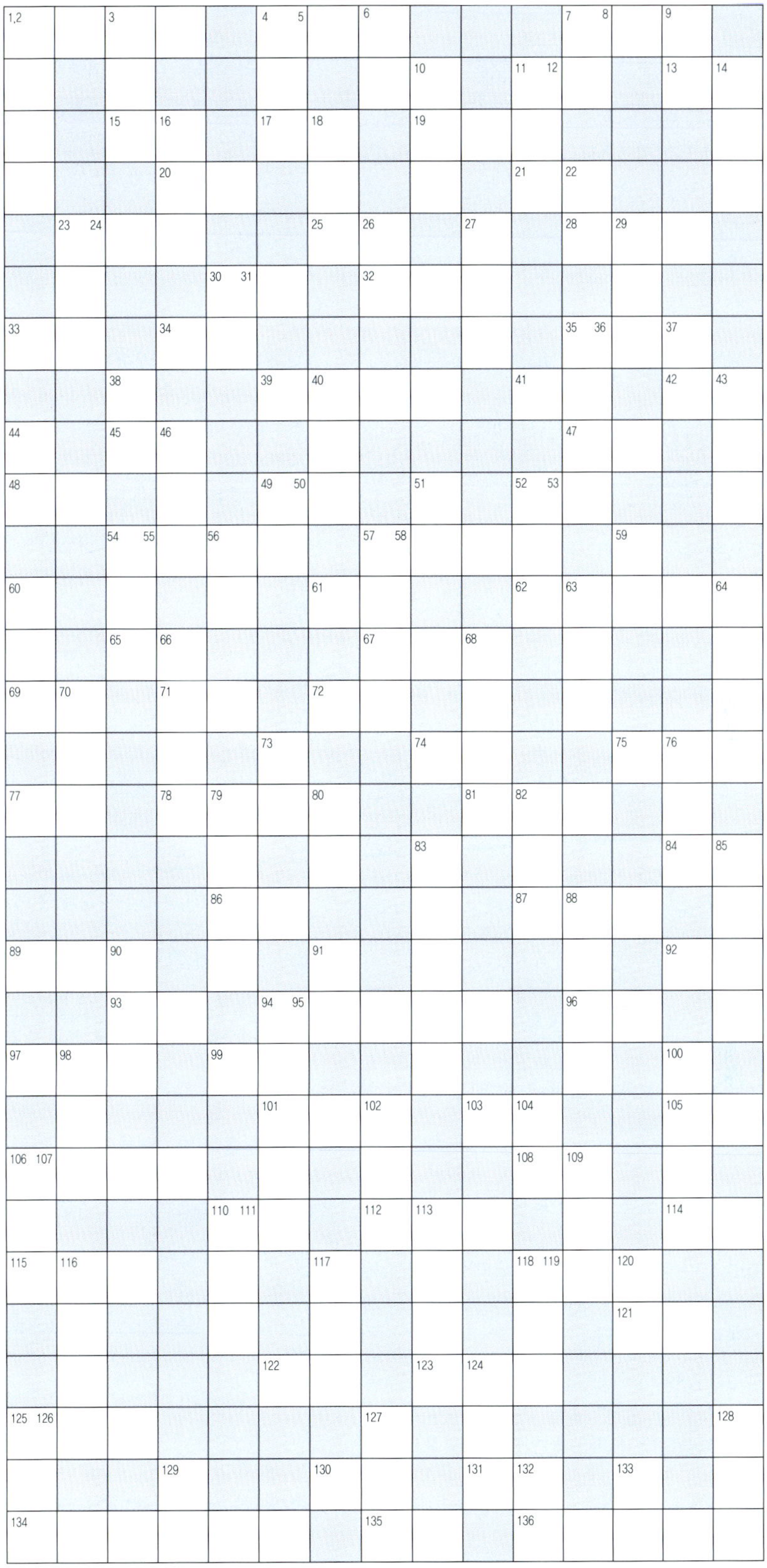

부록 3

〈부록 3〉 가로 문제

1. 예수께서 오병이어로 4000명을 먹이신 후 갈리리 호수에서 배를 타고 건너간 곳. (막 8:10)

4. 하나님께서 아브라함에게 주시기로 약속했던 땅. (창 12:7)

7. 레위지파 므라리 자손. 다윗 시대 때 성전에서 비파, 수금, 제금 등에 맞춰 노래 부르던 찬양대원. (대상 15:7)

11. 욥은 하나님이 친히 자신의 ○○이 되어 주시기를 간구함. (욥 17:3)

13. '들어올리다', '찬양하다'는 뜻. 음악적 지시어로 추정. 대부분 시편의 한 시편의 끝이나 중간 지점에 위치. (시 140:5)

15. 보아스와 룻 사이에서 난 아들이며 다윗 왕의 조부. 룻기에서는 '생명의 회복자요 노년의 봉양자'로 소개된다. (룻 4:15-17)

17. 신약성경에서는 복음 전파의 사명을 띠고 주님으로부터 부름받고 보냄받은 12제자를 가리킨다. (눅 6:13)

19. 다윗이 예루살렘에서 밧세바에게 낳은 아들. (대상 3:5)

20. 일찍이 아브라함을 떠난 이스마엘이 정착하여 가정을 이룬 곳으로 출애굽한 이스라엘 백성이 진쳤던 곳. (창 21:21, 민 10:12)

21. 죽은 사람들이 가는 처소 또는 무덤. 영적으로는 형벌과 고난의 장소를 의미. 요나서에서는 큰 물고기 뱃속을 가리킨다. (욘 2:2)

23. 유다 백성에게 하나님은 전혀 도움이 되지 못하는 존재라면서 하나님을 경멸하고 또 히스기야 왕을 중상모략하는 등 오만하기 이를 데 없었다. (왕하 19:8)

25. 사사시대 때에는 다곤 신전이 세워지기도 했으며 삼손과 들릴라 사건의 무대이기도 하다. (삿 13:1, 16:1-30)

28. 노아 대홍수 후 다시는 물로 세상을 심판하지 않겠다는 하나님의 언약의 표시로 나타났는데 종종 평화, 하나님의 영광을 상징. (창 9:13-17, 겔 1:28)

30. 여호수아의 지휘하에 여리고 성을 함락시켰지만 하나님의 지시를 어기고 하나님의 것으로 구별되어야 할 전리품을 훔친 사람. (수 7:16-21)

32. 함의 손자이며 구스의 아들. 그의 자손들은 아라비아 부족을 이루며 대상으로 성공한다. 특히 두로와는 향재료, 각종 보석 등을 교역함. (겔 27:22)

33. 실로의 제사장. 형제 비느하스와 함께 하나님의 성물을 훼손하고 성막에서 시중드는 여인들을 희롱하는 등 불경스런 죄를 서슴없이 자행하다 심판을 받았다. (삼상 2:17 · 34, 3:14)

34. 사고, 사상, 관념. '육신의 ○○'은 부패하고 타락한 인간 본성이 지향하는 죄의 성향. (롬 8:5)

35. 집사 빌립이 에디오피아 국고를 맡은 내시에게 세례를 베푼 후 복음을 전한 곳. (행 8:40)

39. 이스르엘과 므깃도 사이에 있던 가나안의 한 요충지 성읍. 유다왕 아하시야는 그 근처 구르비탈에서 치명상을 입고 므깃도까지 피신하였지만 끝내 사망함. (수 17:11, 왕하 9:27)

41. 이곳의 우물 맛이 써서 마실 수 없었던 데서 붙여진 지명으로 모세가 기도를 통해 하나님의 지시를 받고 한 나무를 물에 던져 물맛을 변화시켰다. (출 15:23-26)

42. 예루살렘 출신의 레위지파 사람으로 바울과 바나바 간의 충돌의 빌미를 제공했던 바나바의 조카. (행 15:36-39)

45. 사래의 하녀로 아브람의 아내가 된 애굽 여인. 후에 이스마엘을 낳았다. (창 16:1)

47. 아브라함의 옛 고향이며 아브라함이 하나님의 소명을 받은 곳이다. (창 11:28 · 31, 15:7, 느 9:7, 행 7:2)

48. 모든 것이 원만하여 마음에 걱정이 없는 상태. 성경에서는 평강, 평화로 번역. 이것의 근원은 하나님. (민 6:26, 빌 4:7)

49. 길르앗과 기생 출신 어머니에게서 태어난 자로서 큰 용사였으며, 하나님의 신이 임하여 이스라엘의 제9대 사사가 되었다. (삿 11:1 · 29)

52. 야곱이 레아에게서 낳은 외동딸. 세겜에서 히위 족속 하몰의 아들 세겜에게 강간당하자 오빠 시므온과 레위가 세겜 족속을 쳐부수는 일이 발생했고, 야곱은 급히 벧엘로 떠났다. (창 30:21, 35:1-5)

54. 모세는 이스라엘 백성을 향해 가나안에 들어가면 이 산에서 축복을, 마주보는 에발 산에서 저주를 선포하도록 지시함. (신 11:29)

57. 바울은 자신이 로마로 향하던 중 이 사람이 병이 들어 고향 가까운 밀레도에 남겨두었다고 마지막 서신에 술회하고 있다. (딤후 4:20)

61. 잘게 부스러뜨리거나 갈아서 곱게 만든 것. 성경에서는 대부분 음식이나 제물에 사용하기 위해 곡식을 빻은 것. (창 18:6, 레 2:1)

62. 사도 바울은 2차 선교여행 때 이곳을 방문하여 전도했고 다수의 결신자를 얻었지만 유대인들의 반대에 부딪쳐 이곳을 떠나야 했다. (행 17:1-10)

65. 아브람(아브라함),나훔, 하란의 아버지. (창 11:24-27, 대상 1:26)

67. 예수께서 나면서부터 소경된 자의 눈에 침과 흙을 이겨 바른 후 이곳의 연못의 물로 씻으라고 함. (요 9:6-11)

70. 다윗과 마아가 사이에 태어난 딸. 압살롬의 누이로 이복 형제 암논에 의해 겁탈당하자 압살롬은 암논을 살해함. (삼하 13:1, 대상 3:9)

72. 출애굽한 이스라엘 백성이 광야에서 물이 없어 하나님을 원망할 때 모세가 하나님께 간구하자 하나님께서 모세로 하여금 반석을 쳐서 물을 마시게 했던 장소. (출 17:7, 신 33:8, 시 95:8)

73. 사사 기드온이 미디안 진영을 정탐하러 갈 때 함께 대동했던 부하. (삿 7:10–11)

76. '사막의 떨기나무'로 번역된 지명. 사해 동쪽과 아르논 강 중류 북쪽에 있던 모압의 성읍. 아모리 왕 시혼이 다스렸다. (렘 17:6, 신 2:36)

78. 시기하는 감정. 타인을 인정하지 못하고 미워하는 감정. 성경에서는 '시기'(마 27:18), '질투'(겔 35:11)로 번역. (갈 5:21, 욥 5:2)

79. 남유다의 제13대 왕. 북이스라엘의 패망과 앗수르의 남하 정책에 맞서야 하는 위기 정국을 신앙으로 헤쳐 나간 삼대 현군(여호사밧, 요시야 등)의 한 사람. (왕하 18–20장, 대하 29–32장)

82. 이삭의 아내. 20여년간 아이를 갖지 못했으나 하나님의 은혜로 쌍둥이를 잉태하여 에서와 야곱을 낳았다. (창 24:67)

85. 남유다 왕 요담 때부터 히스기야 왕 때까지 정치, 종교 지도자들의 불의를 꾸짖고 진실된 신앙 회복을 촉구하며 메시야 도래를 선포한 선지자. (미 1:1)

87. 사도 바울이 전도하여 제자로 삼은 헬라인이자 바울의 복음의 동역자. (갈 2:2, 고후 8:23, 딛 1:4)

88. 마르다와 마리아의 오빠. 죽은 지 사흘 뒤 베다니에 당도하신 예수님은 이미 썩어 냄새가 나는 이 사람을 무덤에서 불러내어 소생시킴으로써 하나님의 능력과 믿는 자의 부활을 가르침. (요 11:47 · 53)

90. 사울에게 쫓기던 다윗은 이 근처 동굴에 피신한 적이 있고, 솔로몬 때에는 이곳에 포도원이 있었고 고벨화가 재배됨. (삼상 23:29, 24:1 · 3, 아 1:14)

93. 성경에서는 마음이 가난하고 애통해 하는 자세. 곧 자신을 하나님의 종으로 여기며 주께 순종하는 자세로 이웃을 대하는 마음가짐. 마음이 부드럽고 친절함. (민 12:3, 갈 5:23, 마 5:5)

94. 술사 발람은 발락의 안내를 받고 이 산 위에 올라가 이스라엘 진영을 내려다보며 저주함. (민 23:28)

95. 선지자 예레미야와 스가랴는 이 망대가 재건될 것을 예언한 이스라엘 북쪽 성벽의 망대. (렘 31:38, 슥 14:10–11, 느 3:1)

97. 인간이 절대자를 믿고 쫓는 일. 성경에서 이것의 대상은 하나님이고 예수 그리스도는 우리와 함께 계신 하나님이다. (행 1:11, 롬 10:9)

98. 예수님의 죽음을 예비하며 한 여인이 향유를 부어드린 사건이 이곳에서 이뤄졌고, 부활하신 주님의 승천도 이 마을과 가까운 곳에서 이루어졌다. (요 11:1, 마 26:6–13, 막 14:3, 눅 24:50)

100. 야고보와 함께 예루살렘 교회의 지도자였고 예수님 사역 당시에는 그분의 메시야 성을 믿지 않았으나 예수님의 십자가와 부활을 목격한 후 신앙을 갖게 되었고, 오순절 성령 강림 때 그 현장에 있었다. (마 13:54–58, 요 7:3–5, 행 1:14)

102. 다윗의 군대 장관 요압이 다윗과 압살롬을 화해시킬 지혜를 얻기 위해 데려온 여인의 출신지. 또 선지자 아모스는 이 지역 목자 출신이다. (삼하 14:2, 암 1:1)

104. 야곱의 외삼촌 라반의 맏딸. 라헬의 언니, 동생보다 야곱의 사랑을 받지 못함. (창 29:16–17)

106. 사울은 블레셋 장수 골리앗을 죽인 다윗에게 이 사람을 아내로 주기로 약속했으나 그 약속을 어기고 므홀랏 사람 아드리엘에게 시집보냈다. (삼하 21:8–9)

107. 제사장 사가랴의 아내로 예수님의 모친 마리아와는 친척. (눅 1:5–57)

109. 골리앗을 비롯한 많은 거인들을 배출한 아낙의 후손들이 살았고, 블레셋이 하나님의 법궤를 빼앗아 갔을 때 독종의 재앙이 임했다. (삼하 21:19–22, 삼상 5:8)

111. 소돔과 고모라 멸망 이후 소알 근처에서 롯이 그의 작은 딸과의 근친상간을 통해 낳은 아들. (창 19:38)

113. '고센'의 다른 이름. 애굽에 이주한 야곱 일가는 이곳에 정착. 훗날 이스라엘 백성의 출애굽 출발지이기도 함. (창 47:11, 출 12:37)

115. 북이스라엘 사마리아에서 활동했던 선지자. 유대 왕 아하스 시대 유다 병사 12만을 살해하고 20만명의 유다 백성을 사로잡아온 북이스라엘 왕 베가를 꾸짖어 그 포로들을 후대한 후 고향으로 돌려보낸 주의 일꾼. (대하 28:9–15)

116. 통일된 국가 조직을 갖추기 전 일종의 과도 체제하에서 이스라엘 백성이 '각기 자기의 소견애 옳은 대로' 처신하던 타락하고 범죄한 암울했던 시대 활동했던 사사들의 기록.

119. 북이스라엘 왕 아합은 자신의 통치권을 과시하기 위해 화려한 이것을 건축함. 부유함과 호화로움의 상징. (왕상 22:39, 암 3:15)

122. 권력자나 힘 있는 세력이 상대방에게 육체적, 물질적, 정신적 고통을 주며 괴롭히는 것을 말한다. (갈 4:29, 요 16:1–3)

123. 사도 바울이 회심하게 전의 히브리식 이름. (행 9:4, 22:7)

124. 타인을 대신해서 변호하는 자나 타인의 뜻을 대신 전하는 자. 구약에서는 모세를 대신해 사명을 맡은 아론에게 사용됨. (출 7:1)

126. 모세와 아론의 누이. 갓난 아이 모세가 갈대 상자에 실

려 떠내려갈 때 뒤를 미행하여 바로의 딸에게 어머니 요게벳을 유모로 추천한 사람. (민 26:59, 대상 6:3, 출 2:1-10)

131. 이스라엘 백성이 광야 40년 방랑생활 동안 하나님으로부터 공급받았던 특별한 양식. 일명 '하늘 양식'. (시 105:40)

132. 남을 해칠 목적을 가지고 계획적으로 진리와 사실을 외면한 채 시도하는 악한 음모나 거짓된 행동. (시 50:19, 호 7:1)

135. 솔로몬 성전 앞 현관에 세워졌던 두 놋기둥. 남쪽은 '여호와가 세우실 것이다', 북쪽은 '그(하나님) 안에 능력이 있다'는 뜻. (시 21:1)

136. 아름답게 만들기 위해 얼굴을 곱게 하고 맵시나게 꾸미는 일. (사 61:10)

137. 사도 바울에게 복음을 전해들은 에바브라에 의해 세워진 교회도 있고 '부자라 부요하여 부족한 것이 없다 하나 실상은 가난하고 눈이 멀었다 지적함. (계 3:17, 골 4:12-13)

〈부록 3〉 세로 문제

2. '소녀야 내가 네게 말하노니 일어나라'는 뜻. 예수께서 회당장 아이로의 죽은 딸을 살리실 때 하신 말씀. (막 5:41)

3. 바울이 고린도에서 로마 교회에 편지하며 문안할 때 함께 문안인사를 보낸 고린도 교회 성도 가운데 한 사람. (롬 16:21)

5. 예수께서 '○○○의 것은 ○○○에게, 하나님의 것은 하나님에게 바치라'고 함. (눅 20:22-25)

6. 손을 얹고 축복하거나 죄의 전가 또는 은사나 권위가 주어지도록 기도하는 행위. (딤후 1:6)

8. 인간의 영육을 죄와 사망에서 건져내시는 분. (딤후 1:10)

9. 이곳은 가축 사육과 농사에 비교적 좋은 토양으로 후에 이곳을 차지한 모압의 교만으로 인해 결국 이곳은 하나님의 심판을 좌초하게 된다. (사 16:8-9, 렘 48:32)

10. 예수님을 처형하기 전 육체적 고통을 주기 위해 씌운 것으로 '유대인의 왕'이라는 예수님의 주장을 조롱하기 위한 의도도 있었다. (마 27:29)

12. 과부된 나오미의 며느리인 모압 여자 룻과 결혼하여 엘리멜렉 집안의 대를 이어줌으로써 기업 무를자로서의 의무에 충실함. 그와 룻 사이에 태어난 오벳은 다윗왕의 조부이며 훗날 예수 그리스도의 계보에도 오르는 영광을 입었다. (마 1:5, 눅 3:32)

14. 예루살렘 남서쪽에 위치한 유다 남부의 전략 요충지. 앗수르왕 산헤립은 예루살렘 공략에 앞서 이곳을 함락시켰다. (대하 25:27)

16. 예수께서 예루살렘에 입성하기 전 제자 둘을 보내 나귀를 준비하게 하신 마을이다. (마 21:1, 막 11:1, 눅 19:29-40)

18. 바벨론 포로지에서 귀환한 유다 백성이 느헤미야의 지도 아래 예루살렘 성벽을 재건할 때 사마리아 사람 산발랏과 더불어 그 일을 방해했던 암몬 사람. (느 2:10)

22. 새나 짐승을 잡는 덫이나 함정. '실족시키거나 범죄케 하는 유혹거리' 등의 상징적 의미를 갖는다. (출 23:33, 딤전 6:9)

24. 랍사게와 함께 앗수르 왕 산헤립이 히스기야에게 항복을 받아내기 위한 담판에 파견했던 세 장수 중 하나. (왕하 18:7)

26. 90세에 이삭을 낳음. 이사야는 이 사람을 선택받은 백성의 어머니로 언급함. 베드로는 순종하는 아내의 표상으로 인용. (사 51:2, 벧전 3:6)

27. 예레미야 선지자의 친구. 바룩은 성전 내에 있는 이 사람의 방에서 예레미야의 예언서를 낭독했으며 그 아들 미가야는 이것을 듣고 왕궁 방백들에게 이 사실을 고함. (렘 36:10-25)

29. 성막(성전) 안에서도 가장 안쪽의 지극히 거룩한 처소를 말한다. 이곳은 하나님의 임재 처소로서 언약궤가 놓여 있다. (출 26:33)

31. 아말렉 족속의 통치자를 일컫는 공식 칭호. 발람이 이스라엘을 축복하면서 '그(이스라엘)의 왕은 ○○보다 높다'고 예언. (삼상 15:32, 민 24:7)

36. 다윗에게 자신의 타작마당을 팔았던 여부스 사람. 이 사람은 값도 받지 않고 타작마당은 물론 소와 도구들까지 주어 제사를 드리도록 했지만 다윗은 은 50세겔을 매매대금으로 지불함. (삼하 24:24)

37. 예수께서 십자가에 달리시기 전에 이 사람이 영생의 처소로 가는 길을 물었을 때 예수께서는 '당신이 곧 길이요 진리요 생명'임을 가르쳐주셨다. (요 14:1-6)

38. 라헬의 여종으로 야곱을 통해 단과 납달리를 낳았지만 야곱의 장자 르우벤과 통간하여 근친상간의 죄를 범하였다. (창 29:29, 35:22)

40. 남유다 왕국 말기 도성 예루살렘이 바벨론에게 포위되어 있을 때 백성을 그릇된 길로 인도하다가 갑자기 죽임을 당하 지도자. (겔 11:1 · 13)

43. 밀과 잘 구별되지 않고 예수께서는 이 비유를 통해 하나님 나라의 도래와 최후에 임할 불심판을 가르치셨다. (마 13:24-30)

44. 죄사함을 얻고 하나님과 끊어진 관계를 회복함으로써 누리는 영원하고 참된 평화와 상태를 가리킨다. (롬 5:1)

46. 이곳은 예수께서 성장하신 곳이며 이곳에서 제자들을 부르셨고 많은 이적을 베풀기도 하셨다. (마 2:22, 4:18-21 · 23)

50. 사사 입다를 이어 이스라엘의 제10대 사사가 된 사람. 그는 30명의 아들, 30명의 딸을 두었으며 7년 후 베들레헴에 안장되었다. (삿 12:8-9 · 20)

51. 다윗과 솔로몬 시대에는 이스라엘과 우호조약을 맺고 성전 건축에 필요한 백향목을 비롯한 건축자재와 목공, 석공 등 기술자를 지원함. (왕상 5:1-2)

53. 어머니 유니게와 외할머니 로이스를 통해 신앙을 배웠고 바울의 2차 선교여행 때 동역자로 발탁된 루스드라 출신 교회 지도자. (행 16:1-3, 딤후 1:5)

55. 구약에서는 갑돌로 불렸으며 블레셋 일파의 원거주지다. 로마 감옥에서 1차로 석방된 바울은 디도와 함께 이곳에서 복음 사역을 하였다. (신 2:24, 렘 47:4, 딛 1:5-14)

56. 좌절과 실망 등으로 생긴 마음의 병. 화병. 개혁개정판은 '울화'라고 함. (삼하 13:2)

58. 유대 총독 벨릭스와 결혼하여 아그립바를 낳음. 유대인에게 체포된 바울은 로마 황제의 재판을 기다리던 중 벨릭스와 이 사람 앞에서 진리와 복음에 대해 선포한 적이 있음. (행 24:24-25)

59. 바울이 죄수의 몸이 되어 로마로 압송될 때 바울과 동행한 베뢰아 출신 소바더의 아버지. (행 20:4)

60. 구제와 선행으로 유명한 욥바의 여성도. 그녀가 살았을 때 과부들에게 속옷과 겉옷을 지어 입히는 등 선행을 베풀었다. (행 9:39)

63. 지중해 동북부에 있는 구브로 섬의 동쪽 연안에 위치한 성읍. 바울과 바나바는 1차 선교여행 때 이곳 유대인 회당장에서 복음을 전파함. (행 13:5)

64. 미가엘과 함께 성경에 언급된 두 천사 중 하나로 대개 하나님의 거룩하신 뜻을 전달하고 계시는 사자의 사명을 감당하였다. (단 8:16, 9:21, 눅 1:11-20, 1:26-38)

66. 삼손이 나귀의 턱뼈로 블레셋 사람 1000명을 죽인 장소로 소라와 딤나 인근에 위치함. (삿 15:14 · 17 · 19)

69. 에게해 북쪽 해안에 위치한 마게도냐의 성읍으로 스트리몬강이 성읍으로 둘러싸여 있고 사도 바울이 제2차 선교여행 대 빌립보에서 이곳을 지나갔다. (행 17:1)

71. 구약시대 마지막 선지자. 바벨론 포로 귀환 후 성전을 재건한 뒤 영적 나태에 빠진 이스라엘 백성을 향해 회개를 촉구하고 메시야 대망 사상을 선포한 느헤미야 총독 때의 선지자.

74. '어찌하여 의로운 자가 고난을 당하는가? 어찌하여 악인이 형통한가? 과연 하나님은 의로우신가?' 하는 신정론적 문제에 대한 해답을 제시해 주는 구약성경 시가서로 18번째 책.

75. 미가야의 아들이자 엘라단의 부친. 성전에서 발견된 율법책 내용을 묻기 위해 여선지자 훌다에게 파견된 신하 중 한 명. (왕하 22:12, 레 26:22)

77. 호세아 선지자가 음녀요 아내인 고멜을 통해 낳은 셋째 아들에게 붙여준 이름. (호 1:9)

80. 로마시대 거리의 길이를 측정하던 단위. 〈요 6:19〉에 언급된 10리는 대략 20 이것에 해당. 오늘날 운동경기장을 뜻하는 용어가 이 말에서 파생되었다. (계 14:20, 21:16)

81. 유대인들의 위협을 받던 바울과 실라를 자신의 집에 피신시켜 주었다가 그 일로 유대인들에 의해 읍장에게 끌려갔으나 보석금을 내고 풀려난 데살로니가 교회 성도. (행 17:1 · 4-5 · 7-9)

83. 사사 시대 말기 에브라임 사람 엘가나의 두 아내 중 한 사람. 다른 한 여자는 사무엘의 어머니 한나. 이 사람은 자식을 낳지 못하는 한나를 비웃으며 조롱하여 마음에 많은 고통을 주었다. (삼상 1:2-9)

84. 예루살렘 북쪽 성벽. 양문(羊門)과 어문(魚門) 사이에 위치한 망대. 하나넬 망대 동쪽에 있었다. (느 3:1, 12:39)

86. 예수님의 지상 왕국에 대한 기대가 무너지자 은 30에 예수님을 팔았고 양심에 가책을 받아 자신의 행동을 후회하고 제사장에게 받은 은 30을 성소에 던진 뒤 자살하였다. (마 27:3-5, 행 1:18)

89. 오늘날 교회에서 보편적으로 사용하고 있는 가장 대표적인 신앙 고백. 하나님, 예수 그리스도, 성령의 3부로 나눠져 있다.

91. 북이스라엘 군대 장관 시므리가 반란을 일으키고 엘라왕을 죽이고 왕위에 오르자 이스라엘 백성은 이 사람과 오므리를 지지하는 측으로 내분이 발생했고 3년간 쟁탈전 끝에 살해된 사람. (왕상 16:9-10 · 21-22)

92. 하나님의 뜻을 저버리고 다시스로 도망가다 폭풍을 만나 바다에 던져졌고 물고기 뱃속에서 3일 있다 토해졌다. 이 사건은 훗날 예수님의 죽으심과 부활에 대한 표적이요 모형이 된 사람. (마 12:39-40, 욘 1:3)

96. 므깃도에 있는 성읍으로 이곳에서 유다왕 요시야가 치명적인 부상을 당했다. (왕하 23:29-30)

99. 사도 바울이 아덴의 아레오바오 광장에서 행한 설교를 듣고 회심하여 신앙을 갖게 된 여성. (행 17:34)

101. 부활이 이미 지나갔으며 그리스도의 재림시 육체 부활은 일어나지 않을 것이라고 주장하며 망령되고 허탄한 말을 함부로 하다가 바울에 의해 제명된 인물. (딤전 1:19-20, 딤후 2:16-18)

103. 알렉산드리아 출신 아불로에게 하나님의 말씀을 풀어서 가르쳐 주었으며 바울에게 자기 목이라도 내놓을 만큼 헌신적이었다. (행 18:24-26, 롬 16:3-4)

105. '가장 아름답고 탁월한 노래'를 말한다. (아 1:1)

108. 엘리야의 뒤를 이어 활동했던 선지자. 대머리로 50여 년간 영적 지도자로 활동함. (왕하 2:23, 왕상 19:16 · 21)

110. 사도 바울은 2차 선교여행 때 이곳에서 환상을 보고 소아시아 선교를 중단하고 유럽(마게도냐)으로 가는 중대한 결단을 내렸다. (행 16:8-10)

112. 로드발 사람 마길의 부친으로 압살롬의 반역 때 다윗을 도왔을 뿐 아니라 므비보셋을 보호하기도 함. (삼하 9:4-5, 17:27)

114. 출애굽 직후 제1차 인구조사 때 모세를 도와 계수 작업에 참여했던 단지파 지도자 아히에셀의 부친. (민 1:4, 12:25)

117. 벧엘에서 야곱은 꿈에 하나님의 보좌가 있는 하늘과 땅을 잇는 이것을 보았다. 높은 곳을 올라갈 때 쓰는 계단식 기구. (창 28:12)

118. 이스라엘의 광야 생활 동안 르우벤 자파의 두령이었던 엘리술의 아버지. (민 1:5, 2:10, 7:30)

120. 재산이나 신분, 지위 등을 이어받을 사람. 신약에서는 영적 측면에서 하나님 나라와 관련하여 언급됨. 모든 성도는 남녀를 불문하고 그리스도 안에서 하나님 나라의 ○○○라 한다. (롬 8:17, 히 1:2)

121. 곤궁하고 가난함. 부족하고 결핍하여 빈한함. 하나님은 이런 자에게 많은 관심을 가져주신다. (시 40:17)

125. 하나님의 임재를 상징하는 상자로서 언약(십계명)의 두 돌비가 보관했다는 점에서 이렇게 불렀다. (출 25:21-22)

127. 북이스라엘의 대표적 우상숭배자인 아합 왕의 죽음을 예언한 선지자. 400여명의 거짓 선지자는 아합 왕의 승리를 점쳤으나 이 선지자는 그의 전사를 예언함. (왕상 22:8, 22장)

128. 사울 왕의 장남으로 다윗과는 깊은 우정으로 유명함. 다윗이 위기 때마다 그를 피신시켜 생명을 지켜줌. (삼상 14:49, 14:1, 18:1-4)

129. 헷 사람으로 다윗의 30 용사 중 한 사람. 밧세바의 남편. (삼하 11:3, 23:39)

130. 드로아인으로 바울의 친구며 신자. 로마 교회에 두 번째로 투옥되어 순교를 앞두고 있던 사도 바울은 디모데에게 당부하여 그의 집에 보관된 겉옷을 가져오도록 요청함. (딤후 4:13, 눅 10:10)

133. 아브라함의 이복누이. 헤브론에서 죽었고 막벨라 굴에 장사되었다. 열국의 어머니. (창 20:12, 23:1-2)

134. 베틀에 딸린 물건의 하나로 베실을 낱낱이 꿰어 짜는 바늘. 들릴라가 삼손의 머리털을 베틀의 날실에 섞어 짤 때 사용. (삿 16:14)

〈부록 3〉 가로 해답

1. 달마누다	4. 가나안	7. 구사야
11. 보주	13. 셀라	15. 오벳
17. 사도	19. 시므아	20. 바란
21. 스올	23. 랍사게	25. 가사
28. 무지개	30. 아간	32. 라아마
33. 홉니	34. 생각	35. 아소도
39. 이블르암	41. 마라	42. 마가
44. 화평	45. 하갈	47. 우르
48. 평안	49. 입다	52. 디나
54. 그리심산	57. 드로비모	61. 가루
62. 데살로니가	65. 데라	67. 실로암
69. 다말	71. 맛사	72. 부라
74. 악볼	75. 아로엘	77. 투기
78. 히스기야	81. 리브가	84. 미가
86. 디도	87. 나사로	89. 엔게디
91. 요나	92. 온유	93. 브올
94. 하나넬 망대	96. 신앙	97. 베다니
99. 유다	101. 드고아	103. 레아
105. 메랍	106. 엘리사벳	108. 가드
110. 암몬	112. 라암셋	114. 오뎃
15. 사사기	118. 상아국	121. 핍박
122. 사울	123. 대언자	125. 미리암
130. 만나	131. 궤사	134. 야긴과 보아스
135. 단장	136. 라오디게아	

〈부록 3〉 세로 해답

2. 달리다굼	3. 누기오	5. 가이사
6. 안수	8. 구주	9. 야셀
10. 가시관	12. 보아스	14. 라기스
16. 벳바게	18. 도비가	22. 올무
24. 랍오니	26. 사라	27. 그마랴
29. 지성소	31. 아각	36. 아라우나
37. 도마	38. 빌하	40. 블랴다
43. 가라지	46. 갈릴리	50. 입산
51. 두로	53. 디모데	55. 그레데
56. 심화	58. 드루실라	59. 부로
60. 다비다	63. 살라미	64. 가브리엘
66. 라맛레히	68. 암비볼리	70. 말라기
73. 욥기	76. 로암미	79. 스다디온
80. 야손	82. 브닌나	83. 함메아망대
85. 가룟유다	88. 사도행전	90. 디브니
95. 하다드림몬	98. 다마리	100. 후메내오
102. 아굴라	104. 아가	107. 엘리사
109. 드로아	111. 암미엘	113. 암미삿대

부록 3

116. 사닥다리 117. 스데올 119. 상속자
120. 궁핍 124. 언약궤 126. 미가야
127. 요나단 128. 우리아 129. 가보
132. 사라 133. 바디

부록 4 ※ 해답풀이 용지는 맨 뒷장에 있습니다.

〈부록4〉 가로 문제

1. 애굽의 총리였던 요셉과 애굽의 온 제사장 보디베라의 딸인 아스낫 사이에 태어난 둘째 아들로서 므낫세의 동생이다. (창 41:50)

5. 십자가 죽음을 위해 예루살렘으로 향하시던 예수님을 통해 눈을 뜬 여리고 출신 맹인 거지. (막 10:46-52)

8. 여호수아와 다윗, 그리고 솔로몬의 역사를 기록할 때 인용했던 일종의 출전(出典)에 해당하는 책을 말한다. 잘 알려진 히브리 문학이다. (수 10:13, 삼하 1:18)

12. '생명에는 생명으로, 눈에는 눈으로, 이에는 이로'라는 법규정을 한마디로 일컫는 말이다. 즉, 동일한 상해나 배상의 원칙을 적용한 일종의 처벌법이다. (신 19:21, 출 21:23-25)

14. 비와 폭풍, 곡물, 가축떼를 주관하는 풍요와 다산의 신이자 가나안 원주민의 주신이다. (삿 2:13, 6:30)

16. 나사로가 죽었을 때 마지막 때의 부활을 믿고 있었으며, 예수를 향하여는 "주는 그리스도시오 세상에 오시는 하나님의 아들이신 줄 내가 믿나이다"고 신앙 고백을 함. (요 11:24 · 27)

17. 사도 바울 일행이 2차 선교여행 때 드로아에서 환상을 보고 유럽으로 건너가 당도한 첫 번째 성읍. (행 16:11)

18. 짐승의 가죽을 벗기고 가죽에 붙은 지방을 훑어내어 가죽을 부드럽게 하는 일을 가리킴. (행 9:43)

20. 다윗이 수도를 예루살렘으로 삼고 나라의 기틀을 다진 후 블레셋을 공격하여 대승을 거둔 장소. 예루살렘 지도자들에 대한 이사야 선지자의 경고에도 언급된다. (사 28:21)

22. 하나님 앞에 아들을 주시면 그를 나실인으로서 하나님께 드리겠다고 서원하였는데 하나님께서 그녀의 기도에 응답하셔서 이스라엘의 대선지자요 마지막 사사를 얻었다. (삼상 1:28)

23. 선과 악을 정확하게 분별하는 하나님의 거룩한 성품 가운데 하나. (사 26:7)

24. 갈릴리와 베레아의 분봉왕. 성경에는 분봉왕 ○○, ○○왕으로 언급. (마 14:1, 막 6:14, 눅 3:19)

25. 이스라엘 최후의 사사로서 신정정치에서 왕정정치로 넘어가는 과도기에 이스라엘의 신앙과 생활을 지도한 경건한 지도자이자 모세 다음으로 선지자 대표격. (삼상 1:20, 7:6)

27. 제사장 사가랴의 아내로 예수님의 모친 마리아와는 친척. 세례요한 어머니. (눅 1:5-57)

30. 에스더의 사촌 오빠. 하만이 유다인 말살정책을 수행할 때 에스더와 더불어 하만의 음모를 분쇄하여 유다인을 구원한 인물이다. (에 2:5, 10:1-3)

32. 기독론에 초점을 둔 교리서. 사도 바울은 이 지역 교회를 향해 오직 예수 그리스도만이 유일무이한 만왕의 왕이시며 구주라는 사실을 가르치며 이단을 배격하며 살도록 권면함. 신약 12번째 책.

34. 바벨론 포로 귀환 후 본토(유다)로 돌아가지 않고 바사에 머물렀다가 왕후 와스디 대신에 아하수에로왕의 아내가 되었다. 이스라엘에서 매년 부림일 축제 지냄. (에 2:16-18, 9:20-32)

38. 부활이 이미 지나갔으며 그리스도의 재림시 육체의 부활은 일어나지 않을 것이라고 주장하며 망령되고 허탄한 말을 하다 바울에 의해 제명된 인물. (딤전 1:19-20, 딤후 2:16-18)

40. 수리아(아람) 왕국의 수도. 사도 바울이 기독교인을 박해하기 위해 이곳을 방문하다 회심하게 됨. (행 9:2)

42. 아브라함의 형제인 하란의 딸. 이삭의 아내인 리브가의 할머니. (창 11:29)

43. 성경에서 주로 지혜롭고 통찰력이 있으며 미래를 대비하고 열심히 일하는 부지런한 존재로 소개. 땅속이나 모래계곡에 여왕을 중심으로 집단 생활하는 곤충. (잠 6:6, 30:25)

46. 유다 고지대 성읍으로 유다의 아들 셀라 후손들의 거주지. (출 8:22)

48. 다윗과 마아가 사이에 태어난 딸. 이복형제 암논에 의해 겁탈당하자 이에 대한 보복으로 압살롬은 암논을 살해. 이

사건으로 다윗과 관계가 소원해졌다. (삼하 13:1, 대상 3:9)

51. 아브라함이 아내 사라를 매장한 막벨과 굴이 이곳에 있으며, 바벨론 포로에서 돌아온 유다 자손들이 정착했던 성읍 가운데 하나. (창 23:2, 느 11:25)

53. 일찍이 아모리 왕 시혼이 다스렸던 땅이었으나 이스라엘이 정복했으며 갓지파가 재건축하여 요새화하였고, 후에 르우벤 지파에게 주어짐. 후에 모압의 영토가 됨. (신 26:3, 4:48)

57. 삼손이 나귀의 턱뼈로 블레셋 사람 1000명을 죽인 장소. 소라와 딤나 인근에 위치. (삿 15:17)

58. 아브라함과 동맹을 맺고 포로가 된 롯을 구출하는 데 가담한 아모리 사람. (창 14:24)

60. 아브라함의 종 엘레에셀을 따라 가나안 땅에 와서 이삭의 아내가 되었다. 20여년간 아이를 갖지 못했으나 하나님의 은혜로 쌍둥이 에서와 야곱을 낳았다. (창 24:67)

62. 에게해 북쪽 해안에 위치한 마게도냐의 성읍. 로마는 이곳을 핵심적인 도시로 육성함. (행 17:1)

65. 부채나 속박(노예 상태) 또는 죄의 상태로부터 자유롭게 해주기 위해 대신해서 부담하는 대가. (출 21:30)

67. 구약 히브리 정경이나 외경에 들지 않는 유대교 문서. 구약 정결을 흉내 낸 것이 대부분. (계 14:20, 21:16)

69. 로마 시대 거리의 길이를 측정하는 단위. 운동장을 뜻하는 스타디움은 여기서 파생됨. (계 14:20, 21:16)

71. '주여, 오시옵소서'란 뜻. 주 예수의 재림을 간절히 사모하는 초대교회 성도들의 신앙과 소망이 함축된 기도문이자, 통용되던 신앙적 인사말. (고전 16:22, 계 22:20)

73. 에디오피아 메로에 지방으로 보나 넓게는 아라비아까지 포함. 진귀한 물품으로 큰 부를 축적. 장대한 족속으로 불렸지만 여호와의 심판 대상이었다. (사 45:14, 욜 3:8)

74. 유다왕 웃시야, 요담, 아하스, 히스기야 등 4대에 걸쳐 약 50년 동안 예루살렘을 중심으로 활동. 메시야의 초림과 수난과 영광, 하나님 나라의 완성된 모습 등을 소개한 선지자. (사 6:1–8)

76. 남유다의 우상 숭배자요 악녀인 아달랴 여왕을 제거할 때 대제사장 여호야다를 도와 요아스를 왕으로 옹립한 백부장. (대하 23:1)

79. 요셉 당시 애굽왕 바로의 친위대장. 자기 아내가 요셉이 추행하려 했다는 거짓말을 듣고 무고한 요셉을 감옥에 가둠. (창 37:36)

81. '들어올리다', '찬양하다'는 뜻. 시편 등 시가서와 예언시에 나오는 음악 용어.

83. 제물을 높이 쳐들어 위, 아래, 좌우로 흔든 다음 제단으로부터 흔들며 물러나는 제사의 한 방법. (레 7:30)

85. '수금'이란 뜻. 갈릴리 바다 북서 해안에 있던 요새화된 성읍. (수 19:35)

86. 초대 대제사장 아론의 셋째 아들. 하나님의 뜻을 그릇 행한 나답, 아비후의 비극적인 죽음으로 레위지파의 대표자요 아론의 계승자(대제사장)가 됨. (출 6:23, 레 10:6–7)

90. 야곱이 레아에게서 낳은 외동딸. 세겜에서 히위족속 하몰의 세겜에게 강간당했다. (창 30:21, 35:1–5)

93. '당신이 곧 길이요 진리요 생명'임을 가르쳐 주었지만 예수께서 부활하셨을 때 눈으로 보지 않고는 믿지 못할 정도로 의심 많았던 제다. 주님의 승천을 목격함. (요 14:1–6, 20:24–25)

94. 사도 바울이 디모데에게 쓴 두 번째 편지의 마지막 인사말에 바울과 함께 문안을 전했던 인물. (딤후 4:21)

95. 사무엘의 고향이며 죽어 묻힌 곳. 신약에서는 '아리마대'라 불린다. (삼상 1:1, 마 27:57)

98. 그리스도의 계보에도 언급됨. 바사 왕 고레스에 의해 포로에서 귀환한 유다인들이 총독으로 임명되어 제1차 포로 귀환을 주도함. (스 1:8 · 11)

100. 베드로가 부활하신 그리스도의 이름으로 그의 병을 고쳐준 룻다에 살던 성도. 이 회복은 그 지방 많은 사람들이 복음을 받아들이는 계기가 됨. (행 9:32–35)

104. 성경에서는 하나님의 뜻을 좇는 성도들이 사탄의 영적 전투에서 반드시 착용해야 할 거룩한 의복으로 비유됨. (엡 6:11 · 13)

105. 소돔의 멸망을 피해 도피한 롯과 작은 딸 사이에 태어남. 훗날 암몬 족속 조상됨. (창 19:38)

109. 솔로몬의 지혜와 명성을 듣고 찾아온 여왕. 예수께서 솔로몬의 지혜를 듣기 위해 먼 곳에서부터 찾아온 구약의 사건을 들며 당신의 가르침을 외면하는 패역한 유대인을 꾸짖음. (왕상 10:1–13)

111. 성전 재건이라는 같은 주제를 다양한 환상과 예언, 상징적 수사법을 동원하여 묘사. 성전이신 메시야와 그분의 강림에 대한 예언까지 기록한 책.

113. 엘리멜렉의 아내이며 말론과 기론의 어머니. 며느리 룻을 먼 친척 보아스와 결혼시켜 손자 오벳을 보는 기쁨을 얻고 죽은 남편의 대를 잇는 복을 누렸다. (룻 4:13–17)

115. 아브람, 나홀, 하란의 아버지. 갈대아 우르에서 살면서 그 지역 달신을 숭배함. (수 24:2)

116. '우주와 그 질서에 영향을 주는 이성의 역동적인 원리'이며 '하나님과 인간 사이의 매개 역할을 하는 중보자(예수 그리스도)' 등을 뜻하는 철학적이며 신학적 용어이다.

117. 모세의 장인은 이곳 사람이었으며 사사 기드온은 300 용사로 이곳 대군을 격파하고 왕 세바와 살문나를 죽여 나라

의 기반을 뒤흔들어놓았던 이 족속은? (출 2:16-21, 삿 6-8장)

119. 갈대아 사람으로 셈의 셋째 아들이며 셀라의 아버지. 성경에서는 아브라함과 예수 그리스도의 조상 중 한 사람으로 소개됨. (창 10:22, 눅 3:23)

121. 아론의 16대 손이자 대제사장 힐기야의 후손으로 모세 율법에 능한 서기관이요 제사장, 느헤미야의 협력자이기도 했다. (스 7:1 · 5 · 6)

123. 북이스라엘의 여로보암 1세 때부터 오므리 왕까지 거의 40여년간 북이스라엘의 수도. 아가서에 그곳의 아름다운 경치가 언급됨. (왕상 14:7, 15:21)

125. 자신의 잘못이나 실수로 인하여 불명예나 창피를 당하는 것. 하지만 성경에서는 사람에게 당하는 경멸이나 조소 외에도 심판과 관련하여 꾸짖음의 의미도 함축. (잠 12:16, 사 45:16)

126. 묵시 문학에서 드깃도는 선과 악의 세력이 싸울 최종적인 전쟁터요, 마침내 사탄의 세력이 영영히 패망하는 곳으로 이해되고 있다. (계 16:16)

129. 종말에 대한 소망과 그 긴박성이 어느 시대보다 더 고조되어 있는 오늘의 모든 성도들이 고하는 간절한 신앙 고백이기도 함. (고전 16:22, 계 22:20)

132. 구원론의 결정판이라 할 수 있고 영원히 죽을 수밖에 없는 존재가 믿음으로 의롭다 함을 받고 거룩하신 하나님의 존귀하고 영화로운 존재가 되는 구원을 서술한 교리서.

134. 자기 스스로 자신의 목숨을 끊은 행위. 성경에서는 이 행위를 금지하고 있다. (욥 3:20-23, 전 2:17, 마 27:5)

135. 인적이 없는 황무지. 출애굽한 이스라엘 백성이 약속의 땅 가나안에 이르기가지 40년 동안 방랑했던 지역이기도 하다. (민 20:5, 출 8:27)

137. 부지중에 살인한 자가 피살자의 가장 가까운 형제나 친지로부터 피의 보복을 피해 생명을 건지기 위해 도망할 수 있도록 마련한 성읍. (수 12:22, 20:7-8)

141. 대제사장 에봇 위 가슴 부위에 매는 12개의 보석이 달린 패. 하나님 앞에서 이스라엘 백성들을 대표한다는 상징성이 있었다. (출 28:29, 레 8:8)

143. 바울은 율법을 훼방하고 성전을 더럽히는 자로 몰려 유대인들에게 ○○당하기 일보 직전 로마 군사들의 도움으로 위기를 모면함. 개혁개정판에서는 폭행. (행 21:35)

144. 세상 모든 왕 가운데 가장 높으신 왕. 이스라엘 백성이 절대 유일하신 하나님을 가리키던 거룩한 호칭. (단 8:25)

147. 자기의 죄와 허물을 숨기지 않고 모두 쏟아내어 뉘우치며 고백하는 것. (레 5:5, 마 3:6, 행 19:18)

149. 예수께서 부활하신 그날 두 제자가 예수님을 만나 대화를 나누었고 예루살렘 근처의 한 마을. (눅 24:7-35)

150. 레위지파 므라리 자손. 다윗 시대 때 성전에서 노래 부르던 찬양대원. (대상 15:17)

151. 사울의 딸 미갈의 남편. 미갈은 원래 다윗의 아내였으나 다윗이 사울을 피해 달아나자 사울이 이 사람에게 아내로 주었다. (삼상 25:44)

153. 베다니에 살던 마리아와 마르다의 오빠. 병들어 죽었으나 예수님께서 무덤에서 불러내어 소생시켰다. (요 11:47-53)

155. 엘가나의 아들이며 나핫의 아버지로 선지자 사무엘의 조상. (대상 6:26)

158. 바벨론 포로지에서 귀환한 유다 백성이 느헤미아의 지도 아래 예루살렘 성벽을 재건할 때 사마리아 사람 산발랏과 그 일을 방해한 암몬 사람. (느 2:10)

160. 땅속 지하세계. 모든 죽은 자의 사후 거처. (창 37:35, 사 38:10)

163. 나아만의 나병에서 나음을 입은 후 엘리사에세 사례를 하려 할 때 거절하는 엘리사 대신 뒤로 몰래 선물을 챙기다 나병에 걸리는 징계를 받았다. (왕하 5:1-17)

164. 노아의 아들 함의 장자. (창 10:7)

166. 실로 옷감을 짜는 기구. 욥이 인생의 신속하고 덧없음을 한탄할 때 사용한 비유적 표현. (욥 7:6)

167. 아각 사람 하만의 아내. 남편 하만과 모르드개를 매달 교수대를 세우는 일을 모의함. (에 5:10 · 14)

168. 눈의 아들 여호수아의 본명. 모세가 여호수아로 개명시켰다. (민 13:8 · 16, 신 32:44)

171. 출애굽 이후 광야 여정을 마친 모세가 광야에서 태어난 신세대 이스라엘 백성을 위해 광야 생활을 회고하고 가나안 땅에서 지켜야 할 율법을 설교를 통해 상기시킨 내용으로 모세 5경 마지막 책.

173. 기럇여아림 출신이요 스마야의 아들로 예레미야 시대의 무명 선지자. (렘 26:20)

176. 대제사장 사독의 아들. 다윗에게 반기를 든 압살롬의 반란 때 정보원으로서 후새로부터 전달받은 내용과 압살롬의 사망 소식 등을 다윗에게 전했다. (대상 6:8, 삼하 15:36)

178. 예수께서 나면서부터 소경된 자의 눈에 침과 흙을 이겨 바른 후 이 연못의 물로 씻으라 명하셨다. (요 9:6-11)

181. 일명 '저주의 산' 가나안 땅으로 진압할 때 이 산에서 저주의 율법이 선포되도록 했었고, 또 여호와를 위한 돌단을 쌓도록 했었다. (신 11:29, 수 8:30)

183. 예수님의 대표적인 세 제자 중 한 명. 변화산상과 야이로의 딸을 살릴 때 겟세마네 동산에서 기도하실 때 예수님과 함께 동행하였다. 사도요한의 형제. (마 27:56, 막 5:37, 마 26:36-46)

185. 성경의 정경을 결정할 때 함께 수집되었으나 정경으로 인정되지 않았던 대략 15권의 책 또는 제문서.

187. 노아 홍수 이전에 살았던 거대한 종족. 대표적 인물로 출애굽 당시 바산 왕 옥, 사울 당시 블레셋 장수 골리앗. (신 3:11, 삼상 17:4)

188. 등뼈가 굽고 등에 혹 같은 뼈가 나온 사람. 일명 곱사등이. 개혁개정판은 '등 굽은자'로 표기. (레 21:20)

190. 사울이 죽은 후 므비보셋에게 돌아가야 할 토지를 교활한 방법으로 가로챈 사람. (삼하 9:2)

193. 요시야 왕 때 성전 입구에 살던 시종. 그의 집 곁에 역대 유다왕들이 태양신에게 번제물로 바친 말들이 있었는데 요시야 왕이 종교개혁 때 모조리 불태워 버렸다. (왕하 23:11)

194. 사물(사실)을 아는 능력. 성경에 사용된 원어적 의미는 단순히 이성적인 깨달음이나 인지 능력 이상으로 체험적이며 주관적인 앎을 가리킨다. (잠 1:7, 시 73:11, 벧전 3:7)

196. 남편을 여읜(사별한) 여자. 이 사람들이 억울하게 권리를 침해당하지 않도록 긍휼과 사랑을 베풀 것을 법으로 규정하고 있다. (신 10:18, 잠 15:25, 딤전 5:4)

197. '기업무를자', '보수자'를 가리킴. 신약에서는 죄에게 종으로 팔린 죄인들을 구원해 주신 분. 곧 구세주를 가리켰다. (잠 23:11, 사 59:20)

199. 레위의 증손이며, 고한의 손자요, 이스할의 아들, 모세의 사촌. (출 6:2)

201. 갈미의 아들. 여리고성을 함락시켰지만 하나님의 지시를 어기고 하나님의 것으로 구별되어야 할 전리품을 훔친 사람. (수 7:1 · 18, 16–21)

203. 바라는 대로 되지 않아 낙심함. 희망을 잃음. (시 9:8)

204. 마게도냐의 주요 무역항. 바울을 2차 선교여행 때 이곳을 방문하여 전도했고 다수의 결신자를 얻었다. 하지만 유대인의 반대에 부딪쳐 이곳을 떠났다. (행 17:1–10)

206. 종말론적인 성격을 지닌 설교다. '산에서 하신 주님의 설교'라는 데서 유래. (마 5–7장)

209. 구약 성경 '호세아'부터 '말라기'까지 12권을 가리키는 명칭. 히브리어 성경에서는 한 책으로 되어 있으며 성문서 바로 앞에 위치한다.

213. 작은 돌맹이를 멀리 던져 목표물을 맞출 수 있도록 만든 기구. (삼상 17:40, 대상 12:2)

215. 노아가 술에 취하여 알몸으로 누워 있을 때 그 치부를 알린 함과는 달리 셈과 함께 옷을 가지고 뒷걸음쳐 들어가 아버지의 치부를 덮은 사람. (창 9:23)

217. 수레를 이용하여 언약궤를 운반하던 웃사가 이곳의 타작마당 인근에서 소가 날뛰자 이를 제지하는 과정에서 언약궤를 붙잡는 바람에 죽임을 당했다. (삼하 6:8)

218. 예수 그리스도께서 재림하실 때에 발생할 인류 미래의 사건들을 보여주는 신약성경 유일의 예언서이다.

220. 마음으로 바라는 바가 이루어지기를 하나님께 비는 일이나 그 의식. (시 119:164)

221. 여리고의 세리장. 예수님을 자기 집에 모시고 기뻐하며 자기 소유의 절반을 가난한 자들에게 나누어 주겠으며 빼앗은 것이 있으면 네 배로 갚겠다고 약속함. (눅 19:5–6 · 8)

223. 바벨론의 마지막 왕인 벨사살의 대연회장 벽에 불현듯 나타난 손가락이 쓴 글씨 중 일부다. '여러 가지로 결함이 드러났다'는 뜻을 담고 있다. (단 5:25)

224. 율법을 지극히 세심하게 지키면서 불결한 것과 부정한 자들로부터 분리해 나온 사람들이라는 의미. 사두개파, 엣세네파와 함께 유대교의 3대 종파 중 하나. (마 12:2, 행 15:5)

227. 살림이 넉넉한 사람. 아버지와 아들. (잠 23:4, 눅 16:19)

229. '하나님께 바친 헌물'이라는 개념이었는데, 무엇이든 하나님께 드려지면 사람이 함부로 사용할 수 없다는 뜻의 금지와 억제를 위한 맹세의 문구로 사용됨. (막 7:11)

231. 희생제물을 잡아 불태워 그 향기를 하나님께 올리는 제단. (출 38:1)

233. 미디안의 다섯 두령 가운데 한 사람. 비느하스는 음행한 이스라엘 족장 시므리와 이 사람의 딸 고스비를 함께 죽였다. (민 25:15, 31:8)

234. 본명은 요셉. 이 이름은 설교자로서의 능력을 인정했던 사도들이 붙여준 별명. (행 14:14)

235. 마음이 부드럽고 행동이 친절함. 신약성경에서는 성령의 열매 중 하나로 묘사. (갈 5:23, 마 11:29)

236. 마레사 근처의 골짜기. 유다왕 아사가 하나님의 도움으로 구스왕 세라의 대군을 무찌른 곳. (대하 14:9–12)

238. 맡은 소임을 감당할 수 있도록 능력과 권위를 충만히 부여받는다는 의미. (대하 13:9)

239. 선지자 호세아의 아내. 한 아들을 낳은 후 남편을 배반하고 떠나가 부정한 방법으로 두 딸을 낳았다. 호세아는 하나님의 명령으로 다시 데려왔다. (호 1:9)

242. 진리를 알기 쉽고 오래 기억하도록 단순 명쾌한 비유를 통해서, 혹은 유사하거나 상반되는 대구를 통해서 그 의미를 전하는 교훈, 금언, 격언, 질문을 일컬음. (민 23:7, 욥 27:1)

245. 바리새인이며 산헤드린 공회 의원. 구원의 진리를 배우기 위해 한밤중에 예수님을 찾아와 진리를 배웠고 그 후 신실한 제자가 됨. (요 3:1, 7:50)

249. 히브리 달력에서 아홉 번째 달. 태양력으로 11~12월에 해당. (슥 7:1)

251. 피차간에 어떤 일을 정해놓고 어기지 않도록 다짐하는 일.

(출 12:25, 왕화 8:19)

252. 의복재료, 성전의 휘장, 시신을 싸는 수의재료로 이용. 영적순결, 거룩한 행실 상징. (출 28:5–42, 삼하 6:14)

254. 숫양의 뿔로 만듬. 전쟁 등 국가적으로 큰 사건이 일어난 때 백성을 소집하는 신호기로 사용. (수 6:4–6, 왕상 1:39)

258. 유다의 14대왕. 부왕과 공동 섭정기간을 포함하여 55년간 통치한 최장수 왕. 철저한 개혁자였던 부왕과 달리 바알과 아세라를 숭배한 우상숭배자. (왕하 21:1–6)

260. '소녀야 내가 네게 말하노니 일어나라'는 뜻. 예수께서 야이로의 죽은 딸을 살리실 때 하신 말씀이다. (막 5:41)

262. 가나안으로 유입된 후 토착화되어 다산과 풍요와 성의 여신으로서 음란한 제의로서 숭배되었으며 주로 나무기둥으로 세워졌기에 목상, 주상으로 불렸다. (출 34:13, 사 17:8, 신 7:5)

264. 야곱의 사랑을 받지 못했기 때문에 하나님은 르우벤, 시므온, 레위, 유다, 잇사갈, 스불론 등 6형제와 외동딸을 이 사람을 통해 주셨다. (창 29:31–35, 30:14–24)

265. 세배대의 아내. 안식일 다음날 예수님의 시체에 향유를 바르려고 무덤에 갔다가 천사로부터 예수님의 부활 소식을 들은 여인 중 한 사람. (막 16:1)

267. 12년간 이 병을 앓던 한 여인이 예수님의 옷자락을 만짐으로써 나음. (마 9:20–22, 막 5:25–34)

269. 유다인들이 바사 제국의 2인자 하만의 간교한 음모에서 구원받은 것을 기념하는 절기. (에 9:31)

273. 글라우디아의 아들로 바울과 베드로에 의해 로마교회 초대감독으로 명받음. 바울이 디모데에세 보낸 편지에서 바울과 함께 디모데의 안부를 물음. (딤후 4:21)

274. 화목제의 일종. 하나님의 은혜로 죄사함을 받고 온전케 된 것을 감사할 때 드리는 제사. (대하 33:16)

275. 가버나움의 회당장. 외동딸이 위독하여 예수께 찾아가 모시고 오던 중 그만 딸이 죽었다는 소식을 듣지만 예수께서 죽었던 아이를 살리시고 그 일을 말하지 못하게 함. (눅 8:43–49, 8:50–56)

277. 물푸렛나무과의 상록교목. 열매로 기름을 짬. 약용, 식용, 비누, 화장품 재료로 씀.

278. 앙갚음. (룻 4:4, 신 32:35)

279. 곡물을 타작하는 장소. 성경에서는 비유적으로 풍요로움, 심판, 멸망을 상징. (암 1:3, 마 3:12, 왕화 13:7)

280. 하나님이 창조한 피조물 중에 가장 으뜸 되고 뛰어난 존재. (창 1:26–27)

282. 기력이 튼튼하고 굳센 상태. 성경에서는 하나님의 능력을 나타내는 데 사용. (단 10:18, 엡 3:16)

287. 음식을 끓이는 무쇠 솥. (왕하 4:6, 렘 1:13–16)

288. 빌립의 소개로 예수님의 제자가 된 갈릴리 가나 사람. 예수님의 영적 통찰력을 발견하고는 예수님은 하나님의 아들이요, 이스라엘의 왕으로 고백하였다. (요 1:45, 21:2)

290. 야곱의 12아들 중에서는 아홉 번째 아들. 이스라엘 내에서 한 지파를 형성했고 전통적으로 용사들을 배출했으며 큰 종족을 이룸. (창 30:17–18, 민 26:23–24)

295. 아담의 10대손으로 하나님께서 아벨을 대신하여 주신 셋 계열의 자손. 라멕의 아들. 자식은 셈, 함, 야벳. (창 5:28 · 29)

296. 성경에서는 보편적으로 하나님을 가리키는 단어로 쓰였고 대체로 '강한' '능한' 또는 '앞에 있는' 뜻으로 본다. (창 1:1)

298. 하나님으로부터 사도로 부름받지 않고 스스로 사도로 지칭하는 자. (고후 11:13 · 23)

300. 하나님에 대비되는 본질상 죽을 수밖에 없고 변하기 쉬운 존재로서의 사람을 가리키는 말. (민 23:19, 잠 8:4)

301. 히브리어를 헬라어로 음사한 것으로 '나의 하나님 나의 하나님 어찌하여 나를 버리셨습니까'라는 뜻. (마 27:46)

302. 학식이 뛰어나며 선지자 예레미야의 서기관이요 신실한 동역자. 예레미야가 옥에 갇혀 있는 동안 선지자의 글을 대필하고 메시지를 선포함. (렘 32:12)

303. '기름 부음을 받은 자'. '하나님의 것으로 거룩히 구별되다'는 의미가 담김. (행 10:38, 마 1:16)

〈부록4〉 세로 문제

2. '맹세의 우물'이란 뜻. 하갈이 사라를 피해 유랑하다 우물을 발견한 곳. 아브라함이 아비멜렉과 언약한 곳. (삿 20:1, 삼상 3:20)

3. '하나님이 우리와 함께하심'이라는 뜻. 처녀가 아들을 낳으리라는 선지자 이사야의 예언을 좇아 그 탄생이 예고된 한 아들의 이름. (사 7:14, 마 1:23)

4. 길르앗과 기생 출신 어머니에게서 태어난 자로서 큰 용사였으며 하나님의 신이 임하여 이스라엘의 제9대 사사가 된 사람. (삿 11:1 · 29)

6. 선지자 호세아의 아내요 음녀인 고멜의 아버지. 호세아의 장인. (호 1:3)

7. 주인 빌레몬의 물건을 훔쳐 로마로 도주했다가 당시 옥중에 있던 바울을 만나 그리스도인으로 회심하고 주인에게 돌아간 자. (몬 1:9–10)

9. 장차 하나님의 준엄한 심판으로 인해 죽임당한 시체들이 숱하게 뒤덮일 것이기 때문에 불리게 된 것이다. (렘 7:32)

10. '부탁한 것'이라는 뜻으로 맡겨진 직분이나 직무를 말한다. (신 11:1)

11. 다윗과 솔로몬 때 애굽왕의 아내. 왕비의 여동생은 다윗을 피해 애굽으로 피신 온 에돔 왕 하닷의 아내가 되었다. (왕상 11:19-20)

13. 문자적으로 '도움을 베풀기 위해 곁으로 부름을 받은 자'란 의미. 성경에서는 '위로자', '중보자', '돕는 자'란 의미로 사용되어 대부분은 '성령'을 가리킴. (요 14:16, 15:26)

15. '처음과 나중', '완전함' 등을 상징. 특히 성경에서는 하나님 자신, 또는 예수 그리스도를 가리키는 신의 명칭으로 사용되었다. (계 1:8, 21:6, 사 41:4)

19. 구약 시대에는 지혜와 덕망이 있는 이스라엘 각지파의 대표자. 예수님 당시 유대교에서는 산헤드린 공회 회원들을 가리킨다. (출 24:1, 눅 22:66, 벧전 5:1)

21. 에살핫돈의 아버지. 바벨론의 므로닥 발라단을 멸망시켰고, 반 앗수르 정책을 표방하는 팔레스타인 주변의 여러 나라들을 정복하였다. (왕하 18:13-16)

26. 노아 대홍수 후 다시는 물로 세상을 심판하지 않겠다는 하나님의 언약의 표시로 나타났는데 종종 평화, 하나님의 영광을 상징. (창 9:13-17, 겔 1:28, 계 4:3)

28. 사울의 첩 아야의 딸. 사울이 전사하자 군대장관 아브넬이 취함으로써 왕위 계승에 대한 야심을 드러냈다. (삼하 3:7, 21:11-14)

29. 예수님의 세 제자인 베드로, 안드레, 빌립의 고향. 예수님께서 이 마을에서 오병이어의 기적을 행하셨고, 맹인의 눈을 치유해 주기도 하였다. (막 6:45, 눅 9:10)

31. 예수께서 이것을 잃어버린 여인의 비유를 통해 하나님 나라의 비밀을 설명하시면서 죄인 하나가 회개하고 돌아오면 하나님 기쁨이 크다고 가르치셨다. (눅 15:8-10)

35. 이삭이 그 종들을 시켜 르호봇 근처의 그랄 골짜기에서 판 우물. (창 26:17-20)

36. 사도 바울이 로마 총독 벨릭스에게 고소하기 위해 유대인들이 고용했던 직업변호사. 바울을 나사렛 이단의 괴수요 사람을 선동한다고 고소함. (행 24:1)

37. 유다왕 요아스 때의 대제사장 여호야다의 아들. (대하 24:20-22)

39. 몹시 고생스러움, 비탄, 고뇌. 주로 정신적인 고통에 사용된다. (사 53:3)

41. 수리아와 아라비아의 침략에 대비하여 높은 장벽으로 둘러쳐진 요새지라 하여 붙여진 별명. 이 성 역시 하나님의 심판을 면치 못할 것이라 경고함. (렘 43:7-9)

44. 갓난아이 모세가 갈대 상자에 실려 떠내려 갈 때 뒤를 미행하여 바로의 딸에게 어머니 요게벳을 유모로 추천함. 모세와 아론의 누이. (출 2:1-10)

45. '여호와께서 준비하심'이란 뜻. 아브라함이 하나님의 명령을 좇아 믿음으로 이삭을 번제로 바치려고 준비한 곳에 붙여진 이름. (창 22:14)

47. 갈릴리 호수의 어부. 야고보와 요한의 아버지. (마 4:21, 막 1:19)

49. 구약시대에서 신약시대로 넘어가는 과도기에 가교 역할을 하는 본서는 모두 23개의 문답식 교훈과 6편의 설교로 구성되어 있다. 구약의 마지막 책.

50. 남왕국 유다를 중심으로 활동하면서 임박한 재난과 그에 따른 회개를 촉구했던 구약의 대표적인 선지자. 일명 '눈물의 선지자'로 불리었다. (렘 7:16, 9:1)

52. 찬양 봉사자요 합창단의 악장. 시편을 열두 편이나 작시했고 그를 '선견자'라 호칭하기도 했다. (대상 6:39)

54. 아브라함이 그에게 만든 소유를 맡기고 또 며느리를 구하고자 메소보다미아의 나홀 땅으로 파견할 만큼 신임했던 종. (창 15:2-3)

55. 유다 요시야 왕의 신하로서 일명 '압돈'이라고도 함. 미가야의 아들이자 엘라단의 부친. (왕하 22:12, 대하 34:20)

56. 혼인할 때 아내가 남편에게 또는 남편이 아내에게 가져가는 결혼지참금. (창 16:1, 24:61)

59. 야곱이 첫째 아내인 레아를 통해 낳은 셋째 아들. (창 29:34)

61. 이스라엘 백성이 광야 40년 방랑 생활 동안 하나님으로부터 공급받았던 특별한 양식. (시 105:40)

63. 야곱이 밧단 아람에서 가나안으로 귀향하던 중 외삼촌 라반과 언약을 맺기 위해 세운 돌기둥에 붙여진 이름. (창 31:49)

64. 사울이 아이노암에게서 낳은 아들. '이브 보셋', '에스바알'과 동일인으로 추정. (삼상 14:49, 삼하 2:8)

66. 하나님께 바쳐진 제물이나 성물에 대해 율법을 알지 못하여 혹은 실수로 죄를 범했을 때 죄를 속하기 위해 드리는 제사. (레 5:15, 삼상 6:3)

68. 전쟁이나 재난을 알리는 소리. (렘 4:19)

70. 메대의 다리오 왕 때 총리가 됨. 이를 시기하는 관리들의 모함으로 사자굴에 던져지나 하나님의 도움으로 구원받음. (단 6장)

72. 두 딸과 야곱과의 결혼을 빌미로 실리를 챙겼고, 수 차례에 걸쳐 야곱과의 계약을 어기는 등 매우 이기적이고 술수에 능한 인물. 리브가의 오빠. (창 29:15-30)

75. 출애굽 직전 유월절 어린 양의 피를 문설주에 바를 때 처음 등장. 이후 구약시대 유월절 예식. 나병환자의 결례 때 정결의식과 관련해 사용함. (히 9:19, 레 14:4)

77. 대표도시로는 바울이 2~3차 선교여행 때 방문하여 복음을 전한 암비볼리, 비압볼리, 빌립보, 데살로니가, 베뢰아

등이 있는 발칸반도의 로마주. (롬 16:5, 고후 1:16)

78. 솔로몬 성전 현관 앞 남쪽 기둥은 '그가 세우실 것이다', '그분이 일으키신다'는 뜻. 북쪽 기둥은 '그 안에 능력이 있다' 이 두 기둥의 이름은? (시 21:1, 대하 3:17)

80. 에베소 교회의 나이 어린 목회자에게 바른 목회 지침을 알려주기 위해 기록된 옥중서신. 바울의 인간적인 면모가 절절히 배여 있는 신약성경 열다섯번째 책.

82. 예루살렘 동북쪽 양문(베냐민 문) 곁에 있는 못. 예수께서는 여기서 38년 된 중풍 병자의 병을 고쳐주셨다. (요 5:8-9)

84. 하나님의 뜻을 저버리고 다시스로 도망가다가 폭풍을 만나 바다에 던져졌고 물고기 뱃속에서 3일 밤낮의 경험과 토해냄을 받음. 예수님의 죽음과 부활에 대한 표적. (욘 1:3-2:10, 마 12:39-40)

87. 아버지의 첩인 빌하와 통간하는 죄를 범하여 장자로서의 권리를 빼앗긴 야곱의 12아들 중 장남. (창 32:22)

88. 지중해 동북구에 있는 구브로 섬의 동쪽 연안의 성읍. 바울과 바나바는 1차 선교여행 때 이곳 유대인 회당에서 복음을 전파. (행 13:5)

89. 맡은 바 직책. (행 24:27)

91. 유대인으로서 이스라엘 밖의 이방세계에 정착하여 사는 자들을 일컫는 말. '씨앗을 뿌림', '흩어짐', 혹은 '흩어 사는 자'의 뜻을 가짐. (요 7:35, 약 1:1, 벧전 1:1)

92. 왕이나 황제의 허락 하에서 한 나라의 일정 지역을 다스리던 군주. (마 2:22, 눅 3:1)

96. 12사도 가운데 한 사람. 누가복음과 사도행전에 야고보의 아들로 나온다. (눅 6:14-16, 행 1:13)

97. 성결한 생애를 하나님께 약속하는 표시로 정한 밀가루와 기름과 유향을 불태우고 떡을 구워 놓고 드리는 제사. (레 7:12-13)

99. 12제자 중 한 사람. 빌립이 전도한 '나다나엘'과 동일인으로 추정. 아르메니아에서 선교하다 물에 던져져 순교함. (마 10:3, 막 3:18)

101. 고난과 애통함 중에 부르는 슬픈 노래로서 국가의 위기 상황, 거국적으로 회개할 때, 장례식에서 고인의 덕을 생각하며 상주를 위로할 목적으로 부르는 노래. (삼하 3:33-34, 렘 9:20)

103. 모세가 시내산에서 하나님의 이름을 물었을 때 하나님께서 친히 가르쳐주신 이름. '여호와'에 대한 의미를 희미하게나마 설명해주는 이름. (출 3:13-14, 계 1:4 · 8)

106. 출애굽 직후 제1차 인구조사 때 모세를 도와 계수작업에 참여했던 단지파 지도자 아히에셀의 부친. (민 1:4)

107. 그레데 섬의 이다 산맥에서 발생한 북동풍이 난기류를 만나 형성된 강력한 돌풍을 말함. 바울이 로마로 배를 타고 압송되어 가던 중 이 폭풍을 만났다. (행 27:14)

108. 바사왕 고레스가 바벨론 포로민인 유다인으로 하여금 예루살렘으로 돌아가 하나님의 성전을 재건하라고 명령했을 당시의 유다 총독. (스 1:8)

110. 하나님께서 솔로몬에 대한 당신의 사랑을 보이시기 위해 선지자 나단을 보내어주신 솔로몬의 이름(별칭). 밧세바와 다윗에 대한 용서의 의미 담겨 있음. (삼하 12:24-25)

112. 고대 바벨론의 성읍으로 아브라함의 옛 고향이며 아브라함이 하나님의 소명을 받은 곳이다. (창 11:28 · 31)

114. 솔로몬 왕과 결혼한 암몬 여인. 분열 왕국 최초의 유다 왕 르호보암은 그녀의 아들이다. (왕상 14:21 · 31, 대하 12:13)

118. 손을 얹고 축복하거나 죄의 전가 또는 은사나 권위가 주어지도록 기도하는 행위를 말함. (마 9:13 · 15 · 18, 행 9:12 · 17)

120. 사막이나 건조한 지역에서 탈 것이나 전쟁에 사용되던 초식 동물. (레 11:4)

122. 여호와를 곁에서 모시는 세 쌍의 날개 달린 천사로서 인격적이며 영적인 존재이다. (창 3:24, 출 25:18-22)

124. 신약성경 유일의 역사서. 예수 그리스도의 구원(복음) 사역이 갈릴리, 예루살렘, 로마에 이르게 되었는지를 보여준다. '성령행전'이라 불리기도 한다.

127. 로마 황제를 '가이사'라 부르듯 아말렉 족속의 통치자를 일컫는 공식 칭호. (삼상 15:32, 에 3:1, 민 24:7)

128. 예수께서 평소에 자주 찾아 기도하며 하나님과 대화하신 곳. 십자가를 지시기 전 마지막으로 간절히 기도하시고 가룟 유다의 밀고로 체포된 장소. (눅 22:39-40, 마 26:36-40 · 57)

130. 사도 요한이 이 교회에 보낸 편지에 '부자라 부요하고 부족한 것이 없다 하나 실상은 가난하고 눈 멀었다'고 지적하며 영적 무지를 깨우친 것은 지역적 배경에서 나옴. (계 3:17)

133. 소아시아 서안에 있는 항구도시. 도시가 파고스 산을 왕관처럼 둘러싸고 있어서 자연적인 조건이 좋음. 요한계시록의 일곱 교회 중 하나가 세워진 곳. (계 2:8-10, 행 19:9-10)

136. 말이나 행동이 몰상식하고 도의에 어긋남. 지혜가 부족하여 분별없이 처신하는 모든 언행 심사를 가리킨다. 개혁개정판에서는 '미친것'(전 10:13)으로 번역. (막 7:22)

138. 예수께서 잡히기 전날 밤, 예루살렘에 있는 한 다락방에서 제자들과 함께 나누었던 최후의 만찬. (마 26:26-29, 막 14:22-26, 눅 22:15-20)

139. 유다 백성에게 하나님은 전혀 도움이 되지 못하는 존재라면서 하나님을 경멸하고 히스기야 왕을 중상모략하는

등 오만하기 이를데없던 인물. (왕하 18:17-19:8)

142. 가슴을 보호하는 갑옷의 일종. 마귀를 대적하여 영적 전쟁을 수행하고 있는 그리스도인이 갖추어야 할 영적 무기로 묘사됨. (왕하 22:34, 대하 18:33, 엡 6:14)

145. 무엇을 이루려는 생각. (마 26:8)

146. 왕의 정식 아내. (왕상 11:3, 아 6:8-9)

148. 하나님께서 인간 구원을 위해서 예수 그리스도를 통해 주신 기쁨의 소식. 곧, 복된 소식을 가리키는 말. (롬 1:1, 살전 2:2)

154. 오늘날 교회에서 보편적으로 사용하고 있는 가장 대표적인 신앙고백. 하나님, 예수 그리스도, 성령의 3부로 나눠져 있다.

156. 바울의 2차 선교여행 때 고린도에서 바울로 인해 갈리오 앞에서 유대인들에게 폭행당했던 고린도 지역 회당의 회당장. (행 18:17, 고전 1:1)

157. 사도 바울이 아덴의 아레오바고 광장에서 행한 설교를 듣고 회심한 여성. (행 17:34)

159. 그가 태어날 때 모친이 무척 힘겨운 출산 경험으로 붙인 이름. 자신의 이름의 뜻과는 다른 운명을 하나님께 기도하고 응답을 받음. (대상 4:9)

161. 감옥에 있는 바울을 버리고 떠나간 신실치 못한 소아시아 지역 기독교 지도자. (딤후 1:15)

162. 지중해의 그레데(갑돌) 섬에서 가나안으로 이주하여 원주민 아위 족속을 멸망. 강력한 해양민족. 주요 5대 섬읍으로 가사, 아스돗, 아스글론, 가드, 에글론이 있음. (렘 47:4, 암 9:7, 신 2:23)

165. 엘리의 손자이자 비느하스의 아들. 아히야와 놉의 제사장인 아히멜렉의 아버지. (삼상 14:3, 22:9)

169. '오, 구원해 주시옵소서'의 뜻. 신약에서는 예수께서 예루살렘에 입성하실 때 길가에 섰던 군중들이 외친 함성. 메시야의 구원을 찬양하고 감격하는 의미 담음. (시 118:25, 마 21:9-15)

170. 상대의 작은 허물에 비해 몇 배로 더 큰 자신의 결점을 가리키는 비유적 표현으로 사용. (마 7:3, 눅 6:42)

172. 인간의 이성과 지혜. 상상과 감각으로서는 도저히 받아들일 수 없는 분. 초월적인 능력과 성품으로 오묘하신 섭리를 수행하시는 분. 하나님에 대한 별칭. (삿 13:18, 사 9:6)

174. 하나님의 뜻을 묻는 신탁의 도구로서 대제사장의 판결흉배 안에 보관. (계 1:8, 레 8:8)

175. 축복을 가로챈 후 외삼촌이 있는 하란으로 도피했고 그 과정에서 벧엘에서 환상 중에 하나님을 만나는 체험을 한 사람. (창 28:10-22)

177. '하나님은 은혜로우시다'는 뜻의 예루살렘의 북쪽 성벽에 위치한 망대. (느 3:1)

179. 레아의 부친 라반이 레아에게 준 몸종. 후에 야곱을 통해 갓과 아셀을 낳음. (창 29:24, 30:9-13)

180. 롯이 작은 딸과 근친상간하여 낳은 아들. (창 19:38)

182. 하나님이 친히 계획하여 만드신 동산. 낙원, 천국을 뜻함. 범죄하기 이전의 복된 처소. (창 2:8-15)

184. 아브라함과 롯의 시대에 도덕적 타락이 극심하여 소돔, 아드마, 스보임과 더불어 유황불에 멸망. 그후 범죄하다 하나님께 불심판당한 도시. (창 10:19, 13:10, 레 23:14)

186. 남에게 보이기 위해 거짓으로 행동하는 것. 곧 종교적 가식이나 위선을 뜻함. (마 6:5, 눅 6:42, 갈 2:13)

189. 목적한 바를 위해 힘쓰거나 마치 적을 축격하듯이 열정적으로 뒤따르는 것. (사 56:11)

191. 유다의 마지막 왕. 두 아들을 죽임당하는 것을 목도했고 자신도 두 눈이 뽑힌 채 사슬에 묶여 바벨론으로 잡혀가 옥에서 여생을 마침. (왕하 25:7, 렘 52:11)

192. 바벨론 포로에서 본토로 돌아온 유다 백성에게 하나님을 경배하는 언약에 동의하도록 권면하는 일을 도왔다. (느 9:4)

195. 성막 안에서도 가장 안쪽의 지극히 거룩한 처소. 이곳은 하나님의 임재 처소로서 언약궤가 놓여 있고 대제사장이 1년에 한 차례(대속죄일) 들어갈 수 있음. (출 26:33, 히 9:3)

198. 노예가 해방되기 위해 내는 돈이나 물품. 또는 죄를 면제하고 생명을 구하기 위해 지불하는 물질. (출 21:30, 사 43:3)

200. 성경에서는 두 가지 뜻으로 사용. 하나는 믿음으로 하나님의 존재와 권위를 인정하거나 자신이 범죄한 죄들을 인정하는 것. (요 1:20, 행 24:14, 히 11:13)

202. 다윗의 노후에 헌신적인 봉사를 한 여인. 성관계가 없더라도 분명 다윗의 여자였으나 다윗 아들 아도니야가 이 사람을 달라 하여 솔로몬이 처형함. (왕하 1:3, 왕상 2:22-25)

205. 하나님께서 아브라함에게 주시기로 약속한 땅. (창 12:7) 이스라엘은 이곳 사람을 완전히 멸절할 수 없었다. 이곳은? (수 16:10)

208. 타일러서 경계하는 것. 하나님의 언약을 전제한 교육적인 목적을 가진 경계나 책망, 교훈 등을 의미. (시 16:7)

210. 앞 일을 미리 내다보는 식견이나 능력을 지닌 사람. 하나님의 뜻을 백성에게 전파하고 가르치며 왕에게 하나님의 말씀을 직언하고 지도자를 세웠다. (삼상 9:19, 대상 9:22)

211. 구브로섬 바보의 총독. 하나님의 말씀을 듣지 못하도록 방해하던 박수 엘루마를 눈을 멀게 만든 바울을 보고 복음을 영접하고 주의 가르침을 받았다. (행 13:12)

212. 믿음과 성령이 충만한 사람으로 유대인과 토론 후 신

성 모독죄로 잡혀갔고 돌에 맞아 죽은 최초의 순교자. 바울의 회심에 큰 감화를 주었다. (행 6:1-6, 7:59-60)

214. 해마다 한 차례씩 드리는 제사. (삼상 1:21, 2:29)

216. 예수께서 예루살렘에 입성하시기 전 제자들을 보내 나귀를 준비하게 한 마을. (마 21:1, 막 11:1)

219. 가나안에 정착한 후 기근으로 애굽에 양식을 구하러 갔을 때 요셉은 이 사람을 인질로 잡고 베냐민을 데려오도록 하였다. (창 42:24 · 36)

222. 전쟁이나 경기 등에서 승리한 기쁨과 감격을 이기지 못하여 터져 나오는 함성. 승리를 축하하여 부르는 노래. 곧 승전가, 개선가. (삼하 1:20)

226. 로마로 향하던 중 유라굴로를 만나 난파한 바울 일행이 상륙하여 구사일생으로 목숨을 건진 섬. (행 28:1)

228. 개인이나 사회, 국가가 윤리 · 종교적으로 타락한 상태를 가리킨다. (신 31:29, 전 3:16, 렘 5:28)

230. 아브라함의 형제 나홀의 첩. 이들 사이에 태어난 네 아들은 다메섹 북방 아람 족속의 조상이 되었다. (창 22:24)

232. 아름답게 만들기 위해 얼굴을 곱게 하고 맵시 나게 꾸미는 일. (사 61:10, 딤전 2:9, 벧전 3:3)

237. 일찍부터 하나님께 드리는 제사 제물로 사용. 비유적으로는 하나님의 백성. 복음 전파자, 온순함, 메시야가 통치하는 나라, 그리스도 등으로 묘사. (창 4:2-4, 요 1:29, 눅 10:3)

240. 가나안 북방 연합군과의 싸움에서 이기고 돌아온 아브라함을 환대하고 지극히 높으신 하나님의 이름으로 축복. 아브라함이 그에게 전리품을 바쳤다. (창 14:18-20)

241. 바벨론 포로에서 돌아왔고 제사장 가문인 살래 족속의 조상. 대제사장 요야김과 동시대의 사람. (느 12:20)

243. 하나님의 임재를 상징하는 상자. 언약(십계명)의 두 돌비를 보관했다. (출 25:21-22)

244. 예수님께서 십자가에 못 박히신 곳. (마 27:33-35)

246. 출애굽한 이스라엘 백성이 광야 생활 중에 진을 쳤던 곳. 초대 대제사장 아론이 죽어 장사된 곳. (신 10:7)

247. 이곳에서 예수님은 물로 포도주를 만드는 공생애 최초의 이적을 행하셨다. (요 2:1-11)

250. 하나님께 대한 감사와 경배의 외침으로 사용된 일종의 감탄사. '여호와를 찬양하라'는 뜻. (계 19:1 · 3 · 4 · 6)

253. 하나님은 성부와 성자와 성령의 세 위격을 가지며 각각 동일한 본질을 공유하되 하나의 실체로 존재한다는 교리. (막 1:11)

255. 지위가 높은 사람을 예우해서 부르는 경칭. (눅 1:3)

256. 블레셋 족속의 땅이란 의미에서 유래된 지명. 성경에서는 직접 언급되지 않고 '가나안', '히브리땅', '약속의 땅' 등으로 언급된다. (창 12:5, 민 33:51, 행 7:5)

257. 다윗 왕이 우리아의 아내 밧세바를 취하여 낳은 아들. 이스라엘 영토를 가장 넓게 확장, 최고의 물질적 번영을 누리는 왕국 건설. 아가서 잠언 전도서의 제자.

259. 게르손과 고핫의 동생. 그의 두 아들 마흘리와 무시에 의해 가문 형성됨. (창 46:11, 출 6:16)

261. 노아의 증손자이며 야벳의 손자요, 고멜의 아들이다. (창 10:3, 대상 1:6)

263. 히브리인들 사이에서 바벨론을 가리키는 은어. 예레미야는 히브리어 철자를 거꾸로 읽는 암호문자를 사용하여 바벨론 제국 멸망을 선포. (렘 25:26, 51:41)

266. 가룟 유다를 대신할 후임 사도를 선택할 때 후보로 추천된 자. 하지만 제비뽑기에서 맛디아가 선택될 때 탈락했다. (행 1:24-26)

268. 미가엘과 함께 성경에 언급된 두 천사 중 하나. 대개 하나님의 거룩하신 뜻을 전달하고 계시하는 사자의 사명을 감당함. (단 8:16, 눅 1:11-20)

270. '앞에 엎드리다'는 뜻. 상대방 앞에서 고개를 숙이고 엎드리다. (시 72:11, 행 16:29)

271. 부활절에서 50일째. 오순절 마가의 다락방에서 성령이 사도들에게 강림한 날을 기념하는 절기. (행 2:1-42)

272. 유대인들은 이 사람들을 이방인들과 동일하게 취급. 유대 지방 사람들은 북방으로 여행할 때 이곳 사람 만날까봐 돌아다녔다. 선한 ○○○○○. (눅 10:30-37)

276. 아들이 없던 사라는 당시 관습을 좇아 여종 하갈을 아브라함에게 주어 낳은 아들. (창 16:1)

281. 사울의 장남. 다윗과 깊은 우정으로 유명. 다윗이 위기 때마다 그를 피신시켜 생명을 지켜주었다. (삼상 14:1, 18:1-4)

283. 다윗 시대 여호와의 전을 섬기는 자로 성전 곳간을 맡았다. (대상 23:16, 26:24)

284. 예수께서 십자가에 달리신 곳을 가리키는 라틴어의 영어식 표현.

285. 함의 손자이며 구스의 아들. 스바와 드단의 아버지. 그의 자손들은 아라비아 부족을 이루며 대상으로 성공함. (창 10:6-7, 대상 1:9)

286. 솔로몬 다음으로 이스라엘에서 최고 가는 4명의 지혜자 중 한 사람. (왕상 4:31)

289. 아비가일의 남편. 다윗이 부하를 시켜 식량원조를 요구했으나 이를 거절하고 모욕하다 피의 보복을 당할 위기를 맞았다. (삼하 2:2, 3:3)

291. 솔로몬, 르호보암, 아비야 등 3대에 걸친 왕의 행적을 기록한 선견자. (대하 9:29, 12:15)

292. 예수께서 성장하신 곳이며 그분의 공생애 기간 동안 복음사역의 주무대. (마 2:22, 4:18-21)

293. 예수 그리스도에게 반역죄를 씌워 사형을 언도한 유대 로마 총독. (막 15:15, 눅 23:23, 행 3:13)

294. 하나님을 높여 이르는 말. (시 59:5)

297. 바울은 네로의 박해 때 죽임 당한 것으로 전해진다. 네로가 다스렸던 나라.

298. 죄악과 부정으로부터 철저히 자신을 분리시키고 오직 하나님의 소유로 자신을 구별하여 드리는 변화된 상태를 지칭. (레 11:44)

299. 이스라엘 지도자 여호수아 사후부터 이스라엘의 초대왕 사울의 등장 때까지 하나님에 의해 세워진 이스라엘의 군사. (삿 2:16–18)

〈부록 4〉 가로 해답

1. 에브라임
5. 바디매오
8. 야살의 책
12. 동해보복법
14. 바알
16. 마르다
17. 네압볼리
18. 무두장이
20. 브라심산
22. 한나
23. 공의
24. 헤롯
25. 사무엘
27. 엘리사벳
30. 모르드개
32. 골로새서
34. 에스더
38. 후메내오
40. 다메섹
42. 밀가
43. 개미
46. 고세바
48. 다말
51. 기럇아르바
53. 아로엘
57. 라맛레히
58. 마므레
60. 리브가
62. 암미볼리
65. 대속물
67. 위경
69. 스다디온
71. 마라나타
73. 스바
74. 이사야
76. 마아세야
79. 보디발
81. 셀라
83. 요제
85. 긴네렛
86. 엘르아살
90. 디나
93. 도마
94. 부데
95. 라마다임소빔
98. 스룹바벨
100. 애니아
104. 전신갑주
105. 벤암미
109. 스바여왕
111. 스가랴서
113. 나오미
115. 데라
116. 로고스
117. 미디안
119. 아르박삿
121. 에스라
123. 디르사
125. 수욕
126. 아마겟돈
129. 마라나타
132. 로마서
134. 자살
135. 광야
137. 도피성
141. 흉패
143. 포행
144. 만왕의왕
147. 자복
149. 엠마오
150. 구사야
151. 발디
153. 나사로
155. 소배
158. 도비야
160. 음부
163. 게하시
164. 구스
166. 베틀
167. 세레스
168. 호세아
171. 신명기
173. 우리야
176. 아히마하스
178. 실로암
181. 에발산
183. 야고보
185. 외경
187. 네피림
188. 곱추
190. 시바
193. 나단멜렉
194. 지식
196. 과부
197. 구속자
199. 고라
201. 아간
203. 실망
204. 데살로니가
206. 산상보훈
209. 소선지서
213. 물매
215. 야벳
217. 나곤
218. 계시록
220. 기도
221. 삭개오
223. 데겔
224. 바리새파
227. 부자
229. 고르반
231. 번제단
233. 수르
234. 바나바
235. 온유
236. 스바다
238. 장립
239. 고멜
242. 잠언
245. 니고데모
249. 기슬래월
251. 약속
252. 세마포
254. 양각
258. 므낫세
260. 달리다굼
262. 아세라
264. 레아
265. 살로메
267. 혈루
269. 부림일
273. 리노
274. 감사제
275. 야이로
277. 올리브
278. 보복
279. 타작마당
280. 사람
282. 강건
287. 가마
288. 나다나엘
290. 잇사갈
295. 노아
296. 엘로힘
298. 거짓사도
300. 인자
301. 엘리엘리라마사박다니
302. 바룩
303. 그리스도

〈부록 4〉 세로 해답

2. 브엘세바
3. 임마누엘
4. 입다
6. 디블라임
7. 오네시모
9. 살륙의 골짜기
10. 책무
11. 다브네스
13. 보혜사
15. 알파와 오메가
19. 장로
21. 산헤립
26. 무지개
28. 리스바
29. 벳새다
31. 드라크마
35. 에섹
36. 더둘로
37. 스가랴
39. 간고
41. 다바네스
44. 미리암
45. 여호와이레
47. 세베대
49. 말라기
50. 예레미야
52. 아삽
54. 엘리에셀
55. 악볼
56. 빙물
59. 레위
61. 만나
63. 미스바
64. 리스위
66. 속건제
68. 경보
70. 다니엘
72. 라반
75. 우슬초
77. 마게도냐
78. 야긴과보아스
80. 디모데전서
82. 베데스다
84. 요나
87. 르우벤
88. 살라미
89. 소임
91. 디아스포라
92. 분봉왕
96. 다대오
97. 소제
99. 바돌로매
101. 애가
103. 스스로있는자
106. 암미삿대
107. 유라굴로
108. 세스바살
110. 여디디야
112. 우르
114. 나아마
118. 안수
120. 낙타
122. 스랍

124. 사도행전 127. 아각 128. 겟세마네
130. 라오디게아 133. 서머나 136. 광패
138. 성만찬 139. 랍사게 142. 흉배
145. 의도 146. 왕비 148. 복음
154. 사도신경 156. 소스데네 157. 다마리
159. 야베스 161. 부겔로 162. 블레셋
165. 아히둡 169. 호산나 170. 들보
172. 기묘자 174. 우림과둠밈 175. 야곱
177. 하나넬망대 179. 실바 180. 암몬
182. 에덴동산 184. 고모라 186. 외식
189. 추구 191. 시드기야 192. 그나니
195. 지성소 198. 속량물 200. 고백
202. 아비삭 205. 가나안 208. 훈계
210. 선견자 211. 서기오바울 212. 스데반
214. 매년제 216. 벳바게 219. 시므온
222. 개가 226. 멜리데 228. 부패
230. 르우마 232. 단장 237. 어린양
240. 멜기세덱 241. 갈래 243. 언약궤
244. 골고다 246. 모세라 247. 가나
250. 할렐루야 253. 삼위일체 255. 각하
256. 팔레스타인 257. 솔로몬 259. 므라리
261. 리밧 263. 세삭 266. 바사바
268. 가브리엘 270. 부복 271. 성령강림절
272. 사마리아인 276. 이스마엘 281. 요나단
283. 스브엘 284. 갈보리 285. 라아마
286. 다르다 289. 나발 291. 잇도
292. 갈릴리 293. 빌라도 294. 주님
297. 로마 298. 거룩 299. 사사

☞ 이 퍼즐은 『라이프성경사전』·『프라임 주석 성경』 등 신학교재를 참고로 만들어졌습니다.